乾隆大傳

關河五十州 著

青年時期的乾隆皇帝朝服像
乾隆初年，因為剛剛即位，所有國務都需要一個加以熟悉的過程，所以乾隆帝和他父親一樣，幾乎整天都埋首於堆積如山的文牘奏摺之中。

乾隆戎裝像
乾隆帝從未放棄祖輩賴以打天下的軍事技能，只要一有空隙，就會在宮門外練習騎射。曾多年隨侍左右的大臣趙翼證實「上（乾隆）最善射」。

乾隆出行圖

在很多民間故事和傳說中，乾隆往往被描繪成一個充滿奇聞軼事的風流天子。其實現實中乾隆與此相比有很大的出入。

乾隆帝元宵行樂圖

乾隆的業餘生活並不如後來人們想像的那樣豐富多彩，從青少年時期開始，他就不愛飲酒，也不喜歡輕歌曼舞，生平的愛好就是寫詩、遊景和收集古董文玩。

乾隆登岱題詩

太上皇帝之寶

鄂壘扎拉圖之戰

在皇權的高壓之下，皇族之人大多選擇了沉溺於享樂之中龜縮不出，他們逐漸被八旗貴族所取代。從兆惠到鄂實、特通額等，皆為貴族出身，他們在血灑西北戰場的同時，也驗證了新一代八旗貴族已足堪平亂重任。

乾隆時期銅版畫《平定回疆圖》
平準平回戰爭結束後，天山南北重回中央政府所控，中央帝國的軍旗又再次飄揚在西域的天空，而此時距唐代都護府失陷已過去了九百多年！

乾隆觀荷撫琴圖

乾隆觀畫圖

和珅

與傳統戲曲中大奸角的醜態不同，和珅儀度俊雅、聲音清亮，性格也很活躍開朗，即便已經位極人臣，仍常愛用市井俚語來跟同僚們開玩笑。

阿桂

阿桂性格沉穩端重又不失機敏。據說乾隆曾賜給他一匹馬，有一天馬脫韁而去，養馬的人前來報告，當時阿桂正在看書，只吩咐了兩個字：「去找。」後來馬找回來了，他也僅僅是慢悠悠的說了聲：「好。」又接著去讀他的書了。

海蘭察

海蘭察是索倫部人，世居黑龍江，其人武藝高強、膂力驚人。史載某次圍獵時有兩隻猛虎竄出，海蘭察隨身僅帶了三支箭，結果射出兩支箭，竟然把兩隻老虎都射死了，還剩了一支箭沒用，「天下傳奇勇」。

福康安

福康安雖出自名門望族，且為皇帝內侄，卻並非纏綿於綺羅叢中的公子哥。在乾隆的親自教導訓悔下，他自幼熟讀兵書，宮馬嫻熟，在金川的三年，也始終披堅執銳；衝鋒陷陣，奮戰於最前線，被外界認為頗有早年八旗將士的遺風。

富察皇后
富察氏的出現，猶如一道七彩光芒，把弘曆從陰霾中帶出，在屬於他們自己的小小家園裡，重新營造出了一個溫暖柔情的世界。

令妃
乾隆在那拉氏死後即不再冊立皇后，魏佳氏又是包衣出身，依照皇宮制度，也不可能被立為皇后，但魏佳氏以皇貴妃的身分威望掌管六宮瑣事，是擁有真正權力的六宮之主。

西方人筆下的乾隆帝

乾隆在其他方面都以祖父為表率，唯在西學方面，遠不像康熙那樣熱衷和精通，所以雖然外面的世界日新月異，他在看待西洋問題上卻還是過去的老一套。

馬加爾尼朝見乾隆帝

馬加爾尼訪華時，在京的歐洲傳教士對其在禮儀上的執拗同樣不以為然。禮儀問題絕不像它表面所呈現的那樣簡單，說到底還是中英博弈的繼續：「天朝」固然自高自大，視他國為藩屬，自己為「天下唯一的文明國家」，英國因為自居「世界上最強大的國家」，其實也不比中國人看西方時表現的更為豁達。

弘曆眼光很高，歷代帝王中沒幾個他瞧得上的，即便赫赫有名的秦始皇、隋文帝亦如此。他為什麼瞧不上這二位呢？緣於秦始皇、隋文帝「以褊急為念，以刻薄為務」，雖然都非常勤政，但「亦何益哉」，等到他們一死，朝政馬上就亂七八糟了。雖然「勤政」但失之「褊急刻薄」，恰恰是雍正施政的特點。

鄂爾泰、張廷玉身為滿漢大臣的領袖人物，在乾隆羽毛未豐時，還少不了他們的支持，而且二人又是乾隆皇子時的總師傅，有訓誨之勞，情面不能馬上撕破。在這種情況下，乾隆採取的對策是沿用自康熙起就屢試不爽的帝王心術，在兩黨之間玩平衡，通過小心翼翼地操縱駕馭，不讓其中一派完全壓倒另一派。

秋天同去塞外行圍，乾隆興之所至，對富察氏談起關外舊俗，說當年祖先創業艱辛，衣袖的邊緣能用鹿尾巴毛做點裝飾，就已經很奢侈了，哪裡談得上什麼金錢銀線。言者無心，聽者有意，富察氏回宮後竟然特意搜尋鹿尾巴毛，並用其鑲邊，做了一個小荷包送給皇帝，以示和他一起不忘滿洲本色。乾隆極為欣喜，後來終生都把這個小荷包帶在身上。

乾隆多年對傅恒進行觀察，知道小夥子素來聰明機警，辦事幹練，但在連他自己對金川戰爭都唯恐把握不住的情況下，他其實也在為初次上戰場的傅恒懸著心。傅恒從離京出發到居前指揮的實際表現顯然讓乾隆鬆了口氣，他高興地說：「朕心深為喜悅，相信經略大學士（指傅恒）是個有福的大臣，看情況此次必可大功告成。」

在準噶爾爆發內亂的關鍵時刻，朝野上下全都在左顧右盼，觀望猶豫，能夠看到並死死抓住這一機遇不放的，唯乾隆一人，實在要再加一個，便只有贊襄附和的傅恒。如果乾隆當時缺乏足夠的權威和魄力，平準戰爭就極可能泡湯，以致錯失機遇，從這一點上來說，乾隆也確比他的同時代人要高出一頭。

第一章
以父之名

從圓明園到紫禁城，當年有一條近二十里長的石板路，清代官員經常需要沿著它去圓明園早朝和陛見皇帝。那時的早朝多在淩晨五六點，一個官員如果要想趕上早朝，就必須半夜出發，對於一些上了年紀的大臣來說，這實在是件苦差事，皇帝因此特別允許老臣可不出席早朝。

這一天卻極為反常，宮廷內侍忽然於半夜裡趕到大學士張廷玉等人府上，稱皇帝要緊急召見。什麼事這麼急？眾人心中充滿疑惑，卻又不敢向內侍打聽，只得趕緊起身，匆匆忙忙地向圓明園趕去。到了圓明園，他們才知道皇帝病危，且已經不省人事，進入了彌留狀態。

由於事先缺乏心理準備，張廷玉等人當場被驚嚇得目瞪口呆。

好在對於這一場面，皇帝本人早有預料，按照他多年前的囑咐，張廷玉提議取出預存於圓明園的建儲密旨，在他的指點下，總管太監很快捧出了黃封一函，內藏皇帝親筆所寫的詔書，主要內容為傳位於四皇子弘曆。當著眾大臣的面，張廷玉在燈下進行宣讀，確認了弘曆嗣皇帝的帝位。

距張廷玉宣讀詔書僅僅一個時辰，老皇帝便猝然離世，弘曆捧著亡父的腳失聲痛哭，宮中一片哀號。

狸貓換太子

很多年後，已經正式登基的弘曆在南巡期間一再探訪浙江海寧的隅園，他還按照隅園的式樣，對圓明園中的四宜書屋進行改建，並重新命名為安瀾園，後者位列圓明園四十景，乃園中極具特色的一個建築群。

隅園是海甯籍大臣陳元龍的私家花園，有人說弘曆的生父就是「陳閣老」（陳元龍被授大學士，清代稱大學士為閣老），因此，弘曆才會對隅園表現出非同一般的興趣，又由於他經常把宮苑內的四宜書屋誤會為海寧隅園，所以便乾脆將其改成了自己老家的模樣。

那麼弘曆又是如何進入宮中，成為龍子龍孫的呢？

民間傳聞，康熙朝中葉，四皇子雍親王胤禛與陳元龍關係很好，有一天，兩人都生了一個兒子，胤禛高興之餘，派太監將陳元龍的兒子抱進王府，說是要給他看看。而後過了很長時間，陳元龍才得以將「兒子」抱回，但他卻吃驚地發現，「兒子」不僅已被調換，而且從男孩變成了女孩！

陳元龍情知中計，可是又不敢聲張，更不敢直接去向胤禛討要說法，只得忍氣吞聲，自認倒楣。

原來胤禛出於爭儲所需，急著想要兒子，偏偏王妃的肚子不爭氣，老是生不出兒子。陳元龍以為他們兩家雙雙生子的那天，其實王妃生的仍是女兒，是胤禛不惜用計拿女兒換來了陳家的兒子。還有一種說法，胤禛自己並不知道易子的事，是王妃瞞著胤禛，謊稱自己生了兒子，接著又偷偷地進行了調換。

總之，這個所謂的陳家子就是弘曆。弘曆長大後，對自己的身世也產生了懷疑，遂借南巡之機前往海甯探望陳府，這才解開了身世之謎。據說，弘曆在從陳府大門走出後，特意命人將大門加上封條，傳諭說：「此後除非天子臨幸，否則不得輕啟此門。」從此之後，陳家的這扇大門便被永遠關上了。

這就是被列入「清宮四大疑案」的「狸貓換太子」。不過如清代的諸多秘聞傳說一樣，它與史實相去甚遠，事實上，在弘曆出生之前，胤禛已得四子，雖然前三個都不幸夭折，但按敘齒排行老三的弘時已經八歲，比弘曆僅小三個月的弘晝也即將出生，而且其時他才三十四歲，正值壯年，完全可以繼續生育，實無必要去偷換別人的兒子。

再者，當時胤禛與其他兄弟的爭儲大戰已經相當激烈，偷換他人之子這樣的事如果被揭發，政敵們一定會以此作為攻擊他的口實，胤禛一向小心謹慎，又何至於愚蠢到這種程度？另據海甯陳氏宗譜記載，陳元龍有一妻二妾，共生一男二女，然而其次女都比弘曆要大二十四歲，可知在現實生活中，胤禛根本不可能演出以女換男的調包戲。

從清宮檔案的相關記載來看，弘曆為胤禛的親子無疑。他於一七一一年九月二十五日出生在雍親王府，母親是鈕祜祿氏，本為胤禛第五個兒子，排行第四，由於三個哥哥已夭折，實際是胤禛的第二個兒子。此時距胤禛晉升為親王還不到兩年，又正值康熙廢而復立太子，然而太子地位依舊岌岌可危之際，包括胤禛在內的不少皇子都想謀取儲位，如果胤禛膝下仍僅有一子，不免顯得單薄，對他爭儲不利，因此弘曆的出生也確實為他爭儲增添了籌碼。

清代皇室重視教育，弘曆六歲就學，自九歲起受業於庶起士（清代官名）福敏。作為弘曆的第一個啟蒙老師，福敏性格剛直，教學態度嚴格認真，弘曆對此頗為感念，認為在他「沖齡就儒」時，主要來自福敏的「啟迪之力」。弘曆自己也聰明伶俐，從小就有過目成誦的能力，到他十三歲以前已「熟讀詩書、四子，背誦不遺一字。」

弘曆這種超強的記憶力或許來自祖父的隔代遺傳。康熙曾經說過，凡是他看過的書，即便有日月間隔，也不會遺忘。到了康熙老年，記憶力雖已有所下降，但他仍準確地知道自己想要查找的內容在某書的某卷某處，指令近侍人員去取，從無差錯。

康熙晚年經常住在京城西郊的暢春園，為了讓皇子和心腹重臣陪駕方便，他把京西的許多花園賞賜給他們居住，賜給胤禛的便是日後聞名遐邇的圓明園。

圓明園原為一座荒廢了的明代私人花園，至清代才重新成為官園，但初期規模仍很小，胤禛受賜後對圓明園做了一些興建，至康熙末年，園子已經修得很像樣子了。圓明園四十景之一的牡丹台（後改名為鏤月開雲）即修建於這一時期，此台主殿乃香楠木所建，殿頂的兩色琉璃瓦砌成圖案，從而營造出了金碧輝煌的效果，不過整個景點最吸引人之處卻還不是建築外觀，而是殿前台地上的牡丹，也正是通過這些牡丹，弘曆得到了與祖父親近的良機。

康熙素來喜愛牡丹，據說他可以識別出九十種不同品種的牡丹花，一七二二年四月，恰是牡丹盛開的時節，牡丹台數以千計的牡丹花競相開放，爭奇鬥豔，應胤禛之請，康熙四天之中連續兩次到牡丹台觀花，其間胤禛將時年十二歲的弘曆正式引見給了康熙。

祖孫三代，也可以說是跨越時空的三朝天子，就這樣神奇地會聚於一堂。康熙一見弘曆就喜愛上了這個皇孫，決定即時帶回宮中養育，這是弘曆少年時代極為重要的一個時刻，後來成為皇帝的弘曆專門在牡丹花會的現場立了一塊石碑，刻上兩次盛會的事蹟，以志紀念。

他將來的福分一定會超過我

自弘曆入宮，康熙每於政暇之時，經常輔導他學習，教他讀書寫字。有一次康熙讓弘曆背誦宋儒周敦頤的名篇《愛蓮說》，弘曆不僅背得滾瓜爛熟，而且能夠融會貫通，解釋透徹，康熙非常高興，誇獎道：「這孩子進步神速，已經超過我小時候了。」

弘曆隨侍宮中，最明顯的變化是眼界寬了，所學內容和範圍也大大超過之前。騎射向為愛新覺羅氏祖傳家法，在皇族之中，貝勒胤禧、莊親王胤祿均為騎射方面的佼佼者，康熙讓弘曆向這兩個小叔叔學習，其中胤禧教射箭，胤祿教火槍。弘曆天資聰穎，學得很快，小小年紀已能馳馬挽弓，康熙常常讓他給群臣做表演，以此檢驗他的能力。當弘曆引弓施射，接連射中箭靶時，康熙也總是喜不自勝，他的這些神情都無比清晰地印入了弘曆的腦海，「持滿連中，皇祖必為之色動。」

在清朝崛起和發展的過程中，用火繩槍進行射擊的技能日益受到重視，康熙本人就是既擅用弓又能用槍。胤祿負責教弘曆使用火槍，他在弘曆初次練習時，曾在一百步外縛一隻羊讓他試射，結果剛學火槍不久的弘曆一槍即得以斃羊。康熙知道後很高興，在去南苑狩獵時，便在南衙門宮門口放了一個較遠的靶子，想要親眼看一看弘曆的槍法如何。

靶子越遠，火槍中需要裝填的火藥越多，相應地，火槍也就越重，弘曆畢竟年紀太小，抬不動那麼重的槍，因藥少力弱，彈丸未能直接到達靶子的位置，然而落地後反彈，居然仍打在了靶子上。康熙見狀大喜，不但予以口頭褒獎，還賜弘曆一支「舊准神槍」，後被弘曆視為至寶，精心保存了一輩子。

一七二二年五月二十七日，距弘曆入宮不到二十天，康熙從北京出發，前往熱河的避暑山莊，舉行他一生中最後一次塞外之行，弘曆被他帶在了身邊。

避暑山莊的萬壑松風殿南面，有一個鑒始齋，康熙將弘曆安排在那裡居住，以便祖孫可以隨時見面。一天，康熙泛舟山莊，當御舟停泊於晴碧亭下時，他大聲招呼弘曆，讓皇孫上船同遊。聽到祖父的聲音，弘曆立刻向岸邊跑去，鑒始齋位於山林之上，看到弘曆順著岩壁疾奔，康熙怕他摔倒跌傷，忙連聲高呼：「不要跑，慢慢走！」

直至弘曆登上御舟，康熙才鬆了口氣，關愛之情溢於言表。

隨著祖孫之間感情的日益增進，康熙愛屋及烏，對弘曆的生母鈕祜祿氏也生出了好感。八月三十一日，胤禛邀皇父赴獅子園進宴。獅子園亦是康熙賞給胤禛的私園，就位於避暑山莊近側，康熙帶著弘曆赴宴後，當即指名傳見鈕祜祿氏。

相傳鈕祜祿氏的娘家只是承德城裡的普通市民，家裡連傭人都雇不起，十三歲時她隨別人到京師，正好宮內選秀，她跟著去看熱鬧，結果被負責安排的人錯當成了秀女，後來當事人發覺自己弄錯了，但又唯恐被宮中處分，只得將錯就錯，令其入末班候選。

清宮選秀，以十人為一列，一列一列輪著來，末班就是最後一列。安排的人把鈕祜祿氏排到最後，就是希望走走過場，未料她卻被選中了，並被分派至四皇子胤禛的府中。胤禛不好女色，平時與福晉都分房居住，本來鈕祜祿氏也絕無機會，偏巧有一年夏天，胤禛染疾，福晉們多不願意接近，以免被傳染，只有鈕祜祿氏奉嫡福晉之命，旦夕侍奉於胤禛身邊。胤禛病癒後，即將鈕祜祿氏留於房中，以後也才生下了弘曆。

在真實的史料中，鈕祜祿氏的父親淩柱任四品典儀，雖不是一般老百姓，但在高官多如牛毛的京城之中，也只能算是個名不見經傳的中下級官吏，其親戚近族中亦無顯貴或著名人物，可見鈕祜祿氏出身寒微這一點是毋庸置疑的。

清初把皇子的侍妾也稱為格格，鈕祜祿氏自十三歲進入藩邸，身份始終都是格格，自然沒有條件與康熙謀面。這次康熙不僅破格召見，而且在端詳鈕祜祿氏很久後，還連聲稱讚她「果是有福之人」，這是一個帶有標誌性的信號，從此以後，鈕祜祿氏因為兒子的緣故，在公公、丈夫心目中的地位均得以驟升。

夏去秋來，康熙攜弘曆離開避暑山莊，赴木蘭圍場狩獵（稱為行圍）。行圍前，康熙先豎靶子，令弘曆為侍臣們進行射箭表演，弘曆沒給祖父丟臉，左右開弓，連發五箭皆中，使得康熙喜不自勝，大加稱讚之餘，還賞賜他一件黃馬褂作為獎勵。

行圍本身是勇敢者的遊戲，初次參加行圍的弘曆很快就遭遇了一次險情。在永安莽喀圍場，康熙用火槍擊中了一頭熊，他以為熊已被殺死，便命侍衛領著弘曆上前用箭射熊，揣度其用意，應該是想讓愛孫唾手可得「初圍獲熊」的美名。孰料弄巧成拙，受了重傷的熊並沒有立刻死亡，就在弘曆騎馬走上前時，它竟突然立起，向弘曆撲去。

面對突發險情，侍衛們慌作一團，弘曆則立即拉住了馬的轡繩。千鈞一髮之際，康熙眼疾手快，迅速補上一槍，將熊擊斃在地，這才化解了這場危機。遇險時，雖然弘曆可能心裡多少也有些發毛，但起碼從行動到神情，都表現得沉著冷靜，鎮定自若。行圍結束，康熙心有餘悸，指著弘曆對妃嬪們說，今天真是太驚險了，如果這孩子早一點上馬走過去，熊起馬驚，會發生什麼樣的亂子啊！

此後，康熙便禁止弘曆直接行圍，只允許在帳外不遠的地方向胤禧、胤祿學習騎馬和使用火槍，與此同時，他也很欣賞弘曆的臨危不懼，說「此子命極貴重，福將過予」——這孩子的命太貴重了，他將來的福氣一定會超過我！

脫穎而出

一七二二年十月，康熙結束塞外之行，攜弘曆回到北京。不久，康熙因病去世，臨終前他傳位於胤禛，次年，胤禛改元雍正，稱雍正帝。

雍正即位之初，朝野就有一種傳言，認為雍正能被康熙最終確定為皇位繼承人，是因為弘曆的緣故，甚至有人說康熙原先其實對雍正並不垂青，因鍾愛其子，始立其父。朝鮮使臣金野通過翻譯打聽到，康熙病重時曾對大學士馬齊說：「第四子雍親王胤禛最賢，吾死後必立為嗣皇，胤禛第二子有英雄氣象，必封為太子。」

倒是弘曆自己對此有清醒認識，他覺得祖父不管對他有多喜愛，都是先喜愛父親才惠及於他的結果，而不是相反。他後來回憶說：「皇祖之孫百餘人，其中比孫臣（弘曆自稱）更具聰明才識，更好學博聞，資歷也更老甚至已在朝中擔當大事者，可謂比比皆是。以孫臣這麼小的年紀，又賦性魯鈍，能超出諸孫而得到皇祖的恩寵，難道不是因為皇父受到皇祖的鍾愛而兼及於孫臣的緣故嗎？」

弘曆所說並不完全是謙遜之詞。想想看，康熙有這麼多的嫡親皇孫，他們平時又大多隨父親居住於藩邸，兼之康熙日理萬機，你要他將所有皇孫的名字一個個叫出來，恐怕都不是一件易事。

就在牡丹花會的前兩個月，年近六十九歲的康熙為預祝自己的七十歲生日，曾在乾清宮舉辦生平第二次千叟宴，弘曆也參加了那次宴會，並奉命為與會的老人執爵授飲，但康熙當時顯然並沒有能夠對他留下特別深刻的印象。

正是在雍正的精心安排下，康熙才透過兩個月後的牡丹花會真正認識了弘曆，也才有了爾後祖孫共同生活達半年之久的緣分。如弘曆所言，如果當時康熙不是喜愛雍正，恐怕連牡丹花會都不會參加，自然也談不上對弘曆愛憐有加，乃至攜至宮中撫育了。

康熙關懷弘曆，最初應該僅為祖孫之間感情的自然流露，而不是出於繼統的考慮。畢竟當年被康熙養育於宮中且受其偏愛的孫兒，遠非弘曆一個，如廢太子的第二子弘皙就是這種情況，他受康熙鍾愛的程度甚至還超過弘曆。當然，在康熙晚年飽受諸子爭儲困擾的情況下，弘曆的陪伴也確實給康熙帶來了一些天倫之樂，有利於他與雍正的感情交流，從這一點上來說，至少對雍正繼承皇位有益無害。

截至牡丹花會時，雍正共有三子，依次為弘時、弘曆、弘晝。弘時是弘曆的三哥，他的生母是側福晉李氏，其地位已相當於嫡長子，但弘時少不更事，不懂得如何保護自己，與八叔允禩（即胤禩，雍正即位後為避其諱，胤均改為允）的關係尤其成為他的致命軟肋。

在康熙朝的爭儲大戰中，允禩一度曾是最熱門的人選，然而也因此遭到康熙的猜忌和憎惡，弘時卻選擇了與其接近，這等於是把戰火引到了自已身上。康熙末年，康熙分封一部分大齡皇孫，胤祉之子弘晟、胤祺之子弘升均被封為世子，只有弘時沒有得到封號。清代皇子滿十五歲即可奏請封爵，當時弘時已經十七歲，按理早就到了可受封之年，而且雍正與允祉、允祺同為親王，允祺還是雍正的弟弟，其一無所得的結果只能說明康熙對弘時有看法，認為他不配得到封號。

不單單康熙討厭胤禩，雍正暗中也將胤禩視為爭儲路上的絆腳石和最大政敵，弘時不合時宜的舉動，可以說把祖父和父親都雙雙得罪了。

弘曆的生母鈕祜祿氏、弘晝的生母耿氏均為沒有封號的侍妾（格格），按清初規定，格格的兒子即便長大成人，也領不到任何等級的王公封爵，只是一個閒散宗室，照理很難受到重視，但由於弘時被提前擱置，無形中等於把本該屬於他的位置讓給了兩個弟弟。

弘曆和哥哥弘時相差七歲，從年齡到性格、興趣都有很大差異，而且他們不在一起讀書，平時的接觸似乎也不多。相比之下，弘曆與其五弟弘晝年齡相同，兩人從小生活在一起，同吃、同住、同師讀書，除弘曆被祖父帶進宮中的那段時間外，幾乎從未分開過。小哥兒倆的關係最為密切，即便弘曆入宮，也互相思念著對方，「跡雖兩地，心則相通。」

弘曆、弘晝同受父親寵愛，但弘曆在資質方面要比弟弟強得多。兩人在一起讀書，弘曆很快就能把所授課程熟記背誦下來，弘晝則較遲鈍，功課總是落在後面，以至於到了該散學的時候，功課還尚未做完。這個時候，作為他們共同塾師的福敏就只好對弘曆說：「弟弟還在書房裡，做哥哥的怎好先走？」於是又給弘曆增加新功課，以便使兄弟倆能夠一起散學。

弘晝自己也承認他的天資不如哥哥：「會心有深淺，氣力有厚薄，屬辭有工拙，未敢同年而語焉。」雍正看在眼裡，自然會更偏愛於弘曆，用弘晝的話說：「吾兄隨皇父在藩邸時，朝夕共寢食相同。」

概言之，在牡丹花會前，弘曆就已從三兄弟中脫穎而出，正是因為雍正看好他，認為他最有前途和出息，可以在皇父面前為自己加分，才會撇開弘時、弘晝，而只向康熙單獨予以引見。

弘曆進宮後，以其天分和努力博取了康熙的歡心，雍正如願以償地達到目的，心情非常愉悅，弘晝後來證實：「皇父（雍正）見之，未嘗不喜，皇父聞之，未嘗不樂。」

秘密立儲

雍正登基後，三個兒子都水漲船高，由親王之子變成了皇子，他們隨皇父由雍親王府遷入紫禁城，住進了毓慶宮。雍正也開始以皇子的要求來對他們加強教育，除弘曆原有的啟蒙塾師福敏外，又特旨選任朱軾、蔡世遠、張廷玉等人為諸皇子師傅。後來這些師傅中教學時間最長、對弘曆影響最大的莫過於朱軾和蔡世遠。其時的弘曆已有良好的學業基礎，正待進一步培育深造，朱、蔡憑藉自身深厚的儒家學養功底，不僅賦予弘曆以必要的觀念、知識和能力，還影響了他的氣質性格以及興趣愛好。弘曆終其一生，都只承認福敏、朱軾、蔡世遠是他真正的老師，並自稱從福敏處「得學之基」，從朱軾處「得學之體」，從蔡世遠處「得學之用」。

儒家的經史教育僅僅是皇子教育的一部分內容。皇子時代，弘曆和兄弟們每天的排程都是這樣：天沒亮，就要頂著白紗燈進書房，聽朱軾等漢學師傅授課或自行研讀，一直讀到中午，從下午一點至三點起，又有滿洲師傅教國語、國書（滿語、滿文）及騎射，然後至薄暮方能休息。

雍正如此嚴苛地訓練皇子，自然是希望從中產生出符合自己標準的繼承人。事實上，皇子們所居住的毓慶宮位於康熙日常理政的乾清宮近旁，當年就是康熙專門為太子胤礽所選的太子宮。

清人稱太子宮為「潛龍邸」，意為太子住在府邸時，就已是一條尚未升騰的潛龍，只可惜胤礽這條「潛龍」最終並沒有成為真龍，在康熙末年的那場爭儲大戰中，他被康熙兩立兩廢，之後被永遠囚禁，成了一具政治僵屍。

取廢太子而代之的雍正既是爭儲大戰的勝利者，同時也是親歷者，他本人從內心深處不願意自己的子嗣重演骨肉相爭的慘劇，因此坐上皇帝寶座不久，便公開宣佈了新的建儲方法，這就是秘密立儲制。按照秘密立儲制，雍正將心儀的皇儲名單寫於密詔之中，密封於錦匣，收存在乾清宮「正大光明」匾額後。

由於皇帝經常不在宮中居住，而是在圓明園安身，為了防止一旦有事，身邊沒有遺詔，進而導致被指定的儲君不好即位的情況發生，雍正又寫了一份內容完全相同的密詔，並將其藏於圓明園內。

人們後來知道，被雍正寫在密詔上的儲君就是弘曆，但在當時屬於皇家絕密。雍正規定，只有在他死後，臣下才能拆看密詔，他認為這樣一來，諸皇子既不知道自己是否為儲君，也不知道儲君是誰，便可以避免彼此間的爭奪及對他這個皇父的不滿。可是實際上，密詔是死的，人卻是活的，雍正自己雖然對皇儲人選嚴格保密，但在他平時的言談話語和行為舉止中，仍不可避免地會透露出喜怒好惡，接近他的人也會依此對儲君人選進行判斷和推測，他們得出的第一個結論便是：弘時已問鼎無望！

清宮內務府造辦處的「活計檔」記載，雍正元年即一七二三年年初，雍正接連將數珠、硯臺等物品賞賜給弘曆、弘晝，但卻不包括弘時。此後雍正在公開發表談話，宣佈秘密建儲時，直言：「諸子尚幼，建儲一事，必須詳加審慎。」這一年弘時二十歲，已經不小了，年紀小的是弘曆、弘晝，一個十三歲，一個十二歲，雍正的弦外之音完全可以理解為他根本不考慮立弘時為皇儲。

當年是康熙周年忌辰，被雍正遣往代祭的皇子並不是老大弘時，而是老二弘曆，翌年再祭，派去祭祀的又是弘曆……。

弘時像被冷藏了一樣，他的兄弟們也都在不同程度上感受到了父親的這種態度，不得不與其保持距離。弘曆那時候寫了很多詩文，常常提到和自己一起讀書的弟弟，也包括與他年齡相仿的幾個小叔叔，但卻沒有一次提到過弘時。

皇宮中母以子貴，弘時生母李氏在藩邸時就已是側福晉，但在雍正登基後卻僅被封為齊妃，與此同時，弘曆生母鈕祜祿氏晉為熹妃，弘晝生母耿氏也晉為裕嬪，位分上已與李氏並駕齊驅。

要一個年輕人默默忍受這一切是很難的，隨著父子倆矛盾的徹底爆發，弘時被迅速捲入一場後果極為可怕的政治旋渦之中。

大清洗

弘曆的祖母烏雅氏一共生了三個兒子，能夠長大成人的除了雍正，便只有弘曆的叔叔允禵，他也是弘曆在出生後唯一見過的嫡親叔叔。弘曆的這個叔叔文武雙全，才三十一歲就被任命為撫遠大將軍，主持西北軍務並平定了西藏戰亂，康熙稱讚他「確系良將」、「有帶兵才能，故令掌生殺重任。」他的不幸在於沒有被康熙作為繼承人，又與雍正因爭奪皇位而成了死對頭，結果在雍正初年便被革職囚禁，從此不見天日。

烏雅氏眼睜睜地看著自己的一個親生兒子被另一個親生兒子逼得求生不得，求死不能，而自己卻又無能為力，其心情之崩潰與絕望可想而知。民間傳聞她因反對兒子的所作所為撞鐵柱身亡，雖然並非事實，但從史料中透露出的一些資訊來看，雍正母子的確不和，烏雅氏病逝亦與此有關。

這只是雍正朝所謂「允禩集團案」的一個開幕序曲。康熙末年，以胤禩為首，胤禟、胤䄉、胤禵、允祉等人都曾是雍正在爭儲路上的勁敵，雍正即位後，認為他們依舊嚴重威脅著自己的皇權，為了鞏固權位，便對這些政敵展開了殘酷的打擊和清洗。允禩等人在雍正初年逐一被囚（只有允祉系在雍正末年被囚），他們的子弟以及與之有關係的宗室、大臣也大批大批地受到牽連，允禩之子弘旺、允禟之子弘晸、允禵之子弘春、允祉之子弘晟，這些弘曆見過或未見過的堂兄弟，都遭到了削爵等處分，其餘被關被殺的還有不少。

對於一個國君而言，打擊政敵也許是必要的，但如此殘酷和六親不認，大概除了雍正自己，沒幾個人會贊成。據清史學家孟森考證，「蓋世宗（雍正）處兄弟之酷，諸子均不謂然」，意思是看到雍正那樣殘酷無情地對待允禩等叔伯，他的幾個兒子都覺得太過分，當然這其中也包括弘曆，只是他們大多不敢當著父親的面表示反對而已。

一七二六年，大清洗進入高潮，允禟、允禩一前一後，均在囚禁中被折磨致死。與允禩關係很好的弘時也又一次慘遭大禍，當年雍正召諸皇子和諸王大臣至乾清宮賦詩，與會諸皇子中僅有弘曆、弘晝，時年二十三歲的弘時似乎完全消失了。次年，當這位皇長子再次出現在人們視線裡的時候，他被削去宗籍離世的消息已經傳得沸沸揚揚。

官書中對弘時的事諱莫如深，雍正朝實錄中甚至連他的名字都不載，更不用說述及為何要削籍以及弘時最後如何死亡的細節了，只有皇族族譜即玉牒中用了一句「性情放縱，行事不謹」，簡要概括了他得罪的原因。

削去宗籍乃是除處死之外，對皇族成員的最嚴厲處罰，只有被皇帝認為犯了彌天大罪的人才會受此懲處，在弘時之前，雍正也僅用於允禩、允禟這兩位他最痛恨的政敵身上。雍正的兒子本來就不多，弘時是仍然健在的最年長皇子，而且當時已娶妻妾，如果僅僅是「性情放縱，行事不謹」，很難想像會被處分到如此嚴厲的程度。

值得注意的是，在弘時得罪的同時，他的堂兄弟弘曙、弘升也遭到處分，被雙雙革去了世子之位。弘曙的父親允祐、弘升的父親允祺雖然是雍正的兄弟，但他們並沒有參與康熙末年的爭儲之戰中，不算是雍正的政敵，也基本沒有被大清洗所波及，所以弘曙、弘升此前在小字輩中地位較高也較穩定，在他們被處分前，很少有人想到會發生這樣的事。

官書中同樣沒有言明弘曙、弘升所犯何罪。聯繫弘時案，人們認為這絕不是偶然的巧合，而很可能三人是同一案件的共犯。專家推斷，弘時在明知繼統無望，屢遭父親冷落和排斥的情況下，心中早就懷有怨氣，又為祖母、叔伯、宗室們的遭遇所不平，就免不了形之於色，乃至和雍正發生激烈爭吵。弘曙、弘升在小字輩中年齡較大，地位較高，自然責任感也會強一些，加之年少氣盛，血氣方剛，很可能與弘時有所聯繫，也跟著一道表示了異議。簡單來說，這其實是一次皇室小字輩對雍正暴虐行為的集體抗議，結果惹得雍正大發雷霆，不但將兩個侄子革去世子之位，而且不惜把自己的親生兒子也劃入敵對陣營，並做出了至為嚴厲的處分。

弘時究竟是怎麼死的，沒有人確切地知道，有說他是被雍正所賜死，還有說是因憤激而自盡，總之境遇極其淒慘。古語「虎毒尚不食子」，康熙朝時爭儲大戰慘烈到那種程度，皇長子胤禔、廢太子胤礽劣跡斑斑，幾乎把康熙給活活氣死，但康熙也只予以圈禁，後來還一度放出了胤礽。弘時至多不過是在某些敏感問題上與雍正意見相左，即或父子真的鬧翻，亦罪不至死，雍正行事之冷酷無情實在令人震驚。

就在弘時被逐出毓慶宮並得罪而死的時候，已經十七歲的弘曆也搬出了這座頗不吉利的宮殿，不過不是因為捲入政治鬥爭，而是由雍正「賜成大婚禮」，娶了嫡福晉，不能再與兄弟同住了。

無言之美

在清代皇室，女方的家族背景往往非常重要，甚至可以直接影響其丈夫或子女的前途和命運，弘曆的八叔胤禩當初眾望所歸，但康熙卻執意不肯將其列為皇儲，理由之一就是胤禩的生母出身微賤。雍正既已密定弘曆為太子，其嫡福晉也必然就是未來的皇后，自然更要對此加以慎重考慮，他替弘曆挑選的新娘富察氏系滿洲鑲黃旗人，康熙朝戶部尚書米思翰的孫女、察哈爾總管李榮保的女兒，家族的其他成員也多不乏重臣顯貴，乃名副其實的滿洲望族出身。

富察氏出嫁時十六歲，比弘曆小一歲，正值古人所說的「二八芳齡」。美國克利夫蘭美術館收藏著一幅原存於圓明園的圖卷，名為「心寫治平圖」，也稱「乾隆帝后妃嬪圖卷」。在這幅珍貴的圖卷中，就有宮廷畫家郎世甯為富察氏所繪的半身肖像，肖像創作的時間與富察氏剛出嫁時相距不超過十年，畫中的富察氏年輕端莊，溫柔內斂，雖不能說傾國傾城，卻有著一種無言之美。

富察氏並不是弘曆的第一個妻子，早在雍正初年，他就有了一個姓氏與富察氏相同的侍妾（格格），在大婚之後又先後娶了兩位側福晉和六位格格，加上富察氏，弘曆在藩邸時有記載的妻妾共有十人之多，但能與之稱得上心心相印並始終得其專寵的只有富察氏一人。

弘曆和祖父康熙一樣，飽受儒家文化浸潤，用他自己的話說，「自幼生長宮中，講誦二十年，未嘗少輟，實一書生也。」他所認定的佳偶標準也因此深受儒家婦德觀，特別是史書所載古代後妃嘉言懿行的影響，概言之，能夠被他欣賞的女子，除了年輕貌美之外，還必須個性溫和，善於體貼他人，能為丈夫分憂解勞和孝敬老人。

富察氏不僅完全符合上述標準，甚至堪稱最佳典範。她雖出自名門望族，然而身上並沒有一些貴族女子所沾染的驕矜、虛榮、浮華等毛病，性格平和穩重，從來不擺架子，不盛氣凌人。生活上，富察氏節儉賢慧，不喜歡濃妝豔抹，也不佩戴金玉珠翠，而僅以通草絨花為飾，與此同時，作為嫡福晉，她把家裡安排得井井有條，不需弘曆操一點心。弘曆的生母鈕祜祿氏出身寒微，但富察氏對這個婆婆很尊敬，從侍候她吃飯到陪著說話，可謂無微不至，婆婆生病的時候更是衣不解帶地在旁邊服侍，直到婆婆病好才離開。

富察氏不僅是能夠被世俗社會所認可的好妻子、好媳婦，而且具有豐富的內心世界，是一個集漂亮與能幹、聰明與天真、溫柔與活潑於一身的女性。出身名門的她從小知書達理，與弘曆有共同語言，這且不說，身為大家閨秀，居然還會騎馬且馬術精湛，可以經常隨丈夫外出狩獵。

藩邸時期的弘曆除讀書外，能夠作為娛樂和戶外活動的就只有騎射田獵了，對他們夫婦而言，騎射田獵幾乎就相當於結伴春秋郊遊。每當這個時候，小倆口一面跨馬揚鞭，一面欣賞周圍景色，「馳射平原中，隨意娛芳年」，他們的感情也在不知不覺中得到了進一步的融合和昇華。

在弘曆的童年時代，雍正所有的爭儲活動都尚處於隱秘狀態，宮中因爭儲而掀起的波瀾也不會對他們這些小孩子產生多大影響，他的生活平靜安定，十二歲被康熙攜入宮中的那段經歷，更成為弘曆一生中最值得誇耀的幸福時光。

十二歲以後，儘管父親得到了皇位，弘曆自己也隨之成了皇子，但他卻很難說是快樂的，因為一系列的倫常慘變幾乎接踵而至：十二歲時，祖父康熙突然病故；十三歲時，祖母烏雅氏鬱鬱而終；十六歲時，兩個叔叔允禩、允禟雙雙被害；十七歲時，哥哥弘時得罪致死，其餘不少叔伯和堂兄弟也都遭到圈禁和嚴處。

除祖父病故外，其餘慘變全都與雍正發起的大清洗有關。看到這麼多自己從小就熟悉的親人遭遇可悲的下場，而且還都出自父親之手，弘曆受的刺激和傷害之深可想而知。

儘管弘曆從道義和理性上都難以認同父親的所作所為，但他也不敢重蹈哥哥的覆轍，向父親進行勸諫，只能在驚駭、迷惑、痛苦、彷徨中默默煎熬。富察氏的出現，猶如一道七彩光芒，把弘曆從陰霾中帶出，在屬於他們自己的小小家園裡，重新營造了一個溫暖柔情的世界。

自此以後，不管戶外如何風雨聲大作，少年人總是能做到鎮靜自若，處之泰然。弘曆與富察氏結緣的地方是皇宮內的乾西二所，大婚之後，這裡便成了他們的住所，在乾西二所，弘曆給他最主要的書房起名為「樂善堂」，他以此為題寫了一篇《樂善堂記》，文中寫道：「餘有書屋數間，清爽幽靜，山水之趣，琴鶴之玩，時呈於前。菜圃數畦，桃花滿林，堪以寓目。」

隨遇而安

雍正不僅一手為弘曆挑選了嫡福晉，而且乾西二所其實也是由他親自選定的。在雍正即位後，養心殿已成為新皇的理政中心兼寢宮，乾西二所距養心殿不遠，有人認為這與康熙將太子住所放在乾清宮旁的毓慶宮一樣，乃是雍正把弘曆視為了皇儲，希望隨時加以督促，以便讓他的行為舉止符合自己的要求。

外界猜測弘曆為皇位繼承人的另一個依據，是此時弘曆生母鈕祜祿氏已被晉封為熹貴妃。與鈕祜祿氏曾同為藩邸格格的弘晝生母耿氏，雖然年齡、資格均長於鈕祜祿氏，但未能被封為貴妃，弘時的生母李氏受兒子連累，也只被封為齊妃，鈕祜祿氏的位分超越二人，僅次於皇后之下，在皇子生母中已獨佔鰲頭。

大家都能夠推想到的事，弘曆自然也心中有數，但唯其如此，反而更令他有如履薄冰之感。自古皇儲不好當，弘曆的二伯允礽才一歲多就被康熙冊立為皇太子，後來還曾奉旨監國，可允礽活了五十一歲，大部分時間都在做太子，而且最終也仍然沒能逃避被廢的命運。

假如雍正中途對弘曆不滿意，則必然要在其他皇子中另擇人選。本來弘曆除了弘晝外，還有一個弟弟福惠，福惠降生於康熙去世前一年，自幼得到雍正鍾愛，還在他七歲時，雍正就忙著給他分配了屬下人。可惜福惠沒享福的命，八歲就死了，福惠死後，在弘曆的兄弟中，能拿來與弘曆做比較的，便只有和他年歲相當，基本條件也無太大區別的弘晝了。

雍正登基後第一次到天壇祭天，禮畢召弘曆至養心殿，給了他一塊祭祀的胙肉吃，卻沒有賜給弘晝。史家解釋此為「承福受胙」的寓意，即有意把江山託付給弘曆，弘曆自己後來也認定，皇父在祭天時必然已將立他為儲君的心願默告於天，所以只將胙肉賜給他，而不讓弘晝分享。不過除了這件事之外，雍正平日裡對他們哥兒倆基本都是一碗水端平，沒有厚此薄彼的表示，在「活計檔」的記錄中，凡雍正對皇子有所恩賞，給弘曆、弘晝都是一樣的，甚至有時弘晝還超過弘曆。

雍正這麼做，一方面是出於保密的需要，不讓別人知道他選定的皇儲究竟是誰，以免像康熙朝時一樣，提前在皇儲周圍形成了一個尾大不掉，甚至威脅皇權的勢力集團；另一方面也相當於在為原定儲君準備替換人選，以便可以隨時進行替換。

弘晝比弘曆小三個月，論才智學識也不如弘曆，但這並不能說明弘曆在繼統問題上就能穩操勝券，因為歸根結底，誰能成為最終的繼承人得由老皇帝一個人說了算。弘曆對此非常清楚，他能做的便是吸取二伯和哥哥的教訓，用儒家內求於己，以適應外部環境的傳統辦法來對自己進行保護，他給他在乾西二所的兩間居室分別取名為「隨安室」和「抑齋」，即暗寓了這種隨遇而安、謹慎小心的心態。

為了明哲保身，有時候即便加以迎合也是必要的。雍正執政期間最喜歡別人報送祥瑞，私下又愛談僧道，弘曆本來對這一套完全不感興趣，但為了討皇父歡心，他還是主動湊上去，創作了《萬壽日慶雲見苗疆賦》、《景陵瑞芝賦》等許多詩篇，不惜筆墨地大書特書「慶雲」、「瑞芝」等所謂祥瑞。

一七二九年冬天過後，雍正得了一場大病，幾乎不治，次年夏天，他召見弘曆、弘晝，莊親王允祿、果親王允禮以及大學士、內大臣數人，「面諭遺詔大意」，準備正式草擬遺詔。從雍正去世後官方正式公佈的遺詔來看，「遺詔大意」應該是透露了指定弘曆為皇儲的資訊，如果是那樣的話，就表明自秘密立儲以來，弘曆的表現已得到雍正的認可，同時也顯示從這一年起，不但弘曆知道了自己皇太子的身份，高層也有相當一部分人掌握了這一機密。

當年秋天，二十歲的弘曆將他所作的詩文挑出一部分，選編了一套文集，命名為《樂善堂文鈔》。文集付梓時，他請十四個人作序，弘晝、莊親王允祿、果親王允禮以及他的師傅張廷玉等人都在內。這些人異口同聲，對弘曆都是一片讚揚之詞，有的序言甚至使用了「天授之才」、「上接列聖之心傳」、「進德修業之功」等詞彙，幾乎就差說弘曆是未來的天子了。

作為弘曆最主要的潛在競爭者，弘晝不僅在序言中承認弘曆曾受皇祖康熙撫愛，具有先天的政治資本，而且還說弘曆已得聖賢「經世宰物之方」，自己不敢與哥哥相提並論等，表現得心悅誠服。

弘曆雖然在自序中說他之所以刊刻這套文集，是為了實踐儒家言行一致的原則，以己言來檢討己行，但其真實目的也遠非如此單純。在文集中，他回顧了「樂善堂」的起名緣由，「蓋取大舜樂取於人，以人為善之意」，又多次提及康熙對他的鍾愛，回憶康熙曾賜他「長幅一，復賜橫幅一、扇一」的往事，著意強調康熙對他「恩寵迴異他人」，而他「得皇祖之澤最深」。

大舜乃上古帝王，弘曆自稱取法大舜，很容易讓人想到，他是要在即將接班的關鍵時刻，儘快在皇族和朝臣中樹立起自己作為未來英明君主的形象。同樣，儘管他和康熙的感情確實極其深厚，但這時候刻意把祖孫情掛在嘴邊，顯然也是醉翁之意不在酒，有著標榜自己，突出其即位正當性的目的和用意。

寬大政治

弘曆在青少年時期就喜讀歷史，選編《樂善堂文鈔》前，他寫過五十餘篇史論，還有許多詠史詩，然而其中沒有一篇涉及當前政治，甚至對於作為近期歷史的明清史也不多作議論。恰恰在《樂善堂文鈔》中，出現了一篇題目為「寬則得眾論」的論說，在這篇文章中，作者以評論古代皇帝是非功過的方式，曲折地表達了他的政治態度和傾向。

弘曆眼光很高，歷代帝王中沒幾個他瞧得上的，即便赫赫有名的秦始皇、隋文帝亦如此。他為什麼瞧不上這二位呢？緣於秦始皇、隋文帝「以褊急為念，以刻薄為務」，雖然都非常勤政，但「亦何益哉」，等到他們一死，朝政馬上就亂七八糟了。

雖然「勤政」但失之「褊急刻薄」，恰恰是雍正施政的特點。他自即位起便實施所謂「威嚴政治」，除先將自己的兄弟及有關的宗族、大臣抓的抓，殺的殺外，後對當初扶他上臺的權臣年羹堯、隆科多大開殺戒，繼而又借「科甲朋黨案」，對科舉制度出身的官員進行打擊，皇宮和朝中由此人人自危，到處彌漫著一股戰戰兢兢的恐慌氣氛。

在民間，雍正的名聲也很糟糕，就在雍正得病的前一年，湖南書生曾靜密遣門徒張熙，投書於川陝總督岳鐘琪，抨擊雍正是暴君，犯有謀父、逼母、弒兄、屠弟等十大罪狀，企圖策動岳鐘琪起兵反清。岳鐘琪立即奏報雍正，經過審理，曾靜供認其反滿思想受到浙江大儒呂留良的影響，但關於雍正的罪狀則都來自他所聽到的民間傳言。

雍正對曾靜案的處理方式非常獨特，他一方面將已故的呂留良戮屍梟首，另一方面卻將曾靜的供詞、追悔和轉而頌揚他的文章彙集到一起，加上他本人處理此案的上諭，編成《大義覺迷錄》，並頒佈全國進行公開宣講。

雍正的意圖是要把《大義覺迷錄》作為一種宣傳品，藉以反擊排滿思想，鞏固其政權，然而此事客觀上卻起到了散佈「罪狀」的作用，弄得連鄉間不識字的老頭老太太都知道了雍正那些似有若無的劣跡。雍正素不在乎罵名，否則就不會在大清洗中咄咄逼人，以及把別人咒罵自己的文字當成宣傳武器了，為此感到尷尬難堪的恰是他的家人，包括弘曆。

秦始皇、隋文帝雖是古代有名的帝王，但傳統正流文化一直對他們批評不斷，尤其秦始皇更被口誅筆伐，對他們進行褒貶評騭，相對來說沒有太大的危險，於是弘曆便在《寬則得眾論》中借題發揮，拿秦始皇、隋文帝做靶子，進而對「寬大政治」大加讚揚。

何謂「寬大政治」？按照弘曆在文中的表述，應該是「寬以待物，包荒納垢，宥人細故，成己大德」，他認為施政者如果能夠如此，「則人亦感其恩而心悅誠服矣」，也就是說，嚴政可以做到的事，寬政同樣可以做到，而且還不致人心不服，民怨沸騰。

「寬大政治」其實是康熙的政綱。童年時代與康熙的那段生活經歷，被弘曆視為一生中最大的「榮遇」，自那以後，他便將祖父作為自己的崇拜對象，不斷加以學習和仿效。

隨著他和父親之間在性格、觀點方面的差異越來越大，這種學習和仿效也逐漸顯露出了其現實意義——在明清以前的帝王中，弘曆獨重三人，分別是漢文帝、唐太宗、宋仁宗，這三人都可以說是「寬大政治」的宣導者和踐行者。

《寬則得眾論》屬於課業文章，也就是老師交代要完成的作業，弘曆在寫這篇文章時肯定不是要直接向皇父提意見，而只是其真實思想在無意中的流露，說明他這時候已經在思考，如果自己一旦繼位，將執何種政綱了。

就在弘曆躊躇滿志、躍躍欲試之際，雍正的病卻又慢慢好了起來。因為身體和精神都已大不如前，雍正明顯增強了培養儲君的緊迫感，鄂爾泰等名臣都被派來陪侍皇子讀書，與此同時，不知道是不是從

《寬則得眾論》等文章中聞出了不同的味道，他認為弘曆「賦性寬緩」，處事態度過於溫和，曾「屢教誡之」。

寶親王

自雍正病癒後，弘曆更加頻繁地代父參加各種祭天、祭祖的禮儀活動，然而此前從未涉足其間的弘晝也接到了同樣的使命，只是數量和內容都大大少於弘曆而已，這似乎意味著，雍正仍會隨時以弘晝換下弘曆。

考察期繼續無限延長，甚至看起來危險係數比原來還高，當事人似乎一不小心就可能跌入懸崖，弘曆急忙收斂鋒芒。他第一時間向皇父承認錯誤，「仰承聖訓，深用警惕」，之後不再觸碰類似《寬則得眾論》的文章或觀點，其表現一如雍正生病之前，除了絕對服從就是百般孝順。

對於弟弟弘晝，弘曆亦不因他和自己存在事實上的競爭關係而加以憎厭或排斥。弘晝自小受到雍正的溺愛，染上了王族貴胄身上的驕橫通病，為人處世常常表現得我行我素，弘曆與之相處，總是以禮相讓，從不與之計較。

繼病中「面諭遺詔大意」，隱隱約約地透露弘曆被指定為皇儲的資訊後，雍正還曾單獨將遺詔向鄂爾泰、張廷玉做了說明，並交代說「汝二人外，再無一人知之」。這等於讓鄂、張提前拆看了密詔，弘曆可能並不知道鄂、張已成為事實上的托孤重臣，但至少明白二人都是皇父身邊的寵臣，不能不優禮有加。鄂爾泰奉命經略西北，弘曆作詩相贈，將其比作古時名相謝安和裴度，祝他出征後馬到成功，「邊烽永熄」。張廷玉奉旨返安徽桐城老家，為其父之名入賢良祠舉行典禮，弘曆同樣作詩相贈，推崇備至，稱張廷玉是朝廷須臾不可離開的重臣。

包括鄂爾泰、張廷玉在內，弘曆和周圍多數人的關係都很融洽。師傅們有喜慶必贈詩祝賀，返籍養病則寄詩懷念，就算是對於普通太監，他也非常謹慎，從不輕易觸犯，終雍正一朝，像康熙末年那樣幾乎人人攻訐儲君的情況再未出現。

按正常制度，弘曆很早就可以奏請封王，但由於他在十三歲時便被雍正秘密立為儲君，所以一直沒有被封王，弘晝也因此未能得到爵位。一七三三年三月二十二日，雍正突然決定給弘曆、弘晝封王，其中弘曆被封為和碩寶親王，弘晝被封為和碩和親王。

和碩寶親王的「寶」有大寶也就是玉璽的意思，日後人們將它與雍正登基時的賜胙聯繫起來，解讀為是雍正對弘曆儲君地位的進一步確認。至於雍正為何會突然想起給弘曆封王，據他去世後官方所公佈的遺詔披露，是為了使弘曆「諳習政事，以增廣識見」，以便將來能夠挑起管理國家事務的重擔。

「國之大事，在祀與戎」，中國歷代朝廷都把祭祀和軍事視為頭等大事。封王之前，弘曆主要埋首於學業，「問安視膳之餘，耳目心思一用之於學」，封王之後，他被允許瞭解和參與邊疆軍事。

雍正末年，對西北準噶爾用兵以及平定苗疆叛亂最為棘手，弘曆都奉旨參與了進去，但為了不致引起皇父的疑忌，他只是按照諭旨辦事，雍正讓幹什麼就幹什麼，不敢越雷池一步，和大臣們之間除辦理必要事務外，亦很少來往。

至雍正晚年，兩項棘手的邊疆軍務都沒有能夠得到徹底解決。前者勞師遠征，幾乎耗去國庫帑銀的一半，結果卻屢吃敗仗，雍正只得主動議和。後者也難見明顯成效，以致與之直接相關的鄂爾泰被迫引咎辭去了伯爵、大學士。

就在雍正窮思竭慮，與諸臣商量該如何善後時，一七三五年十月五日，突遭疾病襲擊。起先，他並未在意，只以為是偶感不適，仍在圓明園繼續辦公，在接下來的兩天裡，也「聽政如常」，但第三天晚上，其病情開始像雲霄飛車一樣急劇惡化。

雍正在他頭腦尚保持清醒的時候，令弘曆、弘晝在病榻前侍奉，即便到他去世前，也讓弘曆、弘晝以其名義一同急召大臣們入園。從表面上，外界看不出他對兩個皇子有任何厚此薄彼的特殊表示，也不知道他是不是曾對密旨中的密儲人選及內容進行過修改。

直到圓明園的密旨被找出，張廷玉當場宣讀之後，雍正於十三年前埋下的那個秘密才得以完全揭開，同時也讓人們證實了一點，那就是老皇帝生前從未有過更改密旨的舉動，表明他在這十三年來對弘曆都是滿意的。

十月七日深夜，雍正的遺體被連夜送回紫禁城，安放於乾清宮。雍正生前說過，建儲密旨有兩份，除圓明園的一份外，乾清宮「正大光明」匾額後還藏有一份。移靈回宮的弘曆等人進入乾清宮後，第二份密旨被取出與第一份對照，結果完全相同，弘曆的名分地位問題就此再無任何爭議。

看著密旨上父親當年親自書寫的御筆，弘曆百感交集，再次伏地痛哭。對這位事實上的新皇而言，曾經充滿危機感的一段競跑終於結束了，儘管前面還有更遠更難的旅程在等待著他。

緊要之事

清初的幾個皇帝在繼位之初都曾險象萬生，從弘曆的曾祖父順治、祖父康熙，再到他的父親雍正莫不如此，前者是跟親王長輩、權臣鬥，後者是跟兄弟們鬥，其間刀光劍影、喋血蕭牆的場面屢屢上演，足以令旁觀者不寒而慄。弘曆則不再需要經受這些折騰，由於密儲制度的設計、競爭者的減少變弱以及自身已長大成人，整個權力交接過程十分平穩，未起一點波瀾。

雍正去世當晚，根據他五年前重病時對後事所做的預安排，弘曆宣佈由莊親王允祿、果親王允禮、大學士鄂爾泰、張廷玉四人為輔政大臣。

鑒於康熙晚年對兒子們放鬆管束，使得諸子跋扈結黨，攬權紛爭的教訓，雍正生前對弘曆、弘晝的限制非常嚴格，即便長大後也不允許他們自建藩府、擁有屬官，並禁止結交外官和過問外事。弘曆本身也謹小慎微，這導致他原先認識和瞭解的高級官員極少，在這種情況下，他自然要更多地倚重於輔臣，因此次日即發佈諭旨，提出按雍正所囑，將鄂爾泰、張廷玉配享太廟一事寫入即將發佈的雍正遺詔。

對於中國古代的官吏而言，配享太廟乃是至高無上的榮譽，也是一種超出常格的做法。五年前雍正確曾表示自己一旦死後，將讓鄂爾泰、張廷玉配享太廟，但這一政治待遇能否實現，其實還得看新皇的態度，弘曆宣佈寫入遺詔，就等於是對此做了最權威的兌現保證。鄂、張聞之喜不自勝，在「屢行固辭」，假意謙讓一番後，終究還是感激涕零地接受下來。

鄂、張乃老牌官僚，焉能不知弘曆為什麼要加恩於他們，同時他們也沒有理由不懂得如何進退。雍正預安排中設定的「輔政」一詞最早用於康熙初年，當時康熙年僅八歲，現在弘曆已經二十四歲，鄂、張等人感到再用這個詞對嗣皇帝不尊重，且容易讓人想起昔日專橫跋扈的權臣鼇拜，對他們自身不利，因此兩天後，二人就上奏弘曆，要求將「輔政」改成雍正居喪期間曾用過的「總理事務」。

弘曆當即允准，將輔政機構改稱「總理事務處」，並降旨規定：「凡宮門一切陳奏，先告知總理事務王大臣，再行進呈。」

四位元總理事務王大臣都是雍正生前的親信重臣，對先皇感情很深，如今弘曆又格外加恩，使得他們更加賣力。

在護送雍正遺體回宮的當夜，張廷玉只睡了一個時辰，一整天連水都沒顧得上喝一口，鄂爾泰在禁中接連忙了七個晝夜才回家。為了保證雍正遺體和弘曆的人身安全，允禮將禁紫城各門鑰匙要到手中，親自掌管並派專人對乾清門的出入人等進行管理。

一七三五年十月十七日，弘曆即帝位於太和殿，改次年年號為乾隆元年，至此，這位乾隆皇帝正式代替他的父親，成為天下新的主宰。

雍正去世時，西北和西南的兩項邊疆要務都未能處理完，乾隆在忙於料理喪事的同時，明確表示：「目前緊要之事，無過於西北兩路及苗疆用兵。」

準噶爾是崛起於西北的一支蒙古部落，當時稱準噶爾汗國，其首領稱為汗，主要據於新疆北路。準噶爾人「生性強悍，世為中國之患」，從早期的噶爾丹到後來的策妄阿拉布坦、策零，準噶爾汗皆為能征善戰兼野心勃勃之輩，令清廷十分頭疼。

雍正生前與策零基本打成平手，雙方已進行過邊界談判，但由於在分界線上存在異議，談判沒有成功。鑒於歷史上常有內憂啟致外患的先例，乾隆一面飛諭西北兩路統帥停止撤軍，固守邊界，一面連派得力大臣趕赴北路軍營，以防準噶爾趁機進犯。

未幾，策零派人送來書信，並遣回了先前作戰時被俘的兩名清軍。雖然策零做出了這一希望繼續議和的姿態，但乾隆認為不能輕信，還應加強防守，在此基礎上，如果對方確有和談誠意，自然最好，如果是以和談做幌子，實質卻是要發動大規模進攻，那麼也不用過分害怕。因為準噶爾是草原遊牧部落，需要用皮毛向中原換取他們所需的茶、布等，一旦發現無法攻破清軍防線，而貿易又被切斷，用不了數年，他們自個就會垮掉。

話雖是這麼說，但乾隆心裡其實也在打鼓。「數年」的含義不是一兩年、兩三年，而至少得是四五年，雍正朝的對準戰爭耗費巨大，已令國庫存銀急劇下降，在這種情況下，再讓數萬清軍在前線坐守這麼長時間，僅僅部隊錢糧的籌措就是一個難題。

要不先讓前線部隊在邊防上待個兩三年，然後撤兵，坐看準噶爾自動崩潰？也不行。準噶爾這種部落越是面臨經濟崩潰的危險，越會不顧一切地對外進行掠奪，到時倘若準軍偷偷越過阿爾泰山，對清廷疆域內的漠北等遊牧區進行侵擾，而朝廷的戍邊部隊又不能及時趕到，則失去安全感的漠北人必然會因此離心離德。

乾隆思前想後，決斷不下。總理事務王大臣們隨後進行討論，大家建議折衷處理，即前線總體撤兵，但在貯糧較多的邊境城池分別留駐部分兵力以加強防守。

就在這時，策零派使進京呈送表文，除了堅持原先主張的分界線外，他還以給雙方多留空閒之地為由，要求漠北部落內徙。乾隆一針見血地指出策零缺乏和談誠意，只是為了想要進行貿易才故作姿態，他讓使節帶話給策零：「如果能同意皇考（雍正）所定分界線，可遣使再來談判，不然，就不用再派人來京了！」

在斷然拒絕策零無理主張的同時，乾隆接受王大臣們的建議，宣佈從西北撤兵，只在鄂爾坤、烏里雅蘇臺等處留駐必要兵力，這樣既可向準部展示自己的和談誠意，也能應付準軍襲擾等不時之需。

策零由於連年戰爭，自身的人畜傷亡也很大，恢復雙邊貿易，以資喘息的心情迫切，見狀只得放棄原來的非分要求，同意再次派使節進京談判。

走馬換將

雍正去世前，清廷實際處於兩線作戰同被牽制的困境，與西北對準噶爾部用兵相比，西南的「苗疆用兵」也一點都不輕鬆。

自元明以來，西南少數民族地區聚居區普遍都實行土司制度，土司擁有大量世襲土地，並強迫土民為其農奴，耕田納賦當差，儼然成了一個個「國中之國」。到了清代，在雍正支持下，鄂爾泰實行大規模的改土歸流政策，將土司予以罷撤，轉由中央派流官直接進行治理。

改土歸流要動的是土司的「乳酪」，土司們自然不會買帳，鄂爾泰以武力為後盾，剿撫並行，這才使改土歸流得以推行開來。然而由於西南局勢複雜，改土歸流在各地執行的情況都不太一樣，在貴州台拱、上下九股、古州一帶地方，改土歸流實施的最晚，彼時鄂爾泰已經奉命入朝，繼任官員把改土歸流看得過於簡單容易，除了添設流官、派駐軍隊以外，未做更深入的調研和部署，致使當地殲餘的土司勢力仍然很大，從而造成了後患。

雍正末年，看到新派的流官在征糧中作威作福，欺壓苗民，土司們趁機以「出有苗王」相號召，煽動苗民圍攻官兵、破壞驛站，進而向附近各州縣發動進攻。在不長的時間裡，叛亂便以燎原之勢迅速向貴州全省蔓延，造成了「逆氛四起，奔救不遑，驛路阻塞，省城戒嚴」的緊張局勢。

為了平息叛亂，雍正從各省調兵三萬餘人進剿，同時成立辦理苗疆事務處，任命當時還是皇子的乾隆以及鄂爾泰、張廷玉等人為辦理苗疆事務王大臣，特命刑部尚書張照為撫定苗疆大臣，直接赴苗疆指揮平叛。令人感到沮喪的是，花了這麼大的力氣，前線卻陷入了「以湯止沸，沸愈不止」的怪圈，中央政府因而處於極為被動的局面，朝中群情洶洶，對改土歸流政策進行指責的論調甚囂塵上。在這種情況下，連將改土歸流視為自己一大功業的雍正也產生了動搖，他在與乾隆及其他王大臣商議時，嘆息自己對苗疆「從前原不應料理」、「以安民之心，而成害民之舉」，表示等叛亂平定後可以考慮「棄置」，也就是將當地的改土歸流重新倒退至土司制度。

辦理苗疆事務是乾隆生平第一次處理政務，儘管他除了遵旨辦事，並沒有多少可發揮的空間，但也已通過觀察和思考擁有了自己的主見，「其中情形原委，尤所熟悉。」對於雍正所津津樂道的改土歸流，他內心深處並不認為有多大必要，甚至把它看作不應當進行的壞事，問題在於事情走到這一步，已經只能向前，不能後退——雍正在世時若說放棄改土歸流，那是一回事，他上了臺再放棄，就是另外一回事了。試問若不硬著頭皮將戰爭繼續打下去，不就等於承認雍正弄錯了嗎？朝廷和父親的顏面何存？

乾隆能做的就是走馬換將，迅速撤換前方主帥，他將辦事不力的撫定苗疆大臣張照從前線召回，另以湖廣總督張廣泗代之，此後又授張廣泗為節制諸軍的七省經略，並明確宣佈：「自揚威將軍哈元生、副將軍董芳以下，俱聽張廣泗節制調遣。」

張廣泗系漢軍鑲紅旗人，最初只是個捐納出身的知府，後得鄂爾泰賞識和重用，成為改土歸流進程的急先鋒。在此過程中，他從一個知府不到一年時間就升為巡撫，繼而再升總督，雖然有鄂爾泰著意推薦和提拔的因素，但張廣泗自身也確實才能突出，尤其在「開闢苗疆」方面，其功績甚至超過鄂爾泰，史書上中說「新疆（苗疆）辟土，張之力居多。」乾隆用這位治苗專家來替換張照，可謂知人善任，也說明相比於雍正，他對苗疆用兵失敗的癥結所在看得更為清楚和透徹。

張廣泗奉命赴黔後，首先經過調查，將他所瞭解到的前線情況，包括將帥不和、指揮失當等問題，向乾隆做了詳細奏報。原來張照是鄂爾泰的政敵，他到貴州後不專心進剿，卻囿於門戶之見，一面上書密奏「改土歸流非策」，一面策動揚威將軍哈元生一同上書彈劾鄂爾泰。哈元生系由鄂爾泰一手提拔，對此不予理會，張照又轉而支持副將軍董芳，從中製造矛盾，挑動將領們之間的不和。

張照雖為前方主帥，但缺乏軍事才能，不懂得集中全力破敵，部署上「分兵分地」，致使幾萬大軍在數月之間往返調動，勞而無功。具體率軍平叛的哈元生等人也沒比張照高明出多少，他們為了保護自己的戍防地不被攻破，明明手裡有一萬人，肯派出去攻剿的部隊不過一兩千人，這一兩千人「東奔西救，顧此失彼」，完全無濟於事。更糟糕的是，這幫人還不懂政治策略，平叛時不分降從，一律剿殺，苗民為此奔相走告，就算是原來打算降的也不肯降了，有很多人甚至先把自己的妻女殺掉，再回過頭來與官軍拼個你死我活。

乾隆看完奏報後，立即降旨將張照、董芳等人革職拿問，革去哈元生所授的揚威將軍，暫留貴州提督職，交張廣泗差遣，並由張廣泗兼任貴州巡撫，等於將該省的軍政大權都集中到了他一人身上。

成竹在胸

早在開闢苗疆之初，主事管員就存在著策略上的分歧。時任鎮遠知府的方顯力主對苗民招撫，認為實在不行才能用兵，用兵之後也還要「撫」，而且應重撫輕剿。他的這套策略一開始確有效果，不過由於過分注重招撫，最終又全都淪於失敗。與方顯不同，鄂爾泰視苗民為不通教化的蠻夷，主張如果苗民敢於抗拒官兵，就通過武治使其歸順，甚至還說：「但恐今日不殺少，日後將殺多，反是罪過。」

張廣泗雖與鄂爾泰有特殊關係，也很敬重鄂爾泰，然而他對主撫、主剿都不贊成，所制定的策略是「剿撫並重」，即給予剿、撫同等重要的地位，具體來說就是先招撫，如果不從，則絕不姑息，同時剿過之後，也允許對方請降。

鄂爾泰當時是雲貴廣西總督，開闢苗疆名義上的最高指揮官，但他的衙署在雲南，來貴州較遠，也很少來貴州，於是便授全權於張廣泗，讓他獨立負責苗疆事務。至張廣泗離開貴州，調任外省時，苗疆施政已經成績斐然，「剿撫並重」也被外界認為取得了成功，孰料多年之後，他和鄂爾泰所取得的這些成績卻差點因叛亂而被掃地以淨。

在張廣泗回黔前，叛亂已延續達半年之久。明清按社會發展程度的差異，將苗民分為生苗和熟苗，在清廷以往的印象裡，比較強悍和容易滋事的多為生苗，但在這次叛亂中，熟苗也大量加入進來，其範圍除傳統的苗疆區外，還波及了周圍很多所謂的「內地」州縣。張廣泗回黔後坐鎮於鎮遠府，此處距離叛亂中心地區較遠，但也已朝不保夕，岌岌可危，他在奏摺中報告說：「生熟逆苗互相煽惑，兇焰熾張，幾乎有不可撲滅之勢。」

張廣泗能夠通過經營苗疆成為封疆大吏，絕非偶然，他既有「鄂爾泰式」的精明幹練，同時對貴州民情地形也非常熟悉。叛亂始發地古州位於貴州苗疆的腹心區域，張廣泗做過黎平知府，黎平距古州較近，這給他瞭解苗疆提供了有利的條件，之後他又藉口去貴陽，以重金賄賂苗民，冒著生命危險對古州苗區進行了偵察。

古州有一處名為諸葛營五丈臺的制高點，乃三國時諸葛孔明留下的古跡，苗人傳說在孔明登臺之後，便無人能登，登則頭疼。張廣泗到即登臺觀察，苗人見狀大驚，以為張廣泗要指揮部隊打他們，於是聚眾於山下，用土炮對其進行恫嚇。張廣泗索性在山上夜宿，半夜趁大霧沿山背下山。苗人見他突然出現在山下，不知所以，「驚以為神」。有人用刀割他所穿的繡袍，藉以試探，張廣泗不但不為所動，還笑著指指自己的胸口說：「此處不錯，為什麼不割這裡呢？」苗人為其膽略所懾服，從此便任其走動而不再加以懷疑。

古州偵察期間，張廣泗「密記其道里遠近，山川險阻、形勢、屯儲、戰守之地」，有這樣的底子，加上又有雍正朝開闢苗疆的成功經驗，張廣泗此番對平定叛亂可謂成竹在胸。根據對苗區和苗情的瞭解，他將分化瓦解的手法與「剿撫並重」結合起來，先撫熟苗，「責以擒獻凶首，繳納器械，阻截生苗，不許放入內地」，繼而集結大軍於鎮遠，分三路同時對苗軍所活動的生苗村寨發動猛攻。

張照在貴州指揮的時候，官軍互不配合，各自為戰，苗軍則避實擊虛，聲東擊西，現在反過來，缺乏統一指揮的苗軍成了被官軍各個擊破的對象，所部屢戰失利，損失慘重。

在難以抵擋清軍進攻的情況下，苗軍被迫躲進了一個叫牛皮大箐的山區，此處林深樹密，地勢險要，且終年被雨霧籠罩，連靠近那裡的苗民走進去有時都摸不清方向。張廣泗見牛皮大箐易守難攻，便兵分八路，對進入山區的苗軍進行包圍和封鎖，以防止其突圍和逃逸。

牛皮大箐雖利於苗軍隱蔽和打擊官軍，但山中缺乏糧食，無法長久堅持，因此在被圍十餘天後，很快就陷入了給養殆盡的窘境。張廣泗趁機率官兵披荊斬棘，入山進行搜剿，在此期間，他採用了「以苗攻苗」（也稱「以苗弱苗」）的辦法，從苗軍內部予以攻破。這一套路在苗軍日暮途窮之際顯得相當有效，據張廣泗說，傳令之初，只是一個地方的苗人舉報另一個地方的苗人，接著是鄰近苗寨之間的揭發，最後發展到同寨的人都互相檢舉和擒捉，即便親屬亦不放過，「每寨多獻至數十人及百餘人不等」。

牛皮大箐一役最後以苗軍全軍覆滅而告終，此役結束後，張廣泗對之前參加過起義的所有熟苗村寨進行回剿，除「脅從」叛亂的苗寨大部分得到赦免外，其餘八百餘座苗寨皆被搗毀。

在不到一年的時間裡，苗疆叛亂被張廣泗徹底平定，他本人因功授貴州總督兼巡撫，世襲三等輕車都尉。這是乾隆繼位後所取得的首次軍事勝利，其遣將調兵的能力，以及和乃祖康熙一樣注重後勤的特點，都在此次戰事中得到了充分的體現。張廣泗圍困牛皮大箐時，曾要求撥銀八十萬兩，乾隆讓戶部立即撥出一百萬兩，攻下牛皮大箐後，又專撥六十萬白銀用於善後，並告訴張廣泗「朕不惜費也」。特別值得一提的是，鑒於貴州瘴氣彌漫，在充分保證前線軍需供應的同時，乾隆特命將大內專用的驅瘴藥物運至軍前，發給官兵，用以鼓舞士氣。

苗疆平亂對當地苗民而言是一次空前的浩劫，苗民死亡人數之多、苗寨破壞之大，都是史無前例的，連張廣泗也承認：「（苗疆）統計現存戶口，較之從前未能及半。」乾隆對此深有感觸，為了穩定苗疆，他宣佈永遠免除苗疆錢糧，「將古州等處新設錢糧，盡行豁免，永不徵收」，苗民之間若發生訴訟，也不再需要照搬內地，而是可以遵照苗民自己的習慣解決，「俱照苗例完結，不必繩以官法。」

寬嚴相濟

乾隆登基當天，鄂爾泰曾奏請回避御名，將「弘曆」一詞律改成「宏曆」。乾隆不以為然，認為歷代雖然都講究避諱，但所謂避諱不過是「文字末節，無關於大義」，沒必要太當回事。他指示，今後如果誰碰到要寫「弘曆」，都不必加以避諱，實在有臣工名字與他相同，不避諱又覺得於心不安，也不妨進行變通處理，「上一字著少寫一點（弘缺末筆），下一字將中間禾書寫為木（曆作曆）。」

御名問題顯示出新皇要按照自己的一套來行政了。就在乾隆登基前，清廷向全國頒佈了雍正遺詔，其中收錄了雍正五年前病中的「面諭遺詔大意」以及密旨詔書的主要內容，但有一部分卻不是雍正的原話或原意，而是乾隆以父之名，自己加上去的！

皇子時代的乾隆雖然口口聲聲說將來要遵奉雍正教誨，繼續維護嚴政路線，可實際上那只是為了自保所做的掩飾，如今父死子繼，終於為他理想中的政治方案迎來了付諸實施的契機。另外，雍正屍骨未寒，乾隆也並不願意傷害亡父及其所留下的親信大臣們的感情，如果政局因此出現任何不安定的徵兆更非其所願，為此，他著實動了一番腦筋，讓已經瞑目的父親代自己發表政綱，是他當時能夠想出的最佳辦法。

經過精心構思和運筆，官方遺詔中的雍正搖身一變，成了寬嚴相濟政治的宣導者，其觀點為寬、嚴都是君主必要的施政手段，兩者互相補充，交相為用。他之所以要大力推行「威嚴政治」，也並不是主觀上非要這麼做不可，而是看到一段時間裡「人心澆漓，官吏營私」，為了「整飭人心風俗」，才不得不改寬政為嚴政。

有了這樣一番鋪墊後，再讓雍正代言寬政也就不讓人覺得突兀了。「雍正」在遺囑中說，嚴政本來就是不得已的暫時辦法，如今人心已知戒懼，繼承者應負責把他執政期間的嚴政重新改為寬政。

借助於雍正遺詔，乾隆把自己的政綱定位於寬嚴相濟政治，在談話中提出：「治天下之道，貴在其中，故寬則糾之以猛，猛則濟之以寬。」他還將父祖的政治特點及其利弊做了對比分析，指出各朝施政都是形勢使然，既不是隨意採取的政策，也不是出自當政者個人的好惡。康熙時「與民休息」，晚年卻「多有寬縱之弊」，雍正時就不得不下猛藥「整頓積習」，但這又導致「多有嚴刻之弊」，於是到他乾隆當政，就不能不用寬仁政策來予以糾正了。

允禩案是雍正王朝最有代表性的頭號大案，也是皇族內部關係緊張的源頭，乾隆早在青少年時期對該案受害者的遭遇就已暗暗地深表同情。一七三五年十一月八日，他發表談話，將宗室內部的「親親睦族」上升到治國之道的高度，訓斥十四叔允禵之子弘春、三伯允祉之子弘景「不孝不悌」，原因是兩人看到父兄被削爵囚禁，不但不悲傷，反而看起來還很高興。乾隆認為弘春、弘景等人「互相排擠，不知向善」，正是這些不肖之徒把皇族風氣給搞壞了。

顯然這是乾隆在為平反允禩案製造輿論，但由於不能損害雍正的形象，所以只能把小字輩推出來當典型。談話結束後，他便靜待有人上奏，好宣佈重審允禩案，孰料十多天過去了，朝堂之上仍沒有一個人提到允禩案，更別說要求對此案進行重審乃至翻案了。

說奇怪也不奇怪，允禩案由雍正親自處理，且主犯允禩、允禟死去多年，已經是蓋棺論定，即便乾隆自己，遇到雍正的責任問題也還得繞著走，更遑論他人。

見得不到回應，乾隆只得退而求其次，從受株連被消除宗籍的堂兄弟們身上尋找突破口。十一月二十一日，他在諭旨中表示，允禩、允禟固然罪有應得，但其子孫皆為康熙血脈，若使其永失皇室尊嚴、待遇，一如庶民，懲罰顯得過重，所以應讓他們復歸宗室。他諭令九卿議奏此事，並且說：「當初辦理此事，乃諸王大臣再三固請，實非我皇考本意。」暗示眾人在討論時可以不用顧忌先皇，大膽提出自己的意見。

乾隆的話固然沒錯，當初監禁致死允禩、允禟，以及將其子孫削除宗籍，確系「諸王大臣再三固請」，可如果不是雍正授意乃至命令，又豈會出現這一局面？此事盡人皆知，現在乾隆說要對允禩、允禟的子孫從寬處理，這當然沒問題，但究竟從寬到什麼程度，才能夠既使新皇滿意，又讓先皇的面子上過得去，則誰都心中無數。

清代皇族成員腰上都會系一條帶顏色的帶子，血緣近的系黃帶子，稱「黃帶」，血緣遠的系紅帶子，稱「紅帶」，紅帶所享有的特權較黃帶少，而且無法染指宗室爵位。復歸宗室必然要重賜帶子，九卿商量來商量去，有人說要賜黃帶，但馬上又有人覺得過於從寬，應賜紅帶，就這樣「旋議旋改」，遊移不定，致使討論了一個月也未有結果。

球重新踢到乾隆腳下，乾隆解決此類問題相當果斷，用一個前朝先例便一錘定音地結束了爭議。

平反

這是發生在康熙朝的事例。康熙晚年增修玉牒，將從前被革宗室子弟莽古爾泰、德克賴、阿濟格等人重新收入，當時賜的是紅帶子。

乾隆認為祖父的這一做法可資效仿，下旨將允禩、允禟的子孫循例「給予紅帶，收入玉牒。」同樣的操作手法也被他用在了對三哥弘時的平反上，一方面他基本保留了原先對弘時「性情放縱，行事不謹」的判詞，僅加上「年少無知」一詞，對雍正「特加嚴懲，以教導朕兄弟等，使知儆戒」的正當性仍予以承認；另一方面則說弘時已故去多年，他顧念兄弟情誼，因此決定予以從寬處理。根據乾隆的旨意，總理事務王大臣恢復了弘時的宗籍，將其重新收入玉牒。

乾隆在雍正朝被奪爵圈禁的叔伯，尚有三伯允祉、十叔允䄉、十四叔允禵。允祉在乾隆即位時就已經死了，乾隆下詔將允祉收入玉牒並賜復爵位，對允䄉、允禵也要求「酌量寬宥」，準備等待時機成熟便予以赦免。

「啃骨頭」的環節解決之後，相比之下，其他的事就好辦多了。在允禩案中遭到迫害的阿靈阿、阿爾松阿、揆敘等人被逐一恢復名譽，就連在年羹堯、隆科多兩案中被株連人員也都得到了不同程度的從寬赦免，其間遭革職的知縣、守備以上文武官員均被允准「酌量降等錄用」。

雍正當政時為打擊科甲朋黨和清查虧空，往往二話不說就下令罷斥、廢免、監禁和抄家，乾隆根據情況，對涉案官員能起用的就起用，能釋放的就釋放。

在「科甲朋黨案」中被罷官監禁的原直隸總督李紱、左都御史蔡珽，以及流放充軍的浙江道御史謝濟世，均被赦免放出，李紱、謝濟世還得以重新起用，李紱授戶部侍郎，謝濟世復補江南道御史。原雲南巡撫楊名時並非朋黨中人，但雍正在世時認定他是科甲官員的精神領袖，故意罷他的官，罰修洱海，後又藉故將其革職，乾隆將其徵召回京，任命他為禮部尚書兼國子監祭酒。

在雍正朝的官場，清查虧空曾是極為可怖的一件事，凡被認為對虧空有責任的官員，會被一路追到底，輕者免職罷官，重者抄家籍沒，甚至一度連官員的親屬都要被抄家，民間因此給雍正起了一個「抄家皇帝」的綽號。乾隆即位後從根本改變了這種嚴厲追比的政策，他發佈恩詔，對涉及其中的文武官員俱加寬免和任用，「一應著追銀兩，暫停追比」，理由是這些官員雖然都不同程度地造成了虧空，但虧空本身並非貪污受賄所致，而且他們也都是一些能吏，「尚有可用之才」。

乾隆熱心於平反前朝積案，自然是緣於乃父政治過猛，必須以寬進行糾正，但他原來所認識和瞭解的官員太少，急需用人，也是一個不容忽視的因素。

乾隆在其登基之初就將師傅朱軾召回京師，以大學士身份協同辦理總理事務，無奈朱軾年事已高，不久就病死了，這使得他不得不頻頻加恩於犯罪或有過錯誤的前朝官員，以便經過試用後組織自己熟悉和信賴的執政班底。在雍正朝與準噶爾的戰爭中，內侍衛大臣傅爾丹、參贊大臣陳泰、川陝總督岳鐘琪被認為對軍事失敗負有不可推卸的責任，三人都被逮捕下獄，乾隆認為傅、陳「祖父俱有功勳」，岳鐘琪平青海有功，諭令將他們全部釋放回家。

對於雍正年間的政治積案，乾隆唯一不僅不赦免，還加重處罰的只有「曾靜案」。當年雍正將呂留良戮屍梟首，但免罪釋放了曾靜及其門徒張熙，讓他們分別到全國各地宣講《大義覺迷錄》，這種宣傳當然有一定效果，但其負面效應卻是大面積地擴散了雍正的「罪狀」。乾隆還沒即位前就覺得很難堪，現在自然不能再容忍下去，他下令立即秘密逮殺曾靜、張熙，同時命各地停止宣講《大義覺迷錄》，所有頒發原書，概行收繳銷毀，今後再有私藏該書者，其性質將與隱匿反清著述等同，屬滅門大罪。

雍正在釋放曾靜門徒時，曾做出保證：「即朕之子孫亦不得以其詆毀朕躬而窮誅戮之。」乾隆對雍正的形象竭力維護，但對乃父的這一保證他卻是非撕毀不可，給出的理由似是而非：呂留良是康熙朝的人，誹謗的是我祖父，所以我父親殺了呂留良；曾靜、張熙攻擊的是我父親本人，所以我父親放了他；如今我作為我父親的兒子，不能不效仿父親的做法，正二人之罪，所以對他們的寬大也就只能到雍正朝為止了。

只可意會不可言傳

一朝天子一朝規矩，雍正朝時流行的講祥瑞、崇佛教、宣傳樂善好施和路不拾遺，如今都成了過去式。有些人還沒能及時轉過彎來，在乾隆元年即一七三六年的殿試中，某試卷被考官擬為第一，上面稱頌乾隆行「耕耤之典」。

「耕耤」專指帝王親耕田地的禮儀，乾隆當時尚未舉行此禮，這名士子如此說法，其實和報祥瑞差不多，不過是想對皇上說幾句奉承話，討他高興而已。孰料乾隆審閱後，馬上說：「朕未曾耕耤，可置第二。」

因為沒認清形勢，把話講過了頭，士子本來已經到手的狀元就這樣不翼而飛了。

禁報祥瑞之類對於乾隆來說，還只能算是小事，政策更新才是大事。雍正生前力倡改革，所謂「雍正改元，政治一新」，在改革中推出了一系列新政策，其中也確有許多需要調整，如報墾荒地。

雍正在位時宣導墾荒，但他急於求成，喜歡追求立竿見影的效果，不少地方官員便對此加以迎合，以少報多，甚至將熟田也報作墾荒地，結果造成了名為開荒，實則加賦的惡果。位列雍正朝「四大寵臣」之一的河南巡撫田文鏡更是如此，有一年河南發生大水災，百姓背井離鄉，他竟然仍隱匿不報，說河南雖被水淹，但實際並沒成災。田文鏡死後，其繼任者王士俊延續了他的政策，將報墾數作為本省地方官考績標準，報多超遷，報少申飭，搞得民怨沸騰。

乾隆即位後，大學士朱軾等人對此進行了揭發。乾隆很受震動，親自派人專門調查開墾一事，同時發佈上諭，一面命令各地官員據實申報歷年虛墾數字，承諾只要據實申報，便豁免相應賦稅，一面警告說如有人再蹈舊習，一經查出，必定從重處分，絕不姑息。

僅僅一個月後，王士俊便因「借墾地之虛名，而成累名之實害」被解職，表明乾隆在這方面說到做到，絕非虛張聲勢。

由於報墾荒地被認為是前朝敗政，不久乾隆乾脆接受朱軾的建議，下令停止丈地與報墾。雖然他一再強調，更新政策只是出於形勢的需要，乃因應之變，但也很容易讓人感覺到，這是對前朝的某種否定，尤其在雍正朝混得如魚得水的官吏更會抱有類似想法。王士俊被解任河南後，以兵部侍郎銜署理四川巡撫，他在呈遞給乾隆的密折中說，現在有一股翻案風，似乎所有條陳都熱衷於否定前朝政治，甚至還有人當眾揚言，只需對雍正時的事進行翻案，便是好條陳，「傳之天下，甚駭聽聞。」

乾隆對王士俊的密折非常敏感，對廷臣說：「他（王士俊）指責群臣翻案，其實就是指責朕在翻案。」既然乾隆已經更改雍正朝的多項政策，說他在翻案，亦未嘗不可，但這本身是只可意會不可言傳的東西，如果都讓外界挑明瞭，他乾隆還怎麼當孝子？

盛怒之下，乾隆立即將王士俊作為奸邪小人處理，下令將其逮捕回京，判為斬監候（後來下詔釋放，削職為民），對於諸王大臣九卿沒有及時參奏王士俊，他也表示很是不滿。

乾隆的政策更新並非盲目。他一即位就指斥過改土歸流，然而隨著苗疆之亂被平定，又繼續維持了改土歸流的成果，表明他事實上已同意改流政策。與之相似的還有火耗歸公以及養廉銀制度，乾隆一度處於認識不清晰和吃不透、拿不準的狀態，後經討論，認識到這是不可改易的辦法，便完全改變了態度，決定繼續維持，不做變動。

雍正後期設立了軍機處，乾隆即位初期曾將之廢棄，不過這是可以理解的，因為當時設立了總理事務處，在重大事務上乾隆可以同總理事務王大臣商討，自然就可以不設軍機處了。等到乾隆的孝期已滿，允祿等人奏請免除總理事務，乾隆表示同意，下令裁撤孝期內設置的總理處，但考慮到西北兩路軍務尚未完竣，仍有事務須特召交辦，所以決定重新恢復軍機處，並指定鄂爾泰、張廷玉等人進入軍機處辦事。

還有一些雍正朝的制度，如密折、秘密建儲、攤丁入畝等，乾隆基本上從一開始就接受了。這些制度與改土歸流、火耗歸公、軍機處等性質相同，都是雍正的基本政策和功業所在，史學家因此認為，乾隆雖然「政尚寬大」，但只是補救前朝的偏差，實際乾隆政治與雍正政治之間有如父子的血緣，天生就存在融合和繼承的關係，二者不能脫離也無法脫離。

第二章

不缺錢

當初雍正一即位，便將自己原住的雍親王府升為「雍和宮」。十三年後，乾隆稱帝，鄂爾泰、張廷玉提出，應沿襲雍正做法，將乾隆所住的乾西二所升為「宮」，他們同時建議按「舜能繼承堯，重其文德之光華」之意，將其命名為「重華宮」，顯然這是在恭維皇子時期的乾隆就已起到了舜協助堯帝式的作用。乾隆先是嘴上客氣了一番，隨即便以照規矩辦事的態度坦然接受，這樣紫禁城中除毓慶宮外，又擁有了第二座太子宮。

古代禮制規定，帝王去世，太子繼位需服喪三年，實際是二十七個月，但由於皇帝無法不理政，所以又把服喪期改成了二十七天，二十七個月只算作孝期。乾隆在服喪期滿後，從重華宮移居養心殿，以後便是孝期，孝期內不穿喪服，可以正常理政，不過仍需心存哀悼之意，故而在此期間，乾隆一直都住在養心殿，沒有到宮外走動。

乾隆二年即一七三七年年初，雍正被安葬於易州泰陵，次年一月二十三日，乾隆的孝期已滿，自此可以像父親一樣經常駐蹕於圓明園了。乾隆即位前就在圓明園住過，園內有一間他的書房，與重華宮的樂善堂同名，也叫樂善堂，此外他還曾隨侍雍正遊園，在乾隆早期的詩作中，就記錄了當時園中百花盛開，官員和侍衛們夾道歡迎他們父子的情景。

乾隆毫不掩飾對圓明園的喜愛，自他移居園內起，便著手擴建園林，與此同時，他的帝國也像這座皇家御園一樣，在他的經營下沿著盛世道路繼續前行。

再也兜不住火了

勤政是清代康、雍、乾三代君主的共同特點。乾隆每天起得很早，他起來上朝，在軍機處值班的官員必須第一時間趕往上朝地點隨侍，其辦法是聽鞭炮聲：自乾隆出寢宮起，每過一道門就要放一聲鞭炮，聽到鞭炮聲由遠漸近，便知道皇帝快要到了。

當值班官員聽到鞭炮聲漸近時，天都還黑著，要等點著的蠟燭消耗寸許，才會迎來天明。軍機處共有十餘人值班，五六天輪一早班，已經覺得非常辛苦，乾隆卻是天天如此。

按照上朝的朝儀，應該是大臣們都到齊了，皇帝才出來見他們，但乾隆起得實在太早，當時能夠使用的多為先朝老臣，雍正生前甚至特許他們可不出席早朝，這些人因此養成了習慣，早上比年輕皇帝還起得晚，經常出現的情況是，乾隆讓太監們去看了好幾次，大臣們才得以聚齊。乾隆當然很不高興，可礙於眾臣皆為老資格的長者，不好當眾發火，於是只得用引經據典、旁敲側擊的辦法來進行提醒。

大臣們早朝遲到，到各衙門辦公自然去得更晚。有一次，乾隆天剛亮就起身批閱送來的奏章，批完後他突然想起幾天前曾讓部院大臣們推薦督撫、尚書和侍郎人選，有些事情尚需當面探討，為此便派太監通知大臣們來見。此時已是上午八九點鐘，但乾隆耐著性子等了好一會兒，居然一個大臣都沒露面。

六部官署在紫禁城外，尚書們來晚尚可以推說走路費了時間，內閣大學士的辦公地點就在紫禁城內，本應招之即來，乾隆問太監怎麼回事，太監報告說大學士們當天其實根本就沒來紫禁城辦公。

這下乾隆可再也兜不住火了，他當場勃然大怒，命令立刻把大臣們統統找來。在後者姍姍來遲後，他非常憤怒地訓斥道：「所謂每日入署辦事，原來都是粉飾之辭！你們身為大臣，本應用早朝勤政的道理來對朕進行進諫勸導，如今卻自己先偷起懶來，世上有這樣的道理嗎？」大臣們被訓得面面相覷，啞口無言。

從早朝開始，乾隆一天的絕大多數時間都要用在處理政務上，不是批閱奏摺，就是接見官員和與大臣們議事。這還只是平常的作息，如果有戰事、河工、賑災、祀典等重要政務插進來，更是忙得不可開交，有時半夜三更接到緊急奏報，身為皇帝也要馬上披衣起床進行處理，待軍機大臣聞訊趕到值宿處時，乾隆往往已經看完奏報，與值班官員討論了很久。

乾隆處理政務很精細，從中央到地方，從宮室內部到一縣甚至一村、一鄉，凡涉及有疑問的地方，他都務必要親自調查、過問和決斷。

乾隆元年夏天，天氣酷熱，滿人來自關外，都特別怕熱，雍正生前甚至還患有嚴重的畏暑症。乾隆當然也難受，但他當時尚在孝期之內，不好搬到京外去住。六部大臣擔心皇帝在這種情況下過於煩勞，於是就在奏聞時只奏聞他們認為重要的事，引見官員時也只引見他們認為重要的人，而準備將次要的人、事，留待秋後再說。

乾隆知道後很不滿意，諭令大臣們說：「朕辦理天下事務，寒暑有所不避，豈肯自圖晏安。」他指示六部大臣不管天氣有多炎熱，都不要故意拖延人、事的辦理，「可照常奏事引見，不必有意減少」。

乾隆的業餘生活並不如後來人們想像的那樣豐富多彩，從青少年時期開始，他就不愛飲酒，也不喜歡輕歌曼舞，生平的愛好就是寫詩、游景和收集古董文玩。乾隆初年，因為剛剛即位，所有國務都需要一個加以熟悉的過程，所以他連詩都寫得很少，也不經常出外巡遊，和他父親當年一樣，幾乎整天都埋首於堆積如山的文牘奏摺之中。

《心寫治平圖》中的乾隆肖像畫創作於乾隆元年，畫中的乾隆冷靜而充滿自信，恰為同時期其心態和精神面貌的真實寫照。順治、康熙即位時都尚年幼，雍正即位時則已經四十多歲，而乾隆即位時為二十五歲，正值年富力強、精力旺盛的黃金年齡，加上自幼接受騎射鍛煉，身強體健，因而儘管事務繁雜，但他依舊保持著極高的處理效率。

至乾隆元年以前，絕大多數雍正年間的政治積案就都被乾隆處理完畢，所有涉案人員，上至皇族成員，下至政府大吏、八旗將領、降革官員、士民文人，能平反的平反，能釋放的都釋放了。一七三七年，乾隆諭令將十叔允䄉、十四叔允禵予以釋放，並「賜予公爵空銜，不必食俸，仍令在家居住」。

重審積案和更新政策，使得原先緊張的社會氣氛得以緩解，僅以「博學鴻詞」科的舉辦就能看出民心的變化。此科本是康熙籠絡和安撫明朝遺民，以及振興文教的一項創舉，雍正曾特諭內外大臣薦舉博學鴻詞，表示自己要御試錄用，但卻未有下文。

乾隆繼位後讓各地加緊辦理，三個月後，各省推薦上來一百多人，比康熙朝還多幾十人。這一雍正生前未能辦成的事由此再見重光，乾隆親自主持考試，從各省推薦的士人中挑選了十五人，其中名列一等，被授翰林院編修的劉綸、杭世駿等後來都成了乾隆朝名臣。

藏富於民

乾隆從雍正手裡繼承的，是一份可能會使所有帝王都感到欽羨的基業，其時國內秩序穩定，財政充裕，庫藏豐足。要知道，在中國古代歷史上，陷於庫中無錢、有上頓沒下頓窘境的皇帝可是不少，乾隆根本不用像他們那樣苦哈哈地過日子，基本上想用就拿得出來，遇到苗疆平亂一類的戰事，掏銀子時也不用皺著眉頭。

康熙晚年，國庫其實已經空虛，能給乾隆攢下這麼豐厚的家當，還得說是雍正的功勞，但有一利必有一弊，雍正在忙於積累財富的同時，也給老百姓增加了不少負擔，民間認為雍正「刻薄寡恩」，對他缺乏好印象並非沒有緣由。

乾隆在調查虛報墾田時就很清楚，雖然虛報有助於增加政府的財政收入，但這樣的收入多增加一分，老百姓對政府的怨恨則必然增長十分。反之，如果把它拿掉，看似政府的收入好像有所減少，但老百姓日子好過了，社會才會更穩定，國家的富裕也才會更有保障。

在財富觀上，乾隆與祖父康熙達成了一致。康熙信奉「蠲租一事乃古今第一仁政」，執政期間不斷減免應收錢糧，後來更宣佈「滋生人丁，永不加賦。」乾隆則提出「藏富於民」，他說錢本來就是用來流通的，財散民聚，與其聚之於上，不如散之於下。

由於過去官員虛報墾田，造成了許多地方百姓無地交糧、負擔加重的情況，乾隆在決定停止丈地與報墾後，即派人對此進行調查，凡查明情況屬實，相關錢糧一律予以豁免。

與虛報墾田相類似，雍正朝的地方督撫大員為追求政績，常常打著「小民自願」和興修水利的幌子，在正常賦稅之外，按田畝加派銀兩，稱為派捐，還有人在正常的關稅雜稅外巧立名目，隨意濫征。乾隆認為地方官這麼做，表面好像節省了國帑，增加了國庫收入，但實際暗中加賦於百姓，根本不可取，於是諭令「永行停止」。

乾隆「藏富於民」的一個重要特點是不僅不占百姓便宜，而且給百姓以實惠。雍正查錢糧虧空查得極嚴，官欠者固然要抄家賠償，民欠者也要每年加徵，直到賠完為止。這些民欠從康熙朝就開始，多數已達十年以上，到乾隆繼位時，僅山東一省就欠銀三百萬兩，民欠者要償還非常困難。乾隆遠比他祖父、父親大度，他覺得這些民欠是否能夠償還，對現時的政府財政沒有根本影響，但對每一個具體的民欠者而言，卻關係一家老小的吃喝乃至生存問題，於是上臺後即下恩詔，將康、雍兩朝所欠糧賦全部清零，一筆勾銷。

乾隆手裡有錢，暫時不用考慮怎麼省，只要想著怎麼花，除像康熙一樣經常大規模地蠲免田賦丁稅外，國庫中相當一部分錢都被他用於賑災。

乾隆把賑災視為地方大吏的第一要務，是「為督撫者第一應戒諱災之念」，雍正朝有些官吏如田文鏡拍皇上馬屁，明明治下發生大的災荒也加以隱瞞，乾隆則絕不允許。某年夏天，山西巡撫石麟在奏摺中說本省當年風調雨順，莊稼長勢喜人，預示又是豐收之年。乾隆一調查，山西一直乾旱，剛剛才下了點雨，他很生氣，在朱批中直截了當地痛斥石麟說：「八月初一始得雨，你說莊稼長勢喜人，是想故意欺瞞朕嗎？由此可見你們的所謂年成奏報，根本不足為憑！」

確證某地發生災害後，乾隆的反應與別人都不太一樣，他是寧肯地方官報災報得嚴重一點，為此哪怕拿出比實際多得多的賑災錢糧也心甘情願。有一回，軍機大臣宣示官吏罪名，有「濫賑」一語，乾隆見了很惱火，說：「此語雖小，卻是不用心的誤寫，朕不會接受，也不忍心接受。如果賑災的費用也要故意核減，乃至治人以罪，後世的人會怎麼看待這件事？朕又成了一個什麼樣的君主？」

乾隆認為「濫賑」這樣的詞不能出現在官方的罪名上，否則會令地方官在上報災情時心存畏忌，不敢或不肯如實報告。他也從不因某地發生災情而怪罪於地方官，但對匿災不報者必從重處分，有的官員不捨得多花錢糧賑災還會遭到他的申斥，乃至被罷官降職。

山西有一年發生旱災，巡撫阿思哈不肯動用庫帑，卻讓當地紳衿捐銀備賑。乾隆知道後，對阿思哈居然做出這樣的事和說出這樣的話感到十分震驚：你讓地方上的富人捐錢，他們能拿出幾個錢，況且就算富人也是受災戶，怎麼好再讓他們捐？國家在賑災上重者數百萬兩，少亦數十萬兩，從來不吝花錢，哪裡用得著你胡說八道？

乾隆下令對阿思哈嚴加議處，紳衿已經捐出的銀兩也全部予以發還，聽其自行處理，不久他又發出諭令「阿思哈不勝巡撫之任，著來京候旨」，把這個吝嗇鬼的烏紗帽給摘掉了。

與康熙、雍正兩朝相比，乾隆朝賑務的規模和耗用銀米數都大大超過前兩朝，而且在賑濟災荒方面逐漸形成了一套嚴密的制度和方法：碰到水澇旱災，政府按例必定要撥出大量賑銀和糧米用於賑濟，災情緊急時，地方官有權便宜行事，在不必等候部批的情況下，即可先行動用庫存錢糧。

乾隆的施政大受歡迎，其本人也威望大增，連在華的朝鮮使者都知道「雍正有苛刻之名，乾隆行寬大之政。」史書記載，在朝廷「罷開墾、停捐納、重農桑、汰僧尼」的詔令接連下達之後，「萬民歡悅，頌聲如雷」，蘇州一帶更流傳開一首民謠，其中唱道：「乾隆寶，增壽考，乾隆錢，萬萬年。」

造化弄人

中國古代以農立國，康熙、雍正對農事都十分關切，乾隆亦不例外，當時各省都要向朝廷及時上報雨澤、收成、糧價，偶爾奏報遲了，他都要降旨詢問，催促該省督撫儘快覆奏。可恰恰就在乾隆登基之初的那兩年裡，北方一直久旱不雨，他在安排發帑運糧，辦理賑務的同時，深感自己運氣實在太差，發出了「十年九憂旱」的慨嘆，整天想著的都是如何求老天趕緊下雨。

後宮之中最瞭解乾隆心思的，莫過於昔日的嫡福晉、如今的一國之母富察氏。當看到乾隆為久旱不雨將影響農事而坐臥不寧，自認「人窮力已竭」時，富察氏並不只是空言安慰，本人也會跟著暗暗著急，有時久旱逢雨，乾隆大為高興，「通宵喜聽波聲注」，她也喜出望外，好像得到了一件天賜的禮物一樣。

乾隆與富察氏伉儷情深，乾隆一俟孝期已滿，即將她冊立為皇后，並在冊立大典中稱讚富察氏「鐘祥勳族，秉教名宗。」富察氏居於中宮之位後，不僅善待其餘嬪妃，把後宮治理得井井有條，同時還能孝敬太后，使得乾隆可以心無旁騖地專心處理朝堂政務。

對於乾隆，皇后也關心體貼，知疼知熱。有一次乾隆身上長了個癤子，太醫叮囑得一百天才能痊癒，在此期間必須讓人每天換藥，富察氏怕宮女在換藥時因手重不小心弄疼乾隆，便親自給乾隆換藥，為了方便天天換藥，又搬到乾隆寢宮的外屋居住，直到百天後乾隆身體痊癒，才返回自己的寢宮。

和後宮中常見的邀寵不同，富察氏是真心能和丈夫想到一起去，彼此間可以做到感同身受、休戚與共。乾隆每天要處理的政務非常多，碰到棘手的事情，有時難免心浮氣躁，富察氏雖然從不打聽政事，但她很善於體察和照顧乾隆的心情，每當這個時候，總是溫言軟語地找機會和乾隆說說話，以平撫他的情緒。

在嫁給乾隆三年後，富察氏給丈夫生了一個兒子，由公公雍正親自取名為永璉。永璉序齒（皇子按年齡大小排序）第二，乾隆愛富察氏而及永璉，在他眼裡，二阿哥從小「聰明貴重，氣宇不凡」，完全可以成為未來的皇位繼承人。

從順治、康熙、雍正到乾隆自己，均為庶出，也就是都非皇后之子，康熙倒是曾立皇后所生的嫡長子為皇太子，這就是乾隆的二伯允礽，可允礽最終還是被廢掉了。乾隆鍾愛富察氏母子，他不管之前有多麼不成功，還是想讓嫡子承繼大統，為了更加名正言順，他特地解釋說，雍正之所以給永璉賜名，就是有讓永璉日後承接神器的深意。

乾隆自己是秘密立儲法的產物，從他的體驗來說，他並不覺得這是一種公平的辦法，對此存有保留意見。不過允礽被廢的教訓還是讓他認識到，太子畢竟年紀太小，價值觀尚未形成，這個時候如果急於明著冊封，可能會讓太子「恃貴驕矜」，周圍的人也會「諂媚奉迎」，時間一長，「至於失德，甚至有窺伺動搖之者」的情況將難以避免。

經過考慮，乾隆決定先以秘密立儲為權宜之計，等到時機成熟，再明立儲貳。乾隆元年，他在養心殿西暖閣召見群臣，宣佈效法雍正，採用秘密立儲法，隨後便寫下密旨，由太監放入錦匣，收存於乾清宮「正大光明」匾額後，他同時宣諭說，等將來皇子長大了，「識見擴充，志氣堅定，萬無驕貴引誘之習」，就將佈告天下，明確其儲君之位。

乾隆在密旨中所寫的儲君名字，就是永璉，自此以後，乾隆一心想的都是如何加強對永璉的教育引導，不讓他像允礽那樣滋生惡習，但他卻沒有料到，造化弄人，有一天命運居然會以另外一種方式破壞他的計畫。

一七三八年十一月二十三日，九歲的永璉突患重病，當天就不幸去世。乾隆悲痛萬分，他告訴諸王大臣，永璉就是密定皇儲，「雖未行冊立之禮，朕已命為皇太子矣」，接著下諭輟朝五日，將密諭內容公佈於眾，並以皇太子的規格為永璉隆重舉喪。

永璉之死給乾隆夫婦造成了極大打擊，他們原本幸福美滿的家庭生活也因此被蒙上了一層陰影。富察氏為了安慰丈夫，和乾隆在一起時都不忘聊東聊西，千方百計地轉移其情緒，但也不過是故作堅強而已。事實上，喪子之痛對皇后的健康造成了嚴重傷害，富察氏從前馬術那麼好，說明並非孱弱女子，然而在經歷此次喪子之痛後，她便形銷骨立，身體越來越差了。

乾隆也同樣遺恨難消，甚至直到四十多年後，仍無法忘卻當年這痛心的一幕。當他一次次回憶起永璉「為人端重醇良」，自己按先父之法，將其名字寫入密旨，可永璉卻「稟命不融，未幾薨逝」時，給人感覺，就仿佛那是命運重重抽打在他身上的皮鞭。

禁忌

在痛失愛子的同時，乾隆也面臨著家族內部其他方面親情的考驗。乾隆兄弟共有十人，除去夭折和早亡的外，至乾隆登基時，他一共還有兩個弟弟，一個是和他同齡的五弟弘晝，另一個是年僅兩歲的十弟弘瞻。弘晝與乾隆自小在深宮中朝夕相處，關係最為親密，但他從小性格驕橫，在乾隆做了皇帝之後，不但不收斂，還倚仗御弟身份，時時處處擺出一副盛氣淩人的架勢，他和軍機大臣訥親鬧意見，竟然當場拔拳相向，弄得滿朝文武對他都很畏懼。

乾隆繼位後，把雍正藩邸的私產都給了弘晝。在王公宗室中，弘晝成了首屈一指的豪富，但他還不滿足，又想把雍和宮要過去，並讓大學士鄂爾泰代其奏請。雖然雍和宮已是空宅，然而畢竟是雍正的故居、乾隆的出生地，對於這樣兩代帝王的龍飛之所，乾隆認為不宜賜給皇室作為王府，於是斷然拒絕了弘晝的要求。鑒於雍正生前有將藩邸舊居改為廟宇的願望，他降旨將雍和宮改建成喇嘛廟，特賜予喇嘛禮佛誦經。

弘晝做出過分之舉不是一次兩次。有一回乾隆命他和自己一起在圓明園正大光明殿監督八旗子弟考試，考試進行到下午三點至五點仍未結束，乾隆一直都沒吃飯，弘晝便請他先行退朝就食。很多八旗子弟習性頑劣，不像漢人士子那麼膽小規矩，乾隆擔心他一走，這些傢伙就會乘機作弊，因此遲遲未退席。弘晝見狀認為是乾隆不信任他，當即使起性子，對乾隆說：「你難道連我也不相信，怕我被士子們買通了嗎？」

即便是親兄弟，對著皇帝說出這樣的話，也是極不恭敬，甚至帶有挑釁意味，乾隆雖未露不悅之色，但一句話沒說就默默地退朝離開了。

過後有人提醒弘晝，責備他太不注意檢點：「你說的那些話是一個為人臣者應該說的嗎？」弘晝也感到了後怕，次日即向乾隆請罪。其實乾隆那天心裡是非常不高興的，他之所以什麼話都沒說，是怕在那種情境下兄弟倆會因此頂撞起來，而他為了維護皇帝的尊嚴和權威，勢必要就此對弘晝進行嚴厲懲罰，到時就算他想網開一面都不行了。見弘晝上門請罪，他才諄諄告誡道：

「昨天，如果朕答覆你一句，你就該粉身碎骨了！你雖然出言莽撞，但朕知道你存心是好的，是出於兄弟友愛，所以早已經原諒了你，不過今後還是要謹慎，不要再說這種話了。」

乾隆很在乎兄弟情誼，不管弟弟們如何讓他不省心，仍對之優待如初。只要一有閒置時間，他就會把弘晝、弘瞻叫來吃飯，席間讓他們陪著自己一起賦詩唱和，但另外，他也絕不允許弟弟們干預朝政，這一禁忌不光針對他的兄弟，所有皇親國戚皆如此。

在清王室內部，自努爾哈赤創業以來，因宗室親貴參與政權而導致的流血爭端、禍變層出不窮，康熙、雍正兩朝都有意識地對親貴勢力進行打壓。不過即便嚴厲如雍正，一邊清除和自己對立的兄弟，一邊也還得重用一些親近自己的弟弟，乾隆的十三叔允祥因為從小與雍正關係親密，最得倚重，被任命為軍機大臣，莊親王允祿、果親王允禮也都參與了機務。

雍正末年，平郡王福彭又被提拔在軍機處行走。福彭比乾隆大三歲，乃努爾哈赤的八世孫，出自清代世襲罔替的「鐵帽子王」家族，他的平郡王就是世襲爵位。福彭幼年便聰明過人，因此被康熙看中，帶入宮中和乾隆等人一起養育，等到雍正當政，便將他選入內廷，陪同皇子們一起讀書。雍正對福彭甚為器重，福彭在被提拔為軍機處行走時，是當時軍機處最年輕的一位大臣，後來清軍與準噶爾作戰失利，前線緊急，雍正任命年僅二十五歲的福彭為定邊大將軍，派他前去進行指揮和整頓，更是顯示出對他的信賴。

乾隆和福彭同窗六載，堪稱莫逆之交。乾隆在皇子時代選編《樂善堂文鈔》，其中不少文章都是贈給福彭的詩文，乾隆在詩文中稱福彭「雖年少而器識深沉，謙卑自牧，嫻學問，通事理」，看得出對這位摯友也極為賞識和推崇。雍正死後，乾隆立即召福彭回京，讓他參加總理事務處，為協力總理，地位僅在允祿、允禮之下，而居於鄂爾泰、張廷玉、訥親之上。

然而兩年後，在總理事務處裁撤，軍機處得以恢復時，允祿、允禮、福彭居然無一進入軍機處。軍機處起初雖為處理軍務所設，但實際上它不僅處理軍務，而是辦理國家一切重要政務，所以早已取代內閣，成為權力核心部門。在乾隆時期，一個王大臣如果進不了軍機處，也就等於被置於了權力中樞之外。

小集團

允祿、允禮分別是乾隆的十六叔和十七叔，兩人實際能力都很有限，當然話又說回來，如果他們能力突出，也就不會只在康熙末年的爭儲大戰做旁觀者了，隨之而來的是極可能在雍正朝的大清洗中就被清除掉。二人既受命輔政，乾隆剛上臺時又無人可用，於是新皇只能將就，待到時局穩定再讓他們走路，這是可以理解的，福彭則不同，他才德兼優，乃宗室中的佼佼者，又與乾隆是同窗至好，為什麼乾隆也不給他機會呢？

原因是乾隆已經下定決心從他開始，徹底根絕宗室預政之弊。他要想將允祿、允禮勸退，就只能畫一條線，把親王宗室都一律排除出軍機處，換句話說，福彭其實是乾隆初年政治改革的犧牲品。

福彭後來雖曾管理正黃、正白旗事務，但那都是不重要的閒差，他一生中也再未能涉及重大政務。福彭在四十一歲時病逝，乾隆特派大皇子攜茶酒往奠，並為之輟朝兩日，這一特殊恩禮足以說明乾隆當初不重用福彭，絕不是對他心存芥蒂或福彭本身犯了什麼錯，而是為了顧全大局，不得不如此。

同樣是被摒棄於核心權力層之外，莊親王允祿則不甘心就此閒置。允祿、允禮地位特殊，乾隆對他們非常尊敬，雖然不允許進軍機處，但給予了極高禮遇，二人被分賜食親王雙祿，除升殿朝賀、典禮等重大場合外，便殿燕見，可不必行君臣叩拜禮。以往在撰寫王、貝勒、貝子冊文時，皇帝的叔叔都寫作「爾」，乾隆說這不符合我敬長之意，特別指令翰林院在行文時將「爾」改成「叔」。

一七三八年，允禮去世，允祿的地位更加突出，而且他還擔任著議政大臣、理藩院尚書、管理內務府事務等職，是當時唯一在朝任職的宗室重臣，而這些都成為允祿在宗室王公中進行標榜和收買人心的資本。

乾隆一向認為允祿沒什麼本事，「王乃一庸碌之輩」，且不在軍機處掌權，料想不會對皇權造成太大的威脅，所以起初尚持包容態度，但是他很快就發現輕視不得——僅靠允祿一人也許掀不起大風浪，可是如果再加上奔走和聚集於他周圍的皇族，那就不一樣了。

上述皇族子弟的核心是弘晳。弘晳乃乾隆的二伯、廢太子允礽的嫡子，當年只有特別穎慧的皇室子弟才能被康熙養育於宮中，數量極少，弘晳就是其中一個。弘晳被皇祖養育宮中的時間比乾隆還早，當時外界就猜測康熙可能會因弘晳之故，恢復允礽的太子之位。當然最後人們的猜測並沒能變成現實，康熙無復立允礽之意，轉而選擇了雍正。

允礽被廢得早，與雍正的關係尚可，他們之間還沒有達到像允禩、允禟那樣你死我活的地步，加上弘晳很識時務，看到雍正上臺，立即竭誠擁戴，所以雍正對其父子採取了懷柔政策，登基之初即封弘晳為郡王，在允礽病死後，又追封允礽為和碩理親王，並讓弘晳承襲了這一爵位。

對於他們父子與皇位失之交臂，弘晳表面認命，內心卻耿耿於懷。乾隆在初政時期，一方面平反舊案，重新給予宗室優厚待遇；另一方面在處理宗室關係方面態度謙讓，這反過來讓弘晳覺得有機可乘，便不再像原來那樣老實了，他開始公然以舊日東宮嫡子自居。

雍正繼位被民間認為來路不正，弘晳的父親則曾是名正言順的皇太子。弘晳與乾隆屬於同一代人，與康熙的關係又都很深，乾隆固然可以拿祖孫情作為政治資本，弘晳當然也可以，這使他隱隱然成了乾隆的競爭者。

弘晳之外，尚有弘升、弘昌、弘晈、弘普等幾個重要角色喜歡興風作浪，其中弘升是乾隆的五叔允祺之子，弘昌、弘晈是乾隆的十三叔允祥之子，弘普是允祿之子。弘升、弘昌都是乾隆新政的直接受惠者，弘升在雍正朝時因事被削去世子並被圈禁，乾隆即位後將他釋放，加恩授其以都統，命他管理火器營。弘昌從小不服管教，到處惹是生非，其父怕他在外闖禍，甚至不得不自行奏請將他圈禁在家，直到允祥死後才解除圈禁，乾隆一即位便將其加封為貝勒。

施恩起到了反效果，這些乾隆的堂兄弟把允祿作為後臺，以允祿、弘晳為雙核心，「暗中結黨，往來詭秘」，已儼然成了一個政治小集團。乾隆發現後，對於是否要採取措施，一度也產生過猶豫，曾幻想過他們能夠自行悔悟，慢慢解散，但經過兩年的觀察，發現他們依然固結，宗室貴族中的離心傾向漸趨嚴重，這才擔心憂慮起來，「恐將來日甚一日，漸有尾大不掉之勢。」

一七三九年九月，乾隆過生日，眾人進獻禮物，弘晳進獻的是鵝黃肩輿一乘。在中國古代，黃色向為皇家專用顏色，黃色肩輿相當於皇帝專用肩輿，弘晳把只有皇帝才能用的東西進獻給皇帝，本來也談不上有什麼不妥，但乾隆卻說弘皙居心叵測：「你為什麼要單送這個給我？我要是不收，你是不是打算留著自己用？」

乾隆的話也算是「欲加之罪，何患無辭」，光靠這種捕風捉影的辦法實難治弘皙以大罪，但說明皇帝已下決心要取締允祿、弘皙集團了。次月，乾隆首先對被他認為不知感恩，卻「暗中結黨，巧為經營」的火器營都統弘升動手，以「挑動事端，使我宗室不睦」的罪名將其逮捕，交宗人府審問。此後又經過一個月的調查，將允祿、弘皙、弘升、弘昌、弘晈、弘普等人結黨的情況予以公開揭露，調查中還發現允祿曾將官物私自換與弘皙，乾隆於是下令革去允祿的親王雙俸及議政大臣、理藩院尚書等職務，同時分別革去弘皙、弘昌、弘普的爵位。

事情到這裡還沒有完，有人突然告發弘皙。宗人府不敢怠慢，連忙進行追查，不查不知道，原來皇帝對弘皙居心叵測的指責並非無中生有，這小子竟然真的把自己當成了乾隆的競爭者。

擔心完全變成現實

告發者就來自弘皙自己的王府，告發者檢舉說有一個擅長邪術的巫師，自稱能讓祖師顯靈，弘皙信以為真，曾邀其來府中作法。宗人府順藤摸瓜，逮捕了這個名叫安泰的巫師，安泰在審訊中供認，弘皙曾透過他向「顯靈的祖師」詢問幾個問題：「準噶爾能否打到北京？天下是否會太平？皇帝有多少壽命？將來我還能升騰嗎？」

自康熙起，準噶爾就是大清在邊疆的大敵，雍正時與準噶爾作戰打了敗仗，準噶爾甚至又像當年元滅金那樣，有大舉南下直搗京師之勢，弄得雍正有段時間不得不準備修長城加以防禦。弘皙顯然對此印象深刻，他問準噶爾能否打到北京，又問天下是否會太平，活脫脫一副唯恐天下不亂和企圖渾水摸魚的心態。

與前兩個問題相比，後面兩個問題更為露骨：皇帝年紀輕輕，問皇帝還能活幾歲，無異於在咒皇帝快死；親王是爵位中的第一等，弘皙還想往上升，那就只有帝位能滿足他了。

宗人府還查出，弘皙仿照國家制度，在其府內設置了會計、掌儀等司。雍正朝時，雍正雖曾特許弘皙王府的體制和服飾可超過一般王公，但弘皙既然都已經表露了不臣之心，他的這些做法自然也就被賦予了不同的含義，後世有人甚至直接將他和允祿等人的行為稱為「流產的宮廷政變」。

乾隆的擔心完全變成現實，震驚之餘，立即降諭稱弘皙之罪較當初的允禩、允禟更重，下令永遠圈禁，本人和其子孫照允禩、允禟之孫例，革去宗室，給予紅帶。對允祿、弘皙集團其他成員的懲罰也隨之升級，允祿因以「遇事模棱兩可」的態度為弘皙充當了保護傘，再遭乾隆痛斥，弘升所受處分則與弘皙等同，為革職永遠圈禁。幾個小字輩皇族裡面，只有弘晈的情況稍好一些，保留了原有的郡王爵位，但被永遠停支俸祿。

乾隆實施新政後，宗室勢力一度出現的死灰復燃跡象至此煙消雲散。在這次打擊中，作為核心之一的允祿也僅保住了親王爵位，嚇得老頭子戰戰兢兢，從此再不敢過問政治，將主要精力都放在了研究數學、樂律上，後來成了古音樂名家。其他宗室成員也大多被迫遠離政治，以書畫詩賦自娛，如弘晈養菊花、製扇子，當時名氣都不小。

弘皙暗暗期盼著準噶爾能打到北京，但這已經變得不可能了。一七四〇年年初，經過長達四年的談判，準噶爾完全接受清廷提出的條件，同意以阿爾泰山作為雙方邊界。

準噶爾願意回到談判桌上來，是因為乾隆對開戰、講和都有充分準備，準噶爾要戰的話沒有任何好處，只能選擇和，而和談之所以能夠取得成功，又與乾隆策略得當有著很大關係。

在雍正晚年的清準戰爭中，清軍遭遇慘敗，非常被動，幸虧漠北蒙古王公、和碩額駙（駙馬）策棱率部取得光顯寺大捷，戰局才為之扭轉，也才為清準和議奠定基礎。當時準噶爾遣使請和，策棱奉召來京，與王大臣等人進行商議，乾隆參加了討論，「親聆運籌」，這使他對於策棱的作用有著充分認識，即位不久即手諭策棱：「皇考（雍正）曾諭朕，所有軍務，以後就全靠你了！」

談判過程中，乾隆屢次徵求策棱的意見，策棱頻頻奉旨赴京，「準噶爾憚其（策棱）威重」，即便要求暫時得不到滿足，也不敢輕易宣佈談判破裂。

乾隆親自把握談判的大方向，其間有剛有柔，既堅持原則也不乏靈活。將阿爾泰山劃為邊界，乃雍正生前的談判條件，乾隆以此為底線，哪怕冒著談判可能破裂的危險，也絕不讓步，在其他方面則表現出一定的彈性，如同意在恢復與準噶爾的貿易時，增加其參與貿易的實際人數，又如雖然邊防關卡不撤，但承諾絕不築城設兵，僅每年派哨兵幾十人巡察邊界。

清準邊界談判的成功意味著，雍正晚年花費五年時間損兵折將，耗費巨額錢糧都沒有達成的目標，終於由他的後繼者代為實現了，自此清廷不必再耗費巨大人力、物力，用於防範準噶爾的騷擾，西北邊境也由此迎來了久違的安寧。

乾隆非常高興，特意在圓明園「山高水長樓」外設大蒙古包宴請準部使團成員。他本來身體強健，很少有生病的時候，但那些天因身體過於疲憊，患了傷風感冒，整天咳嗽不止。御史上奏摺勸他注意靜養，不必凡事親力親為，乾隆很不高興地訓斥說：暑去寒來，氣候變化，人不適應而生病乃尋常之事，帝王也是常人，生病不能避免，怎麼能因為一生病就丟開政務呢？「錯謬已甚」，你的觀點實在是沒什麼道理。

玩平衡

乾隆擯斥宗室貴族，並不代表他對大臣們就感到滿意。這些大臣多數為雍正時代軍機處的舊人，乾隆在新政中大幅修改雍正的政策，他們雖不敢公開對此表示非議，但心裡不得勁，做事就不會那麼積極主動，乾隆使用起來很難稱得上得心應手。更讓他不滿和引起警覺的是，大臣們久居要津，為維護個人私利，或相互援引，或相互排斥，編織出了一張張盤根錯節的權力關係網，連身為皇帝的他，都不得不煞費苦心地在中間進行周旋。

雍正朝有「四大寵臣」之說，分別是鄂爾泰、張廷玉、李衛、田文鏡，四人同為雍正的股肱心腹，深得雍正的信任和倚重。李、田大多數時間都在封疆大吏任上，且田文鏡在乾隆登基前就已去世，對雍正末年至乾隆初年政局造成影響的，主要是鄂爾泰、張廷玉。

張廷玉比鄂爾泰大八歲，資歷也比鄂爾泰要老，在康熙末年時已官至侍郎，其時鄂爾泰僅為內務府員外郎，後來軍機處創立，張廷玉是首批軍機大臣，列名僅次於雍正最信賴的兄弟允祥。張廷玉的子弟也多為達官顯職，由於他是漢官，聚集在其周圍的官員以漢九卿和漢督撫為主，勢力集中於內閣六部。

鄂爾泰原先一直在地方上任職，稍晚才得以進入軍機處，但他憑藉在西南推行改土歸流之功，後來居上，不出幾年名氣就超越了張廷玉。鄂爾泰同樣滿門顯宦，子侄多半為總督巡撫，他是滿人，聚集在其周圍的官員以地方滿人督撫為主，當然也有部分在京漢官。

從雍正末年起，朝廷上就已形成鄂爾泰與張廷玉兩黨的分野，「鄂爾泰、張廷玉素不相得，兩家亦各有私人」，他們各樹門戶，廣植黨羽，爭權奪利，勢若水火。雍正去世前，因苗疆事起，雍正頗有怪罪鄂爾泰措置不善之意，鄂黨一時失勢，張黨占了上風，被雍正派去苗疆指揮平叛的刑部尚書張照即為張黨成員。張照到貴州後根本就不把精力放在平叛上，卻致力於搜集鄂爾泰的種種罪狀，向雍正告發，欲全盤推翻改土歸流政策，這其實就是鄂、張黨爭的極端表現。

這個時候正好雍正去世，乾隆即位，經過調查瞭解，他對改土歸流持事實上的肯定態度，並斥責張照「浮躁妄行」，下令將其逮捕下獄。之後鄂爾泰上奏，提出要嚴懲張照，乾隆看出他有意報復，不僅未聽從他的意見，反而還赦免了張照，命張照在武英殿修書處行走，後又任命他為吏部大臣。對於這件事，乾隆後來回顧說：「鄂爾泰欲置伊（指張照）於死地，朕若聽其言，張照豈獲生全？」

康熙、乾隆祖孫倆都喜歡歷史，但乾隆在即位前不敢對近期歷史也就是明清歷史多加議論，直到即位後才得以暢所欲言。在明史方面，康熙認為朋黨相爭是導致明朝滅亡的關鍵因素，乾隆亦持相似看法：「明季科目，官官相護，甚至分門植黨，僨事誤公，惡習牢不可破，乃朕所深惡而痛斥者。」

研究歷史是為了給治政找依據，乾隆拿明史與現實做對照，使他對官僚拉幫結派、黨同伐異的行為深惡痛絕，也由此對鄂爾泰、張廷玉結黨深為厭惡和不滿。問題是鄂、張身為滿漢大臣的領袖人物，在乾隆羽毛未豐時，還少不了他們的支持，而且二人又是乾隆皇子時的總師傅，有訓誨之勞，情面不能馬上撕破。在這種情況下，乾隆採取的對策是沿用自康熙起就屢試不爽的帝王心術，在兩黨之間玩平衡，通過小心翼翼的操縱駕馭，不讓其中一派完全壓倒另一派。

張照在貴州時狀告鄂爾泰，乾隆在其密折上批示：「鄂爾泰之功過，將來事竣之後自有定論。」實際他當時還沒有贊成改土歸流，對張照提供的關於鄂爾泰的罪狀也並未否定，但卻故意表現得不置可否，處處留有餘地。

此後張照被證明不能勝任苗疆平叛重任，乾隆馬上以張廣泗替代，並再三強調：「朕決不遙制，一切唯張廣泗是問。」這是因為他知道張廣泗不但具備平叛的能力，而且其本身即為鄂黨骨幹，與鄂爾泰的關係非同一般。苗疆叛亂令鄂爾泰受責，張廣泗亦受牽連，派他去貴州實有戴罪立功的意味，張廣泗也必然只能破釜沉舟，使出渾身解數竭力平叛。

鄂爾泰上奏要求嚴懲張照，看似只針對張照一人，其實是在給張黨吃癟，鄂黨得勢的情況下，鄂黨欲對張黨窮追猛打乃至製造大獄的信號，一旦得逞，鄂黨便會立刻在朝中形成壓倒性優勢。這種局面對皇帝是極為不利的，所以乾隆才要保全張照，他日後追論此事時說：「張照為張廷玉所喜而鄂爾泰所惡，張廣泗為鄂爾泰所喜而張廷玉所惡，朕不是不知道，但朕既不能使其一勝一敗，也不能使之兩敗俱傷，朕對此自有權衡……。」

豈能聽之任之

清代皇帝都有不同程度的重滿輕漢傾向，乾隆個人袒護滿族官員的態度更為明顯，乾隆一朝，在上層官僚機構中，滿員占多數，漢員占少數，即便滿漢同官，實權也掌握在滿員手中。這對鄂、張兩黨的力量對比造成了直接影響，在多數情況下，總是鄂黨占上風，張黨居下風。

與此同時，鄂、張性格也大不相同，鄂爾泰豁達驕倨，我行我素，張廷玉則為人素來小心謹慎，遇事謙退。乾隆有一次心血來潮，提議恢復古代帝王敬禮耆老之意，向老臣授予「三老五更」的榮譽稱號，張廷玉、鄂爾泰俱有資格坐「三老」之位，但張廷玉以「典禮隆重，名實難副」為由表示反對，而鄂爾泰則模棱兩可，儼然以耆老自命，乾隆評價道：「鄂爾泰固好虛譽而近於驕者，張廷玉則擅自謹而近於懦者。」

大臣黃廷桂受乾隆器重，欲拔擢為巡撫，但鄂爾泰與黃不和，便趁乾隆出巡未歸之機，先發制人，以黃廷桂「濫舉非人」為由，將其降二級調用。乾隆回京瞭解此事後非常生氣，明確指出這是與黃廷桂不和的人在對他找碴治罪，「此等居心行事，乃竟出於朕信任之頭等大臣（指鄂爾泰），讓朕都感到慚愧，你們究竟把朕看成什麼樣的主子啦？」隨即下令對鄂爾泰予以警告處分，並撤銷其在黃廷桂案中所做的處理，「黃廷桂系無干之人，不必處分。」

在乾隆初政期間，雖然他對鄂爾泰、張廷玉特別是鄂爾泰不時進行告誡提醒，但總的來說還是以優容包涵為主。隨著宗室被乾隆先行摒斥，允禮去世，允祿也因結黨被罷黜，鄂爾泰、張廷玉的勢力得以繼續膨脹，兩大朋黨對峙的局面正式形成。乾隆注意到，朝野相當一部分大臣紛紛投靠於鄂爾泰、張廷玉門下，非此即彼，「滿洲則思依附鄂爾泰，漢人則思依附張廷玉，不獨微末之員，即侍郎尚書中亦所不免。」他一再發動眾人集思廣益，為朝廷獻計獻策，廷臣們能不說就不說，能少說就少說，但只要一涉及人事任免及兩黨利益等的問題，便都立刻睜大眼睛，你爭我奪，錙銖必較。

由於朝中的黨派關係錯綜複雜，連乾隆本人也遭到誤解，有些人懷疑他任免官員和獎懲大臣，不是取自鄂爾泰的態度，就是聽取了張廷玉的意見，為此乾隆只好改變原意，以免給外界造成他受人左右的印象。

張照的例子就是這樣。張照雖是張黨成員，又在苗疆平叛中獲罪，但本人極富才華，尤其寫得一手好字，是清代「館閣體」書法的代表。喜愛藝術的乾隆很賞識張照，有一次刑部侍郎出缺，便打算把這個職位授給張照，可是當時鄂爾泰未曾入值，而張廷玉正好在旁邊，乾隆擔心別人說張照系張廷玉所推薦，便不得不改用了他人。

同時代還有一個與張照齊名的書法家，名叫勵宗萬，張照是南方人，勵宗萬是北方人，所以被稱為「南張北勵」，乾隆對他也極為欣賞。

勵宗萬原任刑部侍郎，因為收受賄賂，被人舉報，乾隆覺得他操守固然不佳，不過如果負責皇家圖書，則是人盡其才，便對他進行了職務調整，撤職降為武英殿修書處行走。舉報勵宗萬賄賂的人並非張廷玉或張黨成員，但外界卻認為勵宗萬是被張廷玉所參劾，故而不得皇帝重用。

鄂爾泰的能量尚在張廷玉之上。蒙古親王、額駙策棱應召到京城商議準噶爾議和的事，當著乾隆的面說起某某年老，建議召其回京，哪些官員盡忠效力，其中特別是某某建議補為隨印侍讀等。乾隆聽後有似曾相識的感覺，仔細一想，鄂爾泰曾對他說過同樣的話，於是判斷這些話都是鄂爾泰教策棱說的，他把鄂爾泰找來，問是不是這樣。雖然鄂爾泰矢口否認，但乾隆並沒有因此打消疑慮，他認為如果是鄂爾泰事前跟策棱交代要這麼說，固然不應該，然而就算鄂爾泰沒向策棱透露半個字，以策棱這樣連皇帝都倍加倚重的王公親貴，居然還要靠揣摩鄂爾泰的意旨來說話，並以此討好鄂爾泰，那就更可怕了。

在乾隆處理政務的養心殿西暖閣，懸掛著一幅雍正親書的對聯：「唯以一人治天下，豈為天下奉一人。」正如這副對聯所言，皇帝一個人治天下就夠了，容不得任何人與其分享權力，朋黨勢力迅速擴張，必然意味著君權旁落，豈能聽之任之？至一七四〇年，經過一番內修外治，乾隆的威望不斷提高，根基也逐漸牢固，在國內穩定、邊疆安寧的條件下，他開始尋找機會有意識地對兩黨進行裁抑。

又能好到哪裡去

一七四〇年四月，河南巡撫雅爾圖上奏稱，河南百姓大多怨恨他的前任田文鏡，因此請求將其從本省賢良祠中撤出。乾隆趁機發表談話，說鄂爾泰、田文鏡、李衛都是雍正生前所最稱許的人物，他先前已同意將李衛放入京師賢良祠（李衛於兩年前病逝於直隸總督任上），雅爾圖上奏是想以此及彼，借請求將田文鏡撤出賢良祠，間接勸他不應將李衛入祠。做了這麼一個解釋之後，乾隆表示當年雍正已經同意田文鏡入祠，如今要撤出，等於在翻案，所以這件事就算了。

田文鏡不應撤，當然李衛也就不用撤了，但乾隆話裡話外卻已經向外界傳遞出一個資訊，即他對田文鏡、李衛都不以為然，只是父親雍正認可，才不得不給個面子而已。

評述田文鏡乃至李衛並非乾隆談話的關鍵，他緊接著就談到了鄂爾泰，說在他看來，其實田文鏡比不上李衛，李衛又比不上鄂爾泰。這話聽上去好像是在表揚鄂爾泰，然而如果聯繫前文，則不亞於是在奚落鄂爾泰：既然田文鏡、李衛都很一般，死了入祀賢良祠都極其勉強，那麼，就算你鄂爾泰比他們要強上一些，又能好到哪裡去呢？

貶鄂爾泰的同時，乾隆也沒有忘記張廷玉，他以勸諭臣下不要逢迎結黨為藉口，用閃爍其詞、旁敲側擊的方式對二人發出警告，說：「從來臣工之弊，莫大於逢迎揣度，大學士鄂爾泰、張廷玉，乃皇考（雍正）簡選任用的大臣，為朕所倚重信任，朕自然會考慮如何保護他們，想來他們也不敢存有黨援庇護的念頭。」

那些依附於鄂、張的大臣也都得到告誡，「如果今後還要繼續依附逢迎，日積月累，其實是害了他們（指鄂爾泰、張廷玉）。」

談話一結束，乾隆就對涉嫌互相袒護朋比的禮部侍郎方苞等官員分別予以懲處，方苞等人無論官職還是罪責都不大，他這麼做顯然是要殺雞給猴看，為裁抑鄂、張二黨製造聲勢。

一七四一年七月，在乾隆的帶動下，都察院左都御史劉統勳上疏，直言張廷玉家族勢力過盛。張廷玉系安徽桐城人，劉統勳指出桐城有張、姚兩大望族，姚氏與張氏為世代姻親，如今張氏在朝中當官者有十九人，姚氏有十人，「外間輿論動雲，桐城張、姚兩姓，占卻半部縉紳。」

劉統勳建議對張廷玉家族加以限制，「今三年內，非特旨擢進，概停升轉。」乾隆立即表示贊同，將劉統勳的奏摺當眾宣讀，並要求張廷玉本著聞過則喜的態度予以接受。

張廷玉一看勢頭不對，哪裡還敢說半個不字，當即便誠惶誠恐地接受下來，以後也更加注意儘量少拋頭露面。

乾隆對張氏子弟不光不給升官，也不給爵。清代以軍功立國，向有漢文臣不封公、侯、伯之例，乾隆初年為示優禮老臣，乾隆曾破格加恩，賜張廷玉以伯爵，並准許由其子張若靄承襲。當年年底，在張廷玉請將伯爵銜由張若靄承襲時，乾隆卻自食其言，收回成命，不准張若靄承襲，只允許張廷玉本人當到老死為止。

張廷玉原本在民間的名氣很大，連朝鮮使臣都知道他「負天下眾望」，士民「皆以為張閣老在，天下無事雲」，在遭遇這一連串的打擊後，其家族勢力和個人影響力都遭到嚴重削弱。

鄂、張兩黨一向爭鬥激烈，見張黨不招皇帝待見，鄂黨馬上乘勢而上，鄂爾泰的門生、御史仲永檀就大臣收受紅包案，對步軍統領鄂善提出參劾。

原來京城有個富戶俞某，他死後其女婿為爭奪家產，通過擔任內閣學士的親戚，邀請朝中九卿前往弔唁，其條件是凡參加弔唁的官員都送一紅包，鄂善也參加而且收受了數額不小的紅包。鄂善本身並非張黨成員，但鄂黨項莊舞劍，意在沛公，他們指控鄂善，重點是要暴露其他大臣——弔唁俞某的官員以張黨大臣居多，甚至張廷玉本人都送了帖！

大臣們為了拿到紅包，竟然不顧臉面，趨之若鶩地跑去給老百姓弔唁，這在京城無疑是個特大醜聞，如果朝廷認真對待，勢成大獄，與之牽連最多的張黨必徹底垮臺，從而造成鄂黨獨大的局面。乾隆顯然並不願意看到這種局面，他既要對兩黨進行裁抑，但在時機未至之時，還要繼續保持派別間的力量均勢，以收相互牽制之效，這叫作「既不使一成一敗，亦不使兩敗俱傷。」正因如此，他在處理時，便只賜首犯鄂善自盡，其餘均從寬開脫，張廷玉等人送帖弔唁的事也以「查詢明白，全屬子虛」不了了之。

仲永檀還不點名地參劾了張廷玉，並以御史吳士功洩密案作為證據。吳士功為張廷玉門生，他曾上密奏彈劾尚書史貽直，史貽直與鄂爾泰交好，此彈劾顯然含有兩黨互鬥的性質，乾隆的反應是留中不發，也就是把吳士功的密奏留在宮禁中，既不交議也不批答。

未料外界很快就知道了密奏內容，仲永檀認為洩密必出自吳士功，但很可能吳士功只是充當了「權要」（暗指張廷玉）的耳目，他同時指出這一洩密案的後果很嚴重，「是權要有耳目，朝廷將不復有耳目矣。」與處理大臣收受紅包案相仿，乾隆仍舊對此採取了避重就輕的方式，說吳士功等人究竟有沒有洩密，暫時先不追究，如果他們不知悔改，繼續出現洩密的事，將來再一併從重處分。

作繭自縛

鄂黨拼命攻擊張黨，其實自己屁股也不乾淨，說張黨洩密，他們洩密更厲害，正如乾隆所指出的：「鄂爾泰縝密之處，不如張廷玉。」

仲永檀在大臣收受紅包案和吳士功洩密案中得了便宜，因奏劾得實而得以升任左副都御史。這傢伙打小報告打上了癮，又把靶子對準鄂黨死敵、剛剛以刑部尚書兼領樂部的張照，參劾張照在主持樂部事務時，「以九卿之尊，親操戲鼓。」

從張照參劾的內容來看，仲永檀應該沒有親眼看到張照穿著官袍，「咚咚咚」地敲打戲鼓的情景，十有八九是從旁人口中得到的消息。大概就是因此，此番參劾未能成功。

之後的某一天，擅打小報告的仲永檀突然被朝廷革職拿問，起因是有人揭發他與鄂爾泰長子鄂容安串通洩密，陷害異己。

根據較權威的清代筆記所述，張照被仲永檀參劾，令其對仲永檀恨之入骨，於是揭發他「泄禁中語」，若情況屬實，此君真可謂作繭自縛了。仲永檀號稱敢言，先前就洩密一事連張廷玉都要參劾，不料揭開面具，他自己卻是這般模樣，乾隆豈會不感到憤怒，他下令將鄂容安也一併革職逮捕，交允祿、張廷玉等王大臣查問。

從揭發者提供的資訊以及仲永檀的供詞來看，仲永檀與鄂容安平時關係密切，往來頻繁，在仲永檀上奏摺之前，兩人常在一起商量對策，啟奏以後，也會再次聚謀，「明系結黨營私，糾參不睦之人。」這些都已足以給仲永檀、鄂容安定罪，但乾隆的關注點不限於此，他還試圖順藤摸瓜，查出仲永檀是否與鄂爾泰串通，受其指揮介入政爭。

張黨大臣在仲永檀所參兩案中差點被逼得走投無路，對其恨之入骨，這個時候自然只會落井下石，他們乘機要求刑訊仲永檀、鄂容安，並逮問鄂爾泰。不料到了緊要關頭，乾隆卻又忽然改變主意，稱仲永檀、鄂容安「俱系三品大臣」，不可動刑，同時宣佈結案。

除仲永檀已病死於獄中外，涉案的鄂爾泰父子都得到了從寬處理，鄂容安僅令退出南書房（鄂容安原在上書房行走），鄂爾泰也只交部議處，最後被削去所有加級記錄，抵降二級，從寬留任。

乾隆在處理意見中訓斥鄂爾泰識人不當，居然看不出仲永檀這樣的門生有多差勁，又不能教育好兒子，所以才要把他交部議處，「以示薄罰」。對於為什麼匆匆結案，乾隆的解釋是，鄂爾泰乃先皇遺留大臣，他實在不忍心以此事再深究下去，如若深究，不但鄂爾泰個人承受不起那麼大的罪名，而且國家也會少一個能辦事的大臣，甚為可惜。除了這些，乾隆當然還有不便說出口的理由。仲永檀案若繼續鬧下去，將使鄂黨崩解，張黨獨大，這是乾隆要竭力避免的，所以他才會採取幾乎和仲永檀所參兩案一樣的處理方式，大事化小，小事化了。

乾隆在摒棄宗室，削除鄂、張兩黨的同時，也在提拔新進，以形成自己的一套班子。他剛剛登基時，滿朝文武都是老臣，用他自己的話說，「在朝諸臣，皆年長於予」，在這些老臣中，年紀最輕的是訥親，被乾隆看中並委以破格重用的也是此人。

訥親出身名門望族，祖父遏必隆乃康熙初期的四大輔臣之一，姑姑是康熙的皇后，雍正朝時他由筆帖式（清代執掌文書檔案的官員）襲公爵，被授為散秩大臣，雍正晚年很賞識訥親，「以為少年大臣中可以望其有成者」，遂將其納入了軍機處。作為雍正時軍機處的舊人，訥親與鄂爾泰、張廷玉同時承受顧命，但年輕位卑，此後則受到乾隆的特別寵信，「受恩十三年，在近臣中無出其右者。」

訥親如此受寵，不免會引起同僚們的羨慕嫉妒恨。都察院左都御史劉統勳上疏，說訥親一人兼管吏戶兩部，恐怕會因精神疲憊而貽誤公務，又說他年紀輕輕，卻權勢過盛，暗示訥親極可能「開賄賂之門，竊威福之柄。」事實上，訥親不僅精明能幹，勇於任事，「料事每與上合」，而且越是權勢日隆，越是廉潔自持，他甚至在自家門口拴了條藏獒，想要賄賂他的人連他家門口都不敢靠近，以致訥親府邸「初無車馬之跡」。

乾隆瞭解訥親，所以劉統勳的奏疏並未動搖他對訥親的信任和倚重。從當時的明文檔案來看，雖然鄂爾泰、張廷玉等仍處於軍機處領班、內閣首輔的地位，但真正被假以事權，辦理日常事務的是訥親。軍機章京趙翼曾說：「（乾隆）初年，唯訥公親一人承旨。」面承諭旨，本為首席軍機大臣所司，說明此時的訥親已超越鄂、張，雖無首輔之名，卻已有首輔之實。

大興土木

在國家政權日益鞏固以及對政務駕輕就熟的情況下，乾隆不必再整天埋首公文和事務，終於可以騰出精力從事其他活動了。他即位之初詩作極少，每年只有幾十首詩，如今則逐漸增多，年均寫詩已經達到數百篇。

除了寫詩，乾隆還頻繁地外出巡幸以及興建土木工程，前者主要包括木蘭秋獮、巡遊各地、熱河避暑等，後者最為矚目的則是擴建圓明園。

在中國古代，大興土木向來都被視為勞民傷財的弊政，乾隆剛開始對圓明園進行擴建時，即有言官力諫停工。一七四〇年，西部發生嚴重水災，左僉都御史劉藻趁機上疏，以「為天地惜物力，為國家培元氣」為由，請求對圓明園擴建工程「可停者酌停之，必不可停者酌減之。」

乾隆辯解說：「圓明園乃臨時駐蹕之地，現仍依照皇考（雍正）舊規，並未別有營造，以蹈土木繁興之戒。」可是他也沒法把正在進行中的工程全都賴得乾乾淨淨，只得承認自己「一時遊覽之娛，不能自克。」

這時乾隆正在宣導勵精圖治，不好開罪言官，所以他內心雖然聽不進言官的規勸，但表面上還得表揚對方，稱劉藻「此語深獲朕心」，同時承諾不再啟動任何新的園林工程，圓明園的所有擴建工程也將隨之中止。

乾隆話猶在耳，圓明園擴建及其他土木營建卻不僅沒有停止或減少，反而更加頻繁。乾隆為此不惜找出了各種藉口，如鴻慈永祜（也稱安佑宮），此為圓明園內規模最大、規格最高的一組建築，花費總計超過六十萬兩白銀，乾隆的解釋就是鴻慈永祜乃專供祖宗的家廟，要孝敬父祖，就不能不建。與之相應，在鴻慈永祜完工後，乾隆也確實經常前去探視，鴻慈永祜裡有康熙、雍正的遺像和牌位，到了清明節等祭祀祖先的節日，他也會站在遺像和牌位前，親自主持祭祖儀式。

一七四四年，距劉藻上疏四年之後，圓明園本園的擴建已經全部完工，乾隆從中選出四十個景點，正式命為「圓明園四十景」，並親自在相應畫冊上為每個景點都題寫了一首詩。

作為一個兼具藝術家氣質的皇帝，乾隆對宮殿園林有著強烈的愛好和極高的鑒賞力，即便他明知大興土木與儒家所提倡的節儉價值觀背道而馳，也當眾做出了承諾，到頭來還是難以抵擋自己內心的這種欲望和追求。

另外，現實狀況其實也允許和支持乾隆這麼做。與很多朝代經濟困難不同，乾隆朝在多數情況下都財政充盈，並不存在因君主缺乏「儉德」而導致民不聊生的問題。比如，西部發生水災，乾隆除照例拿出大量錢糧，用以賑濟災荒外，還會減輕當地的賦稅以及興修水利、扶貧濟困、宣導文教等。在這方面，他所花的錢財往往超過土木工程幾十倍，可以說以前皇帝該做能做的他都做了，而且做得更多、更好，即便這樣，財政仍不短絀，用於土木營建依舊綽綽有餘，這樣一來，乾隆自然就不會面臨太大的道德和經濟壓力。

除了「傷財」，歷朝歷代將大興土木視之為苛政的另一個重要原因，便是「勞民」。在清以前，一直到明代，宮殿園林所需物料有不少都來自攤派勒索，工匠的權利也都不得保證，為皇室營建宮殿園林大多數時候都是無償的，「人人上不得奉養父母，下不得歡喜撫子。」明代營建鳳陽，工匠因不堪忍受甚而發生暴動，朱元璋為此殺了許多工匠。

乾隆營建的工程用料皆由官府製造或在市場購買，工匠也都按日計酬，且酬金較高。從這一點上來說，雖然乾隆朝的大興土木也免不了要騷擾民間，但與以前那種弄得民怨沸騰的情況已經大不相同。

實際上，乾隆即位後不單單是擴建圓明園，還大規模改擴建了紫禁城、中南海、北海，直至壇廟房舍、道路橋樑、城垣兵營。為配合改擴建，他又浚治了北京內外的湖泊河流，其規模之大、涉及面之廣以及耗帑之多，為歷代所不及。與此同時，因為不缺錢，乾隆在營建時往往不惜工本，只求工程品質的精緻堅固，這使得凡他所營建的工程，論用工之精和藝術水準之高，均為歷朝之冠。瑞典學者喜仁龍在二十世紀早期訪問中國時，對北京城牆進行了實地勘查，發現乾隆時燒造的城磚精堅厚大，相比之下，前朝的城磚都顯得既薄又小，他得出的結論是：「乾隆時代的城垣修築得最為精心和堅固。」

北京為千年古都，歷代均有營建，但以乾隆用力為最多，貢獻也最大。北京城裡城外幾乎所有重要的建築物、園林名勝，都在乾隆時經過重新擴充、修繕乃至新建，這座城市已深深打上了他的印記，以至於直到今天，人們只要一談到老北京，便總是無法完全撇開乾隆和他的時代。

持家過日子

中國歷史上恪守「儉德」的皇帝頗有一些，如乾隆的孫子道光，正餐之外，甚至連一碗片兒湯都捨不得喝，衣服也要打補丁，可是節儉不等於精明——道光讓御膳房按菜譜做片兒湯，內務府居然報出了一次性六萬兩製作費以及每年一萬五千兩維護費的驚人帳單，更令人詫異的是，他居然也相信並且容忍，解決的辦法只是決定自己不喝湯而已。

乾隆雖然和道光一樣長於深宮，但比他的孫子不知道要精明多少，別說近在眼前的內務府，就是各地外官想要在他面前打馬虎眼，玩弄「鉅資製作片兒湯」之類的把戲，也絕不是一件易事。

陝甘總督勒爾謹以給皇帝送禮為名，每年收受皋蘭知縣提供的置辦銀兩三千兩，但他給乾隆送的禮，在乾隆看來，「不過值銀數百兩」，而且乾隆迅速推斷出，勒爾謹不可能只向皋蘭知縣要錢，他嚴厲地斥問勒爾謹：「你借此名色，皋蘭一縣就收兩三千兩，其餘州縣自然多有幫辦。」

乾隆認為勒爾謹打著湊錢給皇帝買禮物的旗號，卻從中漁利，結果皇帝本人沒得到多少像樣的禮物不說，還被他敗壞了名聲，因此極為惱火。後來轟動全國的甘肅冒賑案爆發，眾罪合一，勒爾謹終被賜死。

同樣自作聰明的還有雲南總督恒文。清代雲南以盛產黃金聞名，恒文打算購買黃金，用以製成金手爐，作為給皇帝的貢品，他把買黃金的任務交給各府州縣，但只提供有限經費，如市面上黃金一兩換十四兩銀子，他只給十兩。

不是恒文公務繁忙疏忽了或不懂行情，實際他還是想和勒爾謹一樣收「一箭雙雕」之效，即既討好皇帝，又借此機會對下屬進行勒索。各府州縣的官員不敢不從，但也不肯自掏腰包，便把負擔轉嫁給商民，結果激起了矛盾。參與此事的雲南巡撫郭一裕一看不好，趕緊搶先揭發恒文。乾隆馬上派專案組去雲南調查，由於該案已經在當地引起民憤，在確證案情屬實後，他立賜恒文自盡，其他與此事有關的官員，包括郭一裕在內，上自雲南巡撫、按察使、布政使，下至各府州縣，近六十名官員全都受到了處罰。

道光極度節儉，終其一生，也沒有從事大的營建，但老百姓該交的賦稅一分都沒有少，甚至比以前更多。這位「守財奴皇帝」也沒能真正攢下錢來，在他執政期間，政府財源非但沒有變得充盈，反而日漸衰竭，由此可見，皇帝和普通老百姓持家過日子其實是一個道理，勤儉節約有時未必是美德，關鍵還是看錢怎麼用以及能不能繼續掙到錢。

乾隆從事各種土木營建，本身就兼有散財分資的性質，即便主要用於皇帝居住和賞玩的宮殿園林，其中不少也都仿照同時期的水利等工程，實行「以工代賑」，雇募災民進行施工。當時受雇宮廷的給值較高，壯工每工給值八分，瓦、木、石、裱等工每工給值一錢五分以上，雇值都高於民間，已足以使災民糊口，因此應雇者趨之若鶩。

乾隆也絕不是光吃父祖的老本，只會散財不會聚財。古代賦稅主要來源於農業，乾隆對於勸農重耕的熱情自不必說，單是把他執政期間那些察看農情、盼雨望晴的詩作歸類在一起，便是一份相當完整的乾隆朝農業資料。此外，受時代局限，雖然乾隆並沒有能夠脫離重農抑商的窠臼，但他對作為第二產業的採礦業則相對開明。

明末朝臣竟言礦利，皇帝派太監四處徵收礦稅，造成虐民暴政，這是導致明朝滅亡的一個重要原因。清初吸取教訓，對各地採礦加以限制，康熙、雍正尤甚，他們認為礦業與衣食住行沒有直接關聯，礦工聚集在一起也容易生事，所以反對開礦。康雍兩朝，凡偷偷採礦的滿漢官民，不是解部枷責，就是發邊疆充軍。敢於諫言開礦的大臣，除被嚴旨切責外，也往往會被交部察議，給予處分。

嚴格的「礦禁」政策致使各地礦業處於極度萎縮狀態，清代鑄錢需要用銅，康熙時鑄錢便只能依賴於從日本進口銅，有一段時間因日本限制銅的出口數量，甚至造成了銅荒。雍正為了鑄錢所需，才允許在雲南開銅礦，但雲南每年出銅最多時也只有兩三百萬斤，長此以往，導致出現了錢貴銀賤的問題（銀主要來自進口）。

乾隆喜歡大手大腳地花錢，他也從不諱言「利」，認為「義」和「利」不能截然分開，光講「義」不講「利」，並不符合孔孟等儒家先聖的原意。在他看來，採礦即如此，「所謂利物者，以百姓之資財，謀百姓之衣食」，這項產業既可解決百姓的生計，又能增加國家稅收，何樂而不為？

從乾隆初年起，乾隆對除金銀業外的銅、煤等礦業，都先後下旨予以許可，要求只是必須妥善辦理，興利除弊。受乾隆寬鬆政策的影響以及經濟利益的刺激，官方和民間都紛紛投身於採礦業，礦業出現突破性發展，「一百年的增長率大大超過了此前的兩千年」，雲南每年出銅上升到八九百萬斤，最多可達一千三百萬斤。

隨著礦稅逐漸成為一項重要的財政收入，坦然「言利」的乾隆對採礦的態度也更加積極主動，經常鼓勵臣下尋找礦源。就算對於許可範圍之外的金銀礦，他實際上也不完全予以禁止，如有一年當他聽說蒙古阿拉善王的遊牧區內有金礦時，便曾直接諭令阿拉善王與陝甘總督勒爾謹聯合勘查，規劃開採。

征討

乾隆的祖父康熙一生打了很多勝仗，是名副其實的「功夫皇帝」，但他推崇仁政，主張不得已才使用武力，而且用兵是為了去兵，作戰是為了去戰。或許是受到祖父影響，乾隆早在皇子時期便流露出相同的思想傾向，所謂「軍行十萬壯男兒，各各歸家勤耕穡」，即位後他更是屢次發出「佳兵不祥」的諭誡，不願輕動干戈。

乾隆初年，整個王朝基本呈現出四方無事，偃武止戈的局面，戰爭極少，直到乾隆十年即一七四五年，才爆發了瞻對之役。

瞻對位於四川西部雅礱江上游的群山之中，乃藏族聚居地，分為上下中三個瞻對，稱為「三瞻」，各二十餘寨。瞻對是內地通往西藏的要道，戰略地位相當重要，清軍入關後，朝廷為了爭取當地人的支持，對原有的土司、土舍（土司的屬官）制度概予承認，即便雍正朝推行改土歸流，也沒有對他們造成影響。

瞻對民風彪悍，一些勢力強大的土司長期拒向政府交納貢賦，這倒也罷了，最麻煩的是當地以劫掠為榮，劫奪之風極為盛行，甚至還有賴此為生者，稱為「夾壩」。

雍正八年，因瞻對「糾黨行劫」，雍正派土漢兵一萬兩千人前往征剿，情況一度有所好轉，但自乾隆初年起，瞻對搶劫川藏商旅的活動死灰復燃，而且更加頻繁和猖獗，連過路人和駐藏官兵都不能倖免。一七四四年，一隊換防返川的駐藏官兵在經過瞻對時，遭下瞻對的土司滾班所放「夾壩」肆意劫掠，所攜駱駝、軍器、行李被搶得一乾二淨。

由於沿途安全得不到保障，此後政府不得不專門撥出部隊，為赴藏上任的駐藏大臣傅清提供護送保護。乾隆批示讓四川方面追究贓盜，要求對土司「示之以威而革其心」，並說如果此事得不到解決，「將來川省無寧歲矣」。

瞻對四面環山，地形險惡，攻擊不易，四川方面接旨後也未敢貿然用兵。鑒於官兵被搶地點屬里塘土司管轄，四川巡撫紀山首先檄飭里塘土司，想透過他們與瞻對交涉，但這一辦法未能成功，瞻對土司只肯交出贓物數件，而拒絕查獻「夾壩」首惡。軟的不行，川陝總督慶復就來硬的，調動土漢兵八千進迫瞻對，試圖脅迫土司們交出兇犯，結果對方仍然不予理會。

慶復、紀山無計可施，只得正式請求朝廷發兵征討。乾隆一開始並不想大動干戈，就怕兵連禍結，勞師糜餉，可是眼看交涉和示威都無效，事情已成僵局，又不能坐視不理——瞻對劫官兵搶武器，最後弄得連堂堂封疆大吏都無安全感，「尚須撥兵護送，甚不成體統。」這已不單單是打了朝廷的臉，實際也讓川藏交通陷於半癱瘓狀態，嚴重影響到了中央政府對當地和西藏的管轄治理。

為了促使皇帝下決心征討，慶復、紀山都強調瞻對終屬彈丸之地，無力抗拒大軍，朝廷只需派少數兵力進剿，就能在最短時間內令其畏威懾服，從而以較小代價獲得最佳戰果。乾隆被說得怦然心動，但也不忘小心翼翼地加以告誡：「看來有不得不如此之勢，然而部署時還是要周密妥當，以期一勞永逸。」

一七四五年五月二十九日，乾隆批准議政王大臣會議決定，指令派遣漢土官兵一萬兩千進剿瞻對，同時為之調撥軍需銀米五十萬。

除去雍正遺留的苗疆平叛，瞻對之役是乾隆執政以來第一次決策用兵。他登基後雖然儘量避戰爭而遠之，但從未放棄祖輩賴以打天下的軍事技能，只要一有空隙，就會在宮門外練習騎射。曾多年隨侍其左右的大臣趙翼證實「上（乾隆）最善射」，以他親眼所見，乾隆每次都會以三輪作為他練習射箭的標準，每一輪發三箭，一共九箭，常見的情況是其中六七箭都能準確射中靶心。

清代筆記也記載，有一年秋天，乾隆當眾習射，發二十箭，十九箭都射中了靶心。侍從諸臣無不為之心悅誠服，有人用詩將這一情景記錄下來，乾隆很是高興，當即應其韻作詩，並命將詩作刻於牆壁之上。

雍正在位時因害怕政敵在京城搗亂，輕易不敢離開北京，也沒有舉行過木蘭秋獮。乾隆則以皇祖為榜樣，待內部政權稍一穩定，便舉行了木蘭秋獮，並使之成為每年的常規。木蘭秋獮寓習武於打獵，本質上是八旗軍的實戰訓練，即乾隆所謂的「整飭戎兵」，這一活動和乾隆自身從不荒疏騎射一樣，都說明了他對武功的高度重視。

當年康熙曾經在南方平原上與吳三桂等三藩搏戰，曾經揮師渡海，越過遠洋波濤統一臺灣，也曾經在黑龍江的冰天雪地中迫使俄羅斯止步，甚至還親自掛帥領兵，在草原上與準噶爾騎兵相馳逐。這些都是乾隆從小到大耳熟能詳的豐功偉績，在他的內心深處，其實也有和皇祖一樣建功立業的衝動，按照他最初的想法，瞻對地窄人寡，大軍一到，必不堪一擊，取勝難度肯定無法和康熙那時相比，但也正好可以先拿它來做個開門紅。

雷聲大雨點小

乾隆期盼著前線儘快傳來捷報，最好是大軍剛剛開到山下，土司們就畏怯而降，從而達到「不戰而屈人之兵」的目的。一個月後，傳來的不是捷報，卻是瞻對土司公然發兵抵抗的消息，與此同時，清軍則雷聲大雨點小，大部隊遲遲無法到達前線，也未能佔領瞻對的任何一個要隘。

乾隆獲悉很是不悅，他認為正是由於部隊行程過慢，才打草驚蛇，影響了對瞻對土司的震懾效果。他指責前線將領部署不周，嚴重失策：「自古兵貴神速，現在你們大舉進攻的日期尚未確定下來，就已有敵兵阻擋，善用兵者是這樣做的嗎？」

其實前線將領們也是有苦說不出。瞻對處於高寒地區，地遠山險，冰雪載途，清軍此前又從沒有在這種地形和氣候條件下作戰的經驗和準備，以致無論運兵還是轉餉都極為困難，不是一個號令，馬上就能到達前線並發動進攻的。

一七四五年七月，在乾隆的一再催促下，清軍的各項準備工作終於大致就緒，隨後便分三路向瞻對發起進攻。面對大軍壓境的緊張形勢，當地土司勢力迅速發生分化，上瞻對土司肯朱等率先向清軍獻寨投誠，一開始清軍的仗也打得比較順利，尤其是中南兩路，接連破五十餘寨，奪卡六處。

乾隆進剿瞻對的最初目標，只是讓土司交出「夾壩」之人及所掠財物，前線戰事的順利進展讓他開始想到，既然已經動兵，為什麼不乾脆一勞永逸，永絕後患呢？

「朕以為，如果他們（指瞻對土司）誠心悔過，朕可以赦免死罪，不過仍應趁此機會將他們遷至別處，從而使得他們不能控制當地，這才是永逸之計。」

乾隆的設想固然是好，但這世上從來就沒有十全十美的好事，按照朝廷開出的新價碼，瞻對土司不僅要擒賊獻贓，還得並地遷入，他們豈能樂意？本來可以促使土司勢力進一步分化的良機轉瞬即逝，自此，非但相對強傲的下瞻對土司班滾繼續憑藉險要地勢，對進剿清軍進行極其頑強的抵抗，就連原先表示願意投誠的上瞻對土舍四郎也改變主意，和班滾聯合起來共同對抗清軍。

瞻對碉卡林立，有的在山頂，有的在山腰，但無一例外都處於險要地勢，且牆垣堅固，致使清軍難以發揮其優勢，每破一碉、每取一寨都要付出很大代價。參加這次進剿的清軍數量雖說不少，然而來源不一，又未加整頓，各路將領之間互不協作，其內部也都軍紀不嚴，號令不一。仗打得順時這些問題尚能遮掩，一旦不順，便紛紛暴露出來，南路軍有數千名番兵甚至因帶兵官生病先歸，導致無人統率而各自散去。

從九月以後，前線進展變得極度遲緩。指揮作戰的四川提督李質粹及部分將領卻謊報軍情，誇大戰績，川陝總督慶復希圖借進剿之機建功立業，獲得封賞，在明知實情的前提下，仍照樣乃至添油加醋一番予以上報，於是乾隆接到的奏摺不是昨日殺敵若干，就是今日克碉幾座，實際上這些戰績多屬虛假，裡面根本沒幾句實話。

當然做假也非易事，說一句謊話，往往就要編造十句謊話來彌補。瞻對之役未發動前，乾隆君臣預計只需用兵八千（實際出兵還多了四千），撥帑五十萬，截至一七四六年二月，戰鬥已經打了八個月，其間因屢報兵力不足，前線部隊逐漸增至兩萬人，耗帑總計達到百餘萬兩。

慶復、李質粹既然不停地奏報清軍得勝戰況，勢必得解釋一下他們為什麼遲遲不能拿下「賊酋」班滾所居的如郎寨，克盡全功。為了給皇帝一個交代，慶復在再次報告「大捷」時，便按照李質粹的說法，稱班滾在河西請求寬恕饒命，並讓他的母親到李質粹營求降，只是李質粹考慮到，南路軍剛剛因番兵散去而被迫暫停進兵，所以已令班滾之母先行返回其寨。

李質粹以為自己把謊編得很圓，誰知正是這一自鳴得意的招數讓他露了馬腳。乾隆看完奏摺，認為李質粹佈置失宜，他指出如果班滾真的到了自己求饒，其母又親出為其叩求的地步，說明班滾已經山窮水盡，清軍應該扣住其母，然後乘勢直搗如郎，立擒班滾，「何得令伊母回巢？」

在乾隆看來，番兵散去不能成為李質粹停止進兵的理由，因為南路軍缺兵，完全可以第一時間從中北兩路或別處調兵填補接應。他強調李質粹「全無調遣」，指示慶復「不可不親身前往，以善其後。」

自瞻對戰事開始以來，慶復一直在省城紙上談兵，做些照抄和粉飾報告的表面文章，接到乾隆的聖旨後，他只好離開成都，趕赴前線。輪到自己督陣，這個老官僚意識到已沒法再隱瞞下去，為了自保，一到前線，就將他所掌握的情況具實向乾隆報告。

過河的卒子難回頭

一邊是紛至遝來的「捷報」，一邊是戰事拖延沒有最終結果，乾隆其實早就疑竇叢生，但他多少還抱有一點僥倖心理，認為清軍離大功告成可能也僅一步之遙。收到慶復發來的奏摺，他才知道，在這麼長的時間裡，前線原來竟毫無起色，官兵「將弁氣沮，士卒離心」，而敵人卻「賊勢日張，夾壩四出。」從慶復揭發的情況來看，所謂班滾母子請降一事本不存在，三路清軍中的中北兩路因雪阻難進，早已停止進兵，一直都在靠「虛張聲勢，所報不實」混日子。南路軍雖保持著進攻的威勢，奈何中北兩路一停，敵兵全都集中到南路進行抵抗，加上番兵散去，使得他們兵勢單薄，遂也只能一同停下來看風景。

獲悉實情，乾隆極為震怒，但礙於前方仍需用人，他又不能把將領們都一擼到底，最後折衷處理的結果是：對李質粹嚴加申飭；免去中路軍指揮官的頭銜，仍令其帶原領兵效力；北路軍指揮官姑免處分，以觀後效。

穩篤篤的「開門紅」居然成了將要砸在手裡的泥糊漿，乾隆心情之沮喪可想而知。「在朕想來，瞻對不過處於一隅的小丑罷了，就算完全控制了那裡，也沒有把它改為郡縣的道理。」

然而就是這樣一個乾隆眼中貌不驚人，連作為郡縣都無資格的「一隅小丑」，卻弄得他進退兩難，尷尬不已，這讓他忍不住埋怨當初極力慫恿他出兵的慶復等人：「瞻對之役，朕本無興兵之志，都是你們這些守土之臣，認為只要用兵就可一勞永逸，現在永逸未必，而一勞已太勞矣。」

眼看瞻對一役短期內還不能結束，乾隆後悔極了，「豈有為一隅而虛糜數百萬之帑之理乎！」慶復遭皇帝埋怨，生怕停戰後乾隆再找他算帳，對其嚴加責罰，於是一咬牙一跺腳，力主繼續進兵，並且信誓旦旦地保證三個月內就可取勝，到時必能擒殺班滾。

乾隆雖急於尋找臺階休兵息戰，但過河的卒子難回頭，已經擺開的陣勢不是想中止就能馬上中止的，慶復的主張他願意也好，不願意也罷，都只能暫且表示同意，為此他十分感慨地說：「不過剿捕一麼麼小丑，致調兵萬餘，動帑百萬，而班滾尚抗拒我兵。今事已如此，務將匪拿獲，平定該處土地方可。」

為扭轉戰局，乾隆除對前線增兵、增餉外，又派遣內大臣班第、努三等至軍督陣。在他的嚴令督促下，自一七四六年三月以後，清軍加強了進攻，前方戰事開始真正出現轉機，瞻對的各碉卡、山寨被相繼攻克。

六月一日，班第獲悉，班滾所居的如郎寨被攻克，但當次日他和李質粹到達如郎時，卻得知班滾已攜家逃走。這時一個叫汪結的土司向班第報告，說班滾可能逃往了泥日寨，班第、李質粹遂追至泥日寨，將該寨大小碉樓四十餘座全部予以燒毀。嗣後官兵四處查訪，當地土人都說班滾已被燒死，慶復下令撤兵，同時上奏：「瞻對已平，賊首殲滅。」

歷時近一年的瞻對之役總算結束了，慶復因平定瞻對有功，被加封為太子太保，其他人也得以從優議敘。不過班滾之死卻仍被質疑，朝中大臣大多認為班滾並沒有死，只是都不敢向乾隆明言，「文武皆知班滾尚在，而無一人敢少露聲息。」

乾隆比一般大臣都更精明，縱使大臣們不說，他也已對慶復的奏報產生了懷疑。他認為班滾是「眾酋頭目」，瞻對土司的核心，即便危急之際，也未必就甘於坐以待斃——你們放火時，難道他不會跑？

退一步說，就算班滾真的被燒死了，像他這樣的人物，也不太可能被燒成灰燼或被燒得不可辨認。實際情況是，火焚泥日寨後，清軍一直都沒有能夠找到班滾的屍體，說他被燒死，均為當地土人所言，而土人們可能並不願意說出班滾的真實下落。

瞻對能夠與官軍對抗這麼久，與班滾關係極大，換言之，班滾不死，就說明瞻對尚未能夠徹底平定。

慶復深知其中利害，面對乾隆的質疑，他堅稱班滾已被燒死，並以灰燼中發現的班滾所用鳥槍（火繩槍）、銅碗為證。

乾隆見狀不再公開提及此事，但心中的問號並未因此消除，也始終沒有放棄暗中派人查訪，不過直到第二年大金川戰事爆發，他才終於有機會獲得了他想要的真相。

第三章 大風暴

川西北少數民族雜居，瞻對並非個例，與其鄰近的金川同樣令朝廷為之頭疼。

大小金川是大渡河上游的兩條支流，此處系嘉絨藏族聚居地，由於歷史的演變，聚居地內逐步形成了十八個較大的部落聯盟，統稱為「嘉絨十八土司」。在十八土司中，大金川土司勢力最強，經常對附近土司進行攻掠，侵佔對方的土地，搶奪其財物。一七四五年也就是乾隆發起瞻對之役的這一年，大金川土司莎羅奔公然襲取小金川，生擒小金川土司澤旺並奪走了他的印信。

在西南地方，土司間這種相互吞併、仇殺的現象非常普遍，朝廷既無能力也沒必要一一進行軍事干預，有時為了不讓土司們聯合起來對抗中央政府，甚至還實行所謂「以番治番、以蠻攻蠻」的政策，但反過來說，如果聽任個別土司通過兼併而獨大，則上述政策就又失去了意義。如今莎羅奔一騎絕塵，已對川西北其他土司造成嚴重威脅，究竟要不要對他興師問罪，便值得為政者再三斟酌了。

乾隆君臣最初的態度是暫不理會，這主要是因為當時瞻對之役正處於膠著狀態，朝廷抽不出精力來對大金川進行干涉。後來瞻對之役好不容易結束，大家又都覺得需要喘口氣，因此川陝總督慶復、四川巡撫紀山均主張不派兵介入，僅檄諭勸和。慶復在上奏中說：「大金川地勢極為險要，運糧無路，且此事系土司內部相互騷擾，並非侵犯內地。」乾隆表示同意，批道：「瞻對甫完功，佳兵不祥（好戰不吉利），卿之所見很有道理。」

這絕不只是巧合

在朝廷的極力勸諭和壓力下，莎羅奔被迫釋放澤旺，交還印信，但其擴張之心不死，一七四七年二月，又繼續發兵攻打周圍土司。即便在這種情況下，乾隆仍無意出兵，他降諭紀山：「小小攻殺，事出偶然，即當任其自行消釋，不必遽興問罪之師。」紀山接到的指示是儘量居中調解緩和，大事化小，小事化了，除非已影響到政府所設入藏臺站的軍書聯絡，否則絕不可以輕舉妄動。

慶復、紀山等人一面奉旨勸解，一面調兵到各個鎮營塘汛，用以加強駐防兵力，保護內地和驛路的安全。莎羅奔氣焰囂張，對政府的勸解陽奉陰違，當年三月，他派兵攻打明正土司的羅密、章穀，土民紛紛望風逃避，坐汛把總李進廷不能抵禦，被迫退保呂里。

乾隆聞報大受震動，他突然意識到大金川事件可能跟瞻對有關——你瞧，它們不但地點鄰近，而且時間上也相接，瞻對剛剛平定，大金川就步其後塵，這絕不只是巧合！

在乾隆看來，瞻對土司班滾的生不見人，死不見屍，直接造成瞻對之役只能草率完局，以致無法對川西北的其他土司起到示威作用，更不用說使其望風懾服了，所以大金川才會如此我行我素，膽大妄為，「金川之蠢動，實是見班滾橫行不法，故相率效尤。」他更加懷疑班滾其實根本沒有死，很有可能已經逃脫，甚至潛往大金川，勾結和慫恿莎羅奔對朝廷進行挑釁。

事實雖與乾隆所想略有出入，但也大致不差。儘管瞻對戰役只是一次小型戰爭，但耗時那麼長，用力那麼大，收效卻又那麼小，清軍的怯懦與慣有的粉飾可謂暴露無遺，而這也正是大金川敢於蔑視和對抗清軍的直接原因。乾隆對此恨恨不已，「前事不減，更貽厲害」，堅持不向大金川發兵的態度亦隨之發生動搖。

在川西，由大金川觸發的軍事衝突還在不斷加劇，莎羅奔出兵攻打清軍駐防的霍耳、章谷，其鋒芒已直指地方政府。地方官員勸止既不可能，退讓亦不甘心，加以彈壓便成為唯一選擇，紀山派副將張興率兵前去干預，不料反被莎羅奔所敗，千總（軍官名）向朝選等六千兵馬猝遭埋伏，向朝選當場陣亡。莎羅奔占領章谷後，乘勝突進，遊擊（軍官名）羅於朝帶兵抵禦，又被擊傷。

莎羅奔在擊敗清軍的同時，還私立名號，「自稱為王」，揚言要帶兵進佔打箭爐，公開發動叛亂，至此，大金川事件不但讓清軍連受挫敗，還狠狠打了朝廷的臉。乾隆再也按捺不住，四月三十日，他連降兩道諭旨，第一道諭旨是調慶復回京，任張廣泗為川陝總督，第二道諭旨便是宣佈派兵進剿大金川，他指示張廣泗即速赴川，與慶復、紀山「一同商酌進兵，迅速剿滅。」

張廣泗是乾隆登基後第一個加以使用且獲得成功的將才。在平定苗疆叛亂一役中，其他人都顧此失彼，毫無辦法，只有張廣泗從容應對，調度有方，當時人稱「時黔督為張廣泗，固以知名著稱於世」，乾隆對張廣泗也極為賞識，表示「西南保障，實卿堪當」，並評價「在督、撫中嫻熟軍旅無出張廣泗之右者。」

盛譽之下，張廣泗不免飄飄然，早在瞻對之役時，他就曾經向乾隆請求去瞻對參與「籌畫」，乾隆沒有答應，倒不是說他不合適，而是當時戰事已快要結束，覺得沒有必要。現在的情況，則是乾隆認為攻打瞻對的戰略目的未能達到，「不足以震懾諸番之心，是以金酋（大金川）效尤，漸加肆橫」，而慶復要對此負最大責任，所以才把他調回京師，以張廣泗接替。

清人將藏族稱為「番蠻」，在乾隆看來，他們與苗族等少數民族沒有多大區別，「大抵番蠻與苗性相似」，因此相信可「以治苗之法治蠻」。張廣泗本人也躊躇滿志，視川西的大金川與苗寨相仿，以為只要自己出馬，必能所向披靡。

一七四七年五月二十一日，張廣泗銜命自貴州啟程，馳赴四川。在他抵川之前，受莎羅奔威脅參與叛亂的小金川土司澤旺已聞風投誠，這使得張廣泗可以集中兵力對付大金川，無疑是個好兆頭。

大金川共有兩個主要據點，一為勒烏圍，由莎羅奔親自把守；二為刮耳崖，由莎羅奔的侄兒郎卡把守，兩個據點皆地勢險要，周圍堅碉林立。憑藉以往用兵和治理苗疆的經驗，張廣泗確定要拿下大金川，勢必分路進攻，這時供他調遣的土漢官兵共有兩萬餘人，大金川軍只有七八千人，在數量上清軍是大金川軍的好幾倍，但清軍都是參加過瞻對之役的部隊，實際戰鬥力很差，自信心也不足，一聽說要與「地險人眾，數倍瞻對」的大金川軍作戰，不是逡巡觀望，就是逃匿潛藏。

張廣泗為使進攻更有把握，他徵得乾隆的同意，透過陸續從鄰省增調兵力，使前線部隊增加到了三萬餘人，這樣即便不算原有人馬，僅增調的生力軍就已足以與大金川軍一搏。

當年八月，清軍按計劃分兵七路，從西南兩個方向同時對大金川發起大舉進攻。在張廣泗的督率下，官兵奮勇爭先，經過一個月的進攻，各路軍距離大金川主要據點遠的二三十里，近的僅十餘里。

看到似乎不久就能大功告成，張廣泗喜滋滋地向乾隆報告：「諸業就緒，酋首不日可以殄滅。」乾隆聞報，也認為張廣泗此次一定可以速勝，於是很高興地回應道：「從來兵貴神速，名將折衝，未有不以師老重費為戒者。」

令他倆都沒想到的是，在九月以後，各路軍不約而同地都進入了「瓶頸」期，「不得寸進」，幾乎未能取得任何進展，與此同時，部隊傷亡卻劇增，官兵死傷多達千人，參將（軍官名）蔡允甫在與大金川軍交鋒時，因抵敵不住，竟至棄炮潰逃，可謂丟盡了官軍的臉面。

攻一碉難於克一城

乾隆、張廣泗以為可以用處理苗疆的方法處理金川，用對付苗軍的辦法對付大金川的藏軍，殊不知二者之間差別很大。

當時的金川雖已屬於中央王朝版圖的一部分，但「仍同化外」，與內地聯繫很少，此處藏民從土司到一般部眾，歷來都信仰西藏原始宗教即本教，金川境內，特別是大金川地區分佈著眾多規模不一的本教寺廟，大金川的歷任首領也都是本教大巫師。戰爭期間，本教寺廟的教徒都積極配合土司抗擊清軍，大金川土司也以保護本教為號召，對部眾進行動員和組織，因此當清軍攻入其核心區域時，便常常會出現全民皆兵、共同對抗的情形。換句話說，與清軍作戰的遠不止張廣泗估算的那七八千大金川軍，而近乎於所有大金川的成年男子。大金川民俗尚武，男子自十二歲以上便腰插短刀，成年後大多精於拼刺之術，這使大金川在抵抗時顯得極為頑強，清軍很難占到便宜。

張廣泗在平定苗疆叛亂時，只有牛皮大箐才讓他感到地勢特別險要，大金川卻是「所見尺寸皆山，陡峻無比」，土民又長於修築防禦工事，能以石築碉樓，稱為「戰碉」。大金川全境凡隘口處遍佈此類戰碉，「累石如小城」，它們的形狀有點像中原的佛塔，通常都有二三十米高，最高的甚至達到五十多米，四周築有小孔，可供瞭望和射擊。

瞻對之役時，清軍已經跟碉樓打過交道，也總結出了一些攻碉之法，如挖地道，埋地雷予以爆破，又如挖牆孔，用火炮向內射擊，此外還可以斷其水道，坐以困之。清軍在最初的一個月裡曾攻下幾百個戰碉，但大金川核心區域內的地勢更險，戰碉也比週邊更多更堅固，最主要的還是這些攻碉之法其實並不難防範，早在上一年清軍進攻瞻對時，它們就已暴露並被莎羅奔提前掌握。在清軍發起大舉進攻之前，莎羅奔便做了準備，或於碉外掘壕，或於碉內積水，或為戰碉加築護牆，這使得清軍無法在短時間內再靠挖地道、挖牆孔和截斷水道取勝。

火炮乃攻堅利器，但清軍所攜帶的子母炮、劈山炮等火炮均為輕型炮，「僅可禦敵，不足攻碉。」四川巡撫紀山製造的劈山大炮有九節三百斤，卻中看不中用，轟擊戰碉時，即便擊中其護牆或腰腹部位，戰碉依舊屹然不動，唯獨擊中碉頂，才可掀去數塊石頭，有時運氣好了雖也能將碉頂擊穿，並使大金川軍為之震恐，然而他們很快又能將殘破的地方修補如故。張廣泗從軍帶兵以來，還從未遇到過如此堅固的防禦設施，真可謂一碉當關，萬夫莫開，這讓他忍不住慨嘆：「攻一碉難於克一城！」

在一開始不瞭解敵情的情況下，張廣泗一度顯得過於輕敵，嚴重低估了大金川軍的實力，此時才發現對方非尋常「小丑」可比，亦非「以治苗之法」所能蕩平，但他又沒有根據當地地理特點及時改弦易轍，另思良策，而是頭疼醫頭，腳疼醫腳，繼續堅持分路進兵，同時也仍將主要兵力用於攻打戰碉。

隨征的士兵善於攀登碉寨，張廣泗便組織士兵登碉下擊，不料大金川軍預先在碉頂挖了小孔，只要士兵一登上碉頂，他們就會在孔內放槍，士兵們無法站立，紛紛墜下。

張廣泗見攻堅不成，便改用火攻，他指揮士兵砍伐柴薪，同時砍巨木做擋牌，使負薪士兵以擋牌為掩護向戰碉前進，以便將柴薪堆至碉下舉火焚燒。可是大金川夏秋陰雨連綿，冬春冰雪覆蓋，火攻很難奏效，而且縱使有擋牌遮擋，進攻部隊接近戰碉的風險依舊很大。在這種情況下，總兵（軍官名）馬良柱稟請張廣泗製備火箭五千支，用以焚毀碉內所積貯的糧食，奈何碉房由石砌而成，就算火箭射入碉內，火勢亦無法蔓延。

乾隆得知火攻效果不佳，急得直嘆氣，批評道：「不知用兵之道，何必專仗火攻？」他不明白在苗疆用兵時怎麼打怎麼有的張廣泗，為什麼突然之間變得如此笨拙，以致遠在京城，都能想像得到他那種徒呼奈何、無計可施的表情。

張廣泗的戰法不奏效，乾隆也想到有可能是其麾下的綠營不行，開始考慮以精銳的京旗兵替換無能的綠旗兵（綠營），「朕意興師已久，尚未奏凱，綠旗兵丁不足取勝，與其日久而師老，不如送京師旗兵之精銳，一以當十，汰綠旗之閒冗，以省無用之費。」另一個方案是將大金川劃歸西藏管轄，「受達賴喇嘛化導」，實在不行，再責成駐藏大臣調兵進行彈壓。

乾隆把兩個方案都傳達給了張廣泗，質詢他的意見。對張廣泗而言，無論是乾隆提出的哪一種方案，都顯露著對他信心的動搖，這讓他難以接受，為此他擬訂了新的作戰計畫，向乾隆報告：「擬於九月中，親往督率指示進攻，務於九、十兩月內進取賊巢（此處月份均指農曆）。」

錯失戰機

大金川戰場有一處高峻山梁，名為昔嶺，站在昔嶺的山頂上往下看，可以看到莎羅奔的大據點勒烏圍，而從昔嶺山頂一直往下，還可以直接到達另一大據點，即由莎羅奔的侄兒郎卡把守的刮耳崖，二者之間距離非常之近。張廣泗計畫親率兩千貴州土兵和一千四川土兵佔領昔嶺，然後進攻刮耳崖，這樣莎羅奔和郎卡都勢必要從週邊據點返回保護老巢，清軍便可以乘勢先把週邊據點拿下，再直接進取兩個大據點。

張廣泗將進攻昔嶺的具體時間定在九月初九，九月初九是重陽節，有人認為他選這個進攻日期寓有重陽登高之意。乾隆對此作戰計畫表示同意，但就在張廣泗準備進攻昔嶺的前夕，因南路總兵許應虎駕馭不善，原已招撫的金川頭目恩錯突然復叛，帶領大金川軍阻截清軍糧運並包圍了許應虎。張廣泗只得親自率部前去救援，其間往返半月有餘，致使錯失戰機，進攻昔嶺的計畫也隨之落空。張廣泗本人對此很是沮喪，向乾隆承認：「此番用兵遲滯，實緣地勢奇險而限於才力。」

「竭臣之愚，絕不敢一時稍懈」，張廣泗一方面不得不自承才力有限，另一方面也並不甘心就此罷手，他把破局的希望重新寄託於攻堅之上。軍中攻堅的子母炮、劈山炮以及紀山造的九節劈山大炮威力都不夠，需重新製造五六百斤的大鐵炮，而由於現場缺乏材料和工匠，只能赴成都趕鑄大鐵炮，張廣泗認定大鐵炮一旦鑄就，必能攻下戰碉，於是上奏乾隆：「一俟兵到炮成，各路進攻，臣料之不出明年二三月（農曆），克擒此賊不難也。」

乾隆早在以張廣泗替換慶復時，就把大金川的擴張騷擾行為與瞻對土司班滾的潛逃聯繫在了一起，因此特地叮囑張廣泗在金川密訪班滾的下落。張廣泗蒞川之初忙於兵事，沒有時間顧及此事，後來多次遭到皇帝的責問，他有意用瞻對一案替自己掩飾，同時兩次作戰計畫付諸實施前，也都有充足的組織查訪時間，這才使得他對此事格外熱心起來。

真是不查不知道，一查嚇一跳，原來瞻對之役時，清軍為了儘快結束膠著狀態，竟瞞著乾隆，與班滾達成了秘密交易，那個曾向兵部尚書班第彙報，說班滾可能逃往泥日寨的土司汪結更是充當了仲介人的角色。

當初原川陝總督慶復在被乾隆逼著趕到前線後，曾獻一計，說可以讓汪結作保，令班滾的異母弟弟俄木丁撤守如郎寨，並擒獻班滾。乾隆皇帝覺得此計不錯，便點頭同意了，實際此事卻被操作成了另外一副情形：俄木丁方面答應暫時放棄如郎寨，但條件是放班滾逃脫，清軍方面在要求班滾「三年內不可出頭」的前提下，同意以後仍將如郎寨交給班滾。

一名涉案官兵交代，「汪結做中，班滾的兄弟俄木丁投降了，叫班滾逃往別處去。」清軍雖報稱打了大勝仗，也曾經過如郎寨，但並未真正予以控制，接著汪結又有意把班第的視線引向泥日寨，待清軍將這座無關緊要的寨子焚了之後，他們便順理成章地捏稱班滾已被燒死。事後，汪結封為里塘土司，俄木丁也被封為下瞻對土司。

在張廣泗將查訪的案情向乾隆進行報告後，乾隆被氣得夠嗆：「汪結就是一個陰險狡詐的小人！他一邊假裝幫我們出力，一邊卻又賣人情給班滾，此乃番蠻兩邊獲利之術，慶復中計而不自知，將來對他必須有一番處置才行。」

除慶復得稍後才能加以處分外，此時汪結也正以新任里塘土司的身份隨征金川，乾隆怕消息洩露致其逃走或生出其他變故，因而又耐住性子交代張廣泗：「現汪結就在軍中，查案時尤其需要對他高度保密，不可以透露一點風聲，從而令他生疑，當然追查班滾蹤跡一事，更不能交給他。」

看到觸動了皇帝，張廣泗查案更加起勁。一七四七年十一月，張廣泗上報新案情，據他報告，班滾逃脫後並沒有遵守「三年內不可出頭」的承諾，如今不但照舊盤踞於如郎寨，還攻打上瞻對土司肯朱，以對其首先向清軍獻寨投誠進行報復。此外，汪結一直與班滾暗中遣使往來，暗通消息，遊擊羅於朝系秘密交易的直接經辦者，為了不讓案情暴露，也對此案進行多方掩飾。

乾隆獲悉立即指示張廣泗，告訴他目前應專注金川，待金川事竣，即移師如郎，擒獲班滾，但汪結與羅於朝既私通班滾，應趕快調赴軍營一一訊明。汪結、羅於朝很快便雙雙被捕，汪結在受審時交代，他曾將班滾並未被燒死以及藏於何處的消息，稟告總兵宋宗璋，宋宗璋聽後又愁又怕，嘆一口氣說：「如今叫我有何辦法？」

從征金川的將士有相當大一部分都參與過瞻對之役，在羅于朝、宋宗璋被相繼供出後，乾隆擔心會使前方官兵產生驚恐情緒，不利於作戰，所以特諭張廣泗，要他以穩定軍心為前提，把握時機，慎重處理好瞻對一案。實際上，張廣泗自己的注意力這時也已從查案中轉移出來，因為大鐵炮已經鑄成並且從成都運到了前線。

越打越急

按照預定的作戰計畫，張廣泗又督率各路官兵對大金川發起進攻。新鑄成的大炮自然是此次進攻的主角，但其效果卻與大家的期望相去甚遠：轟大的戰碉，只轟塌一角；轟小的戰碉，也不過將其擊去半截，戰碉並沒有倒掉。

除用新炮攻碉外，張廣泗還把舊有手段拿出來重新加以使用，如從地道用火藥轟戰碉、掘水道圍困等。雖然他用這些辦法也取得了一些戰果，然而始終無法從根本上解決問題，連乾隆看了奏報，都覺得張廣泗已接近於黔驢技窮，說他「亦可謂殫乃心力矣」。

張廣泗越打越急，越急越失水準，其用兵時只知道分，不知道合，清軍整體上對大金川軍有著壓倒性的數量優勢，但到局部就不同了，往往大金川軍還更佔優勢，這就是所謂的「兵分力單，自形其弱。」到具體作戰時，張廣泗不能對土漢兵一律看待，總是以土兵當前，漢兵隨後，土兵可能爬山比漢兵快，野戰特別是用槍炮時則未必厲害，他們與敵人交鋒時很容易潰敗，土兵一垮，常常會把漢兵也給一同帶到溝裡去。

張廣泗在軍事保密方面也做得很差。他到金川後，留用了小金川土舍良爾吉及其老鄉雲南昆明人王秋，以這兩人為進軍嚮導兼幕客，但他們其實都是莎羅奔佈置的耳目，軍中稍有動靜就會向莎羅奔暗通消息，以致清軍的每次軍事行動都為敵人預先得知，自然很難達到出奇制勝的效果。

仗打得不行，張廣泗在治軍方面原先就存在一些問題，如御下過嚴、賞少罰多以及徇庇貴州官兵等，便自然而然地被隨之放大，出征將士對他很是不滿，作戰情緒也明顯受到影響，戰場上出現了「將士怯懦，兵心渙散，土番因此觀望」的現象，張廣泗原先計畫二三月間攻克敵巢，活捉莎羅奔的設想也再次化為泡影。此時，四川巡撫紀山向乾隆報告，川西北天氣早寒，進入九月（農曆）後，嘉絨地區連降大雪，已是「冰雪嚴凝」，乾隆只好傳諭張廣泗，讓他在官兵「艱於取捷」的情況下，暫時移師向陽平曠之地，稍事休息，待來年春天天氣暖和時再戰。

就在清軍屯兵不進之際，已擁有與清軍主力部隊直接交手經驗的莎羅奔反倒變得越來越活躍，其間他以逸待勞，利用雨雪、大霧天氣，不斷向各路駐守清軍發動偷襲，清軍「應接不暇，不能制敵，而反為敵所制。」一七四七年十二月三十日，大金川軍乘夜切斷山梁窄徑，修砌石卡，由山上擲石放槍，將由清軍副將張興率領的馬邦軍營予以圍困，這就是馬邦戰役。

張廣泗之前因援救南路總兵許應虎，結果導致第一次進攻計畫落空，為此他大罵許應虎「有勇無謀，性又急躁」，這次張興同樣需要解圍，張廣泗乾脆來了個置之不理。總兵馬良柱等請他調兵支援，被張廣泗斥為悖謬，張興也屢次向張廣泗請援，張廣泗依舊不發援兵，還說張興庸懦無能。

張廣泗坐視不救，使得圍困馬邦的大金川軍更加有恃無恐，他們在山梁上安設木架，通過機關向清軍發射石塊，這種「石炮」的實戰效果不比清軍的火炮差，打得清軍相率奔逃，以致有不少人自相踐踏、墜崖而死。

清軍在馬邦被困日久，無法突圍，最後糧食也吃光了，部隊絕糧七日，士卒全都又餓又困，已幾乎失去了戰鬥力。張興被逼無奈，只得以金銀向大金川軍買路，莎羅奔假意應允，實際卻設伏以待。

一七四八年一月十四日，張興命官兵收拾行裝出營，跟隨藏兵沿山梁內前行，他們先被引至溝底，然後便遭到大金川軍的四面合圍。當時隔著一條河本有可以接應他們的兵馬，為參將郎建業、遊擊孟臣等率領的河東部隊，有九百多人，但由於一水相隔，也只能眼巴巴地看著他們被包圍。幾天後，大金川軍命被圍清軍交出武器，武器一交出，清軍即遭到屠殺，除三百餘名兵丁已先一步奔逃過河外，包括副將張興、遊擊陳禮在內的五六百名官兵全部被殺，無一倖免。

張廣泗在新攻勢前期多少還有一些戰果，但馬邦戰役的慘敗把它們統統抵消掉了，自金川之役開始以來，「未有喪敗若此之甚者」。作為三軍主帥，張廣泗對此負有不可推卸的責任，但他事後向乾隆報告時，卻全部都委過於張興「昏懦無能」，僅假惺惺地表示要承擔所謂「不能早為覺察」之罪，請求乾隆將他「勅部嚴加議處」。乾隆看了奏摺，當然不能因為這個就治他的罪，只能表示：「偏將失利，主將咎無可辭，但若能全域取勝，中間稍有挫折，尚可原諒。」

客星見離宮

多年前秘密皇儲永璉的早夭，曾讓乾隆及皇后富察氏痛徹心扉，失去愛子的富察氏健康狀況則大不如前，雖得乾隆愛寵，但很久都沒有能夠再懷孕，直到生下永琮。

永琮是富察氏的第二個兒子，在皇子中排第七，永琮和他的哥哥永璉一樣聰明、漂亮，深得乾隆的喜愛，他和富察氏的家庭生活也因此再次煥發出光彩和活力。兩人秋天同去塞外行圍，乾隆興之所至，對富察氏談起關外舊俗，說當年祖先創業艱辛，衣袖的邊緣能用鹿尾巴毛做點裝飾，就已經很奢侈了，哪裡談得上什麼金錢銀線。

言者無心，聽者有意，富察氏回宮後竟然特意搜尋鹿尾巴毛，並用其鑲邊，做了一個小荷包送給皇帝，以示和他一起不忘滿洲本色。乾隆極為欣喜，後來終生都把這個小荷包帶在身上。

在馬邦兵敗後不久，永琮因出痘突然夭折。出痘是用種痘法來防治天花的一種醫學手段，清初天花曾肆虐於皇宮，順治就死於天花，康熙本人也差點為此送命，於是從康熙朝起，皇子種痘防天花便作為制度被正式確立下來。

出痘是一個危險的過程，當年乾隆的二伯、廢太子允礽出痘時，正值平定三藩之亂的緊張時刻，但康熙為護理太子，竟然連續十二天沒有批閱奏章。永琮出痘時，乾隆當然也是該做的措施一樣不少，指望能夠為他提供一個絕對安全的環境，可是這些都無濟於事，最終這個孩子還是成了不幸者。

一七四八年一月二十九日，當天是除夕，就在千家萬戶慶祝團圓，其樂融融的時候，皇宮內卻是一片死寂，尚不滿兩周歲的永琮永遠閉上了眼睛。乾隆悲慟不已，傷心之餘，他向諸王大臣們透露，其實他心中早已將永琮列為皇儲，只是沒有像永璉那樣寫入密旨而已。

永璉的喪儀享受的是皇太子規格，永琮未被正式列為秘密皇儲，又是幼兒，無法與永璉相提並論，況且清代夭折的皇子很多，也從未是皇后所生，就追封為太子的先例，但乾隆仍以撫慰皇后為由，破例賜永琮為「悼敏皇子」，命禮部從優辦理一切喪儀，並要求規格必須超過其他皇子。

永璉、永琮兩個嫡子的相繼夭折，對乾隆的精神打擊異常沉重。他自認即位以來敬天勤民，並未有得罪天地祖宗的地方，不明白為什麼上天對他如此無情，他開始懷疑是否是因自己堅持要立嫡子為儲君，違背了嫡子不能繼統的「家法」，所以才遭到祖宗譴責，致有此難。

在宣佈處理永琮喪事的上諭中，乾隆認為自己要對此負責：「我朝自定鼎中原以來，歷代皇帝都非正嫡繼統，似此竟成家法，而朕懷有私心，必欲以嫡子繼統，做先人所沒有做過的事情，獲先人所不能獲得的福分，這是朕的過錯！」

乾隆已經夠傷心痛苦了，但作為永璉、永琮的親生母親，時年已經三十六歲、中年喪子的富察氏比他更甚，「乃誕育佳兒，再遭夭折，殊難為懷。」永璉早夭時，富察氏尚能故作堅強，對乾隆進行安慰，永琮一死，她的精神支柱完全坍塌，從此便一病不起。

乾隆原有一個仿效祖父康熙，東巡齊魯的計畫，一年前就已昭示全國。永琮夭亡後，距離擬議中的東巡起鑾已僅有一個月的時間，在不出事的情況下，富察氏肯定要隨駕，現在出了事，已準備一年之久的東巡既不能隨意取消，乾隆自己也有心帶富察氏出京散散心，以緩解喪子之痛，但見她體質孱弱，形銷骨立，又怕她路上吃不消，一時頗難決斷。恰在此時，欽天監奏陳：「客星見離宮，占屬中宮有眚。」

在中國古星象學中，離宮是指天空的六顆星星，「客星見離宮」是說一顆新星出現在了這六顆星中間，在欽天監的占星家們看來，此為異常天象，他們占卜的結果是「中宮有眚」，也就是預示著中宮皇后將面臨災禍。

雍正朝時看重祥瑞，乾隆不像他老子那樣迷信，對祥瑞一類的東西嗤之以鼻，所以欽天監才敢具實以報，但乾隆聽了心裡同樣七上八下。為了掩飾自己的不安情緒，他只好把「中宮有眚」解釋為「皇后新喪愛子」，希望噩運能夠不從永璉、永琮延伸到他們的母親身上。

讓乾隆感到既高興又慶幸的是，十幾天後，據欽天監報告，那個來歷不明的「客星」已完全消失無蹤，與此同時，在御醫們的悉心調理下，富察氏的病情也日見起色，給人感覺似乎不久就能痊癒。

人在飽受摧殘後，對命運之神往往都會更生敬畏之心。身體有所好轉的富察氏非常虔誠地告訴乾隆，她在病中時常夢見碧霞元君在召喚她，而她已經許下心願，病好後一定要親自到泰山還願。

碧霞元君是傳說中泰山的神女，民間俗稱「泰山奶奶」，據說還主生兒育女，富察氏接連痛失愛子，在病中時常夢見神女是完全可以理解的。泰山頂上有供奉碧霞元君的碧霞宮，瞻禮碧霞宮本來也在東巡日程中，這讓乾隆終於打定主意帶富察氏隨行東巡，不但如此，他還決定自己也要到碧霞宮拈香，以便為皇后祈福。

一七四八年三月二日，是欽天監遵旨擇定的良辰吉日，乾隆攜富察氏從京師啟鑾，踏上了東巡之旅。他沒有想到的是，這一天會成為他一輩子的遺恨，他把身邊這個心愛的女人帶向了遠方，卻再也沒有能夠把她帶回來。

純粹的吞金獸

馬邦兵敗後，張廣泗對自己用兵方面的問題仍無深刻反思和調整。前線的清軍若集中在一起，是大金川軍的好幾倍，但張廣泗認為大金川的戰碉太多，地勢太險，只能分路進攻，同時還需處處加以防範，因此部隊不敷分配，必須再增兵一萬。除了奏請增兵，他又繼續向乾隆伸手要炮，照他的看法，新炮攻碉效果不彰，同樣也是因為重炮數量不夠，如果戰碉前能排列三十尊五六百斤的大鐵炮，一齊轟擊，就不信戰碉還能立得住，為此還需再造七八十尊至一百尊新炮。

張廣泗預計，只要他的條件得到滿足，新增之兵和新造之炮在三個月內都可陸續到營，屆時勒烏圍、刮耳崖周圍的冰雪已經融化，正好可發起新的攻勢。他上奏乾隆時，提出了分十路進攻大金川的新計畫，並保證可以夏秋之間結束戰爭。

清代的戰爭與土木建設不同，後者終究帶有拉動經濟、以工養賑等性質，以一種方式花出去的錢，其實完全可以用另外一種方式再賺回來的，戰爭卻是純粹的「吞金獸」，而且消耗錢糧的速度極其驚人，正所謂「炮聲一響，黃金萬兩。」雍正在執政期間用六年時間好不容易才使戶部存銀增加至五千萬兩，清準戰爭一起，不過才四年光景，就將這個數字縮水到了不足三千萬兩。

乾隆即位後，正常情況下，每年到了年底，戶部存銀都可維持在三千餘萬兩，比他父親去世時的情況還能好上一些，但前提也是不能有大的戰爭和意外。金川戰爭前，適值乾隆下令普免天下錢糧一年，那一年讓朝廷一下子少收了數千萬兩白銀，又值江南水災賑濟，戶部存銀只出不進，需用過多，一下子便緊張起來。兩年後金川戰爭爆發，其間前線部隊「日需米麵五百石」，當時由成都一帶運米至軍，每石運價高達二十五兩，因此單是軍食一項每天耗銀數以萬計，再除去官兵俸餉、公共開支等各項經費，當年戶部存銀「惟餘二百餘萬，實不足水旱兵革之用」，雖然朝廷在此期間實行開捐，張廣泗也動用了自己的養廉銀，然而都不足以解決問題。

至張廣泗請兵時，軍營缺糧已久，總兵馬良柱部甚至不得不煮鎧甲弓弩，以上面的皮革和紘筋為食，只是張廣泗一直諱而不言，將乾隆蒙在了鼓裡。當然對於政府財政已經頗為拮据這一點，乾隆還是清楚的，張廣泗此番請兵鑄炮（增兵一萬，鑄炮一百尊），不算鑄炮費用，光軍餉就得增加一百萬兩，這對政府財政而言，無疑又是一個很重的負擔。

雖然明知壓力不小，但為了能夠儘快結束戰爭，乾隆仍硬著頭皮批准了張廣泗的請求及其作戰計畫，並勉勵張廣泗不要受到馬邦戰役失利的影響，以爭取儘快奏捷：「偶一勝敗，固不足憑，惟以剿滅之日為定。」

張廣泗接到聖旨後，命令各路官兵嚴守所駐陣地，不得「輕退」，嚴防敵軍偷襲，但也可乘隙進攻大金川。按照他的設想，這樣既可保護糧運，又能使士兵得到休息，待三個月後大軍集結，就能一鼓作氣攻下大金川老巢。

莎羅奔在張廣泗軍營有內線，知道清軍正在等待後援，以便組織更大攻勢，遂繼馬邦戰役後繼續反守為攻，不斷對清軍尤其是參將郎建業部駐紮的據點發動進攻。馬邦戰役之前，張興部在河西，郎建業部在河東，本成犄角之勢，由於河西部隊已被擊潰，河東部隊完全孤立，河邊一處哨卡只有八十名士兵駐守，當他們面臨五六百大金川軍進攻時，便與對方私自講和，隨其渡河而去了。

此後戰場形勢越來越糟糕，大金川軍通過實施夜襲，奪取了郎建業所建的七處哨所，遊擊孟臣帶兵助陣，當場戰敗身亡。郎建業見勢不好，連忙率部撤退，結果他只顧自己逃命，卻把駐守山梁的守備徐克猷給拋在了一邊，幸虧徐克猷自己熟悉路徑，帶兵翻越雪山，且戰且退，才終於撤到了安全區域。

由於大金川軍攻勢猛烈，自身又糧餉斷絕，總兵馬良柱只得率五千兵馬緊急撤離前線，致使大炮及軍裝、帳房等輜重被遺棄甚多，之前所奪得的碉寨也被敵軍重新佔領。

新的潰敗表明張廣泗對前線的指揮已近於失控。張廣泗氣急敗壞，彈劾馬良柱「氣阻志餒」、「怯懦無能」，馬良柱因此被逮京治罪，不過他的運氣倒還不錯，在乾隆得知馬部當時已經斷糧，不得已才只能撤退後，隨即對他予以了諒解和特赦，使他又得以重上前線效力。

大金川軍雖然暫時得勝，但在張廣泗之前發動的幾次大規模進攻中，他們也遭到了很大損失。想到清軍新的大規模攻勢終將啟動，莎羅奔「心亦懼」，於是便屢派頭人到張廣泗軍營乞降，並釋放了一些被俘的清軍官兵。

張廣泗將對方的乞降請求統統拒之門外，理由是清軍已有半年時間進攻受阻，近期又屢吃敗仗，按常理莎羅奔應該得意囂張才對，為何會突然低頭認輸呢？他認為，「蠻夷」過去就反覆無常，屢撫屢叛，毫無信義，請求招安不過是其緩兵之計，「實非本心」。

張廣泗推測，經過這半年來的反覆攻擊，大金川的藏軍兵力至少減半，加上田地荒蕪，糧食不濟，「勢在窮迫」，也就是說快要抵擋不住了。在給乾隆的奏摺中，他再次保證「務期剿除凶逆，不滅不已」，而且不會重蹈瞻對之役的覆轍，「絕不似瞻對燒毀罷兵」。

乾隆讀了張廣泗的上奏，認為他說得很有道理，遂表態予以支持：「此番官兵雲集，正當犁庭掃穴，痛絕根株，斷無以納款受降，草率了局之理。」

人事調整

面對前線告捷的一拖再拖以及一連串的軍事失利，乾隆雖對張廣泗並未完全喪失信心，但也不能不對其指揮才能有所懷疑。前線部隊主要由各省漢兵和土兵組成，在乾隆看來，他們對朝廷的忠誠度很難與八旗兵相比，「本非世受國恩，為我心膂」，在師久無功的陰沉氣氛下，他們會不會反戈一擊？這同樣令乾隆為之惴惴不安。

恰在此時，兵部尚書班第密奏乾隆，指出張廣泗在接連受挫的情況下，焦躁憤懣，力圖挽回戰局，且他對藏區不熟悉，部隊士氣也很低落。

班第正銜命為前線籌運糧食，查勘進入川西的糧道，他的報告自非無中生有，也進一步對乾隆的擔憂加以佐證。

「張廣泗才猷素著，而獨力支持恐難。」乾隆不得不考慮接受班第「增兵不如選將」的建議，用以增強前方的軍事力量。在選將人選上，班第主張起用廢將岳鍾琪，認為岳鍾琪在雍正朝曾進兵西藏及青海等處，屢立大功，「向為眾番信服」，而且他還擔任過四川提督、四川總督，熟悉四川藏區，可以協助張廣泗攻打大金川。

岳鍾琪在清準戰爭時，因軍機失誤遭到彈劾而被逮捕下獄，乾隆正是知道他是前朝名將，人才難得，所以上臺後便加恩將其釋放。岳鍾琪被釋後返回四川故里，一直賦閒在家，如今若加以起復，可謂人盡其才，但問題在於岳鐘琪與張廣泗其實是老相識——當年彈劾岳的人正是張！

乾隆意識到岳、張之間存有私怨，共事的話可能不和，乾隆頗有顧慮，為此特地徵求張廣泗的意見。張廣泗在覆疏中轉彎抹角地對岳鐘琪進行貶低，說岳鐘琪雖是將門之子，身上卻有紈絝習氣，為人色厲內荏，言大才疏，處事剛愎自用，「錯誤不肯悛改，聞賊警則茫無所措。」

因為是皇帝要起用，張廣泗也不敢將岳鐘琪貶得太過分，那樣會顯得皇帝很沒眼光，所以也不得不承認岳鐘琪「久在戎行，遇事風生，頗有見解」，但他反對任命岳鐘琪為大將軍，僅同意用以提督。

乾隆一方面必須顧及張廣泗的態度，另一方面他執政後未實際使用過岳鐘琪，對其才能缺乏實際瞭解，遂接受張廣泗的意見，任命岳鐘琪為四川提督。另一名廢將傅爾丹也同時被起用，以內大臣銜與岳鐘琪一起至軍助戰。

金川與西藏毗鄰，又同為藏區，前線剛剛陷入僵局時，乾隆就曾提出將金川劃歸西藏管轄的方案，現在他仍設想一旦平定金川，便將其劃歸西藏，以達到金川「永遠寧謐，不致勞動官軍」的目的。班第在雍正朝時辦理過西藏事務，對西藏甚為熟悉，乾隆據此指示班第暫停查勘糧道，也留駐軍中佐助張廣泗。班第接旨後，覺得自己無論見識還是聲望都難以影響張廣泗，他建議再派遣一名「能諳練機宜，識見在張廣泗之上」的重臣前往料理。

依班第所提重臣標準來看，鄂爾泰倒是基本符合，他是張廣泗的伯樂和前上司，當初在開闢苗疆時兩人的配合堪稱完美，但鄂爾泰三年前就已病亡。退一步說，就算鄂爾泰還活著，乾隆也未必肯下決心用他，在鄂爾泰死前的那幾年，乾隆對他就已經很不待見了，鄂爾泰死後，他的侄子、廣西巡撫鄂昌請求將其入祭廣西名宦祠，就被乾隆毫不客氣地打了回票。

與鄂爾泰齊名的另一個前朝重臣張廷玉也一樣受到乾隆冷落，他們的地位已被後進的訥親完全取代。訥親年紀輕，又具有敏捷、清介的特點，乾隆用得很順手，鄂爾泰一死，即命其接任鄂爾泰的首席軍機大臣一職，對他極為寵信。

經過斟酌，乾隆認為訥親是經略金川的最佳人選，「其威略足以懾服張廣泗，而軍中將士亦必振刷歸向，上下一心，從前被玩之習，可以改觀，成克期進攻之效」，於是決定命訥親為經略大臣，赴金川軍營總理一切軍務。

在乾隆的這次人事調整中，傅爾丹、班第對於前方作戰而言，其實並沒有太大影響，起作用的主要是岳鐘琪、訥親。岳鐘琪當年儘管已經六十三歲，但寶刀未老，尤其他統率過金川藏軍，在金川有很高的威信和聲望，乾隆起用他無疑是明智之舉，然而將訥親派往前線視師卻是一個重大失誤，由於用人不當，不久以後清軍就為此付出了沉重的代價。

半生成永訣

在著手對前線人事進行調整時，乾隆尚在東巡的路途之上。在到達行程中預定的泰山前，適逢皇后富察氏三十七歲生日，清代皇后誕辰之日稱為千秋令節，皇后誕辰壽宴稱為千秋宴，乾隆立即下令在御幄就地設宴，為富察氏慶祝千秋令節。按照規定，隨行的王爺大臣一律都要穿蟒袍補服，福晉、公主、命婦也要為皇后獻上祝福，整個宴席喜氣洋洋，只是誰都不會料到，這竟是皇后最後一次過生日了。

來到泰山腳下後，一大早乾隆先去岱岳廟致祭，隨即會同富察氏，服侍著隨巡的皇太后，從岱岳廟出發登山。那一天，富察氏的精神顯得出奇的好，臉上泛出久已不見的紅暈，完全看不出是剛剛大病初癒的樣子。

泰山有一系列著名景觀可以參觀，乾隆夫婦先前最為在意的碧霞宮乃是最後一站，在碧霞宮，乾隆親自拈香，為皇后祈福，之後兩人久久盤桓於其中，不願離去。次日，乾隆又早早起床，與皇后一起服侍著皇太后登日觀峰看日出，一家人就像平民一樣，盡情享受著屬於他們的幸福時光。

泰山行程結束，一行人前往濟南，途中下了一場雪，這場雪來得很不是時候，身體實際上仍極其虛弱的富察氏經受不住隨雪而至的寒冷襲擊，很快便病倒了，乾隆趕緊下令停止趕路，就近在濟南府駐蹕，以便讓她調養身體。

經過幾天休息與調治，富察氏的病情大有好轉，按計劃東巡將結束，大家需要回鑾返京了，但因擔心皇后無法承受路途中的乏累，乾隆遲遲都沒有返程的意思。隨行人員大多歸心似箭，可又不敢進諫，富察氏便自己出面，以不能貽誤國家重務相勸，一再促請乾隆遲快北返。乾隆沉吟再三，見皇后的健康狀況的確有了逐漸痊癒的跡象，這才下令啟駕回鑾。

行程設計上，乾隆一行需先到德州，之後棄車登舟，走運河從水路回京。從濟南到德州有四日行程，路上很是顛簸，但看上去富察氏的病勢還算平穩，這讓乾隆稍感寬心，認為皇后可能已經度過了危險期。一七四八年四月八日，中午時分，皇后和皇太后先行登上停泊在運河岸邊的御舟，在她們泛舟之際，乾隆則去了德州月城（建在城門外的小城，又叫甕城）下的船隻泊岸處。

當天日落前，突然從御舟中傳來了皇后病情復發的消息。乾隆聞訊即刻登舟探視，此時富察氏的病勢已經急劇惡化，顯然，匆忙回京很可能是導致其再次病倒的一個重要因素。乾隆悔恨交加，但卻已回天無力，至黃昏時分，富察氏進入彌留之際，生命的能量開始一點點地從這具曾經鮮活無比的軀體中散逸，到了深夜，還沒等看到第二天晨曦的到來，她就永遠停止了呼吸。

乾隆強忍悲痛，親自前往皇太后御舟奏聞噩耗，當他和皇太后再次趕到富察氏所乘的青雀舫時，皇三女固倫和敬公主已經撲倒在母親懷中，號哭不止。富察氏共生兩子兩女，兩子和長女都早早夭亡，次女固倫和敬公主是她留在世上的唯一骨肉，公主痛哭的一幕令乾隆和太后觸景生情，當場潸然淚下。

「恩情廿二載，內治十三年」——在乾隆執政的第十三年，他與富察氏二十二年的感情生活戛然而止。

次日，當看到青雀舫中物是人非的景象時，悲痛如奔騰的潮水般又一次向乾隆襲來，讓他難以自持，只是看到公主哀戚不已，為了安撫她，作為父親的乾隆才不得不努力控制住自己的情緒，但到最後，仍難掩心中的無盡傷痛。在他當天為亡妻所寫的輓詩中，可謂句句泣血，其中既有「半生成永訣，一見定何時」的苦苦追索，更有「不堪重憶舊，擲筆黯神傷」的椎心痛楚。

帶著富察氏的靈柩，乾隆兼程返京。他認為青雀舫保留著妻子最後的體溫，竟然命令把青雀舫也一同運進皇宮，這道御旨在執行者看來幾近瘋狂，因為青雀舫體積很大，而城門相對狹窄，負責官員把城門都拆毀了，還是運不進來。乾隆不肯甘休，為此甚至想把城門樓也拆掉，後來還是工部尚書海望想了一個辦法，他命人在城牆垛口上搭起木架，上設木軌，木軌上鋪滿鮮菜葉，使之潤滑，又雇千餘名人工推扶拉拽，費盡力氣，才終於將船運進了城內。

乾隆初年，皇貴妃高佳氏去世，乾隆定其謚號為「慧賢」。當時富察氏在旁邊曾說：「將來有一天如果我去世，希望能得到『孝賢』二字，不知行不行？」乾隆牢牢記在了心裡，如今便按照其生前願望，在富察氏的謚號中用了「孝賢」二字。

乾隆為孝賢皇后舉行了盛大喪儀，宣佈輟朝九日，諸王以下文武官員持服穿孝二十七天，齋宿二十七天，百日後才准剃頭，外省文武官員從奉到諭旨之日起，摘除冠上的紅纓，齊集公所，哭臨三天。即使是一般軍民，也必須摘冠纓七天，在此期間，停止音樂嫁娶。古代國母喪儀大多隆重，但像這樣令天下臣民一律為國母故世而服喪的，自清代開國以來尚屬空前。

小題大做

孝賢皇后富察氏自與乾隆結為夫妻起，就成了乾隆精神世界中牢不可分的一部分。命運硬生生將其強行剝離，讓乾隆的內心瞬間千瘡百孔，鮮血淋漓，他開始變得暴躁易怒，為人處世一反常態，他身邊的人及其朝臣也因此接二連三地遭到處罰。

乾隆帶富察氏的靈柩返京時，皇長子永璜以大阿哥身份迎喪，永璜時年雖然已經二十一歲，但還不太懂事，對相應程式也不熟悉，又因為不是自己的生母，對於富察氏的去世，他也沒有表現出乾隆所希望看到的哀傷神情。如果這種事發生在過去，乾隆可能不會太計較，但現在卻難以容忍，沒過幾天就指責永璜：「遇此大事，大阿哥竟茫然無措，於孝道禮儀，未克盡處甚多。」

十四歲的皇三子永璋與永璜同為年齡最大的皇子（皇次子為夭折的永璉），永璋一度曾讓乾隆對其產生好感，並寄予希望，但他也同樣因對富察氏去世表現得不夠哀痛，而令乾隆非常失望。乾隆除對永璜、永璋予以公開訓飭外，又將永璜的師傅、諳達（也是皇子的老師，身份低於師傅）予以處分，其中和親王弘晝、大學士來保、侍郎鄂容安被各罰俸三年，其他師傅、諳達被各罰俸一年。

富察氏去世一個月後，乾隆閱看翰林院所制的皇后冊文，發現其中誤將漢文的「皇妣」譯成了滿文的「先太后」，不由得勃然大怒，斥責說：「從來翻譯有這樣翻的嗎？這不是無心之過，也非文意不通可比！」

管理翰林院的是刑部尚書阿克敦，之前阿克敦剛被解除協辦大學士的兼職，乾隆認定阿克敦是對此有意見，「心懷怨望」才有意為之，遂將其交刑部治罪。

看到皇帝動怒，刑部的其他官員只好加重對阿克敦的處分，擬了一個「絞監候」上報，誰料乾隆仍不滿意，責備刑部徇私枉法，故意寬縱。刑部因而被全堂問罪，從署理滿尚書、漢尚書，到幾個侍郎，均遭革職留任處分，阿克敦則照「大不敬」議罪，判處斬監候，秋後處決（後得赦）。

乾隆如此小題大做，上綱上線，嚇得官員們全都不知所措，但這僅僅是開了個頭，此後又有大批官僚被捲進了因皇后喪葬而掀起的大風暴之中。

一七四八年六月，乾隆認為工部製作的皇后冊寶「甚屬粗鄙」，他像對待刑部一樣，將工部全堂問罪，對其中兩個侍郎分別給予降三級和降四級的處分，其他尚書、侍郎雖被從寬留任，但也留下了處分記錄。

光祿寺負責置備皇后靈前的祭品，乾隆說他們辦事草率，所用的餑餑、桌子「俱不潔淨鮮明」，也就是不夠乾淨奪目，於是光祿寺的主要官員，從寺卿到少卿被一律降級調用。

禮部負責冊謚皇后，也由於禮儀上出現了小小紕漏而被揪住不放，乾隆斥責他們「諸凡事務，每辦理糊塗」，下令將滿漢尚書降兩級留任，對其他堂官亦給予了程度不等的處罰。

這股幾乎可以說是吹毛求疵的貶革之風並不僅限於京城。在為皇后治喪期間，外省官員紛紛呈表向乾隆請安，並要求晉京叩謁皇后梓宮，而且所有表章都用了「銜哀泣血，五中如裂」、「哀痛慘烈，伏地呼搶」之類的誇張語言來描述他們的心情。當然也有官員沒有呈表，因為外省官員不是京官，眾人皆各有職守，沒有可能亦無必要來京服喪行禮，作為一種大家都能心領神會的表面文章，以往的慣例就是悉聽尊便，願意請安的就請安，願意裝樣子的就裝樣子，對不想這麼做的人，皇帝也不會在意，甚至過去有人向他請安，還被乾隆罵了一頓，說你那地方都發生災荒了，為什麼不趕緊去賑災，而把力氣用在這種無用之事上？

這次乾隆也很清楚請安表章並非「出於中心之誠」，可他卻突然頂真起來，對那些未奏請來京的官員橫加指責和挑剔，尤其是滿員，更遭其痛斥，說你們平時深沐皇恩，見皇后出如此大事，自然應當哭著喊著趕緊來京奔喪，怎麼還能裝作漠不相關，坐在家裡當沒事人？就算你們怕觸犯「外廷不得干預宮闈之事」的禁忌，難道就不會想一想，你們的皇帝我既已遭遇如此重大變故，就不應該趕緊來京看看我，以盡君臣之誼嗎？

清代至乾隆朝，君主集權已發展到登峰造極的地步，在這種制度下，不管對錯反正都是皇帝一個人說了算，下面的人連辯駁的機會都沒有。乾隆一言既出，各省滿員，從督撫、將軍、提督到都統、總兵，凡是沒有奏請赴京的，全部被各降兩級或銷去軍功記錄，前後受此處分的滿族文武大員達五十三人之多。

乾隆即位後以寬嚴相濟政治相號召，實際奉行的是其祖父康熙的寬大政治，在他理政的前十三年，在處分大臣時也確實十分謹慎，事先恐怕誰都想不到他會僅僅因為皇后喪葬這樣的事，就突然雞蛋裡挑骨頭，株連這麼多人，處分又如此之重。措手不及之下，官員們個個心驚膽戰，而乾隆原先的「寬大」形象也在一夜之間被完全顛覆。

就在這種極其詭異的政治氣氛中，軍機處首席、經略大臣訥親奉旨出京，意氣風發地踏上了前往金川戰場的行程。

束手無策

一七四八年六月二十八日，訥親到達張廣泗所駐紮的小金川美諾官寨（官寨是土司署所的稱呼），未幾兩人即先後趕到昔嶺前線進行指揮。

訥親出身顯貴，且少年得志，仕途一帆風順，助長了其倨驕之氣，由此為人處世都頗為剛愎苛嚴。據說在他兼管吏戶兩部事務時，凡督撫題奏中主張從寬者，部復往往改為從嚴，凡主張從嚴者，部復從來不改從寬。雖然訥親此舉常常被人們批評為嚴苛不近人情，但在他所擅長的行政領域，無論寬一點還是嚴一點，他都能夠駕馭得住，問題在於戰爭跟行政不一樣，而訥親又與張廷玉相仿，本質上是個文官，在指揮戰爭的實際經驗和能力方面，與已故的鄂爾泰相去甚遠，照搬京城那一套的結果，只是讓他與錯誤離得更近一些罷了。

史稱訥親「自恃其才，蔑視廣泗」，此時前線清軍雖已達四萬人之多，但保護糧運就需要上萬人，張廣泗十路並進的方案則令兵力更加分散，各路將領都覺得兵不夠，彼此間也無法形成有效配合。訥親至軍後，既未對當時敵我兩方面的情況作周密調查，也不對張廣泗的分路進兵方案進行必要更動，而是專橫武斷地撇開張廣泗，限令全軍三天內攻取刮耳崖，「將士有諫者，動以軍法從事，三軍震懼。」

七月八日起，署總兵任舉、副將唐開中、參將買國良帶兵步步為營，分三路由昔嶺進取刮耳崖。買國良首先率部到達大金川軍所駐的木城附近，對方發現後立即予以夾攻，木城內矢石如雨，槍炮交加，清軍三面受敵，難以招架，買國良當場中彈陣亡。

幾天後，清軍再次發動進攻，又遭失敗，任舉中伏戰死，唐開中身負重傷。任舉才勇過人，在乾隆初年的一次兵變中，他曾單槍匹馬地召集少數士兵，一舉擊潰變兵，深為朝廷所倚重，乃乾隆初年的一員名將。乾隆對他的死深為痛惜，閱疏後「實覺不忍，為之淚下。」

清軍在昔嶺一線雖損失慘重，但仍進展甚微，岳鐘琪等指揮的其餘各路因兵力不足、天氣惡劣等原因也同樣沒有什麼進展，至此，「軍中奪氣」，被張廣泗信誓旦旦地認為可穩操勝券的十路進攻又一次以失敗而告終。

訥親在戰場上的倨傲本無實力可作為支撐，前方一失利，他就像泄了氣的皮球一般，只得「仍倚張廣泗辦賊」。乾隆也指示他說，你雖為經略大臣，但只宜持其大綱，至於帶兵作戰，仍當責成張廣泗。

可是張廣泗卻沒那麼好說話，他是為訥親所取代之人，豈肯為其全力謀劃，以成對方之功？訥親一改剛愎專斷和盛氣淩人的架勢，回過頭來與之商量軍務，他卻諸事推諉附和，「凡訥親種種失宜，無一語相告，見其必敗，訕笑非議，備極險忮。」

訥親只好自己想辦法，自進攻失利後，他不但不敢再輕言進攻，而且主張仿效敵方築碉建卡，美其名曰「以碉逼碉，以卡逼卡。」按照他的邏輯，大金川軍因險築碉，藏匿其內，所以才能以少禦眾，以逸待勞，清軍不如把這個優勢學過來，同時還可以借此顯示自身不消滅對方就絕不收兵的意志。訥親還說，守碉用不了多少人，這樣可以節省出更多兵力投入進攻，不失為「與敵共險」的上策。

在金川戰爭中，大金川軍為守方，清軍為攻方，大金川軍築碉建卡是為了阻止清軍的前進，清軍攻碉是為了掃除前進的障礙，其實訥親的築碉策對攻碉毫無幫助，甚至可以說連守株待兔都不如。況且清軍要在金川築碉也不是件容易的事，無論人力還是財力都不允許，築好之後的守碉更不像訥親所想的那樣簡單，「守碉勢須留兵，多則饋運難繼，少則單弱可慮。」張廣泗老於戎行，對此豈能不知，但在訥親提出後，卻不但不予以糾正，反而隨聲附和，與訥親會銜向乾隆具奏。

乾隆接到訥親的奏報後，苦苦思考了一個晚上，認為這一策略不妥，除了混淆攻守之勢、難以築碉守碉外，他還想到在平定大金川後，那座地方仍得歸土民所有，清軍費盡氣力修築的碉卡也要由其控制，將來萬一又有什麼風吹草動，無異於是自己給自己找麻煩。

在築碉策被否定後，訥親更加束手無策，平時不敢自出一令，臨戰則避於帳房之中，遙為指示。他與張廣泗「將相不和」的傳聞也早已成為軍中公開的秘密，班弟、傅爾丹、岳鐘琪等人被夾在中間，多數時候都只能觀望不前，「未發一謀，未出一策。」

乾隆發現訥親難有作為，便希望能在他稍獲勝利的情況下將其召回，以保全其臉面。御史王顯緒建議「以番攻番」，即讓訥親宣諭各土司，命他們率所司土兵為前導進攻大金川軍，有能破巢擒敵者，即賞賜以大金川的土地民戶。乾隆讓訥親、張廣泗、岳鐘琪討論，看這個辦法行不行，三人都說大金川戰碉林立，連擁有新造大鐵炮的清軍都無可奈何，土司兵又怎麼攻得破，而且他們與大金川藏軍同屬一宗，自然不肯花死力氣，稍遇難克之處，即會不肯向前，非得用重賞方能驅使。

王顯緒乃老臣王柔之子，王柔曾在湖南任職，對苗寨情形也很熟悉，有一年貴州苗民起而造反，張廣泗派兵彈壓都壓不住，還是王柔出馬才得以搞定。在「以番攻番」碰壁的情況下，乾隆便讓王顯緒徵詢其父有無破敵良策，令人啼笑皆非的是，王柔獻上的「良策」，居然是邀請終南山道士用五雷法術以擊碉……。

剃頭案

轉眼皇后之喪已滿百日，乾隆追憶前塵往事，寫下了著名的《述悲賦》，以寄託哀思：「信人生之如夢兮，了萬世之皆虛，嗚呼！悲莫悲兮生離別，失內位兮孰予隨！」

乾隆越是對亡妻念念不忘，其心靈的創痛越是難以癒合，隨之也越喜歡抓住皇后喪葬中的一些細枝末節興師問罪，不依不饒。皇長子永璜、皇三子永璋先前因沒有表露出足夠的哀傷，已遭斥責和處罰，按說就可以翻篇了，可誰知乾隆竟又拿出來說事，而且口氣比之前更加嚴厲。他說永璜所為不堪入目：「父母同去山東，最後只有父親一個人回鑾至京，做兒子的只要有一點孝心，他該多麼悲痛啊，可是大阿哥卻全然不介意，讓他迎喪，他就當是平時當差，沒有絲毫哀傷思慕的意思。」

永璋也同樣被描述成一個毫無知識和教養的不孝之子，乾隆憤憤地訓斥他倆：「你們都是朕所生的兒子，怎得如此不識大體，朕都為你們感到羞愧，還有什麼話可說呢！」

乾隆的雷霆之怒一發而不可收，先是對永璜、永璋說你們如此不孝，我恨不得殺掉你們，只是礙於父子之情才沒有動手，但今後你們若不知追悔，不安分度日，就休怪我不客氣。繼而他又從「人子之道」轉向立儲繼統，斷然宣佈永璜、永璋絕不可承繼大統，大臣中如有人具奏要立他們為太子，「朕必將伊立行正法，斷不寬貸。」怕別人不相信，他還對天發誓：「朕為人君，在尋常小事上尚且不食言，在此等大事上就更不會食言。」

自兩個嫡子相繼夭亡後，乾隆並沒有準備立新的儲君，永璜、永璋年紀尚小，也從未有爭奪儲位的言行。乾隆的這些想法真不知都從何處得來，只能說這時候的他因為心情過於悲慟，已無法用正常心理來加以推斷了。

乾隆曾降旨要求在皇后百日喪期內，文武官員一律不准剃髮，這本是滿族舊習，也就是所謂的「祖制」，但大清會典律例中並無明確規定，不要說漢官，就是滿員對此也都不太清楚。十三年前乾隆為父親雍正辦喪事，也說喪期內不能剃髮，許多官員都未在意，喪期內就剃了髮，當時朝廷並未追究，所以等到孝賢皇后喪葬，一開始不放在心上的亦大有人在，奉天錦州知府金文淳便被揭發在百日內剃了頭，乾隆當即下令交刑部治罪，欲予以處斬。

刑部尚書盛安替金文淳求情，說：「金文淳是個小官，不識國制，而且他請示了長官後才剃了髮，情有可恕。」乾隆怒道：「你是來為金文淳遊說的嗎？」盛安很有勇氣，他毫不畏懼，當面反駁說：「臣作為司寇，只是盡職罷了，並不認識金文淳是何許人也，如果臣必須因逢迎君主而枉法，怎麼能讓天下的司法公平呢？」

乾隆氣得暴跳如雷，立命侍衛拿下盛安，以「曲意徇私，市恩邀譽」為由，將其處以斬監候，而金文淳則判以斬立決。

不久，剃頭案中又出現了江南河道總督周學健及其下屬的名字，周學健在孝賢皇后二十七天的喪期一結束就剃了頭，下屬官員全部在百日內剃頭。乾隆聞報後說：「文淳（金文淳）已擬斬決，豈知督撫中有周學健，則無怪於文淳。」就是說既然連督撫都涉案，金文淳不過是個小官，倒可以原諒了，於是他下令赦免盛安，金文淳由斬立決改為發配直隸修城贖罪。

乾隆的怒氣轉移到了周學健身上，他大罵周學健「喪心悖逆」，不僅自己違制，還令所屬官弁同時效尤，「上下成風，深可駭異。」自古法不責眾，周學健的下屬官員很多，若一一處理，江南河道系統就要癱瘓了，乾隆只得採取殺一儆百的辦法，下令將周學健逮捕治罪，江南總督尹繼善明知此事，有意隱瞞，也遭到斥責，並被革職留任。周學健起初得到的處分是和金文淳相仿，即革職發配直隸修城贖罪，但後來發現周學健還有私下收受賄賂的行為，乾隆遂按貪贓罪賜令其自盡。

周學健是違制的第一個大官僚，但卻不是唯一一個。湖廣總督塞楞額、湖南巡撫楊錫紱、湖北巡撫彭樹葵也在其中，而且如同周學健那裡一樣，有三名大吏帶頭，兩省文武官員無一例外，全都跟著剃了頭。按照周案的處理原則，乾隆也只拿三名督撫開刀，塞楞額是旗人，乾隆對旗人違制特別敏感，曾說旗人違制，即便可寬免也絕不寬免，他怒罵塞楞額「喪心病狂，實非意想所及」，令其自盡，楊錫紱、彭樹葵革職。

在皇后死後的半年時間裡，因喪葬掀起的政治風暴震動朝野，大臣們或被貶、或降革、或罰俸、或賜死，形成了前所未有的大案，但乾隆並沒打算止步，金川軍營成為他即將出手整肅的下一個目標。

窘境

乾隆本以為對清軍指揮層予以加強後，會使金川戰役儘快打開局面，不料情況反而更糟。據被俘的大金川頭人招供，這時大金川軍已被消滅或瘟死了一半，僅剩三四千人，糧食也嚴重不足，「刮耳崖所積，不過四五月之糧」，但就算是這樣，大金川軍依舊應付裕如，而清軍卻智勇皆困，已陷入「進不能前，退不能守」的窘境。

乾隆不得不考慮派索倫營前去助陣。索倫營最早成名於康熙朝，當時康熙為對付俄羅斯的擴張，在東北編組「新滿洲」，從黑龍江的索倫部中徵調士兵出征。索倫兵精於騎射，驍勇善戰，在兩次雅克薩戰役中，都有他們衝鋒陷陣的身影，朝廷特賜「索倫勁旅」予以褒獎，此後索倫兵便成為關外最精銳的八旗武裝，幾乎每征必遣，每戰必先，一直到雍正朝的清準戰爭，出征的八旗共分三營，其中滿蒙各一營，索倫兵與之並列，可單立一營。

乾隆曾徵詢張廣泗，是否要以京旗兵替換綠旗兵，被張廣泗拒絕。索倫營之戰鬥力不亞於京旗，但在訥親得知皇帝的意思後，仍像張廣泗一樣給予了否定的答覆。

在覆奏中，訥親告訴乾隆，大金川的地勢並不利於騎兵馳騁，箭弩在破碉攻卡時也無太大用處。他還分析說，在金川戰場，攻一座戰碉通常需一兩百名士兵在前，數百名士兵繼後，兩邊又必須埋伏數百名士兵，索倫兵固然勇猛無畏，但如果命索倫兵在前，而以綠旗士兵繼後，則綠旗士兵依舊會遲疑不前，單刀突進的索倫兵可就吃虧了。可是若將綠旗士兵全都替換下去，戰場上需要的索倫兵數量又太多，包括索倫兵在內的八旗軍軍餉都高於綠營，浩繁的軍費會讓政府難以承受。

既然索倫營無法調用，乾隆便問訥親有何破敵良策，訥親先是提出增調三萬土漢兵，次年大舉進攻，但之後卻又主張只留兵萬人，據守要害，待兩三年後有機可乘，再行攻取。

如此自相矛盾的奏疏，足見訥親方寸已亂，胸中全無謀略定見。乾隆又好氣又好笑，當即批覆道：「你身為經略大臣，居然自己都拿不定主意，還要讓朕在千里之外替你定奪，有這樣打仗的嗎？……你不如明白點把心裡話說出來，就說臣力已竭，現在就只想著怎麼逃回來，以保全自己的身家性命！」

訥親在上疏中還告了張廣泗一狀，列舉了他分路太多、馭下不公以及不能和衷共濟、專務欺飾等問題。乾隆對這些情況其實都已有所掌握，然而眼看訥親萎靡沮喪，無能無為，他也只能如此交代：「朕亦聞其如此，但金川軍務終究要依賴他（指張廣泗）去籌辦，現在就先不要說這些了。」

乾隆還對張廣泗保留著一絲希望，儘管連他自己也不明白，為什麼與苗疆用兵時期相比，張廣泗會判若兩人，「張廣泗向在苗疆，甚有經濟，此番不知何故，每致差謬。」

在前線指揮層中，岳鐘琪是除張廣泗之外最懂軍事的將領，他的意見自然比訥親更專業也更具體。他認為刮耳崖雖系大金川軍要地，但地險碉多，攻取不易，相比之下，進出勒烏圍的道路較多，尤其有兩個地方並不險峻，因此建議張廣泗改變分兵策略，集中各路兵力，直搗勒烏圍，「勒烏圍一破，四路自潰。」應該說這是一個打破當時僵局的良策，也顯示岳鐘琪這員老將確有其獨到之處，但張廣泗卻以「不便更宜」為由置於一旁。

除了用兵不得要領外，儼然已成張廣泗幕中高參的良爾吉、王秋一直暗通莎羅奔，導致清軍動靜悉為大金川軍所知。岳鐘琪發現後堅請將二人斬首，然而張廣泗不僅對他們依舊堅信不疑，而且居然還倚良爾吉為心腹，讓他在軍中領兵。

良爾吉與莎羅奔的關係在當地不是什麼了不得的秘密，見張廣泗這麼信任良爾吉，當地土司即便傾向於清廷，也不敢為清軍出力，都唯恐被莎羅奔知道後遭其報復。與此同時，良爾吉所部的土兵也很不可靠，他們看到敵人竟然不放槍彈，與漢兵配合作戰時「不惟無用，且須防範。」

岳鐘琪被重新起用後，急於靠戰功翻身，前線「兵老志竭，株守半載，無尺寸功」的狀況令他極為不滿和沮喪，加上本來就與張廣泗有嫌隙，見勸諫無效，便也緊隨訥親，用密奏的方式向乾隆狀告張廣泗。

岳鐘琪的奏疏令乾隆更加煩悶，只得一邊降諭訥親調查落實，一邊以無可奈何的心態督促和關注著前方動態。那些日子裡，他每天寢食難安，不知道用什麼辦法才能迅速了局，他甚至幻想不惜使用重金，誘使大金川土民將莎羅奔直接縛送軍營，或採用大臣提出的所謂離間計，以促使土司內部分裂，然而這些策略終究都只是紙上談兵，到了現實中立刻變成了吹彈即破的泡沫。

送命符

為了向皇帝交差，訥親、張廣泗組織了新一輪軍事行動。一七四八年九月十九日，在對預定敵陣地屢攻不下的情況下，清軍改攻喇底三道山梁，他們分左右兩路進兵，當右路軍到達溝口時，數十名藏兵從山梁上吶喊著俯衝下來，右路軍有三千之眾，相當於可以一百個打人家一個，卻被嚇得當場抱頭鼠竄，逃回途中因擁擠自相踐踏，又徒然增加了不少損傷。

儘管對前線清軍戰鬥力之差已有充分認識和心理準備，也知道「漢兵素有不戰自潰之名」，但當戰報傳至北京時，乾隆仍備感震驚。在他看來，清軍即便不能夠像他所希望的那樣以一當十，也不至於三千人被數十人嚇得聞聲遠遁，「實出情理之外，聞之殊駭聽聞。」

在此之前，乾隆對訥親、張廣泗或多或少都還抱有幻想，至此已完全失望，十月三十一日，他以光用奏摺說不清楚，得當面商討為由，降旨命訥親、張廣泗馳驛來京，「面議機宜」，張廣泗的川陝總督印由傅爾丹暫行護理，所有進討事宜，則由傅爾丹會同岳鐘琪相機行動，實際上是變相解除了訥、張的職務和兵權。

乾隆降旨後不到十天，又接到前線戰敗奏報，這次藏兵也不過才二三十人，卻趁土漢官兵熟睡之際，通過喬裝改扮對馬奈軍營實施夜襲，最後不僅成功地殺傷兵丁、搶去大炮，還使清軍已據卡隘盡失。乾隆閱後氣憤至極，認為是清軍平時毫無紀律，把打仗視同兒戲才會出現這種情況。

「大金川自用兵以來，連吃敗仗，大概多半不是因為紀律太嚴，而是過於鬆散懈怠造成的。總的來說，就是軍紀不夠嚴明，以致無一人稱職，這豈是朕所能料想得到的！」

事實上，自張廣泗奉旨赴川，對大金川發動首次大規模攻勢起，金川戰爭持續了近一年半時間，耗資幾及兩千萬兩白銀，已接近於雍正朝打了四年的清準戰爭所用軍費。可是不但對付不了一個區區土司，還頻頻鬧出笑話和醜聞，別說乾隆正因皇后之死而抑鬱無比，就算沒有這事，他恐怕也無法忍受。

訥親、張廣泗到京後，乾隆並沒有和兩人就金川戰事「面議機宜」，而是嚴厲痛斥他們在金川的種種失誤，同時還決定對兩人進行懲辦。首先遭殃的是張廣泗，他被以「玩兵養寇，貽誤軍機」罪革職，隨即交刑部問罪。乾隆親自出馬，在中南海瀛台審問張廣泗，就調度失當、偏袒黔籍將領、信用奸細等一一對其進行指責，張廣泗不肯承認自己有罪，你說他多少，他駁回多少。

乾隆在大庭廣眾之下丟了面子，不由勃然大怒，竟下令對張廣泗「批頰」，也就是當眾打他的耳光。僅僅幾天後，張廣泗便以「狡詐欺妄，有心誤國，情惡重大」，被斬首於北京菜市口。

訥親告發張廣泗，本也有將失敗責任全部推到對方頭上的意圖，但他最終卻並沒有能夠因此而脫身。乾隆說張廣泗是「剛愎小人」，而訥親則是「陰柔小人」，指責他貪圖安逸，不親臨前線指揮打仗，只是一味想著如何遷移時日，一聞召回之旨，即如同得了活命符一般。

你要活命符，我現在就給你一張到閻王殿報到的送命符！乾隆以「退縮偷安，老師糜餉」罪，下令將訥親革職押往北路軍營，不久即將其在營門處斬，用來砍下訥親頭顱的那把屠刀，正是「遏必隆刀」，也就是其祖父遏必隆所留下的腰刀！

瞻對戰爭是金川戰爭的前奏和誘因，瞻對案與金川戰爭案緊密相連，因此此案也可以作為金川戰爭案的一部分。還在訥親、張廣泗被懲辦前，已調京任職的慶復、原四川提督李質粹、總兵宋宗璋等涉案人員皆已遭到逮捕。慶復除了對放走班滾負有責任外，還被揭露出曾與李質粹等人上下串通，對班滾兒子及其所居住的碉樓進行保護，從而使得班滾無所忌憚，連「三年內不可出頭」的約定都不肯遵守，在瞻對肆意招搖，對金川戰爭產生了直接的負面影響。

經過審訊，李質粹、宋宗璋被雙雙處斬。本來慶復也要被砍頭，但因他出身顯赫，乃康熙舅舅佟國維的兒子，乾隆念其祖先為勳戚故舊，才加恩賜自盡，給了他一個全屍。

在一七四八年以前，被處死的大吏只有一個，即紅包案首犯、步軍統領鄂善。乾隆當時「垂淚諭之，令其自盡」，後來他自己還覺得不忍心，說：「降旨之後，心中戚戚，不能自釋，如人身之失手足也。」

從一七四八年起，以金川戰爭案、皇后喪葬案為標誌，軍政兩界突然刮起一股貶黜、殺戮大吏和高級將領的風潮。一年之內，周學健、塞楞額、訥親、張廣泗、慶復、李質粹等人被相繼誅殺或令其自盡，其中有大學士，有總督，有巡撫，有提督，每一個人的職務和身份都與鄂善不相上下。其餘被貶革者更是不計其數，僅喪葬案就處分了大員一百多人，外界為之瞠目結舌，乾隆初年一度相對平靜的宦海也就此被攪得天旋地轉，沸沸揚揚。

一紙空文

一般認為，乾隆是因為痛失愛妻，情緒極度惡劣，才會驟然對官吏們採取極端嚴厲的措施。從他對皇子的態度來看，這種情況是客觀存在的，但史學家從吏治的角度出發，認為還應該透過表面現象，揭示其更深一層的原因和動機。

乾隆即位之初，雖以寬仁相濟政治相標榜，實際是以康熙的寬大政治替代了雍正的威嚴政治。乾隆這麼做，本身就帶有鞏固帝位，樹立權威的目的，甚至有人說他之所以要變異雍正的政策，其中一個重要原因是故意要與乃父唱反調，以便得到朝野的支持。雖然這種說法有些過於誇張，但博取寬仁之名，以撈取政治資本，也確實是乾隆最初施政的特點，不然也就不會矯情到「含淚斬馬謖」了。這一點連駐華的朝鮮使者都有所洞察，他們評論認為「雍正有苛刻之名，乾隆行寬大之政」，又說乾隆「政令皆出要譽」。

康熙的寬大政治有政清刑簡、緩和矛盾的效果，但也會帶來副作用，後者在康熙晚年時表現得尤為明顯。乾隆沿用祖父的政策，可謂既享其利亦承其弊，如他即位後為糾正雍正的過於苛嚴，對舊有的錢糧虧空予以了寬免，結果時間一長，見皇帝好說話，控制不緊，也沒有什麼跟進的懲罰措施，貪污腐化滋長的現象便又露出了苗頭，新的錢糧虧空案不斷發生，朝鮮使者對此洞若觀火，說乾隆「政令無大疵，或以柔弱為病。」

最初虧空案暴露得還不多，數額也不大，一般都在數百兩至千兩之間，所以乾隆還不是太在意，但就在一七四六年，也就是瞻對戰爭結束的那一年，僅奉天（今遼寧省瀋陽市）就一連發生了五起虧空案，這才讓乾隆真正重視起來。當年，他特派訥親南下巡視，結果發現不光奉天，其他省的虧空問題也很嚴重，究其原因，他不得不承認與自己施行的政策有關：「（虧空案當事者的）主管上司見朕辦理諸事，往往從寬，就以為可以放縱恣肆了。」

懶政、惰政、人浮於事也讓乾隆為之煩惱困惑。他剛即位時，由於對各省官員都不熟悉，曾要求督撫們時時向他反映所屬官員的資料和動態，以便他能夠在「秉公甄別」後加以挑選錄用，可是所有的督撫都只陳奏了一次，從此便沒有了下文。

一直到執政的第七年，吏治狀況仍無根本改觀。乾隆批評各省的官員考評制度已成「一紙空文」，督撫們對賢員不行舉薦，對劣員不予糾察，在舉薦時僅憑個人喜好，「只將教職及佐雜微員草草填注，以充其數。」

一次，雲南巡撫向朝廷推薦他手下的一個道台，所用考語是「老成持重」，乾隆複查此道台的記錄，卻發現前任巡撫給的評語是「年老體衰」，再看新任巡撫對其他屬員的評語，也都是有優無劣，盡說好話。可想而知，這樣的評語對選任人才毫無用處。

又有一次，乾隆看到臺灣某道員的評語，上面說這位道員「年力強壯，居心誠樸，才具明白，辦事切實。」如果乾隆先前不瞭解不熟悉也就罷，但關鍵是他還見過此人，在他看來，此君雖然有些小聰明，但為人談不上誠實，辦事也不俐落，絕對算不上幹練，甚至其年齡和精力也沒有任何優勢，與「年力強壯」不符。

地方上如此，京城狀況亦然。很多京官是優是劣，究竟是年富力強、精力充沛還是老朽無能、得過且過，其實一眼就能看出來，但他們的上司卻虛應故事，即便明知某些人不合格也裝聾作啞。因為怕得罪人，各部門就把考評的責任推給吏部，吏部又推給九卿，最後那些含糊其詞的考評竟能一路報到御前，等於把皮球都踢給了皇帝一個人。

乾隆不是沒有想到吏治會出問題，他一開始便意識到，如果官員們誤以為他一意寬縱，事態就可能會朝著相反的方向發展，這是他最為擔心之處。為此，他曾發出警告，稱假使寬政真的導致百弊叢生，他絕不會姑息和坐視不理，「將來有不得不嚴之勢，恐非汝等大員及天下臣民之福。」

在乾隆七八年以後，災荒頻仍，社會動盪，搶米抗糧事件不一而足，至乾隆十一年即一七四六年，各地抗糧鬧賑事件更是激增，天災雖是直接起因，但細究又總能發現「人禍」在其中作怪。乾隆很是不安，責怪官員們說：「你們這樣懈怠廢弛，盜賊活動的勢頭怎麼可能平息得下來？」

為了整頓日益廢弛的官場，乾隆不知不覺加重了對官吏的懲治。在早期處理虧空案時，一般他僅對虧空的當事人予以革職和追究，基本不涉及其上司，從一七四六年的奉天虧空案起，不僅涉案的三名官員被處以死罪，由於案件發生於前任府尹霍備任上，霍備本人也被責令革職，發往伊犁軍台效力。

你把皇帝當什麼人了

自奉天虧空案開始，乾隆朝的執政已出現了由寬到嚴轉變的趨勢和跡象，但這還不是根本改變。在發現寬大政治過程中所產生的流弊後，乾隆顯然更傾向於將自己的政綱定位於寬仁相濟，因此屢屢強調寬猛結合、剛柔並濟的所謂「中」，若用西方歷史學家的說法，就是他企圖「在過於仁慈的祖父和過於嚴厲的父親之間尋找出一條中庸之道」。

既能得祖父之名，又可如父親一般求實，這自然是好，可惜世上從來就沒有如此完美的選項。一七四八年二月，也就是乾隆東巡的前一個月，江蘇沛縣、蕭縣再次發生流民搶劫店鋪的求賑事件，同時福建也爆發了被稱為「老官齋教案」的起義，這顯然是吏治繼續滑坡、社會矛盾激化的某種徵兆。軍界狀況同樣令乾隆憂心忡忡，官場侵貪和軍營怯懦素來都是一對親兄弟，在瞻對戰爭中就暴露出的怯懦腐敗、疲玩不振之風，到了金川戰爭不但沒有絲毫起色，反而變本加厲，這正是前線陷入僵局的一個重要原因。

乾隆的搖擺式執政已走到了死胡同，皇后的去世正好給他提供了以發洩情緒為名，將施政徹底由寬變猛的契機。這對一眾官吏尤其前朝舊人和老臣而言，自然不是什麼福音，在皇后喪葬案、金川戰爭案中被處決的塞楞額、張廣泗、慶復、李質粹等人，都是雍正遺留下來的老臣，訥親雖然在乾隆初年的權臣中年紀最輕，一度也最得乾隆寵幸，然而他其實也是由雍正選拔上來的。

鄂爾泰去世後，昔日兩大前朝元老，只剩下了張廷玉。儘管鄂爾泰這個政敵已經不在，但由於不受乾隆青睞，張廷玉在朝中也並不得意，乾隆東巡前夕，他曾以「年近八旬，請得榮歸故里」為由乞休，未得准許，只得繼續留在京中，結果正好撞上這場突如其來的政治大風暴。當年冬至，翰林院撰擬皇后祭文，用了「泉台」二字，乾隆吹毛求疵，認為這兩個字不夠尊貴，用於常人尚可，但不宜用於皇后。他指責以張廷玉為首的翰林院官員「全不留心檢點，草率塞責，殊失敬理之義」，下令全部罰俸一年。

與其他在兩案中被懲處的大吏相比，張廷玉所受處分可謂不值一提，可即便如此，還是讓老頭子嚇破了膽，於是他再次向乾隆懇請並獲准以「原官致仕」。

名利場進去困難，退出更不易。按照雍正遺詔，張廷玉身後可配享太廟，清代異姓大臣配享太廟者共十二人，張廷玉是其中唯一的漢人。鄂黨對此一直很不服氣，此時鄂爾泰雖死，鄂黨勢力卻並沒有即刻散去，鄂黨成員、大學士史貽直多次向乾隆進言，稱張廷玉並無功德，不應配享。張廷玉得知後，唯恐乾隆真的被史貽直鼓動，遂進宮陛見乾隆，「免冠嗚咽，請一辭以為券」，也就是讓乾隆給他寫一個詔書，保證不取消他的配享資格。乾隆對他這種近乎要脅的請求頗感不快，但還是同意照此辦理。

皇帝破例施恩，按例次日張廷玉應親自進宮謝恩，但他因年老天寒，選擇了派兒子代往。張廷玉的這一做法在他看其實只是一個小小疏忽，但在乾隆看來，卻是無情無義，不敬君上的表現——我「施與特恩」，滿足了你所有的要求和條件，你卻過河拆橋，從此視我為陌路，連見一面都不願意了，你把皇帝當什麼人了！

當天下午，乾隆即命軍機大臣汪由敦傳寫諭旨，令張廷玉明白回奏。汪由敦是張廷玉的門生，張黨成員，他趕緊派人到張府傳信，讓張廷玉有所準備。張廷玉大驚失色，驚慌失措之下做了一個極其愚蠢的舉動，即皇帝命他明白回奏的諭旨尚未送到張府，他就慌慌張張地跑到宮中請罪。乾隆一看，就知道是汪由敦洩露了消息，想到自己打擊朋黨十餘年，然而朋黨積習猶存，他當即大發雷霆，將張廷玉痛一頓，其後又降旨將他賜予張廷玉的伯爵削去，以示懲罰。

就在張廷玉心驚膽戰，喪魂落魄，只想早點遠離京城這一是非之地，回鄉過安穩日子的時候，皇長子永璜突然病逝。永璜在皇后喪葬案中遭到乾隆的嚴重鞭撻，被剝奪了繼位資格，之後便鬱鬱寡歡，染病去世時與皇后案僅僅相隔一年。

乾隆雖然不喜歡永璜，但他畢竟是長子，又生下了皇長孫綿德，所以感到很是哀傷。張廷玉做過永璜的師傅，當然必須參加喪禮，但他歸鄉心切，剛過初祭，即奏請啟程，此舉再次觸怒了乾隆，痛責張廷玉：「漠然無情居然到這種地步，你還有良心嗎？」

這時正好蒙古親王、額駙策棱去世。策棱也是配享太廟的功臣，乾隆便借題發揮，說有資格配享太廟的不是開國功臣，就應該是征戰沙場的名將，鄂爾泰能夠配享本來都屬過優，但他尚有開苗疆之功，你張廷玉毫無建樹，又對朝廷沒有忠心，憑什麼還能配享？隨後乾隆便以大學士九卿議奏的名義，修改雍正遺詔，罷張廷玉身後配享（在張廷玉死後，乾隆才以眷念老臣的名義，仍令配享太廟）。

張廷玉竹籃打水一場空，灰溜溜地回了老家，但在老家也不得安生，又因牽扯其他案件而遭到問罪，以往三代皇帝給予他的賞賜被全部追繳。經過這次問罪，張黨被完全擊垮，門生故吏各尋出路，連張黨骨幹、張廷玉門生的吳士功也投奔了史貽直。

曾幾何時，在張、鄂兩黨過往的大戰中，吳士功、史貽直還各為其主，彼此激烈廝殺過一番呢，可見物故星散，時代真的變了！

第四章

分水嶺

乾隆中期對軍政兩界的整肅，毫無疑問加快了廷臣的換班和權力交替。一批新進的年輕人迅速嶄露頭角，為首者是富察氏的弟弟、乾隆的妻舅傅恒。

與大多數滿族官員一樣，傅恒不是靠科舉出道，自然無科甲頭銜，他進入仕途的第一個角色是侍衛，而且還是藍翎侍衛。清代侍衛分為很多等級，藍翎侍衛在其中是比較低的，屬於正六品的小官，但富察氏弟弟的身份成了傅恒在官場上的登雲梯，僅僅兩年之後，他就被授為總管內務府大臣，負責管理圓明園事務。

乾隆登基後最為寵信的大臣是訥親，其次便是傅恒，他自己也說：「自御極以來，第一受恩者無過訥親，其次莫如傅恒。」在乾隆的提點下，傅恒歷任戶部侍郎、軍機處行走等，直至成為正一品的領侍衛大臣。

富察氏臨死前把弟弟託付給乾隆，請他予以照顧，這又進一步提升了傅恒在乾隆心目中的地位。富察氏一死，乾隆就升傅恒為太子太保，授協辦大學士。

金川戰爭初始，傅恒曾主動請纓，願赴前線效力，但當時適遇富察氏新喪，乾隆考慮他不便釋服即戎，且老練也不及訥親，沒有立即應允。等到訥親、張廣泗被先後罷撤，乾隆才決定正式啟用這位自己悉心培養的後備中堅力量，遂命傅恒暫管川陝總督印，授經略將軍，統領一切軍務，同時將其由協辦大學士升大學士，隨即又定為保和殿大學士兼戶部尚書。

出征

傅恒受命於危難之際，此時的他還只是一位不滿二十七歲的青年，從無帶兵打仗的經歷和經驗。為了確保他能旗開得勝，馬到成功，不致重蹈訥親之覆轍，乾隆盡可能地調動各方面資源，做了精心準備。

訥親在被罷撤前，提議增調三萬土漢兵，乾隆在此基礎上又加了五千，陸續從各地調撥三萬五千官兵開赴金川前線。張廣泗、訥親居前指揮時，乾隆先後向他們建議調撥京旗或索倫營助陣，都被兩人打了回票，此番乾隆自己做主，從調撥的人馬中刪去了土兵這一選項，全部代之以八旗和綠營，其中索倫兵和京旗兵共五千人，西安、四川的滿洲駐防兵三千人。陝甘綠營自平定三藩之亂起就以戰鬥力強著稱，所以乾隆特地從陝甘兩省抽了一萬五千綠旗兵，其他綠旗兵則從雲貴、兩湖調撥。

金川戰爭離不開火炮，乾隆讓傅恒直接從京城挑選，傅恒奏准各帶「威遠將軍」、「制勝將軍」兩門。「威遠將軍」是中國首批仿造出的榴彈炮之一，康熙朝時清軍進兵西藏，曾憑此炮得勝，「制勝將軍」造型威武，在康熙親征噶爾丹的戰役中也立下過戰功，它們都是當時能夠提供給清軍最優良的火炮。除此之外，乾隆還降旨整修了從京師通往成都的四十八個驛站，以及從成都至金川軍營的馬步二十四塘（「塘」指較為狹小的防區，專供傳送文報、巡更查夜），以期交通順暢，便於運兵和傳遞軍情。

乾隆認為，金川用兵歷時已近兩年，始終都無法取得成功，「咎在主帥」，乃訥親、張廣泗或措置失當，毫無謀略，或畏縮不前，不親自督陣所致，同時也有號令不明、賞罰不明的因素。出於提高前方士氣，確保傅恒用兵無阻，將士用命的目的，他從戶部庫銀和各省撥銀四百萬兩以供軍需，並不吝賞格，從內務府拿出十萬兩白銀，加上花翎二十、藍翎五十，給傅恒作為嘉獎軍前立功將士之用。

乾隆出手大方，卻無法掩蓋政府財政已相當吃緊的現實。他在向傅恒交底時也很坦白地告訴對方，戶部存銀只剩下兩千七百餘萬兩，倘金川戰爭繼續久拖不決，而偏偏內地又有造反起義等意外事件發生，這點錢是根本不夠用的，所以他要傅恒必須保證在四月初（農曆）就結束用兵，否則就班師回朝，無論勝敗。

退路要留，但乾隆對傅恒出征仍充滿信心，認為「此任非傅恒不能勝，此功非傅恒不能成」。一七四八年十二月二十一日，他在重華宮賜宴傅恒，次日是傅恒啟程的日子，他按照滿族出征傳統，至堂子（清朝皇帝祭神之處）行祭告禮，在堂子大門處親祭吉爾丹旗、八旗護軍旗，接著在東長安門外佈置帷帳，向傅恒賜酒，命他在御道前上馬。皇子及大學士來保也都奉命為傅恒壯行，一直將他送至京城郊外的良鄉，時人謂之「命將之典，實近代之所罕覯者。」

傅恒受此禮遇，在途中就上疏表示：「此番必須成功，若不能殄滅丑類，臣實無顏見眾人。」他知道前方軍情急如星火，路上不敢有絲毫瞻顧遲疑，每天都披著星星踏上行程，太陽快下山了還不肯解鞍紮營休息，最遠的一天走了兩百五六十里。

古代入蜀不易，有「蜀道之難，難於上青天」之說，從成都前往軍營的那段，道路險峻兼遇雪冰滑，隨行的十幾匹馬都墜入了山澗，傅恒便下馬步行，一連走了七十里，部隊士氣因此深受鼓舞。

憑藉勤懇奮發的精神和態度，傅恒大得乾隆的讚賞，剛剛抵達四川，他就收到嘉獎令，由太子太保晉銜太保，加軍功三級。明清乙太師、太傅、太保為三公，乃廷臣所能獲得的最高榮譽頭銜，傅恒年不過三十，出師尚未立功，便驟然晉至三公之位，如此恩典實在出人意料，不僅滿朝文武感到疑惑，就連傅恒本人也誠惶誠恐，趕緊上疏力辭。

皇帝的不世之恩顯示了對傅恒寄望之殷切，傅恒的辭呈自然未得批准。傅恒百感交集，對他來說，此時也唯有肝腦塗地，效命疆場，才能報答於萬一。一七四九年二月七日，他一到金川軍營，即密令總兵馬良柱以迎接經略將軍為名，將良爾吉調出土兵營伍，在當面宣佈罪狀後，將其斬首示眾，其餘如王秋等內奸也都分別遭到逮捕並被處死。

在誅殺內奸，消除隱患後，傅恒即赴前沿的卡撒軍營視察地形。他發現整個戰場的面積並不大，戰碉也沒有想像中那麼宏偉，可為什麼投入這麼多兵力，用一兩年時間都不能奏功呢？

經過與岳鐘琪、傅爾丹、馬良柱等人探討，又一一對照分析訥親、張廣泗的用兵記錄，傅恒瞭解到了不少原先他並不掌握的內情。

健銳營

回過頭來看，金川戰爭開始時，清軍其實有過一蹴而就的機會。在張廣泗尚未抵川前，馬良柱曾一度拿下小金川、丹噶，直逼大金川，其時清軍兵鋒甚銳，而大金川的內部防禦相對還不足，大金川軍為此人心浮動，「賊眾四散」。

及至張廣泗抵川，若能及時增兵進攻，直搗大金川巢穴並不困難。可惜的是張廣泗、慶復忙於交卸，對此無暇顧及，莎羅奔、郎卡則乘此機會，從容佈置，「盡據險要，增碉備禦」，這才出現了其後堅碉林立，無論如何都攻不進去的局面。

訥親剛到時死打硬拼，稍一受挫又灰心喪氣，把軍務全部推給了張廣泗，所以一直是張廣泗的打法在前線起作用。張廣泗專攻碉卡，這在傅恒看來，實屬下策，因為清軍的槍炮充其量也就只能對戰碉的石頭外壁予以破壞，很難傷及碉內的藏兵，藏兵卻能以暗擊明，彈不虛發地對碉外衝鋒的清軍予以殺傷，是故「我唯攻石，而賊實攻人。」

據岳鐘琪反映，由於張廣泗最初沒有想到砍巨木做擋牌，官兵甚至都只能在毫無掩護的情況下肉搏衝鋒，每攻一碉，多的死傷不下數百人，少的也不下百十人，而平均每百名受傷官兵中，竟有數十人身帶四五處傷。幾場仗打下來，官兵無不見碉而怯，就是後來有了擋牌，大家也都不敢往前衝了。

一方面是攻一碉難於克一城，另一方面是大金川的戰碉極多。此地什麼都可能缺，就是不缺石頭，土民築碉可就地取材，且這裡的男女老少都非常擅長築碉，若有需要，不過數日就可築成一批，即便戰碉在激戰中被槍炮破壞，他們也能在短時間內隨缺隨補。

傅恒注意到，單以卡撒而言，其左右山梁即有戰碉三百餘座，以半月或十天得碉一座計算，必須數年才能予以全部攻克。每座戰碉裡其實只有幾個藏兵，每座關卡的防禦兵力也僅十餘人，最低估計這時大金川軍還有三千人，按平均每一百名清兵敵一名藏兵計算，清軍至少也得投入二十萬兵力才可以功得圓滿。無怪傅恒會發出感嘆：「如此曠日持久，老師糜餉之策，而訥親、張廣泗尚以為得計，臣真不知道他們是怎麼想的！」

在掌握實情的基礎上，傅恒聽取岳鐘琪等人的建議，提出了「銳師深入，直搗賊巢」的作戰方案，即從卡撒出發，儘量避開戰碉，直搗大金川據點。

相關形勢分析及作戰方案都由傅恒寫成奏摺，彙報給乾隆。乾隆閱後，深為讚賞，認為傅恒對敵情的分析超出其同僚，「籌畫精詳，思慮周到，識見高遠。」

乾隆多年對傅恒進行觀察，知道小夥子素來聰明機警，辦事幹練，但在連他自己對金川戰爭都唯恐把握不住的情況下，他其實也在為初次上戰場的傅恒懸著心。傅恒從離京出發到居前指揮的實際表現顯然讓乾隆鬆了口氣，他高興地說：「朕心深為喜悅，相信經略大學士（指傅恒）是個有福的大臣，看情況此次必可大功告成。」

在向乾隆發出奏摺後，不等回覆，傅恒即按照既定方案下令出兵大金川。由於大金川軍在各個隘口都設有碉卡，清軍不可能完全避開，所以沿途的攻碉之戰仍在所難免。傅恒在指揮攻碉時，不僅把他從京城帶來的「威遠將軍」、「制勝將軍」等火炮全都調了上去，而且還動用了乾隆一手訓練的雲梯兵。

自金川用兵以來，當地崎嶇險峻的地形以及極難攻取的戰碉，已經給乾隆留下了深刻的印象。乾隆經常拜讀歷代清朝皇帝留下的實錄，從中吸取經驗，在翻閱皇太極實錄時，他發現當年清軍攻打明城堡，多靠雲梯取勝，這讓他受到啟發，認為同樣可以用此法攻打戰碉。

乾隆讓人製造了一批雲梯，命禁軍進行秘密演練和研究，接著在香山建立訓練基地，由大金川藏軍俘虜和從金川招募的工匠仿造金川碉樓，共建碉樓六千多座，又從京旗中挑選雲梯兵，組建了日後被正式定名為健銳營的特種部隊，專門在香山基地「操演雲梯」，進行登山攻碉戰術的訓練。

金川戰事結束後，健銳營建制被完整保存下來，限於經費所限，清廷對八旗軍的擴編一向持非常謹慎的態度，由此可知，雲梯兵在此次攻碉作戰中確實發揮了重要作用。從此以後，健銳營便成為八旗軍中一個固定的新兵種，其常規編制保持在兩千人左右，僅香山基地就建造了健銳營營房三千五百間，因為健銳營最早源自雲梯兵，且基地位於香山，所以也稱健銳雲梯營、飛虎健銳雲梯營、香山健銳營。

傅恒抵川的第二個月，關於他親自督師攻下數座險碉，前線一改往昔窘境的奏報即遞達京城。在奏報中傅恒還表示要繼續親任其難，直搗敵軍巢穴，於四月間（農曆）奏捷，可是讓傅恒沒有想到的是，皇帝收到奏報後下達給他的密諭，卻是即刻收兵，班師回朝。

算帳

乾隆原先雖然知道大金川地險碉固，易守難攻，但並不清楚究竟有多困難，尤其訥親、張廣泗掌軍時對他隱瞞了士兵傷亡等很多情況，使他總以為只要再稍加把勁，就能迅速拿下，直到看了傅恒的奏報，他才明白自己以前嚴重低估了敵情，大金川絕非旦夕可下。

傅恒出師時，乾隆叮囑他需在四月（農曆）結束戰役，那是他的一個估計，認為戶部存銀只能維持那麼長時間，而戰爭勝利也一定不用等待太久，現在看來是形勢估計錯誤，過於樂觀了。乾隆認為到時傅恒已經不太可能取勝，如果大軍又像以前一樣受阻甚而吃敗仗，則朝廷就連小捷之後體面收場的機會都沒有了。

乾隆再一算帳，金川戰爭打到現在，已耗去近兩千萬兩白銀，這讓他叫苦不迭：「金川小丑，初不意靡費如此物力，兩年之間，所用幾及二千萬。」這一期間，負責辦理軍需的四川布政使高越給他送來一筆明細帳，稱從金川戰事重啟到次年五月（農曆）止，前線需米二十五萬石，加上其他一應所需，總共約需銀兩八百七十餘萬，也就是說，如果繼續打下去的話，「近兩千萬」就得變成「近三千萬」，而且打贏的可能性還小得可憐。

不單單是財政困難，由於金川前線的大量軍糧都取給予四川，直接造成成都米價飛漲，高越在奏摺中也提到「成都米價昂貴，民食艱難」，請求動用政府儲備糧調節米價，賑濟民眾。

四川省因戰爭而「物力虛耗」，因「物力虛耗」而米價飛漲，又因米價飛漲而民怨沸騰，瀘州道台衙門前曾發現一張公示，上面「皆大逆不道之言」。雖然高越對此吞吞吐吐，未敢全部如實陳奏，但乾隆已經基本掌握了這些情況，聯想到同一時期江南各地糧價上漲和搶米風潮的此起彼伏，他深感憂慮：江南向為富庶之地，搶米事件仍不可避免，四川相對而言乃偏僻省份，金川戰爭又發生在該省，不是更容易滋生意外事端嗎？

看完高越奏摺的當天，乾隆就表現出了對打這場戰爭的悔意，說：「朕早知如此，就連此番調遣（指派傅恒率師出征）都沒必要。」在給傅恒的密諭中，他讓傅恒從速罷兵，並要求「此旨至日，傅恒著即馳驛還朝。」

傅恒那邊剛剛才開張，卻突然接到皇帝要予以召回的密旨，這個彎委實很難轉得過來——不是說四月（農曆）罷兵嗎，現在才正月啊，我又沒有吃敗仗，為什麼要急著催我回去？

所謂「將在外，君命有所不受」，血氣方剛、雄心勃勃的傅恒堅持取勝才能班師。他在覆奏中說，以前不能成功是因為策略錯誤，現在已經棄專攻碉卡而選擇直搗其穴，眼看勝利在望，如果就這樣輕率地班師還朝，大金川軍的氣焰會更加囂張，「功在垂成，棄之可惜。」

瞻對戰爭草草收兵，造成許多不利後果，乾隆對此一直耿耿於懷，他也很怕金川戰爭重蹈瞻對的覆轍，傅恒的話讓他無法反駁，於是只好一邊公開宣佈：「今朕已洞悉形勢，決定收局。」一邊鬆口答應傅恒可以在四月底五月初（農曆）收兵，說到時或許還可以憑藉一兩場勝仗，迫使莎羅奔投降。

乾隆對傅恒鬆口，卻並未能夠將他自己說服。在乾隆眼中，大金川只是一個「得其地不足耕，得其人不足使」的所謂「化外之地」，別說勝利極其渺茫，就算勝利了，中央政府能夠予以完全控制，又有多大的意義和價值呢？答應將戰爭再拖上幾個月的代價，是加重財政危機和隨時可能發生不測事變，這筆賬乾隆怎麼算都覺得不合算。

古時將死者的周年祭稱為「小祥」，正好傅恒的姐姐富察氏的「小祥」就要到了，乾隆便借此名義，把從不預政的皇太后搬出來，以皇太后的口吻勸諭傅恒，「經略大學士此行，原為國家出力，非為一己成名」，並以「大學士理應奔赴行禮」為由，命傅恒於二月初旬（農曆）啟程返京。

為了讓傅恒理解自己的用意和一片苦心，次日乾隆又親自降諭，十分懇切地對傅恒說，大金川軍佔據地利優勢，清軍絕對沒有全勝的希望，「朕思之甚熟，看之甚透，上一年辦理實屬錯誤，現及早收局，相信今後一定可以否極泰來」。

經過反覆諭令和一番苦口婆心的勸導，一七四九年三月六日（農曆正月十八日），乾隆正式頒旨，召傅恒班師還朝，「其納降善後事宜交四川總督策楞辦理」。此前他特地援引當年康熙一征噶爾丹時班師的事例，要傅恒予以效法，即該班師的時候還是得班師，而不要只顧及自己的臉面和功業。

受降

在決定罷兵前，乾隆曾說傅恒是個有福的大臣，必能大功告成，這句話其實並沒有說錯。就在傅恒躊躇再三、左右為難的時候，大金川方面率先支撐不住了，莎羅奔兩次派人到清軍軍營求降，急於退場的清廷非常幸運地迎來了藉以轉圜的絕佳機會。

大家都認為傅恒吉人天佑，是個福將，但傅恒自己對就此收場卻還表現得心有不甘。在接見來使時，他堅持要莎羅奔、郎卡叔侄「親縛赴轅」，實際上是企圖趁其求降之際，予以逮捕後「還朝獻俘」。

獲悉傅恒居然有這種意圖，乾隆唯恐雞飛蛋打，連忙予以制止，要求傅恒務必抓住機會，「昭布殊恩，網開三面。」

在這種情況下，傅恒只好同意莎羅奔求降，但他仍擔心對方缺乏誠意，只是在使用緩兵之計，稍後又會推翻協定，捲土重來。同樣，莎羅奔、郎卡也有清軍是否在誘其入套，實際不會遵守協議的疑慮。

雍正朝時，大金川軍跟隨岳鐘琪進藏平叛立功，當時曾被朝廷授予大金川安撫司印。基於這種歷史關係，莎羅奔便通過其他土司，請求岳鐘琪能夠出面與他們商定納降事宜，以增強雙方的互信。

經傅恒批准，岳鐘琪帶隨從四五十人直入勒烏圍。清代筆記中對這段故事的記載極富戲劇性，說岳鐘琪在看到莎羅奔後，特意放鬆馬的轠繩，緩行到他面前，笑著對他說：「你們還認識我嗎？」

「果然是我岳公啊！」莎羅奔吃驚地叫道，當下便伏地請降。

在清史學家蕭一山所著的清代通史裡，亦有相似描述：「莎羅奔在西藏之役中隸於岳鐘琪麾下，到這個時候為止，其餘威仍震於大金川，故莎羅奔才會到軍前乞降。岳鐘琪以輕騎徑抵其巢，莎羅奔等人皆大喜，悉聽其約束。」

按照這些記述，大金川求降的功勞似乎都可以歸到岳鐘琪名下，但岳鐘琪並非剛到前線，要是莎羅奔僅僅因為他才求降，也就不用等到現在了。另外，岳鐘琪與莎羅奔昔為故人，久別重逢後倍覺親切的畫面固然溫馨感人，卻與史實不符。因為大金川的首領實際是本教大巫師，莎羅奔並非人名，而只是對其本教大巫師身份的一種稱呼，雍正時隨岳鐘琪入藏出征的前任莎羅奔在好幾年前就死了，現任莎羅奔未必認識或見過岳鐘琪。

儘管如此，可以肯定的是，岳鐘琪在大金川的聲望以及他本人對藏民風俗的熟悉，一定也為他獲得莎羅奔等人的信任創造了有利條件。莎羅奔迎接岳鐘琪時非常恭敬，在把他迎入帳中後，親自把敬客的酥油茶捧到他面前，岳鐘琪二話不說，接過碗來一飲而盡，隨後便宣佈皇帝聖旨，「示以德威，宥以不死。」眾人為之歡呼並當場頭頂九乘之經，立誓決不再叛，繼而又殺牛設宴，邀請岳鐘琪留宿於勒烏圍。

那天晚上，岳鐘琪解衣熟睡，一如在自己家裡一樣，莎羅奔見此情景完全放下心來。次日，岳鐘琪至莎羅奔等人念經的經堂，要莎羅奔、郎卡於佛前禮誓，以表誠意。兩人均照做不誤，這使岳鐘琪心裡也有了底，回去後即稟告傅恒。

一七四九年三月二十二日（農曆二月初五），雙方議定的受降日，莎羅奔、郎卡在寨門外除道設壇，率教徒、頭目多人，焚香頂戴，鼓樂齊奏地來到傅恒軍營。岳鐘琪親自引領他們進入軍營，按程式，岳鐘琪要自己先進大帳向傅恒跪拜報告，接著再喊莎羅奔叔侄入內。這位莎羅奔顯然沒有隨清軍出征的經歷，對清軍內部的上下等級不瞭解，他和郎卡都以為岳鐘琪已是清軍中大帥級別的人物，只有別人向他跪拜，沒有他向別人跪拜的道理，現在見岳鐘琪居然對傅恒畢恭畢敬，不由大為吃驚，出帳後就對手下們說：「我們平日視岳爺爺（岳鐘琪）為天上神祇，傅公是什麼人，岳爺爺竟也要拜他？天朝大臣，原來是這樣不可估量的啊！」

當天傅恒代表中央政府接受莎羅奔的投降條件，將其赦免，仍為大金川土司。莎羅奔表示感激，誓言從此接受清廷的約束，永不再侵犯鄰近土司，同時進獻古佛一尊、銀萬兩。

傅恒收下古佛，婉拒了銀子。在岳鐘琪的建議下，乾隆決定不再將剩餘軍糧運回內地，而是多數賞給跟隨清軍打仗的小金川土司及土民，以作撫恤，其餘則留作駐防軍隊的供給。

在大金川受降後，瞻對土司班滾的求降請求也得到乾隆的批准，班滾保證約束部眾，杜絕「夾壩」，只要朝廷有所差遣，一定「倍竭報效」。一度令乾隆為之頭疼不已的金川、瞻對問題終於較為體面地解決了，尤其金川，號稱「兵不血刃，一平金川。」乾隆仿效康熙平定沙漠、雍正平定青海後御制碑文例，特地親撰《平定金川文》並勒石於太學，以垂示永遠，金川戰爭也因此被納入了乾隆所謂的「十全武功」。

戰後論功行賞，岳鐘琪得以恢復雍正朝被削去的三等公爵，加太子太保，原來獲罪時要求補罰的賠銀七十萬兩，也被全數豁免。傅恒作為三軍統帥，乃金川戰爭中當仁不讓的第一功臣，被晉封為一等忠勇公，從此以後，他不僅完全取代訥親，成為清代歷史上最年輕的宰輔，而且一直備受榮寵，在他活著的時候，朝中再未有任何一個人能夠動搖或威脅其地位。

敲響了警鐘

在施政風格上，乾隆越來越像他那已去世十多年的父親，在某些方面，比起雍正，他的嚴猛甚至有過之而無不及。

清代死刑案必須由三法司審決，皇帝最後決定，所謂「威權生殺之柄，惟上執之。」皇帝每年會用一段時間集中閱看案卷，研究案情，如認可犯人應判死刑，便在其名字上以朱筆打勾，稱為「勾決」，其餘歸入「緩決」，留待次年再議，「勾決」者即行處決，但「緩決」者實際就已由死刑變為了長期監禁，所以也稱「老緩」。

乾隆初年，不少罪犯都沾了寬大的光，成了「老緩」，然而從一七四九年起，看到社會出現動盪，抗租搶糧、命盜叛逆案件不斷增多，乾隆開始反復強調「安良必先除暴，容惡適足養奸」。在覆核死刑時，他一反從前的做法，改手下留情為大筆勾決，連那些乾隆初年的「老緩」也被拖出來，重新改成了勾決處死。

皇后喪葬案、金川戰爭案是乾隆對於官吏態度的分水嶺，在此前後，官場上侵蝕貪污、結黨營私問題的日益嚴重，軍營中怯懦腐敗之風的盛行，都讓乾隆增強了必須對吏治和軍紀加以整頓的認識。過去，官犯常入「緩決」，原因是官官相護，審理部門有意對其進行袒護，皇帝稍不注意，就容易讓他們蒙混過關。乾隆既知其弊，一七四九年當年即對被列入「緩決」的官犯進行清查，結果竟查出十八個重大案件，其中貪贓枉法者有之，受賄誣良者有之，草菅人命者有之，棄城失地者亦有之，這些人涉及軍政兩界，按實情本來都不能作為「緩決」處理。乾隆全部予以重新勾決，並要求今後官犯必須另列清單請旨，他將一律親自定奪，最後把關。

在嚴刑峻法、整飭吏治的同時，作為引發社會秩序緊張的源頭，米價的持續上漲也給乾隆敲響了警鐘。著名幕僚汪輝祖是浙江蕭山人，蕭山亦受米價猛漲之困，據汪輝祖回憶，在他還只有十幾歲的時候，一斗米的價格多在九十文到一百文，有時標價一百二十文，就覺得很貴了，但到乾隆十三年（一七四八），一斗米價已平均漲到一百六十文。

汪輝祖瞭解到，由於米價上漲過快，很多地方的家庭無力購買糧食，甚至把草根樹皮都吃光了，只能吃一種叫作「觀音粉」的東西。「觀音粉」本質上是一種風化了的石頭，雖可用於勉強充饑，然而難以消化，常有吃了「觀音粉」被活活脹死的人。

乾隆極為焦慮，專門頒諭發動各地督撫進行討論，對米價持續上漲的原因進行分析。

清代為防止糧荒，在州縣設立有常平倉，乾隆即位後對此很重視，加之國庫財力充裕，所以常平倉存糧增加很快，一度達到四千四百萬石，比雍正時翻了一倍。部分官員認為，正是由於政府對糧食的大量購存觸發了糧價上漲，安徽巡撫納敏在上疏中說，米貴的原因在於州縣採買過多，以致「米穀在官者多，在民者少。」乾隆聽取這一建議，決定減少政府對糧食的採購，降低常平倉庫存。

常平倉本身對於調節米價和抗災備荒都不可或缺，金川戰爭後期成都米價上漲，用來緩解危機的政府儲備糧就來自常平倉，因此不管怎麼減少糧食採購，都仍須把倉儲量維持在一定水準，而且就算常平倉存糧達到最高峰時，也只占當年年產糧食的四分之一，說直接影響有，但還不至於造成全國糧食的連年漲價。

人口激增是討論中被反復提出和強調的一個話題。事實上，古代中國的人口數字一直不是很高，截至明代晚期，始終在六千萬人上下（也有專家認為明代晚期的中國人口實際應在一億人以上）。清初因剛剛經歷長期戰亂，人口也很少，康熙末年統計只有兩千多萬人，但到乾隆六年（一七四一）冬，人口統計已達到一億四千多萬人，整整增加了六倍有餘，超過了歷史上的最高峰值，且由於統計方法不完善等原因，這一數字還低於實際人口。

海外學者將人口激增稱為十八世紀中國社會最引人注目的特點。人多了，理所當然要消耗更多的糧食，據清代官書記載，康熙朝的全國耕地面積為六億畝，雍正朝為七億畝，乾隆即位之初抵制虛報墾田現象，但也直接導致各地官員對於墾荒的態度趨於消極，墾田數字增長甚為緩慢。在乾隆執政的前四年，平均每年僅增土地六萬畝，遠低於同時期人口增長速度，當時農業生產技術和效率尚未取得重大突破，在如此僧多粥少的情況下，糧價又焉不漲？

從官員們發表的見解來看，多數人都發現了糧食漲價與人口激增之間的緊密關係，兩江總督尹繼善說：「米價日貴，由於戶口繁滋。」他的意見代表了大家的普遍看法，就連一些主張限制政府採買的官員也承認「糧貴固由戶口繁滋」。

在中國古代，人口繁滋是太平盛世的一個重要標誌，若不是發生戰亂，政府似乎也沒有什麼控制人口迅速增長的有效手段。或許正是礙於這個原因，乾隆表面上對人口問題採取了回避的態度，但他在施政中的反思和調整卻異常積極——鑒於獎勵墾荒仍是增加耕地面積的最實際也最有效措施，他對報墾的態度發生改變，原來獎勵耕墾的一套辦法因此首先得到恢復。

白銀帝國

明末清初兵荒馬亂，戰爭頻仍，不僅原有荒地無人開墾，就連熟田也有很多拋荒，經過順治、康熙、雍正三朝，便於開墾的荒地大多變成了耕田，至雍正朝時，已沒有太大的開發餘地，可是雍正又急於勸墾，於是便出現了「以熟作荒」或「以荒作熟」的現象。為避免再次發生前朝流弊，乾隆提出「盡地利而裕民食」，對所有以往被認為不便開墾的廢棄土地進行開發，重點指向「山頭地角」，並對開墾者「免其升科」，也就是讓其享受免稅待遇。

棄地開發的一個顯著例子是廣東。廣東向來糧食生產不足，地方官查出高州、雷州、廉州三府尚有七萬畝土地可供開墾，於是便奏請招民開墾，同時準備在滿一定年限後，再分別按土地等級徵稅。當時該省的平原耕地都已開墾無遺，剩下來的多為山岡棄地，乾隆得知這七萬畝土地亦屬此例，當即說墾荒是要解決老百姓的糧食問題，不是為了收稅，山岡棄地本就貧瘠，如果再收稅，老百姓勢必退縮無積極性，即便勉強開墾，過後也會很快將之拋荒。他下令凡願開墾者一律免徵錢糧，同時由地方官給予執照，承認所墾之地世世代代歸其所有。

除了山岡棄地，東南沿海還有大片海灘和海島邊地可辟為耕地。繼高、雷、廉三州招民開墾後，當地又查出海南島有可墾棄地兩萬五千畝，乾隆立即批准按先前的例子，「召令耕種，免其升科，給予執照，永為世業。」

中國雖然疆域遼闊，但山地多，平原少，開發棄地潛力巨大。在乾隆中後期，各省督撫報告的墾荒數字大者二十多萬畝，小者僅三十多畝，但無論多寡，多數都會注明是山坡旱地、沿海沙地等，這樣的開發方式，使得乾隆年間雖沒有那麼多的荒地可供利用，但仍能源源不斷地繼續開墾出新的耕地，許多地方甚至已達到了地無遺利的程度。

中國各省的具體情況相差很大，江蘇、浙江即江南一帶乃著名的魚米之鄉，本不應該缺糧，然而自明代中葉以後，這裡很多耕地改種以桑、棉為代表的經濟作物，又要向北方輸出大量漕糧，自身所需糧食也就因此出現了缺口，必須從鄰省進口予以彌補。乾隆十三年（一七四八），政府為平抑糧價，用行政手段嚴禁商人囤積糧食，結果適得其反，反而致使糧食流通的管道受阻，因此江浙大鬧米荒，也就出現了蕭山百姓得靠啃「觀音粉」充饑的情況。乾隆引以為戒，下諭反省說：「看來貿易之事，終不可全以官法行之。」後來有一年，長江中下游受災，商人們從四川買米，沿江下運，準備到江浙至福建販賣，四川方面擔心本省糧價上漲，遂禁止糧食出境。乾隆得知後嚴令放行，要求「聽其照常轉運，無得阻滯。」

按照一些專家的觀點，在自行開發棄地和自由流通之外，白銀的急劇增加也對穩定乾隆朝中後期的糧食市場，乃至推動整個社會進一步走向繁榮起到了重要作用。

中國古代銀產量很少，白銀主要靠對外出口瓷器、絲綢、茶葉等產品所取得，江浙兩省固因改種桑棉而缺糧，但卻都搖身一變，成了「出口創匯」的大戶。乾隆朝的國內穩定保證了出口穩定，出口穩定又保證了「創匯」的穩定，一項具有權威性的統計表明，從十八世紀五〇年代到十八世紀末，也就是乾隆統治的中後期，中國一共增加了大約兩億七千四百萬兩墨西哥銀圓，堪稱「白銀帝國」。

白銀急劇增加意味著社會購買力的提高。中國人口多，相對耕地面積少，但暹羅（今泰國）、安南（今越南）產米極多，正可補其不足。

在乾隆中後期，為鼓勵商人從東南亞國家運米進口，政府專門頒佈政策，規定凡購米回國在兩千石以內者，由督撫分別予以獎勵，超過兩千石，即可奏請賞給職銜頂戴。在此期間，經常有運米較多的商人獲得獎敘，被賞給八品或九品頂戴，東南亞的大米也因此源源不斷地流入中國，特別是山多地少，向來缺糧的廣東、福建等省。

汪輝祖曾記錄家鄉蕭山一七四八年的米荒景象，根據他的觀察，在此後的十餘年中，蕭山米價昂貴成為常態，原來一斗米一百六十文已屬高價，如今兩百文都被認為太便宜。奇怪的是，一百六十文的那一年，餓死的人不少，現在米價漲了這麼多，老百姓的日子卻反而能過得下去了，「今米常貴，而人尚樂生。」汪輝祖隨後又發現，過去只是稻米價格偏高，現在則是物價普遍都高，他從中得出的認識是，各行各業都有錢了，所以縱使米價上漲，大家也都買得起：「魚蝦蔬菜無一不貴，故小販村農俱可糊口。」

在這段時間裡，中國農民要比同時期的法國農民吃得好，而且也比較富裕，一般人家受教育程度都較高。與之相應，國庫盈餘也越來越可觀，錢囊也越來越充實，曾幾何時，乾隆不敢打仗，也打不起仗，但自金川戰爭以後，他打仗就再沒有缺過錢，戰爭期間那種令人難熬的財政危機也從此一去不返了。

圖謀不軌

瞻對、金川與西藏聯繫緊密，在瞻對土司班滾被清軍圍困時，西藏方面曾呈請中央政府予以寬宥，大小金川土司與藏王、達賴、班禪之也聲息相通，來往不絕。在金川戰爭中，乾隆屢屢產生乾脆讓西藏管理大金川，以打破戰爭僵局的想法，即緣於此。

金川戰爭時，乾隆還不到四十歲，雖然已繼位十餘年，然而作為一國之君，處理問題的經驗和能力仍顯不足，許多主意都顯得急功近利，一廂情願。事實上，如果西藏和大金川真的聯成一氣，這對清廷而言是極其不利的，因為西藏地方也一直麻煩不斷。清朝定制每兩省定總督一人，但唯直隸和四川各設總督，為什麼要特設四川總督？就是要嚴防這些藏族地區聯成一氣，乃至無法控制！

乾隆本人不是不知道這一利害關係，他不惜血本攻打大金川，除了防止大金川土司坐大外，一個重要原因便是「恐日久金川與西藏聯為一氣，亦難保其不滋流弊」，後來出爾反爾，不過是方寸大亂之下所出的昏招而已。

金川戰爭結束後，乾隆立即清醒過來，自此再未提及金川歸藏的事，西藏方面也開始代替大金川，成為他需密切關注和警惕的對象。這時在西藏主持行政事務的是藏王珠爾默特那木紮勒（以下簡稱珠爾默特），此人是前任藏王頗羅鼐的次子，剛剛才從病故的父親手中接過王位。頗羅鼐生前頗識大體，深得中央政府的信任和倚重，珠爾默特則與之不同。

乾隆和其父祖一樣，對西藏事務極為精通，他很早就觀察到新任藏王外表恭謹，但「未必能安靜奉法」，這讓他十分擔憂。一七四九年，原四川巡撫紀山出任駐藏大臣，紀山到拉薩的第一個月，珠爾默特連個面都不露，直到月底才出來會見，倨傲不恭和輕視怠慢之意盡顯。根據紀山的報告，珠爾默特有疑忌達賴喇嘛之心，而達賴亦無法忍受，兩人關係很是緊張。

為避免打草驚蛇，乾隆指示紀山先不要輕舉妄動，繼續對珠爾默特進行觀察和監視，根據其下一步的言行，「或當教育，或當防範。」紀山在設法接近珠爾默特的過程中，將皇帝的指示理解成了單方面地取悅於對方，他非常卑下地與之設誓盟好，在向乾隆具折請安、奏事時，都與珠爾默特一同列名，除此之外，又饋送珠爾默特八抬大轎，時常和珠爾默特一起坐著轎子看戲赴宴，「日在醉鄉」。

表面上看，紀山的辦法似乎見效了，珠爾默特一改起初的輕慢態度，轉而對紀山變得極其恭敬，稱之為叔，還跪地請安。消息傳到京城，乾隆卻並不高興，他提醒說，珠爾默特前倨後恭，行為甚為可疑，說不定紀山被對方欺蒙亦未可知。

果然，珠爾默特背地裡的小動作不斷，他先是奏請清廷撤出駐藏部隊，繼而暗殺長兄，最後發展到聚黨兩千人謀變。其間，紀山一直被珠爾默特牽著鼻子走，不但沒能提前洞悉其計畫和圖謀，還多次將乾隆關於西藏問題的重要指示洩露給珠爾默特，在給乾隆的密奏中也一個勁地為其開脫。

乾隆遠隔千山萬水，主要以紀山的報告作為判斷和決策的依據，由於無法及時掌握西藏事態發展的真實情況，致使他的步步棋都被珠爾默特走在了前面，幾乎已失去對西藏的有力控制。

發現紀山不是珠爾默特的對手，「不但不能懾服其心，更已墮其術中」，乾隆急忙進行人事調整，決定由前任駐藏大臣傅清替換紀山，因為怕傅清一個人勢單力孤，又加派左都御史拉布敦協同駐藏。

自一七五〇年夏季起，西藏局勢急劇惡化，入秋以後，珠爾默特的謀叛行為更是已公開化，他設計將駐藏的四百餘漢兵逐回內地，揚言「其餘若不知機早回，必盡行誅滅」，並行令西藏各地，對塘汛予以封鎖，切斷沿途軍民的交通往來和通信聯繫。

珠爾默特的父親頗羅鼐在世時，積極抵禦準噶爾的侵擾，珠爾默特出於發動叛亂，割據西藏的險惡用心，反其道而行之，竟與準噶爾暗中聯絡，讓其發兵以為聲援。

頗羅鼐的舊部多擁護中央政府，珠爾默特將之視為自己獨霸西藏的障礙，「殺害、抄沒、黜革者甚多」，對於反對他的達賴喇嘛也伺機予以清除。傅清、拉布敦眼看塘汛文書已禁絕不通，急忙透過密奏飛報乾隆，同時表示他們計畫逮捕珠爾默特，為此要求得到便宜行事權，「不待請旨，即行乘機辦理。」

乾隆雖對珠爾默特保持著警惕，但始終還抱有僥倖心理，以為只要讓珠爾默特「深知天朝德意」，就能安撫住對方。此前傅清、拉布敦曾報告珠爾默特調動藏軍、搬運大炮等情況，乾隆尚不相信珠爾默特真的要圖謀不軌，在他看來，朝廷已給了珠爾默特父子這麼多恩惠和權力，藏軍實力也沒有發展到足以對抗清廷、割據稱王的地步，珠爾默特再利令智昏，又何至於要趨利避害搞叛亂呢？

收到駐藏大臣發來的緊急密奏，乾隆才深感事態嚴重，知道自己對形勢估計有誤。他對傅清、拉布敦逮捕珠爾默特的建議表示同意，但認為兩人孤懸在藏，輕率冒險，必釀大禍，最保險的辦法乃是會同達賴等人商議，找機會擒獲珠爾默特，然後再「明正其罪，以申國法。」

由於拉薩至京路途遙遠，乾隆意識到已來不及制止傅清、拉布敦的行動，遂在明諭傅清、拉布敦「不可輕動」的同時，飛諭四川總督策楞、提督岳鐘琪，讓他們預調川兵，一旦聞知西藏出事，便即刻率軍出發平叛，另命大臣班第即速進藏替換拉布敦。

山雨欲來風滿樓

正如乾隆所料，其詔書未到，駐藏大臣就已發起行動。這時西藏的形勢已經是山雨欲來風滿樓，一場大規模的武裝叛亂迫在眉睫，傅清、拉布敦判斷，叛亂很可能會在皇帝指示到來之前就爆發，到時他們和駐藏大臣衙門的人必然難逃一死，更嚴重的是，如果平叛大軍不能即進，珠爾默特割據的圖謀也就成功了。他們商量下來，不如先發制人，直接誅殺珠爾默特，雖然結局也是死，但那樣的話，叛軍群龍無首，政府平叛會相對容易。

西漢時期，朝廷專設了一個遠赴西域大宛國徵收汗血寶馬的官職，名為駿馬監，駿馬監傅介子得知樓蘭國國王經常截殺漢朝商隊和使者，立誓要予以懲戒。駿馬監官職很小，傅介子的隨從不過才兩個人，朝廷又給了他十個武士，加上傅介子，一共湊成十三人。

當年的樓蘭王做賊心虛，時刻都怕漢廷找他算帳，平時重兵護衛，光守衛在他身邊的精銳護衛就有數百，十三勇士再勇猛也難以殺進去。傅介子利用樓蘭王貪財的特點，以漢天子賞賜財物為名，將其誘至樓蘭國的西部邊界，之後成功地予以刺殺。

在駐藏漢兵被大部分逐回內地後，傅清、拉布敦即便把駐藏清軍全部召集到一塊，也僅有百人，想要誅殺珠爾默特，就必須像一千多年前的傅介子一樣用計。他們計畫宣稱乾隆有聖旨到達，召珠爾默特前來接旨，趁其不備一舉誅殺，兩人斷定，珠爾默特越是到這種時候，越要蒙蔽駐藏大臣和清廷，所以不敢不來接旨。

一七五〇年十一月十一日，接到駐藏大臣的傳話，珠爾默特果然奉召來到駐藏大臣衙門。就在他跪下接旨的時候，說時遲那時快，傅清從背後揮刀，砍下了他的首級，同時被殺掉的還有珠爾默特的四五個隨從，但其黨羽羅卜藏紮什得以跳樓逃脫，隨即便率眾圍攻衙署。

傅清、拉布敦動手前，曾聯絡珠爾默特的妹夫班第達，允諾只要他協助誅殺珠爾默特，就為其請命，讓清廷封其為新任藏王。千鈞一髮之際，傅清連忙派人向班第達求援，班第達自身的力量不夠，又奔告達賴喇嘛，達賴立即率僧眾前去衙署救護，然而叛軍在一股怒氣的支配下，勢頭正猛，僧眾們無法進入叛軍的包圍網。不久，衙署終於被叛軍攻破，傅清身中三槍，即刻自盡，拉布敦也死於亂刃之下，衙門的文武官員、士兵、商民多數遇難，糧庫衙門的八萬五千兩庫銀被搶掠一空。

叛軍雖然攻下了駐藏大臣衙門，但珠爾默特既死，部隊的號召力和凝聚力也就成了曇花一現，羅卜藏紮什等叛亂分子只好四散逃命。達賴喇嘛委託班第達暫時管理藏務，很快就將羅卜藏紮什等人捉拿歸案，等到策楞、岳鐘琪聞訊，準備帶兵入藏時，過半叛軍已經落網，所劫庫銀也追回兩萬餘兩。

西藏叛亂能夠如此迅速地被平定下去，傅清、拉布敦及其殉難軍民當居首功，乾隆下令全部加恩優恤，後又追贈傅清、拉布敦為一等伯，子孫給一等子爵，世襲罔替，還在拉薩及北京為二人建立了「雙忠祠」。

就像金川戰爭後一樣，每一次出現問題，乾隆都會加以反思，這次他主動承認自己以往對藏王只「加恩」不「裁抑」，導致藏王的權力太大，而駐藏大臣卻毫無實權，結果才釀成了事端，為此決定廢除藏王制。

此前傅清、拉布敦對班第達有讓他接任藏王的承諾，班第達本人在平叛中也立了功，事後他便謀求繼珠爾默特之位，達賴也上奏請立班第達為藏王。乾隆不同意，表示如果這樣做，班第達將成為又一個頗羅鼐，雖然他現在和朝廷很配合，但以後其子襲承王位，極可能還會像珠爾默特一樣滋事。

至於傅清、拉布敦所做出的承諾，乾隆認為班第達其實並沒有能夠協助駐藏大臣平定叛亂，否則這兩個人也就不會雙雙遇害了，甚至叛亂發生後，班第達自己都還是靠達賴喇嘛保護才得以站住腳，「豈可自居其功，承受朕封王之異恩乎！」

在徹底廢除藏王制後，乾隆指示以後西藏的日常行政事務由四名噶隆（西藏高級行政官員）集體負責，噶隆由達賴喇嘛任命，涉及向朝廷具奏、兵備驛遞等重要事務，則須駐藏大臣會同其中兩名噶隆辦理，檔上用駐藏大臣的關防印章。

這是一種新的地方政體，其原則就是「達賴喇嘛得以專主，欽差（駐藏大臣）有所操縱，噶隆不致擅權」，以往弱勢的駐藏大臣在權力方面得到加強，不僅可同達賴喇嘛共治西藏，而且隱隱然還有高出達賴之意。史學家認為，西藏後來能夠維持許多年的和平安寧，實與乾隆所確立的這一體制有關。

南巡

乾隆在研究各朝政治時發現，自夏商周以下，延續時間最長的是漢唐宋明，但它們在開國後不過一兩代，到第三代、第四代時，國君的理政能力和實際效果往往就會嚴重下滑。乾隆分析原因，認為不是上蒼對這四個朝代不予眷顧，而是其新生代國君大多深居高拱，幾乎過著與世隔絕的生活，對民間實情缺乏瞭解所致。

清朝沒有出現漢唐宋明那樣的情況。雍正登基後固然很少出京，不過雍正系以藩王入承大統，在四十餘年的藩邸生涯中早已能夠熟知民情。在這方面與乾隆情形最為相似的是康熙，作為從小長在深宮，無藩王經歷的新生代國君，康熙多次巡幸全國各地，這使他能夠廣泛地接觸社會實際，體現在執政實績上就是不僅不弱於祖宗，甚至還有超越之勢。

通過古今對比，乾隆將巡狩視為確保祖宗基業的一大法寶，從其執政初期開始，即效法祖父康熙到各地進行巡幸。終乾隆一朝，除熱河避暑和舉行木蘭秋獮外，他一共八次東巡（最東至泰山、曲阜），六次南巡，五次西巡（最西至五臺山），四次赴盛京謁祖陵（位於今遼寧省瀋陽市），一次巡幸河南開封、洛陽、嵩山，其他規模相對較小的巡幸活動，像到河北或天津視察河防，到遵化或易州視察東西陵，更是不勝枚舉。有人統計他一生的巡幸活動達一百五十次之多，平均每年都要出巡兩次以上，如此頻繁的巡幸不僅在清朝歷史上首屈一指，即在五千年帝王史中亦極為罕見，無怪乎當時出使中國的朝鮮使者在向其國內報告時，會特別提到「（乾隆）皇帝一日不肯留京，出入無常，彼中有『馬上朝廷』之謠矣」。

南巡也就是巡幸以江浙為代表的江南，乃乾隆巡幸活動中的一件大事。江南物產豐富，在宋以後漸成全國財賦重地，到了清代，每年所需的數百萬石漕糧多半來自江南，同時這裡過去是南明政權所在地，反清思想一度較為活躍，必須時加以調整和安撫，故而康熙和乾隆對江南都非常重視，康熙在世時曾六次南巡，乾隆也同樣六下江南。乾隆晚年總結說他平生共做了兩件大事：「一曰西師，一曰南巡」，「西師」是指平定西北邊疆，顯然，他是將南巡和邊疆建功放在了同等重要的位置。

南巡的路途遠，時間長，不像東巡、西巡那麼容易，乾隆認為應慎重對待，在條件未成熟之前，宜遲不宜速，因此在他登基後的前十五年遲遲未行。在這十五年裡，他早期對貴州苗疆用兵取得成功，與準噶爾部息邊議和，中期結束瞻對、金川之役，近期使財政狀況改觀，西藏叛亂得以平定，可以說，所有能夠阻礙他前進的暗礁險灘都已被他大致闖了過去。一七五一年，進入乾隆執政的第十六年，對於國內國際形勢，他自己也感覺滿意，說：「上年軍務告竣，歲值豐登，庫帑儲備，盡已寬裕。」這意味著乾隆朝逐漸向其巔峰時期邁進，乾隆下江南的時機已然成熟，當年又正值乾隆生母鈕祜祿氏也即崇慶皇太后鈕祜祿氏六十大壽，按照中國古代曆法，六十年一個循環，叫作「花甲」，六十花甲應當隆重慶祝，於是乾隆便決定選擇這個時候奉母首舉南巡。

乾隆對太后極其孝順，平時不管怎麼忙，「三天一問安，五天一侍膳」總是雷打不動，即便巡幸各地，也一定要以「奉皇太后安輿出巡」為名，帶上她同行。康熙曾稱讚鈕祜祿氏是「有福之人」，鈕祜祿氏的「福」不僅在於她有機會可以享福，也有能力享福——老太太身體健康，性情活潑好動，儘管年齡已大，路途遙遠，但對於出外旅遊從來樂此不疲，得知皇帝要帶她前往「上有天堂，下有蘇杭」的江南，去那裡遊覽秀麗山川，領略繁華勝景，當下就樂呵呵地答應下來。

乾隆外出巡幸並不意味著可以疏離和忽視政事。這時西藏叛亂已經平定，但尚須進一步善後，南下前，乾隆除安排王大臣在京總理事務外，又頒諭軍機大臣，要求在南巡期間，凡西藏、四川的軍機文報都應立即遞送其巡幸所在之地，沿途督撫也必須根據地方情形，及時部署好驛站和相關人員、馬匹，以免文報遲誤，貽誤大事。

一七五一年二月八日，在一片升平景象之中，乾隆奉皇太后從北京動身，開始了首次南巡之旅。

皇上賜我一個桃

卻說乾隆下江南，這一日行至江蘇常州，至當地名　天寧寺遊玩。有人向乾隆打小報告，說天甯寺住持不守清規，於是在住持前來接待時，乾隆就問他：「你有幾個妻子？」

「兩個！」住持出人意料地答道。

乾隆本想揶揄一下對方，卻沒想到住持居然敢如此直言不諱，不由大為驚異，馬上質問他身為和尚，怎麼可以娶妻，而且一娶就是兩個。

住持不慌不忙，慢條斯理地反問道：「夏擁竹夫人，冬懷湯婆子，不正是兩個妻子嗎？」竹夫人和湯婆子皆為江南民間用具，前者是一種圓柱形竹製品，夏天抱著睡覺可以消暑，後者是一種扁圓形暖壺，冬天灌入熱水可以取暖。住持隨手拈來，既做到了有問有答，也沒有欺君，同時還回避了關於自己是否不守清規的傳言，可算是相當機智。

乾隆聽後一笑置之，但他馬上又出了一道難題給住持：賜雞蛋一枚，必須當場吃下雞蛋並作詩一首。

住持巧答第一個問題，或許可以解釋為他事先聽到風聲後做了準備，乾隆這道題可是臨時出的，完全杜絕了「作弊」的可能，而且答題者同樣面臨兩難，即要麼服從聖旨，但要自行打破不能吃葷的戒律，要麼堅守戒律，但要冒抗旨不遵的罪名。

寺內空氣瞬間凝固，僧眾們都驚慌失措地看著住持，只見住持微微一笑，手托雞蛋，徐徐念道：「皇上賜我一個桃，既無核來又無毛。老僧帶你西天去，免在陽間挨一刀！」言訖，他坦然地吃下了雞蛋。

乾隆不賜雞肉一類的葷物而只賜雞蛋，其巧妙之處就在於雞蛋究竟是葷物還是素食，原本就很難界定，而住持也緊緊抓住這一點，把雞蛋描述成了有生命的素食水果（無核無毛的「桃」），從而成功地化解了困境。乾隆看到難不住他，也就只好作罷，據說從此以後，天甯寺的和尚就特許可以吃雞蛋了。

「住持智答乾隆」是流傳於江南民間的一個有趣故事，類似的故事非常之多，它們的共同特點是都與乾隆下江南有關，有些也不乏事實依據。比如，乾隆曾多次到天寧寺拈拜，不僅賜銀牌荷包等不少物品給住持，還為寺院御題「龍城象教」（龍城為常州別稱，象教指佛教），以乾隆的識人水準，想來即便故事純屬虛構，該寺住持也一定是位聰明過人、智慧超群的高僧。

在這些民間故事和傳說中，乾隆往往被描繪成是一個充滿奇聞逸事的風流天子。其實現實中的乾隆與此相比有很大出入，他的後妃數量雖然不少，但在清代帝王中也只能排於次席，康熙比他還多，最重要的是乾隆並不沉溺女色，感情也非常專一。與此同時，和祖父相仿，乾隆的生活很有節制，他不喜飲酒，所有詩作中從不以「酒」入詩，而且拒絕暴飲暴食，即便舉行宴會也一定做到日落而止，絕不舉行夜宴。

既然如此，老百姓印象中的「風流天子」又源自何處呢？不能不說，這大抵都與乾隆的南巡之旅有關——乾隆雖不沉湎酒色，但熱衷遊歷山川名勝，雖不留連宴飲，但嗜好咿呀吟詩。江南豐富的山水人文，在充分滿足乾隆這些愛好的同時，也為民間關於他的各種「奇聞逸事」提供了取之不盡、用之不竭的創作素材。

鎮江是乾隆南巡的必經之所，此處的焦山、金山均為江南名勝，其中焦山乃東漢末名士焦光隱居之處，作為長江中唯一四面環水的島嶼，遠看宛如碧玉浮江，金山的金山寺則依山就寺，將山和寺融為一體，以金山為原型的水漫金山等神話故事更是膾炙人口。乾隆興致勃勃，用整整兩天時間徜徉於其間，他為焦山的焦光祠賜匾「山高水長」，在暢遊金山和金山寺時，即席作詩：「平生不戒遊覽興，西浮於洛東觀海。」

據說乾隆曾登上金山山頂俯瞰長江，看著看著突然詩興大發，遂命聯句成詩。隨侍眾臣請皇帝先出首句，乾隆當即朗朗吟道：「長江好似硯池波」，在一名大臣隨之吟出「舉起焦山當墨磨」後，後世戲曲中常見的乾隆朝「忠奸配」，也就是和珅、紀曉嵐便雙雙出場了。

先是和珅見金山的東北角有座孤懸的危塔，觸景生情，續云：「寶塔七層堪作筆。」接下來原本沒紀曉嵐什麼事，乾隆命隨駕的皇子續最後一句，可是皇子抓耳撓腮，橫豎想不出什麼佳句。正當他愁眉苦臉，沉吟未決之際，站在皇子身邊的紀曉嵐連忙救急，偷偷地告訴他不如這樣接續：「青天能寫幾行多！」紀曉嵐的結句信手拈來，不僅氣魄宏偉，而且和前面三句貫通一氣，相合了文房四寶（筆墨紙硯），這使得此詩雖然是四人聯句，卻如同出於一人之手，令乾隆非常滿意。

類似的段子成了乾隆南巡傳說的最初源頭，當然經過重新潤色和加工，它們往往會更加富有戲劇性，也更吸引人，如對於和珅、紀曉嵐這兩個重要角色，創作者除讓他們像現實中那樣竭盡詞臣之責外，還一定會讓他們站在各自一正一邪的立場，再彼此暗鬥一番。不過不管如何改編，乾隆南巡時對江南景色表現出的由衷喜愛，以及他在脫離緊張刻板的宮廷生活節奏後，那種相對愉悅平和的心態及其氛圍總是隨處可見，或許也正因此，乾隆下江南的故事才會從一開始就受到人們的歡迎，並在以後的歲月裡越傳越廣。

自信和大方

乾隆南巡並不只是遊山玩水這麼簡單，深入瞭解民情，融洽與江南士民的關係是他此行的一個重要使命。鑒於整個國家的財政狀況在不斷好轉，乾隆大筆一揮，下令將自乾隆元年以來，江蘇、安徽所欠的地丁銀全部予以豁免，浙江向來不欠交糧賦，但也免去本年應徵地丁銀三十萬兩，以作獎勵。

在清代，只有童生試合格，才能成為秀才，從而進入府州縣學讀書，這也是當時每個士人的進身之始。江南人文薈萃，歷年報名參加童生試的人都如過江之鯽，但地方上的招收名額又很有限，換句話說，在江南成為秀才，比其他地方要困難得多，有人考到鬍子白都過不了童生試，白髮蒼蒼的「老童生」頗不鮮見。乾隆特命江蘇、安徽、浙江三省府州縣學擴大招生名額，以後這便成為定例，即乾隆要麼不南巡，但凡下江南，必會頒諭當地增收童生。

乾隆南巡，很注意讓江南士子感受到特殊優待。原禮部侍郎沈德潛是蘇州人，因詩文稱雄一時而為江浙士人所推崇，乾隆南巡時他已經退休在家，聞訊特意趕來接駕，乾隆賜他在原籍食俸，也就是在蘇州當地繼續享受禮部侍郎的在職俸祿。對於其他文人學士，只要像沈德潛一樣前來接駕獻詩者，都可以參加由乾隆親自出題的考試，中試者將直接賜給舉人、進士頭銜並授予官職，這就等於在制度化的科舉考試之外，又多給了江南士子一次出人頭地的機會。

康熙南巡時三藩之亂剛剛被平息，江南的反清起義仍然此起彼伏，士大夫與朝廷的關係極不融洽，「維穩」實乃康熙南巡的最大動因。至乾隆南巡時，距清軍入關已逾百年，清朝代替明朝作為中國歷史上又一個正統政權的觀念，早已在潛意識裡為民眾所接受，江南政局也已趨於平穩，在這種新形勢下，雖然同樣是為了維繫民心，籠絡南方士大夫和士民，但乾隆的姿態已經顯得相當自信和大方。

事實上，在此前後，當年那些抗清的著名人物，如史可法、袁崇煥等都得到了乾隆的褒恤或平反，他稱讚史可法「支撐殘局，力矢孤忠，終蹈一死以殉」，感慨袁崇煥「雖與我朝為敵，但尚能忠於所事……深可憫惻」，甚至明初慘死於靖難之役的方孝孺等人也獲得乾隆的高度評價，被認為「無愧名教者」、「志節凜然如在」。

南巡期間，乾隆不僅像康熙一樣，專門繞道江寧，親自對明太祖朱元璋墓進行祭奠，並在墓前行三跪九叩大禮，而且還遣官祭奠沿途三十里以內的明臣墓，同時賜匾表彰，如為徐達墓賜匾「元勳偉略」，為常遇春賜匾「勇動風雲」，為方孝孺墓賜匾「浩氣同扶」。

如果說康熙南巡主抓政治，乾隆南巡則更關注經濟。在這次乾隆宣佈豁免前，江蘇欠賦已達到二百二十八萬餘兩，除了其糧賦向來最重外，也與連年遭受水害有很大關聯，尤其江淮地區的水災和浙江的海潮浸灌更讓地方上深受其害。

自明清以來，受黃河奪淮的影響，位於淮河下游的洪澤湖經常氾濫成災，清廷費數十年經營，沿洪澤湖築成高家堰大堤，以避免湖水衝垮黃河兩岸大堤。可是每當洪澤湖水上漲，為了保證高家堰自身的安全，又要打開天然壩也就是洩洪壩，從而導致下游被淹受災，乾隆南巡時經過淮安，發現城北一帶「內外皆水」，情況已經十分嚴重。

在現場查看高家堰大堤及天然壩後，乾隆質問河臣：「設堤是為了保護民眾，現在設了堤，民眾還是遭受水災，設了它有什麼用？」他立即採取措施，命令永久封閉兩個天然壩，另在原有仁、義、禮三座天然壩之外，增建智、信二壩。

洩洪期間，湖水流經天然壩，叫作「過水」。乾隆要求一旦需要洩洪，先開仁、義、禮三壩，只有在三壩的過水水位達到「三尺五寸」時，才能開智、信二壩，以控制水量，使湖水緩慢東泄，確保下游不釀成大災。

以後幾次南巡，乾隆都透過親身考察和現場指導，對洪澤湖水利工程不斷予以改進，淮揚泰鹽通等地區因此免受水澇，成為江淮一帶的富庶之地。

浙江沿海向來都是以塘堤防禦海潮。乾隆第一次、第二次南巡時，海塘工程還不十分重要，所以並未前往海塘閱視，在第三次南巡時，因海潮北趨，海寧的塘工吃緊，他才親臨視察，以便決策，自此，他每次南巡至浙，第一站必赴海寧勘視塘工。值得一提的是，當時的海寧是一座小縣城，又地處「海隅僻壤」，條件非常簡陋，除了世代官宦的陳家隅園外並無可供皇帝駐蹕的地方，所以乾隆四至海寧，每次都住在隅園，他後來透過賜名將隅園改成安瀾園，也是從視察塘工的背景出發，寓意海瀾平安。

乾隆將「海塘乃越中第一保障」作為經驗之談，他對海塘工程的重視程度可以說超過了他的父祖，有關塘工事宜，無論巨細，都要一一親自酌定。

與此同時，他在興建海塘工程方面的成績也最為顯著，到他晚年，綿亙數百里的浙江海塘系統最終得以形成，其中多數重要工程均系他在南巡時一手籌畫修築。

浙江海塘對江浙沿海經濟的保障作用毋庸置疑，正是這道「海上長城」的捍衛，長江三角洲一帶才能成為全國最繁富的經濟區。十九世紀中葉，由於缺少持續維護，海塘再次失修，災害加劇，人們睹今思昔，不禁又懷念起六十多年前乾隆所建功績，有人為此賦詩追念：「嘆息魚鱗起石塘（指興建魚鱗石塘），當年純廟（指乾隆）此巡方。」

特大奇案

乾隆的首次南巡達一百二十八天，是六次南巡中時間最長的一次。就在他結束南巡返京後不久，貴州一名地方驛傳官員發現了一份可疑檔，由此揭開了一樁轟動全國的特大奇案。

這是一份時任工部尚書孫嘉淦所擬奏疏稿的抄件，孫嘉淦在奏稿中指斥乾隆有「五不可解、十大過」，末尾還有乾隆表示贊同的御批。奏摺是官方檔，必須存檔保存，一般情況下不能外泄，更不用說這種級別和內容的奏稿了，於是相關情況很快便被上報給雲貴總督碩色，又由碩色用密折的方式向乾隆進行報告並將抄件送至北京。

乾隆收到後，一眼就認出所謂的「孫嘉淦奏疏稿」根本不存在。孫嘉淦為康雍乾三朝老臣，以性格耿直、敢於犯顏直諫著稱，連雍正都說「朕亦不能不服其膽」，乾隆元年他也曾上疏，勸剛登基的皇帝時時處處都不能自以為是，大概就因為其聲名在外，有人才想到要打著他的旗號來做文章。

偽奏稿讓乾隆極為惱火，認為文中充斥著「誣謗」與「虛捏」之詞，他當即指令對偽奏稿的炮製者和傳播者進行追查。在此後的幾周裡，朝廷又接連收到其他地方發來的許多報告，說當地也出現了相同內容的偽稿抄件，乾隆要求一律嚴查，「勿令黨羽得有漏網」。

在先後發現偽稿的省份中，山東是其中之一，但山東巡撫準泰認為「毋庸深究」，沒有立即具奏，結果遭到了革職拿問的處分。其他督撫一看，哪裡還敢掉以輕心，都紛紛拋下其他政務，忙不迭地加入追查隊伍中來。

至一七五一年年底，一張追查大網已在全國範圍內鋪開，然而令乾隆自己都感到吃驚和意外的是，偽奏稿的傳播範圍、牽連人數和破案的難度都大大超過了以往各案：一、就傳播範圍而言，近在京師的學術，遠至西南邊疆的土司，都有流傳；二、牽連者也就是那些因擁有或轉抄偽稿而受到指控的人，從各級官吏到鄉紳、商人、僧道，無所不包，甚至還有八旗子弟牽涉其中，案發之初三個月，僅四川一省，便已逮捕涉案嫌犯兩百八十餘人，更別說全國了；三在審訊過程中，各種逼供、誣告、搪塞使得案情更加複雜，但卻始終查不出偽稿的作者究竟是誰。

看到追查偽稿案把全國上下弄得一團槽，御史書成等人先後上疏，提出停止查辦此案，釋放株連人眾。乾隆還發火了，大罵書成：「你身為滿洲世僕，怎麼能說出這樣喪心病狂的話來？如果那人是在詛咒你的父祖長輩，你會這麼冷漠嗎？」他下令將書成撤職查辦，同時以此案能否偵破關乎國家顏面為由，要求各級官吏繼續將主要精力用於對偽稿的追查。

又經過一年多的清查，幾乎舉國上下都被翻了個底朝天，負責追查的官員們疲於奔命，精疲力竭，但案件仍然毫無頭緒。乾隆這下徹底沒了主意，只得自己找臺階，授意軍機處，將傳抄偽稿的江西千總盧魯生、南昌守備劉時達定為偽稿案主犯，並判盧魯生淩遲處死，劉時達及盧魯生之子斬監候。

在盧魯生被處死後，乾隆宣諭中外，說是主犯已經伏法，其他傳抄人犯一概加恩從寬釋放，從而在漏洞百出的情況下，草草結束了此案。

除了追查炮製者和傳播者，乾隆對所有被發現的抄件都進行了徹底焚毀，即便軍機處也沒有留檔存底，所以雖然偽稿案鬧得沸沸揚揚，連街上的腳夫都知道有這樣一份被嚴厲追查的偽稿，但卻沒有人能講清楚偽稿的具體內容，後人只能透過追查結果，知道其中至少應包括兩點，其一是為金川戰爭案中被殺的張廣泗鳴不平，其二是反對乾隆南巡。不過僅憑這兩點，也已經能夠推想得出乾隆為什麼如此憤怒、激動和驚恐——如果把時間推到金川戰爭案、皇后喪葬案之前，偽稿案恐怕是不會出現的，更不會有難以計數的傳播者以及那麼大的傳播範圍，它的出現恰恰表明，乾隆在改變政策的同時，也悄然改變了他自身的形象。

在政治聲譽方面，乾隆似乎已經與他崇敬的祖父漸行漸遠，而開始與他曾竭力想拉開距離的父親有所重疊了，這不是他所願意看到的。歸根結底，乾隆並不真心認同威嚴政治及其結果，只是情勢所迫才走上了這條道路，因此他絕對做不到像雍正那樣，就算你給他列十大罪狀，說他「謀父」、「逼母」、「弒兄」、「屠弟」、「貪財」、「好殺」……他也依然能夠臉不變色心不跳地一一為自己辯解，然後還自己頒發《大義覺迷錄》予以保存，並且到處宣揚。

噤若寒蟬

乾隆追查偽稿期間，常有喜怒無常之舉。一七五二年，和親王弘晝與其他幾名親郡王一起奉命盤查倉庫，這本來是一樁例行公事，哥兒幾個也就沒太當回事，盤查的時候馬馬虎虎，敷衍了事，不料乾隆卻突然認真起來，責備他們「未能盡心」，要求宗人府對之議罪。宗人府既不能不執行皇帝的命令，又不願與身份顯赫的王爺們結怨，於是便擬了輕重兩種處分，輕者為罰去各位親郡王所兼的都統俸祿，重者為直接革除都統。他們把這兩種處分上交乾隆，請其任擇其一。

宗人府以為此法可以兩不得罪，誰知乾隆見了很不高興，指責宗人府意圖從中取巧，目的不純：「你們是受了請托，打算徇顧私情呢，還是想設計陷害？」他命令對負責宗人府的王公嚴加議處，轉而把弘晝等人的案子移交給都察院辦理。

看到宗人府的同僚受到處分，都察院的一眾官僚嚇得戰戰兢兢，不知道究竟該如何辦理，才能讓皇帝滿意。依據乾隆對宗人府的訓誡，皇帝的意思好像是說即使是皇親國戚，也必須依法處理，而不能徇情包庇，既然如此，他們只得加重處分，向乾隆提交擬革去親郡王王爵的意見。

以為這下總可以過關了，未料卻惹得乾隆更加生氣，他認為朝中從來沒有王公不犯大罪，就革去其王爵，降為庶民的道理，都察院明明知道，卻故意重處，是要避開徇私嫌疑，而把處理的責任推給皇帝。最後，乾隆親自做出裁決：王爺們罰王俸一年，都察院的官吏一律革職留任。

就像當年的皇后喪葬案一樣，乾隆的這些言行固然可能是因心情煩躁而借題發揮，但更可以理解成是他在政治聲譽遭到削弱和挑戰的情況下，竭力強化和彰顯專制皇權的一種應激反應。此案處理後，王公大臣們無不噤若寒蟬，連弘晝這位原本盛氣淩人、大大咧咧的御弟也變得格外小心謹慎。他終於明白，那個曾經和他親密無間，就算做了皇帝，也能當著面使使小性子的哥哥再也回不來了，他的命運完全操縱在對方手裡，坐在龍床上的那個人只要發一發脾氣，別說革去他的王爵，就是取他的小命也易如反掌。因為害怕惹禍，弘晝從此儘量不與政務沾邊，平時有事沒事就拿聽戲來打發光陰。他家裡養著戲班子，他喜歡自己動手對舊戲的戲文進行改寫，然後讓戲班唱給客人聽，大概他改寫的水準實在不怎樣，客人們都皺著眉頭，掩耳厭聽，但他卻不以為意，且樂此不疲。

如果聽戲改戲也覺得無聊，弘晝就乾脆自個兒粉墨登場，演上另一齣令人瞠目結舌的好戲。他製作了一套喪禮儀式，讓王府的護衛僕從演習，又在院子裡陳設各種明器，而他自己則扮演活死人，高坐於明器前，一邊吃著祭品，一邊看著護衛僕從們供飯哭祭……。

偽稿案雖然以盧魯生被殺而草草收場，但乾隆心裡很清楚，盧魯生充其量不過是無數傳播者之一，並非始作俑者，真正的偽稿炮製者並沒有被緝獲。乾隆屬於那種好勝心極強且睚眥必報的人，對於未能揪出「幕後元兇」他始終很不甘心，在他看來，偽稿不可能出自普通百姓之手，作者自身一定也是熟諳朝廷內幕的官僚，而且多半應為曾受到過其打擊的失意官僚。

結合偽稿內容進行分析，其中有替張廣泗鳴冤之語。張廣泗受鄂爾泰賞識而得以飛黃騰達，兩人關係深厚，鄂爾泰雖然在張廣泗被殺前就已經病死，但鄂黨在中央和地方也還有著一定的勢力。鄂黨官僚熟諳朝廷內幕，也遭到過乾隆的嚴厲打擊，除了他們，誰還會不惜用炮製偽稿的方式來為張廣泗鳴冤？

偽稿最早是在貴州被發現的，西南各省又傳播最廣，這些地方是鄂爾泰、張廣泗及其鄂黨的老根據地，乾隆絕不相信二者之間純屬巧合，他認定，偽稿案發生前後在西南地區任職的鄂黨成員最有可能就是偽稿的炮製者。

範圍已經縮得很小了，乾隆反覆思考，把目標集中在了胡中藻、鄂昌二人身上。

腦洞大開

胡中藻是鄂爾泰的得意門生，發生偽稿案時先後任廣西、湖南學政。鄂昌是鄂爾泰的侄子，任廣西巡撫時曾請求將鄂爾泰入祭廣西名宦祠，但遭到了乾隆的拒絕，發生偽稿案時任江西巡撫。

胡中藻、鄂昌過往甚密，乾隆認為在鄂黨官僚中，他們最具備作案動機和條件，但鑒於上次追查偽稿案興師動眾，弄得雞飛狗跳，卻不僅沒有抓到他想要的人，還讓更多的人知道了偽稿，這次他決定不露聲色地進行秘密調查。

在乾隆的指示下，胡中藻、鄂昌自身以及彼此來往的詩文，再加上與其他人唱和的詩文、往來的字跡，統統被作為「惡跡」，經密封送往京師，以供調查和搜集證據。可是乾隆接連查了兩年，也沒有從中找到任何與偽稿案直接相關的文字，更不用說確定兩人是偽稿案的「元兇」了。

開弓沒有回頭箭，乾隆乾脆拋開偽稿案，從胡中藻所著詩文集《堅磨生詩抄》入手單獨立案。他首先就《堅磨生詩抄》的書名問罪，指出「磨」字出於《論語》，進而把「堅磨」解釋成《論語》中孔子所說的「磨涅」。

所謂「磨涅」是關於孔子的一個歷史典故。當年孔子周遊列國，急於施展自己的抱負，正好晉國有個長官派人來請他，此人乃叛逆之臣，孔子的弟子子路勸他不要去，但孔子不想錯過這個機會，就對子路說：「不曰堅乎？磨而不磷。不曰白乎？涅而不緇。」意思是真正堅硬的東西再怎麼磨也磨不破，真正潔白的東西再怎麼染也染不黑，他就算去與叛亂者相見，也絕不會與之同流合污。

乾隆將「堅磨」與「磨涅」等同，而「磨涅」指的是叛亂者，這樣就把胡中藻推到了一個與自己對立的位置，「胡中藻以此自號，是何居心」？

乾隆自詡書生，一旦腦洞大開，也就沒有什麼他做不到的了。沿著「磨涅」打開的思路，他先入為主，牽強附會，又在《堅磨生詩抄》中找出了許多「悖逆」的字句，如「一把心腸論濁清」，他說是把「濁」字加在了大清國的國號之上，又如「老佛如今無病病，朝門聞說不開開」，他說是諷刺他怠於政事，「朕每日聽政，召見臣工，怎麼會朝門不開？」再如「並花已覺單無蒂」，他說是對皇后之死幸災樂禍，「喪心病狂一至如此」。

胡中藻擔任學政，經常要給考生出題，其中有一個經義題是「乾三爻不像龍」，乾隆竟然也「考證」出此為胡中藻大逆不道的罪證，理由是他的年號是乾隆，龍與隆同音——「乾不像隆」，這分明是在咒罵我不配做皇帝啊！

乾隆下令將胡中藻、鄂昌予以逮捕並解京審訊。鄂昌的罪名是身為滿洲世僕，曆行巡撫，看到胡中藻的「悖逆詩詞」，不但不知憤恨，而且引為同調，與之反覆唱和，「實為喪心之尤」。經過進一步審訊，發現鄂昌寫有《塞上吟》一首，因其堂弟、鄂爾泰之子鄂容安被派往前線軍營，詩中有「奈何奈何」之嘆，乾隆對此十分惱怒，認為滿洲舊俗，遇到行軍打仗，都要踴躍向前，甚至以不能參軍為恥，鄂昌卻不願其堂弟從軍，實為破壞滿人勇敢尚武風氣的「敗類」。此外，還查出鄂昌曾接受鄂黨骨幹史貽直賄賂，為其子請托。

在向廷臣公佈「胡中藻詩抄案」的案情及其罪狀後，乾隆進行了嚴厲懲治，胡中藻被判斬立決，鄂昌賜自盡，其他與此案有牽連的官員也都遭到問罪，大學士史貽直被削職家居，連已經死了十年之久的鄂爾泰都被以結黨罪為名撤出了賢良祠。

偽稿案和胡案一前一後，都以攻訐皇帝而成獄，但偽稿對於乾隆的不滿可謂溢於紙上，胡案卻並未對乾隆和朝廷表現出任何明顯的不滿，實際是羅織罪狀，鍛煉成獄。在胡中藻所謂的罪證中，即便結黨一項也顯牽強，如他在詩抄裡自稱「西林第一門」（鄂爾泰的姓氏為西林覺羅氏），其中也有攻擊張廷玉、張照等人的詩句，乾隆將前者指斥為「攀緣門戶，恬不知恥」，後者指斥為「門戶之見，牢不可破」，全部都作為黨同伐異的證據。

胡案實因偽稿案而起，乾隆的本意是追查偽稿案的炮製者，結果卻有意無意地讓鄂黨遭了殃。在此之前，以張廷玉為首的張黨已經銷聲匿跡，鄂黨也跟著步其後塵，這標誌著自雍正朝以來持續二十多年的鄂、張朋黨之爭最終退出了歷史舞臺。

根本性翻轉

乾隆辦胡案，基本可以定性為「葫蘆僧斷葫蘆案」，但他在製造冤假錯案的同時，卻意外地達到了排除異己勢力，強化君主集權的目的，這一點在彭家屛案中再次得到了驗證。

彭家屛於乾隆初年歷任江西、雲南、江蘇布政使，在任期間與李衛相結納，對鄂爾泰、鄂容安父子進行攻訐，隱然已與鄂、張二黨鼎足而立。這使得乾隆對他極為反感，不但長期不予升轉，而且還時時尋找藉口對其進行限制和打擊。彭家屛對此「心懷怏怏」，不無怨望，做事也提不起勁頭，他的上司、兩江總督尹繼善因此參奏他「老病不勝繁劇」，乾隆本來就對彭家屛不待見，便順水推舟，批准彭家屛回家養病。

彭家屛原籍河南夏邑，其家族「擁有厚貲，田連阡陌」，乃夏邑當地的大富豪。就在乾隆二次南巡之際，彭家屛迎駕徐州，報告去年夏邑受災很重，然而河南巡撫圖勒炳阿卻匿災不報，催徵如故。其後又有夏邑人連日遮道告狀，乾隆對於賑災向來較為重視，在查實後即將圖勒炳阿革職發往烏里雅蘇臺效力，但是因為前來告狀的都是夏邑人，他又懷疑背後有人指使，而且很可能就是彭家屛，於是便命侍衛對告狀者進行審訊。

審訊結果表明確實有人暗中對告狀進行指使，不過並不是彭家屛，而是夏邑縣生員段昌緒。接著，在對段昌緒家搜查時，出人意料地搜出了一張三藩之亂時吳三桂所發佈的檄文——段昌緒都沒法推託是別人放在那裡陷害他的，因為他本人還在上面濃圈密點，「加評讚賞」。

吳三桂當年發佈的反清檄文，自然是「誹謗本朝之言，極其悖逆」，想到三藩之亂已經過去半個多世紀，竟然仍有人敢於傳抄和讚賞這樣的文字，乾隆很是吃驚。除了嚴令追問段昌緒究竟抄自何處，考慮到彭家屏同居夏邑，長期在吳三桂過去的老巢雲南擔任布政使，他還懷疑彭家屏家中也藏有類似的文字，甚至段昌緒的檄文抄件直接就抄自彭家，為此決定將彭家屏召至京城進行審查。

彭家屏到京後，乾隆親自詢問，彭家屏堅決否認家中藏有吳三桂檄文，經再三追問，才承認存有數種明末野史。這幾種明末野史就其內容而言，對清廷並無詆毀之詞，只是個別內容涉及滿洲前身即建州女真，字句稍有違礙，但乾隆上綱上線，認為彭家屏身為大員，卻收藏明末野史，乃「滅絕天良」，當即下令革職拿問並抄檢其家。

案情至此連續出現根本性翻轉，先由地方官辦賑不力案變成了段昌緒唆使告狀案，繼而上升為段昌緒私藏偽檄案，最後又多出了一個彭家屏私藏禁書案。乾隆下令嚴查，並讓圖勒炳阿參與辦案，要求一定要弄個水落石出。

不久，乾隆分別接到關於兩大私藏案的查辦報告。段案方面，查到段昌緒的偽檄是由一個叫司存存的人抄給的，司存存抄自司淑信，司淑信得自士紳郭芳尋，但郭芳尋已死，線索也就斷掉了。

彭案方面，抄家時並沒有找到彭家屏所說的那幾部書，經訊問彭家屏之子彭傳笏，得知在段案事發後，彭傳笏唯恐出事，已將家中存有的明末野史悉行焚毀。不僅如此，由於先前的胡中藻詩抄案系因文字獲罪，彭傳笏心中害怕，將老父的各種往來書箚以及其他可能有問題的書，也都一股腦兒或燒或撕碎丟掉了。圖勒炳阿在彭家搜了三天，只搜到一本名為「大彭統記」的彭家族譜。

乾隆對案件進展尤其是彭家的搜查結果不免感到失望，但在他看來，僅就現有掌握的材料，也已足夠定罪，遂降諭著段昌緒斬立決，司存存、司淑信及彭家屏父子均判為斬監候，秋後處決。

不久，圖勒炳阿再奏，說他看了《大彭統記》，覺得多有狂悖之處。乾隆立命進呈《大彭統記》，他親自翻閱，果然罪證一抓就是一把：家譜以「大彭統記」命名，想跟「大清」這些國號爭鋒？家譜將彭氏一姓追溯到黃帝、顓頊時期，你彭家屏身為臣庶，竟自居帝王苗裔，是何居心？家譜裡凡遇我乾隆御名，都不缺筆，「足見目無君上，為人類中所不可容！」

乾隆以彭家屏罪上加罪，直接賜令其於獄中自盡，同時他又認為「緝邪之功大，諱災之罪小」，撤銷了對圖勒炳阿的處分，仍留原任。

就本質上來說，彭家屏私藏禁書案其實與胡中藻詩抄案並無太大區別，都是乾隆為強化自身威權，有效控制官僚集團所採取的一種極端做法。在它們的立案、查辦、處理過程中，事實和真相都已變得不再那麼重要，操縱者更多的只是要通過嚴厲的懲處使百官懾服，讓他們知道：普天之下，誰是絕對權威，誰可以在任何時候、任何地點，對任何人生殺予奪！

第五章

千載難逢的好機會

每個當政者都會有他的煩惱和恐懼之處，在遙遠的天山南北，那個曾與雍正打成平手的策零汗（噶爾丹）亦是如此。就在乾隆的愛子、皇七子永琮死於天花的三年前，天花也襲擊了準噶爾汗國，境內死於出痘者甚眾，包括宰桑（管事官，蒙古官名，為一部落之首領）在內的幾名高官均因出痘病故，策零怕得要命，不得不跑到北邊的哈薩克邊境避痘。

準噶爾內部還有很多勢力，平時全靠領袖的個人魅力予以統攝，策零一離開，便有人乘機作亂。策零聞訊只得從避痘處返回伊犁，最後叛亂倒是被鎮壓下去了，但螳螂捕蟬，黃雀在後，策零終究沒能躲過天花的追殺，很快就因出痘而去世了。

蒙古歷史上有分封諸子的習慣，據說成吉思汗當年征服歐亞大陸，就是為了分封，其缺陷是使得權力和財富分散，日後汗位不管傳給誰，其他王子都有能力進行爭奪。準噶爾繼承了這一習慣，也同時埋下致命隱患，策零死後，圍繞汗位誰屬，王子及其擁護者立刻掀起了一場你死我活的紛爭。

自以為得計

準噶爾的嫡庶觀念深厚，在選擇汗王繼承人的慣例上，也與漢王朝頗為一致，即有嫡立嫡，無嫡立庶長。策零共有三子一女，長子達爾札序雖為先，卻非嫡出，按照策零的生前遺囑，應由次子納木扎爾繼承汗位。

在策零臨死前，十九歲的達爾札已經出家做了喇嘛，此人既有能力也有野心，在策零生病期間，他巴結和籠絡了朝中有影響力的幾個宰桑，這些官員便打算改變策零的遺囑，轉立達爾札為汗。守衛邊界的大宰桑滾布、納慶等人得知後極力反對，他們認為達爾札的母親是策零從別人那裡強佔的女人，達爾札不是策零的「親骨肉」，而老二納木扎爾是策零的正妻所生，策零生前也很愛這個嫡子，汗王之位應該歸其所有。

達爾札一派自知理屈，只得暫時退出競爭。納木扎爾雖「以母貴嗣汗位」，但他當時年僅十三歲，尚不算成年人，無法獨立處理政事，只能由他的姐姐鄂蘭巴雅爾代理諸務。

納木扎爾貪玩成性，登上汗位後仍不懂事，既然姐姐可替他打理一切，他便整天以屠狗為樂，把王室裡搞得烏煙瘴氣，與此同時，他又視兄弟如同寇仇，打算予以殺害，後據知曉內幕的人透露，納木扎爾的「第一步行動就是將其弟置於死地，其次又欲將其兄置於同樣命運。」

納木扎爾的弟弟策妄達什年紀最小，只有七歲，但他卻為大、小策零敦多布的部屬所擁護。大、小策零敦多布皆為準部名將，他們與策零是叔伯兄弟關係，也正是在他們的擁護下，策零當年才能夠坐上汗位，由此可見這一派勢力之強。達爾札派同樣不容小覷，事實上這一派系雖然在首輪汗位競爭中落敗，但一直伺機以待，納木扎爾的魯莽之舉正好可以為他們的行動提供口實。

鄂蘭巴雅爾看在眼裡，自然要對納木扎爾加以規勸和約束，納木扎爾卻聽信讒言，懷疑鄂蘭巴雅爾欲自立為女汗王，遂將鄂蘭巴雅爾連同其丈夫賽音伯勒克拘押了起來。

除鄂蘭巴雅爾外，部族會議也對納木扎爾予以了諫勸。部族會議的主要成員如大宰桑滚布、納慶等，本來都是納木扎爾的支持者，若沒有他們，納木扎爾未必能取得汗位，可是納木扎爾賢愚不辨，忠奸不分，不但對部族會議的意見置若罔聞，甚至還用殘酷的手段處死了納慶等多名宰桑。

在無人再敢直言相告的情況下，納木扎爾自以為得計，他對異母哥哥達爾札最為忌憚，於是決定以邀請達爾札及其黨羽外出行圍為圈套，先除掉達爾札，以絕後患。此時許多宰桑及王室成員在對納木扎爾大失所望之餘，已開始考慮擁戴新的汗王，而達爾札正是被他們寄予厚望的人選，獲釋不久的賽音伯勒克與眾人商議，打算將計就計，趁行圍將納木扎爾拿下，另推達爾札為汗王。

孰料隔窗有耳，這一密謀被小策零敦多布之子達什達瓦探悉，達什達瓦是納木扎爾的弟弟策妄達什一派的，如果要將納木扎爾換下去，他要擁立的也是策妄達什，而不是達爾札。達什達瓦密告納木扎爾，提醒他不要上當，納木扎爾聞訊急忙集結軍隊，企圖搶先一步消滅達爾札及其餘反對勢力，但他既然已自剪羽翼，又哪裡還會是達爾札的對手，雙方交鋒後，很快落敗並被生擒活捉。

達爾札替代納木扎爾成了新的汗王。納木扎爾在位時兇狠暴戾，達爾札實際有過之而無不及，他將納木扎爾剜去雙目，與告密的達什達瓦一起予以囚禁，後來又殺了他倆。

達什達瓦繼承了其父小策零敦多布的事業，為準噶爾的一大部落，達爾札處死達什達瓦後，即將其部眾分賞給其餘各部，達什達瓦的屬下宰桑薩喇爾不願服從其指令，遂率部分牧民千餘戶內遷。這是自清準達成和議後，準噶爾人第一次大規模歸附清朝，乾隆對此極為重視，親自接見薩喇爾，授以散秩大臣之職，對其部眾除賞給牲畜等財產外，又編設佐領，仍令薩喇爾負責管理。

早在議和過程中，乾隆對準噶爾的內部情形就非常留心，要求鎮守邊關的將佐（泛指高級軍官）及出使準噶爾的使臣隨時注意搜集情報，準噶爾發生內亂後，他對此更加關注。這次薩喇爾來投，他在接見時特地就準噶爾的局勢變化向對方進行瞭解，薩喇爾認為達爾札終為庶出之子，又是「方外之人」，一個喇嘛，即便做了汗王也難以服眾，所以現在準噶爾的王子和各部落首領全都覬覦汗位，各不相讓，「篡弒得國，誰肯願為其僕？」同時達爾札妄自尊大，召見臣下時臣下須長跪請命，談笑間稍不如意就予以殺戮，這使得他的那些老部下也無不對其咬牙切齒，薩喇爾由此得出的結論是達爾札的汗位一定坐不長久，「危亡可立待也」。

三策棱降清

薩喇爾的話並非危言聳聽，不僅大、小策零敦多布的後裔抵制和反對達爾札取得汗位，其他貴族即便有些原先是達爾札的支持者，在發現達爾札同樣不孚眾望後，也迅速改變了態度。

在達爾札的反對派中，地位最高、力量也最強的是大策零敦多布的孫子達瓦齊，他召集輝特部首領阿睦爾撒納、杜爾伯特部首領達什諾延等人，商議舉兵攻打達爾札，並欲立達爾札的幼弟策妄達什為汗王。不料達什諾延內心並不贊同此舉，會後就偷偷地派人將密商事宜洩露給了達爾札，策妄達什為此慘遭毒手，達瓦齊、阿睦爾撒納亦被迫逃離了準噶爾。

達爾札對達瓦齊、阿睦爾撒納窮追不捨，必欲除之而後快。面對生死存亡的挑戰，達瓦齊顯得沮喪消沉，「計無所出，日夜涕泣而已。」阿睦爾撒納為人精明能幹，驍勇善戰，他鼓勵達瓦齊振作起來，與其束手就擒，不如鋌而走險，對達爾札進行反擊。

阿睦爾撒納的冒險計畫得到採納，二人率一千五百多名士卒出發，晝伏夜行，在突入伊犁後突然包圍了達爾札的營盤。達瓦齊、阿睦爾撒納的人馬並不多，但正如投清的薩喇爾所言，達爾札早已眾叛親離，他的部下們私底下商量，說不能為了一個達爾札就苦了大家，遂自行把達爾札抓起來，獻給了達瓦齊。

達瓦齊本就有奪取汗位的野心，到了這個時候，也就毫不客氣地殺掉達爾札，自己做了汗王。策零遺下的三個兒子，老二納木扎爾、老三策妄達什已先後被殺，現在作為老大的達爾札也自食其果，一個曾目睹這場內訌的維吾爾人向清廷報告：「如今策零子孫已是絕了。」

達瓦齊延續了前任汗王達爾札的做法，一上臺就對過去擁護達爾札的貴族和部落進行排斥打擊，杜爾伯特部首領達什諾延因為曾向達爾札告密而被殺。達瓦齊的所作所為引起杜爾伯特部的憤恨，在達什諾延被殺後，杜爾伯特部由三策棱，即策棱（博爾濟吉特）、策棱烏巴什、策棱蒙克統領，他們與其他準噶爾貴族聯繫，提出要推舉小策零敦多布的孫子濟勒噶為汗王。

一七五三年夏，濟勒噶在杜爾伯特部的支持下率兵攻打伊犁，達瓦齊抵敵不住，只得逃往自己的舊牧地。他不甘心就此落敗，便把老盟友阿睦爾撒納找來商量對付的辦法，阿睦爾撒納到底老辣，只不過設一計，便輕易誘殺濟勒噶，從而使得反對派聯盟在汗位爭奪戰中失去了他們最關鍵的棋子。

扳回局面的達瓦齊立刻對杜爾伯特部實施報復，杜爾伯特部的大片牧場遭到破壞，將近三千牧民被擄，許多牲畜被達瓦齊占為己有。眼看三部落損失慘重，生計維艱，三策棱召集部眾，提出：「繼續依附準噶爾已不可能，只有歸附天朝（指清朝）才是良策。」

當年冬天，三策棱率所屬三千多戶計一萬多人離開遊牧地，越過阿爾泰山，經一個多月的跋涉，來到清軍邊防駐地烏里雅蘇臺，歸附了清朝，這就是歷史上有名的三策棱降清事件。

在三策棱降清之前，乾隆對準噶爾的事態發展一直予以密切關注，不過只是冷靜觀察，並不輕舉妄動。在得知策零病故後，他明確表示：「乘他們發喪之際發兵征討，此事朕斷不為。」

雖然此後準噶爾「變亂迭起，痘疫流行，死者甚眾」的消息不斷傳來，但乾隆依舊不為所動，他一面指示戍邊部隊加強偵察和巡防，以免準噶爾侵襲邊境乃至內地，一面對因厭倦戰亂而前來投奔的準噶爾人，加以妥善安撫。

在三策棱進入清朝境內後，追至邊界的準噶爾宰桑瑪木特遭到阻止，但仍強行闖入邊卡。乾隆聞報甚為惱火，認為邊陲重地是彼此都不可逾越的禁區，現在瑪木特竟然視若無睹，長驅直入，若聽任其自行返回，那麼將來更會出入無忌。

在乾隆下嚴旨要求追剿瑪木特時，瑪木特其實已經離開邊卡，都統達青阿設計派人叫他回來，瑪木特不知是計，結果上當遭到誘擒。乾隆知道後反而不高興了，認為如此做法很不地道，下令將瑪木特免罪遣回，並再次強調自己絕不會乘人之危主動攻擊準噶爾。

乾隆的冷靜處置和公開聲明，卻並不表示他會一直坐而觀之。說起來，準噶爾汗國的建立和崛起都還在清帝國之前，以後兩個王朝都發展迅猛，清帝國日漸鞏固興盛，準噶爾也不斷向外擴張勢力，至噶爾丹企圖染指漠北，威脅中原，雙方的對決已在所難免。在此期間，康熙三征噶爾丹，雍正也屢集廷議，興兵征討，然而由於準噶爾兵強將勇，汗王又具備威望，康、雍即便竭盡全力，亦僅能阻擋其勢力，不使其東進而已。

排除萬難，統一準部，成為康、雍兩朝未完成的夙願，雍正生前留下了「此賊不滅，天下不安」之諭，指的就是準噶爾。乾隆當然做夢都想完成祖上「積年未成之功」，在他接見薩喇爾時，聽到準噶爾內部不安的情形，曾暗暗為之心喜，但那還沒能影響到他的最終決策，真正促使他萌生出兵念頭的正是三策棱的來歸。

全新的思路

康熙初年，漠北蒙古與清王朝之間還只是藩屬國與宗主國的關係，漠北部落曾欲歸順清朝，但因為他們與噶爾丹有矛盾，康熙最初不敢輕易接納，直到後來清準全面爆發戰爭，才冒險答應他們的請求。與康熙不同，乾隆歷來以「天下共主」自居，對周邊來附者從不拒之門外，三策棱能夠降清，和之前的薩喇爾歸附相似，都與乾隆敢於接納準噶爾逃人的政策密切相關。

由於三策棱是整部歸附，其聲勢和規模前所未有，仍有不少大臣生怕引起邊防衝突，建議拒降不納，乾隆則力排眾議，主張受降。鑒於三策棱所部遠道來降，生活困難，他下令賞賜大批牲畜糧食，又編旗分設佐領，分別任命策棱、策棱烏巴什為盟長和副盟長。

三策棱剛到邊關時，考慮京城溽熱，容易傳染痘症，乾隆沒有安排他們直接來京城，而是諭令至避暑山莊覲見。次年即一七五四年六月，為接見三策棱，乾隆比往年提前趕往避暑山莊，而在他抵達山莊前，策棱等人已在路旁跪迎聖駕，雙方感情非常融洽。

第二天，乾隆在澹泊敬誠殿正式接見三策棱，他封策棱為親王，策棱烏巴什為郡王，策棱蒙克為貝勒，同來的其餘大小首領也都被封官賜爵。從這一天起，三策棱多次受到乾隆的接見，乾隆連續八次在山莊內舉行宴會，入夜後又請客人觀看煙火和雜技表演。整個避暑山莊燈火通明，樂聲大作，自山莊建立起，還從未有過如此熱鬧的場面，當時供職內廷的義大利畫家郎世甯、法國畫家王致誠都就此創作了寫實性的夜宴圖，其盛況可見一斑。

乾隆接見三策棱不光是安撫降人，還需要從他們口中瞭解準噶爾的實情——古代交通和資訊傳輸都不發達，相對於道聽塗說和邊疆大臣的奏報，面對面的交流更能夠獲得準確的第一手資訊，從而為判斷和決策提供可靠依據。

當初薩喇爾只是談到準噶爾內部對汗位爭奪激烈，達爾扎難以坐穩汗王的寶座，而如今三策棱則坦白地告訴乾隆，準噶爾已經發展至人心離散的程度。

如果說薩喇爾、三策棱的先後歸附鼓舞了乾隆，那麼與三策棱的直接交流則讓他大受觸動，為了確認三策棱所述情況是否屬實，他當即派和碩齊等三名侍衛回京，對達瓦齊派來索還三策棱降眾的使者敦多克進行刺探。

和碩齊等人原本都是準噶爾人，他們回京後按照乾隆的指示，分別以看望和閒談的方式，不露痕跡地向敦多克進行詢問，詢問結果驗證了三策棱的說法，準噶爾果然已亂得不成樣子，以致「人心不一，甚屬乖離。」

乾隆對準噶爾維持現狀的態度由此發生改變。他開始認識到，準噶爾內訌不止，已使其實力大為損耗，對於完成統一大業而言，乃是一個千載難逢的好機會，一旦錯過，等到準噶爾安定下來並重新建立起強大政權，必將再次對西北邊防構成嚴重威脅，到時就算能夠征討成功，所要付出的代價和精力也將數倍於現在。

另外，準噶爾之亂使得西北內附人口劇增，安置也變得越來越困難。薩喇爾歸附時被安插在了漠南的察哈爾，等到三策棱舉族來降，漠南已經安置不下了。漠北雖可以考慮，但當地的遊牧地很有限，三策棱去後會產生與漠北部落爭奪遊牧地的困擾，不僅將造成漠北部落生計窘迫，還可能使已經歸附的降眾復叛或逃離，朝廷為此大傷腦筋，不得不派人往黑龍江等地勘地，打算實在不行就將三策棱所部安插於彼處。如今乾隆則有了一個全新的思路，那就是通過平定準部，讓三策棱部在伊犁分駐遊牧。

因為曾說過絕不乘人之危的話，如今突然要改口出兵，乾隆不能不為自己尋找一個合適的藉口，這個藉口就是準噶爾現任汗王達瓦齊並非策零之子，無權承襲準噶爾汗位。

找到藉口之後，乾隆便破天荒地站到彼此對立幾十年的宿敵一邊，擺出一副路見不平仗義執言的姿態，聲稱：「達瓦齊辜負了策零的大恩，殺絕了他的後代，搶奪了他的基業，朕為他感到不平！」在接見使者敦多克時，他讓敦多克把這些指責和罪名都明確無誤地傳達給達瓦齊。

老漁夫也會翻船

事後來看，持續不斷的內訌使準噶爾分崩離析，力量嚴重削弱，清軍不出擊便罷，出擊的勝率相當之大，這是康雍兩朝時都沒有出現過的短暫良機，如果從身邊錯過，確實可能是再也不會有了。只是當局者迷，彼時極少有人能對此看得清楚，當乾隆流露出乘亂興師，討伐準噶爾的意圖時，幾乎遭到大臣們眾口一詞的反對，僅大學士傅恒一人「不牽於浮論」，對出師平準表示贊同。

在雍正晚年的清準戰爭中，清軍曾慘敗於和通綽爾，當時幾乎全軍覆滅，隨征重臣也多數戰歿。和通綽爾之戰成為大清帝國一個揮之不去的噩夢，雖然事隔已將近三十年，但大臣們依舊餘悸尚存，談虎色變，即便看到準噶爾部眾接踵來降，卻還是不敢侈談進軍。

達瓦齊上臺後，其合法性受到準噶爾人的質疑，據清廷得到的情報稱：「底下的人都說達瓦齊不是正經主兒，人心離亂的很，裡頭的喇嘛也都不服。」達瓦齊生怕乾隆趁他根基不穩時來打他，所以表面上對清廷很恭順，這也在一定程度上造成了乾隆君臣的分歧，大臣們都希望不啟邊釁，繼續維持與準噶爾的和議。

作為和祖父康熙一樣深明韜略和具備超人眼光的君主，在感到時機尚未成熟之時，乾隆固然可以不動聲色，耐心等待，但在發現火候已到時，就無論如何都按捺不住了。在缺乏朝野支援的情況下，他毅然宣佈：「天與人歸，機不可失，明年擬欲兩路進兵，直逼伊犁。」

一七五四年夏天以後，清廷停止了與準噶爾的雙邊貿易，乾隆給出的理由仍是達瓦齊「出身不正」——我從前之所以答應與準噶爾通貢貿易，是為了加恩策零，其後納木扎爾、達爾札相繼即位，因為他們是策零的子孫，所以仍照前辦理，你達瓦齊乃是以臣僕的身份篡立，我自然就不能再給你加恩了。

準噶爾以遊牧經濟為主，本身較為脆弱，而經過多年的清準貿易，清朝的貨幣能夠在準噶爾做到暢通無阻，這表明準噶爾在經濟上對清朝已有極大的依賴性，停止雙邊貿易，對清朝來說影響不大，但對準噶爾卻是一大重創。

與經濟制裁相應，清軍戍邊部隊逐步將邊卡向外移設，京城和內地各省軍隊也開始向西北邊境調動，武力平準進入了緊張的籌備階段，而就在這個時候，準噶爾的內訌卻還無中斷跡象。

達瓦齊才能、膽識都很有限，依靠阿睦爾撒納的相助，才得以取得汗位和消滅後來的競爭者濟勒噶，他一方面離不開阿睦爾撒納，每遇急難，必要向其求助；另一方面又忌恨阿睦爾撒納，擔心阿睦爾撒納權勢過大，從而使自己無法控制局面。

與此同時，阿睦爾撒納也不是吃素的，他因為一開始勢力薄弱，且非準噶爾直系，所以只能依附於達瓦齊，然而一旦翅膀長硬，便恃功自傲，不再把達瓦齊放在眼裡。他甚至還派人到伊犁，向達瓦齊提出分轄準噶爾的要求，達瓦齊忍無可忍，斷然予以拒絕，並對部眾說：「不誅阿某（指阿睦爾撒納），災禍遲早會降臨。」

雙方徹底鬧翻，勢成水火，達瓦齊接二連三地派兵征討阿睦爾撒納，阿睦爾撒納亦不甘示弱，透過向西鄰哈薩克求援，藉此反擊打敗達瓦齊，攻入了伊犁地區。達瓦齊一度陷入困境，但隨後在回部及部分準噶爾貴族的援助下，又再次具備了與阿睦爾撒納決戰的條件。

經過整頓，達瓦齊率精兵三萬直奔額爾濟斯河河源，對阿睦爾撒納發起淩厲攻勢，其驍將瑪木特也率八千兵馬對阿部實施兩面夾攻。阿睦爾撒納過於輕視達瓦齊，雖有所準備，但沒想到對方來勢如此兇猛，一時措手不及，難以招架，不僅牧地被占，而且部眾傷亡，畜群盡失。

病人也會發飆，老漁夫也會翻船，阿睦爾撒納狼狽不堪，只得走三策棱的老路，一邊且戰且退，一邊派人與清軍定邊左副將軍策楞取得聯繫，表示要歸順清朝。

在當時的準噶爾各支勢力中，阿睦爾撒納是唯一可以和達瓦齊抗衡的實力派，在部眾中擁有很強的號召力，他的降附無疑大大削弱了準軍力量，增加了清軍的勝算。乾隆得報喜出望外，他雖然已經在為出兵平準做準備，但心裡多少還有些猶豫和不踏實，至此，其平準的決心才真正堅定不移。

清廷的用兵計畫中需要一個熟悉準噶爾高層內幕的人，阿睦爾撒納完全符合，乾隆因此告訴策楞：「阿睦爾撒納乃最重要之人，他若來降，將對明年進兵大有裨益。」

按照乾隆的指示，參贊大臣烏勒登以行圍為名，帶兵前往卡倫（也即臺站），聲援和接應阿睦爾撒納。已經抵達漠北境內的阿睦爾撒納隨後獲准進入卡倫，隨其內附的部眾達到兩萬五千人，被暫時安置於烏里雅蘇臺附近。至此，準噶爾降眾總計已不下一萬餘戶，共四萬餘人，安置問題接踵而至，客觀上也使乾隆失去了退路，對他而言，最明智的選擇只有一個：出兵西北，一勞永逸！

以準制準

阿睦爾撒納歸順後，乾隆對軍機大臣們交代說，既然阿睦爾撒納誠心歸附朝廷，「即為朕之臣僕」，以後所有關於行軍作戰的事宜，阿睦爾撒納都有權與諸軍機大臣商酌協辦。

阿睦爾撒納不久前還是準噶爾陣營的核心人物，其以新附之身卻能得到乾隆如此恩寵，不可避免地會導致某些文武官員的不滿和非議。在乾隆要求對阿睦爾撒納部眾予以特別優待的情況下，前線大臣舒赫德、策楞仍提出不宜讓阿睦爾撒納部眾留居於烏里雅蘇臺附近，理由是烏里雅蘇臺與準噶爾大路相通，籌備中的糧餉武器、馬匹牲畜又都分佈於周邊，容易洩露明年進兵的秘密。除此之外，他們還主張將阿睦爾撒納及士兵留在軍營候旨，而家屬與之分開，另居別地，以免阿部聚而生變。

乾隆聞言很生氣，申斥說阿睦爾撒納部眾翻越千山萬水，前來歸順，尚不知道最後會被安插在內地哪個地方，就讓他們搬來搬去，又要強行對其家庭進行拆離，人家怎麼可能不驚疑呢？倘若他們心生怨恨，激成事端，到時又該如何應付？

乾隆否決了舒赫德、策楞的提議，並對二人嚴加處分，此舉充分顯示出阿睦爾撒納在皇帝心目中的地位，這樣一來，就算有人不服，也不敢再多嘴多舌了。

大家都知道乾隆重視阿睦爾撒納，但這卻並不說明他對阿睦爾撒納已經深信不疑。事實上，早在阿睦爾撒納歸順清朝之前，乾隆就認為阿睦爾撒納「詭詐反覆，不可全信」，他也知道阿睦爾撒納降清的動機並不單純，有借清軍之力打垮達瓦齊的企圖。不過在他看來，這些暫時都不重要了，重要的是他已經認定，阿睦爾撒納將是這次征準之役中不可或缺的關鍵人物，若使用得當，必能有事半功倍之效，他對阿睦爾撒納的極力維護，與其說是信任，毋寧說是策略使然更恰當。

為了早定平準大計，乾隆希望能儘早與阿睦爾撒納會面，他對大臣們說：「朕亦急欲見此人。」阿睦爾撒納內附之初，乾隆尚在東巡盛京的路上，在從盛京回來後，一主持完冬至節的祭天大典，他即打破歷來清代皇帝冬天都要留居北京的慣例，前往避暑山莊接見阿睦爾撒納。

北京至熱河例有六站，乾隆下令六站併作三站行走，其間日夜兼程，每天行程達到一百四十里。在避暑山莊，阿睦爾撒納一行受到了嚴肅、隆重的接待，乾隆封阿睦爾撒納為親王，其兄班竹、妻弟訥默庫為郡王，其餘大小首領二十多人也都被封以貝勒、貝子、公等。

乾隆聰明好學，在皇子時代就精通滿、漢兩種語言，為了對準噶爾進行研究，也為了便於和包括準噶爾在內的蒙古人交往，從乾隆八年起，他開始學習蒙古語，不久即能用蒙語自如交談。

在單獨接見阿睦爾撒納時，乾隆用的就是蒙語，他先向阿睦爾撒納詢問了準噶爾內部變亂的始末，接著便就進兵計畫聽取意見。阿睦爾撒納打回老家去的心情確實甚為迫切，所以在闡述意見時也知無不言。原進兵計畫中把進兵時間與木蘭秋獮的時間重合，彼時正是馬匹肥壯有力的時候，便於在塞外作戰，但阿睦爾撒納認為「塞外秋獮，我馬肥，彼馬亦肥」，他建議提前至春初，因為那個時候準噶爾地區青草未萌，馬畜疲乏，不但攻擊易於成功，而且由於達瓦齊無力遠遁，「可一戰擒之，無後患。」

阿睦爾撒納的建議乃其經驗之談，實際上，從以往中原王朝向遊牧民族主動出擊的成功案例來看，部隊也多會避開秋季，在冬末到春季這段時間進行選擇。乾隆欣然採納了這一建議，決定改變計畫，於次年二月（農曆）進兵。

擇帥命將向來是開戰的頭等大事，但大臣們幾乎沒有一個贊成進兵的現狀，讓乾隆在斟酌人選時深感苦惱。原來處在第一線的大臣如舒赫德、策楞等，都素稱勇敢或幹練，但在這場即將到來的戰爭面前卻都變得「萎靡懦怯」，措置失當，乾隆根本就不放心再讓他們充當前線主將。從打贏平準戰爭的角度出發，他只能把希望寄託在那些既能征善戰又熟悉準噶爾內情的降將身上，阿睦爾撒納首當其衝地被列為先鋒。前準部宰桑、現散秩大臣薩喇爾同時入選，薩喇爾對阿睦爾撒納頗為瞭解，他及時進言，認為阿睦爾撒納在部眾中素有威望，完全可以擔任進軍準部的引路人，「資以前驅，迅掃殘孽。」

身負先鋒官使命的阿睦爾撒納熱情很高，當著乾隆的面表示「疆場都欣效奔走」，他還請求在出征時統一使用他從準噶爾帶來的舊旗幟——乾隆本打算採用上三旗的正黃、鑲黃、正白三色，但阿睦爾撒納指出，準噶爾人不一定認識上三旗，使用準部舊旗，當地軍民更易識別，這樣便於分化敵眾、減少抵抗和招納降人。乾隆聽後特加讚賞，同意「明年進兵時，仍用你們的舊旗。」

通過與阿睦爾撒納等人的磋商，乾隆最終做出了何時出兵、誰帶兵、怎麼打的決策。除了出兵時間、主將、旗幟的修訂外，他還從「以準制準」的原則出發，改變了以八旗兵為主力的打算，下令裁減原計劃中綠旗、漠北喀爾喀兵及炮手的數量，以阿睦爾撒納等人所率的厄魯特兵（對漠西衛拉特兵的通稱，也包括準噶爾兵）替補。

閩浙總督喀爾吉善主動請命，酌派精悍靈活的福建藤牌兵隨征，也未得到乾隆的同意。乾隆認為福建藤牌兵雖好，但只有在南方才能施展所長，到了北方塞外則不如厄魯特兵，「朕此次即滿洲兵亦不多用，仍以新歸順之厄魯特攻厄魯特。」

如入無人之境

當時內地通往準噶爾主要有兩條路線，北路出烏里雅蘇臺，西路出巴里坤，均可進入準噶爾境內。乾隆命定北將軍班第率兩萬多人出北路，定西將軍永常率一萬六千人出西路，但兩路主將和打頭陣的都是降將，北路為首的是左副將軍阿睦爾撒納，西路為首的是右副將軍薩喇爾，由於他們身份特殊，所以出征前乾隆也沒有按照慣例舉行祭告禮。

一七五五年三月二十四日，因哈薩克人先行搶掠了達瓦齊轄區，阿睦爾撒納奉命提前三天由烏里雅蘇臺拔營，班第緊隨其後，與先頭部隊僅差九天的行程。後續官兵的推進速度很快，不久已與先頭部隊旌旗相望，乾隆得知後卻命令班第與阿睦爾撒納必須酌量隔開數日行程，不得同在一隊行進，說：「如將軍、副將軍合併一處，則眾人唯知有將軍，不復更知有副將軍，轉置阿睦爾撒納於無用之地，不足以展其所長。」

乾隆非常清楚阿睦爾撒納及其他準部降將的獨特作用，事實也正是這樣，阿睦爾撒納在進軍途中，一路舉用準噶爾的舊旗幟，並四處派人宣諭敦促各部前來歸順。準噶爾的連年內戰早已使得人心厭亂，身為汗王的達瓦齊又嗜酒好殺，缺乏治理能力，令高官和貴族們都對他非常失望，見阿睦爾撒納率大批人馬重返準噶爾，便紛紛表示情願歸順。

達瓦齊手下大宰桑噶勒藏多爾濟部屬眾多，勢力強大，他早已對達瓦齊不滿，達瓦齊連年向他調兵，他都拒不從命，而達瓦齊也無可奈何。接到阿睦爾撒納的宣諭後，噶勒藏多爾濟立即率部投誠，乾隆聞訊十分高興，他認為連噶勒藏多爾濟都痛快來降，說明「平定準噶爾，大功告成必速，此實上天眷佑。」緊接噶勒藏多爾濟之後，又有阿巴噶斯、烏斯木濟、哈丹等歸降，後者也都是達瓦齊的大宰桑，客觀地說，這主要都是阿睦爾撒納的功勞，若不是依靠他在準噶爾的聲望和影響，很難想像一下子會有如此多的人望風而降。

西路軍比北路軍晚十三天啟程，但進展速度也不慢，兩路軍你追我趕，如入無人之境，更奇特的是，幾乎天天都可不戰而勝，建功之易讓乾隆始料未及。乾隆在欣喜之餘，對阿睦爾撒納在戰爭中表現出的才幹十分欣賞，特賜三千兩白銀作為獎勵，並多次稱讚他「辦事果斷，毫無猶豫」、「用心周密，動合機宜」。

阿睦爾撒納的確是為平準戰爭建立了首功。乾隆聽取他的建議，選擇春天用兵，讓達瓦齊措手不及，達瓦齊儘管心理上對清軍來犯並非毫無準備，但始終以為「大軍前來，須待明年草青」，此前他把主要精力都用在了對哈薩克的征討上，直至清軍出師一個月後，才如夢初醒，急忙調兵設防，可惜為時已晚，兩路清軍早已深入其腹地。

一七五五年六月初，清軍按計劃會師於距伊犁僅三百里的博羅塔拉河，之後繼續向伊犁挺進。伊犁人眾亦紛紛迎降，「牽羊攜酒迎叩馬前」，眼看清軍佔領伊犁指日可待，乾隆興奮不已，隨手寫下詩篇：「無戰有征安絕域，壺漿簞食迎王師。」

為擺脫清軍兩路鋒線的壓力，達瓦齊被迫撤出伊犁，移師伊犁西面的格登山區。清軍在沒有遇到任何抵抗的情況下便進入了伊犁，在他們宣佈此次進兵目的只是懲辦首惡達瓦齊，其餘概不追問後，當地準噶爾人「無不額手稱慶，所在人眾，耕牧如常，毫無驚懼。」

雖然退守格登山的達瓦齊仍擁兵萬餘，但軍械不整，馬力疲乏，人心離散，只是憑藉地勢險要做困獸之鬥而已。阿睦爾撒納派宮廷侍衛阿玉錫等二十五人前往偵察，這二十五人都是降清的準噶爾人，他們發現達瓦齊軍士氣不振，兵無鬥志，於是便出其不意地直闖其軍營。達瓦齊軍早就成了驚弓之鳥，慌亂之下還以為清軍發起了總攻，紛紛不戰自潰，奪路而逃。二十五名勇士趁勢躍馬橫戈，往來馳逐，竟至大勝，達瓦齊僅率兩千餘人倉皇遁去，其餘輜重及人員皆為阿睦爾撒納所擒獲。

達瓦齊從格登山逃出後，向天山以南奔竄，部眾沿途離散，最後僅剩下七十餘人。這時隨著達瓦齊政權的瓦解，準噶爾對天山南路的控制也隨之終結，維吾爾族首領霍集斯將達瓦齊誘擒並獻至清營，以示歸附之意。同時落網的還有原和碩特部首領羅卜藏丹津，羅卜藏丹津在雍正朝發動青海叛亂，後長期逃匿於準噶爾，雍正在位時多次索要未得，直到此次平準戰爭才被擒獲。

達瓦齊、羅卜藏丹津雖然被押解京師，但都得到了赦宥，尤其達瓦齊身為前準噶爾汗王，戰前對清廷也並無惡意，故乾隆給予格外禮遇，封其為親王，又讓他迎娶宗室之女，併入旗籍以及賜第京師。

至此，與清廷長期對峙的準噶爾政權被徹底消滅，清軍出師不到三個月，便蕩平準噶爾全境，順利完成了對天山南、北路的征服，從而以最小的代價換來了勝利，儘管這還只是暫時的勝利。

善後

清軍出兵準噶爾的前一年八月（農曆）中旬，準噶爾軍隊的士兵夜宿山谷，忽見沙漠中出現火光。在天山南北，各部互相之間進行搶掠乃是常事，準兵懷疑是其他部落聚眾前來搶掠，趕快登山眺望，結果看到的卻是這樣一番奇景：一個穿著華麗整齊的巨人緩緩而行，七八十名侍從秉燭前導，不久侍從們列隊分立，巨人正身拱手，向東面禮拜，態度十分恭敬虔誠。

彼時準噶爾已經傳出阿睦爾撒納向清廷請兵征伐的消息，準兵們認定他們所看見的巨人一定是山神，山神向東禮拜，預示著準噶爾將歸屬於清廷。只是他們還不知道乾隆的生日就在八月（農曆），是所謂的萬壽節，後來平準戰爭大功告成，眾人才悟到是「天威震疊山靈」，山神在向乾隆皇帝遙遙祝壽呢！

這則故事被紀昀（紀曉嵐）記入了他的《閱微草堂筆記》中，故事本身荒誕離奇，經不起推敲，但藏在其背後的社會心理卻頗值得玩味：從準噶爾到清朝，戰前大家都沒有想到戰事會結束得如此之快，想來想去，就只能歸結為冥冥中的天定了。

其實即便真是天定，說到底也離不開人力。回過頭來看，在準噶爾爆發內亂的關鍵時刻，朝野上下全都在左顧右盼，觀望猶豫，能夠看到並死死抓住這一機遇不放的，唯乾隆一人，實在要再加一個，便只有贊襄附和的傅恒。如果乾隆當時缺乏足夠的權威和魄力，平準戰爭就極可能泡湯，以致錯失機遇，從這一點上來說，乾隆也的確比他同時代的人要高出一頭。

對乾隆自己而言，能夠一勞永逸地解決祖父、父親生前都不曾解決的準噶爾問題，當然是一件無與倫比的事功，在他後來自己評定的「十全武功」中，平定準噶爾更被列為首位，足見對此役的看重。

得知清軍克復伊犁的當天，乾隆即親詣暢春園，將此事作為特大喜訊告知崇慶皇太后。待塵埃落定後，他又對與事諸臣論功行賞，班第、薩喇爾各晉一等公，傅恒雖未直接參加平準戰爭，仍因力贊用兵而被授一等公爵。阿睦爾撒納原已被封為親王，無可再加，但為酬其功勳，便再賞食雙親王俸，封其一子為世子。

為了慶祝勝利，乾隆還舉行了告祭太廟和獻俘禮，並御制「平定準噶爾告成太學碑」，以昭後世，然而就在朝廷內外喜氣洋洋歡慶勝利的時候，一場遍及準噶爾全境的更大規模叛亂卻已在醞釀之中。

早在出師平準時，乾隆就預先考慮了善後事宜。準噶爾過去屬於漠西蒙古體系，漠西蒙古分為四部，除準噶爾外，尚有和碩特、土爾扈特、杜爾伯特，準噶爾是四部盟長。四部中，準噶爾部眾以俗耐勞苦，擅於格鬥著稱，西北各部畏之如虎，一聞其至，無不奔逃，這使準噶爾橫行一世，赫然成為西域霸主。在它的威逼下，和碩特遷至青海，土爾扈特遷至俄羅斯，杜爾伯特及其他各部未遷走人員則被收併，也正是通過這樣的內外兼併，壯大起來的準噶爾才得以抗衡清朝數世。

從準噶爾的特殊地理位置和民情出發，乾隆並不打算在平準事定後像內地一樣直接設置郡縣，他的想法是重新分封四部：土爾扈特遷移後，其舊地已為輝特部所據，阿睦爾撒納原本就是輝特部首領，可以他為輝特汗，另以策棱為杜爾伯特汗，阿睦爾撒納之兄班竹為和碩特汗，原達瓦齊手下大宰桑噶勒藏多爾濟為準噶爾汗。

康熙三征噶爾丹後，對漠北各部實行盟旗制度，從而使得漠北蒙古成為中國北方的塞上雄藩和「移動長城」。乾隆準備沿用這一成功經驗，也在漠西蒙古四部中分設八旗，令四汗兼管，四部及八旗的遊牧地均各安原處，不得隨意遷移。

乾隆欲重封四部，「眾建而分其力」，但他的這一安排顯然無法滿足一個人的胃口，這個人就是阿睦爾撒納。

別有所圖

還在平準大軍尚未出發時，阿睦爾撒納就要求乾隆賞給印文，讓他招降從前離散的部眾。這件事一度引起了乾隆的警惕。出於平準戰爭的需要，他雖然同意阿睦爾撒納可招降原屬部下，但拒絕發給印文敕書，以防止其利用自己的名義擴充個人勢力，為日後獨霸準噶爾積累資本。與此同時，乾隆派額駙、科爾沁親王色布騰巴勒珠爾與阿睦爾撒納同行，對其行蹤密加防範，並密諭班第等人，要求將阿睦爾撒納平時的言行「密加查察，據實陳奏。」

根據班第的報告，平準之初，阿睦爾撒納在行至塔本集賽一帶地方時，便開始屯兵不進，而專以收納降眾為務。等到他進入伊犁和達瓦齊的遊牧地後，變得更加肆無忌憚，不僅縱容屬下四處搶掠，而且將達瓦齊的財產全部據為己有，對於清軍清查索取達瓦齊財物的命令，則置若罔聞，百般阻撓。

乾隆對阿睦爾撒納的看法也在不斷變化中，特別是阿睦爾撒納在進擊達瓦齊的過程中屢立戰功，使他贏得了乾隆的更多信賴，班第的報告因此沒能得到應有重視。乾隆認為阿睦爾撒納不過是希圖自肥，沒必要過於苛求，他告誡班第說，準噶爾人生性多疑，千萬不要誇大其詞且讓阿睦爾撒納發覺，否則對穩定準噶爾的大局沒有好處。

乾隆自命善於識人，但這次他卻看走了眼。阿睦爾撒納絕非僅僅貪財好利或不遵紀守法，而是別有所圖，他從一開始降清就並非出自真誠，對清軍不過是利用而已，目的是取達瓦齊而代之，成為準噶爾新的汗王。

當然阿睦爾撒納再怎麼打主意，若外部條件不允許，也很難得逞，恰恰是清軍在出兵時遇到的一系列難題以及乾隆自己的失策，給他創造了可乘之機。

自古打仗的常規是「兵行糧隨」，乃至有兵馬未動糧草先行的說法，從康熙到雍正，但凡與準噶爾作戰，都經過長期的籌備，使前方供給有充分保障。平準戰爭不同，乾隆是迅速決斷，抓住稍縱即逝的有利時機立即拍板，之前談不上有什麼準備，爾後他又接受阿睦爾撒納的建議，將出兵時間予以提前，這使得後勤供應問題更加困難。

當時前線既無大軍駐紮，自然也就不會有大量糧秣屯貯，糧食料秣只能從後方搶運。往西北前線運糧的費用非常昂貴，以北路糧運為例，從張家口至烏里雅蘇臺有五千三百餘里行程，全靠駝馬牛車拉運，每石運費高達九兩八錢，與內地每石一兩數錢的運費相比，整整高出八倍有餘。西路運糧費用更加驚人，僅從內地運至新疆鄯善，就需運費二十兩，這還不算從鄯善到伊犁那段遙遠路途。雖然清廷的財力狀況與金川戰爭時已不可同日而語，如此昂貴的運費並非負擔不起，但時間倉促，糧食的徵購與運送都來不及，若仍按照「兵行糧隨」的常規行事，仗就不用打了，這也是大臣們反對出兵的重要理由之一。

面對這一棘手難題，乾隆只得拋棄常規，命令每個士兵只帶兩個月口糧，如果糧食不足，便採取「因糧於敵」的辦法，暫時取用於投誠的準噶爾牧民。他還交代說，在向準噶爾牧民徵糧時，要登記數目，「將來或換給什物，或補給銀兩。」

所謂今後換給東西或補給銀兩，不過是難以兌現的空話，實施過程中就等於是允許清軍沿途騷擾搶掠，這不能不引起一些準噶爾牧民對清軍的反感和敵視。至於準噶爾上層的貴族和宰桑，有不少其實是出於無奈才歸順了清朝，內心裡仍希望有一位強有力的首領能重建汗國，阿睦爾撒納無形中代表了他們的意志和願望，這些都使阿睦爾撒納在準噶爾獲得了一定的民心，也助長了他的政治欲望和野心。

乾隆的個性特點中有過於自信的一面，本來敵境籌糧只是在不得已情況下的權宜之計，但見前線進展神速，似乎並沒有受到影響，他便自鳴得意，乾脆也不急著向前線籌餉運糧了。

阿睦爾撒納包藏禍心，沿途搶掠牧民，又私自佔有了許多馬駝牛羊，所以並不叫苦。西路就慘了，薩喇爾前鋒軍即便儘量節約口糧，到最後也已難以維持。定西將軍永常見狀，緊急從後隊兵丁的口糧中借支十日，運至薩軍營，同時自哈密至烏魯木齊設立臺站，每臺撥駝五百隻，陸續運糧接濟，採用這樣的亡羊補牢之法，才勉強幫助部隊渡過難關。可是當永常向乾隆彙報，請以籌餉運糧為急務時，卻反被乾隆一頓痛斥，說「因糧於敵」在北路那裡行得通，為什麼你們西路就不行？

乾隆自有如意算盤，彼時清軍攻佔伊犁已是勝利在望，伊犁為準噶爾的政治經濟中心，攻克後預計可以繳獲一部分牲畜和糧食。他指示班弟、永常等人，讓他們屆時收取達瓦齊所有牧畜備用，如果口糧不夠，便用茶葉、銀兩向當地的準噶爾人和回民進行換取。

事實證明，乾隆的這些想法不過是一廂情願。清軍在正式佔領伊犁後，才發現準噶爾屢經戰禍，並無多少積貯。伊犁河北的尼楚滾曾存放有糧米緞匹等物，但前一年已被哈薩克人洗劫一空，所餘馬匹牲畜則被達瓦齊運往別的地方，而本地居牧民無論是準噶爾人還是回民，生計都很艱難，遠不足以供應大軍口糧。

在遠隔內地的陌生異域，一旦馬不宿飽，士有菜色，軍心定會瓦解，士氣也必然崩潰。乾隆對此非常清楚，見情況窘迫，只得將兩路大軍撤出準噶爾，僅在尼楚滾留察哈爾兵三百人、喀爾喀兵二百人，由定北將軍班第、右副將軍薩喇爾及參贊大臣鄂容安坐鎮，用以處理善後。

大軍的過早撤離，使清廷無法及時消化軍事勝利的成果，也不能對當地局勢進行有效彈壓，與此同時，乾隆又陶醉在勝利的喜悅之中，放鬆了對阿睦爾撒納應有的警惕和戒備，阿睦爾撒納於是乘虛而入，直至完全露出原形。

先發制人

阿睦爾撒納對乾隆重封四部的方案不屑一顧。他對班第說，漠西四部與漠北部落不同，若無人進行總體領導，恐怕人心不一，不但不能抵禦外敵，還會發生變亂。

阿睦爾撒納說出這番話，很明顯是企圖淩駕於眾人之上，做四部首領，以便變相成為準噶爾汗，其野心可謂昭然若揭。在他的縱容下，親信們大造輿論，宣稱說乾隆必定得封阿睦爾撒納為四部總汗，否則，他們這些死黨寧可剖腹自盡，也不會因貪生而「別事他人」，到時準噶爾亦不得安寧。

在將輿論散佈出去後，阿睦爾撒納即以準噶爾汗自居，平時生殺自專，並不向班第報告。策零在位時，用兵行令一律以「小紅鈐記」作為專章，手下私用別的印信便要處斬，阿睦爾撒納加以模仿，以「小紅鈐記」代替了清廷頒給他的定邊副將軍印信。清朝官服以及乾隆御賜的黃帶、孔雀翎也都被他棄之不用，除了最早跟隨阿睦爾撒納降清的那批人，準噶爾部眾甚至都不知道他內附清廷的事。

準噶爾人信仰藏傳佛教，阿睦爾撒納送白銀給喇嘛「熬茶」（即佈施），並許諾將來他統轄準噶爾全境時，會更加妥善地照顧他們的生活，喇嘛們於是隨聲附和，向各部首領宣傳阿睦爾撒納「有統領準噶爾之分」，以爭取他們對阿睦爾撒納當汗王的支持和擁護。在此基礎上，阿睦爾撒納用「小紅鈐記」行文，以防備哈薩克入侵為藉口，從各部抽調了九千精兵。

對外，阿睦爾撒納也公然越權行事。他派人帶兵前往天山南路，對回部進行招撫，還暗示必要時回部須聽從他的調遣。在致哈薩克、俄羅斯等國的國書中，阿睦爾撒納絕口不提降順清朝，只稱自己是帶著滿兵、蒙古兵來平定準噶爾。哈薩克也對他表示支持，在哈薩克致清廷的國書中，竟有「聞阿睦爾撒納仍居舊遊牧，甚為喜悅，可復睹策零之時」等語。

阿睦爾撒納心計頗深，他深知班第等人都在對他進行監視和防範，因此竭力進行分化。乾隆當初之所以讓額駙、科爾沁親王色布騰巴勒珠爾與阿睦爾撒納同行，是考慮到他們同為蒙古人，言語相通，習慣相近，比較好打交道，也不容易引起阿睦爾撒納的猜疑，但色布騰與班第有矛盾，結果被阿睦爾撒納發現並加以利用，反將色布騰拉攏了過去。

墮其術中的色布騰暗中同情和支持阿睦爾撒納，對其事事順從，同時有意對班第加以阻止，使得班第無力節制阿睦爾撒納。右副將軍薩喇爾按照乾隆的密旨，本來也有防範阿睦爾撒納的任務，奈何他原來在準噶爾的地位不高，準噶爾人對其不服，在才略地位上非阿睦爾撒納的對手。

眼看阿睦爾撒納的言行一天比一天過分，班第既憂慮又著急。參贊大臣鄂容安是鄂爾泰的長子，他向班第慷慨陳詞：「將在外，我們這些做大臣的，應該在禍患還沒有露頭的時候就消除它！」

在幾年前的西藏平叛中，傅清、拉布敦就像西漢的傅介子一樣，不等向乾隆報告，即將藏王珠爾默特予以誅殺。鄂容安主張效仿他們，找機會誅殺阿睦爾撒納，以除後患，這樣即便自己將以身相殉，也一定會得到朝廷的認可和隆重表彰。班第聽後卻猶豫不決，說：「阿睦爾撒納反叛的跡象終究還未完全顯露出來，妄殺藩臣，將惹怒皇上啊！」

班第向來謹慎有餘，魄力不足，先斬後奏這樣的事根本就不是他敢做的。鄂容安與之相比，雖「尚知大體」，具備破釜沉舟、為國盡忠的勇氣，但他又手無縛雞之力，照乾隆的話說，是一個「頗有漢人習氣」的文臣，而且他也不懂蒙古語，缺乏獨自誅殺阿睦爾撒納的條件。

無可奈何之下，班第等人只得紛紛向乾隆密奏告狀。乾隆這才意識到事態之嚴重，確認阿睦爾撒納「種種不法之處，圖據準噶爾，已無疑義。」他當然不會允許天山地區再出現另一個策零，以致平準事業功虧一簣，考慮到若任由阿睦爾撒納繼續勾結同黨，蠱惑人心，平叛時將大費周章，他決定先發制人，從速擒拿阿睦爾撒納。

還在清軍佔領伊犁之前，乾隆就已命令擬議中的準噶爾四汗於當年秋天前往熱河避暑山莊舉行封汗典禮。趁阿睦爾撒納來熱河之際，將其逮捕處理，無疑是個簡便易行的辦法，不過阿睦爾撒納為人狡詐多疑，乾隆估計他可能不會來熱河，因而向班第下達密旨：以會同防範哈薩克為由，命薩喇爾、鄂容安帶領所留官兵，設計將阿睦爾撒納一舉擒獲，然後就地正法，以免後患。

如果伊犁駐軍不撤，班第當然會毫不猶豫地照旨執行，但他現在手下只掌握五百清兵，其他都是平準戰爭開始後的新附人員。由於缺乏冒險一試的實力和膽量，他只能奏請乾隆「面加訓諭，以折其心」，等於把球又踢還給了皇帝。

乾隆見狀，一面指示先處理阿睦爾撒納，將預定的準部編旗事宜延後，一面派人給阿睦爾撒納捎去口信，聲明對其信任不變，只是還有許多事要與他商量，讓他儘快赴熱河朝覲，「否則勞朕久待矣」。

一七五五年八月六日，在乾隆和班第的極力催促下，阿睦爾撒納終於由伊犁啟程，前往熱河，但他此行並非如清廷所希望的那樣是自投羅網，而是有著自己的計畫。

牽著鼻子走

班第為人氣局狹小，平時就愛在細節上計較來計較去，然而實際辦事並不精細。自平準戰爭開始起，他和鄂容安、薩喇爾屢次參奏阿睦爾撒納，君臣之間反覆討論對阿睦爾撒納的處置，照理這些內容均系最高機密，但他卻防範不嚴，讓從征的漠北喀爾喀郡王青滾雜卜獲悉了部分內容。

漠北在康熙末期才正式劃入清朝版圖，喀爾喀人在感情上還不像漠南的科爾沁等部落那樣與中央貼近。自平準戰爭發起後，清廷不僅徵調相當數量的喀爾喀成年男子從征，而且北路的軍情和文書傳遞也歸喀爾喀負責，沿途的臺站卡座需要動員和徵用許多人馬，青滾雜卜承擔了其中的不小份額，這讓他叫苦不迭。

見阿睦爾撒納「潛謀叛志」，青滾雜卜便也隱隱然生出二心，兩人私下裡互相結納，過往甚密。青滾雜卜探聽到任何重要的軍營資訊，都會悄悄地告訴阿睦爾撒納，乾隆君臣討論的部分內容也因而傳到了阿睦爾撒納耳中。

由於青滾雜卜所掌握和洩露的並非奏摺密旨中的全部內容，所以阿睦爾撒納尚不確知乾隆對他的最後處置決心和方案，只是隱約感覺到可能對他不利，與此同時，他對得到乾隆的同意，成為四部總汗也還抱有一定的僥倖心理。

之前乾隆已下詔將額駙色布騰召回皇宮，這是他在得知色布騰不僅未能負起監視阿睦爾撒納之責，還與班第勢同水火之後所採取的一個臨時措施。當然無論色布騰還是阿睦爾撒納都尚不知道乾隆的真實意圖，阿睦爾撒納私下托色布騰就讓他總管四部一事向乾隆代奏，兩人還約定，如果這一請求能夠得到乾隆的同意，阿睦爾撒納便於七月下旬（農曆，相當於陽曆的八月底九月初）入覲。

阿睦爾撒納對入覲毫無興趣，他只關心和在意託付色布騰的事情能否被批准。在後者尚未有回音的情況下，還要不要冒險前往熱河，讓阿睦爾撒納及其親信們頗費思量，經過反覆研究，他們最後還是決定回應清廷的要求，提前動身，但做好兩手準備——路上盡可能遷延時日，等待色布騰方面的消息。若有滿意的消息傳來，當然是最好，如果相反，則以入覲為名，將在扎布干遊牧的餘舊部眾接應出來，與伊犁地區的準噶爾部眾遙相呼應，舉事反清。

在阿睦爾撒納動身時，為防其中途脫逃，班第多留了一個心眼，派漠北喀爾喀親王額琳沁多爾濟與其同行，並暗中命額琳沁予以監視。沒有想到的是，阿睦爾撒納在與蒙古王公拉攏關係時頗有一套，額琳沁居然也與色布騰一樣入其囊中，很快就被他牽著鼻子走了。

因為與色布騰有約在先，阿睦爾撒納一路上格外小心，盡可能遷延慢進。進入九月（農曆為八月），當入覲隊伍行至烏隆古河時，色布騰方面仍未傳來任何消息，實際情況是色布騰一回京城，就知道了朝廷準備在避暑山莊逮捕阿睦爾撒納的計畫，哪裡還敢再為阿睦爾撒納代奏。

儘管不知道色布騰回京後的細節，但阿睦爾撒納也已經明白發生了什麼事。烏隆古河鄰近札布干，於是阿睦爾撒納暗地裡召集屬下，張幕宴請額琳沁，酒過三巡，他突然站起身對額琳沁說：「阿某不是不守臣節，但中國（此處指清廷）輕諾寡信，現在如果我跨入你們境內，就好像被驅入集市的牛羊一樣。大丈夫應當自立事業，怎麼能延頸待戮呢？」

阿睦爾撒納讓正在喝酒的屬下們全都放下酒杯站起來，這些人早有準備，他們扛著鮮亮的旌旗，簇擁著阿睦爾撒納徑直離營。臨走時，阿睦爾撒納解下乾隆所賜的定邊左副將軍印，擲於額琳沁：「你把這個交還給大皇帝就可以了！」說完，頭也不回地縱馬而去。

額琳沁為人庸碌無能，這個時候本應立刻予以阻止，但他懾於阿睦爾撒納身兼雙親王之職，且對阿睦爾撒納有同情之心，竟眼睜睜地看著阿睦爾撒納揚長而去。直到第二天，他才想起，阿睦爾撒納其實是在反叛，若任由其逃之夭夭，自己將罪責難逃，不由又悔又急，趕快派人追趕，但阿睦爾撒納已經蹤影皆無。

阿睦爾撒納離營，是要接應舊部眾和號令叛亂，但乾隆針對他可能脫逃的情況，預先也做了部署，一收到額琳沁的報告，即派一千名官兵馳往札布干，以防阿睦爾撒納潛取家眷，增加羽翼。不出所料，阿睦爾撒納果然派其兄班竹等人來到札布干，結果被清軍守株待兔，一網打盡。

阿睦爾撒納在派出班竹後，自己與一部分反叛人員會合，對駐守阿勒泰的清軍實施了襲擊。接下來，他便坐等札布干方面的消息，但等了好幾天也沒等到音信，阿睦爾撒納料知情況有變，只得從阿勒泰移至博爾塔拉，一邊打算遙控伊犁地區的部眾反叛，一邊聯絡準噶爾各部，以擴大和充實自己的隊伍。

無法容忍

在準噶爾地區，阿睦爾撒納的死黨阿巴噶斯、哈丹等人也在與伊犁的眾喇嘛聯繫，準備等阿睦爾撒納率部前來接應。可是阿睦爾撒納始終沒有露面，阿勒泰方面也靜悄悄的，毫無動靜，他們按捺不住，派哈丹前往烏隆古河打探，亦未能夠打聽到阿睦爾撒納的去向。這個時候他們覺得不能再等下去了，便按原計劃行事，率數千人攻打並破壞了伊犁至巴爾庫爾的清軍臺站，駐準清軍的後勤支持和通信聯絡因此完全中斷。

清軍所在的尼楚滾軍營貯存著相當數量供賞賜用的茶葉緞匹，叛軍無不對此垂涎三尺，虎視眈眈。一七五五年九月二十九日，伊犁宰桑克什木等率五千餘人攻打尼楚滾軍營，軍營當時僅有五百清兵，勢單力薄，乾隆急令駐於烏魯木齊的定西將軍永常予以增援。

永常轄西路兵五千八百人，其實除阿睦爾撒納及黨羽外的其他準噶爾領袖正入覲熱河，回應叛亂的部落還不多，首領扎木參等所率數千人來到永常軍營，聲明「俱堅心內向」，請清軍予以保護，如果永常把這些力量集中起來，完全可以平叛。可惜永常畏敵如虎，他認為扎木參的話不足信，不但不西進伊犁，反而將軍隊後撤至穆壘，後又撤至巴里坤，這使平叛失去了最有利的時機，叛軍也益加猖獗。

眼看伊犁難以堅守，班第、鄂容安連忙把薩喇爾招來商量脫困之計。薩喇爾已經動搖：「阿逆（阿睦爾撒納）智勇兼備，不可攖其鋒，不如答應他的要求，請天子把準噶爾交給他，如此這場大禍就能避免。」「守土之臣，怎麼可以為了保命而把土地白白送給敵人，難道以後不怕受到司法懲處嗎？」鄂容安立即表示不同意。薩喇爾性格較為草率自負，被鄂容安搶白了幾句，臉上掛不住，憤憤地拋下一句「豎儒安知兵家事」後，便策馬而去。

三個人因性格和立場存在差異，平時就很難做到和衷共濟，如今更是吵得不可開交，最後大家決定既不向敵妥協但也不堅守，而是分路突圍，其中班第、鄂容安率三百人沿東南方向突圍，薩喇爾及其屬下百餘人向南突圍。

伊犁陷落重新引起準噶爾地區的騷動，許多不甘失敗和想從中獲取漁利的宰桑、貴族、喇嘛、回人聞風附和，對駐準清軍發起攻擊。薩喇爾突圍後被叛軍攔截，被俘降於叛軍，班第、鄂容安率部撤出兩百餘里，但仍被克什木部五千之眾追上並遭其層層圍困，三百人戰至僅存六十人，瀕臨絕境。

落此境地，班第、鄂容安均已扼腕無計，鄂容安頗悔當初沒有將阿睦爾撒納先一步誅殺於伊犁，說：「今日只能白白死於此地，於大局卻無濟於事，有負皇上所托！」

班第也極為懊悔未及時採納鄂容安的建議，他持劍嘆息良久，方才刎頸自盡。鄂容安步其後塵，但他腕力太弱，自個兒抹脖子都難以成功，只好命隨從刺其腹而死。在他們自盡後，餘下兵丁或力戰而亡，或被叛軍所殺，無一倖存。

平準大軍撤離伊犁不到兩個月，準噶爾便又再次陷入混亂之中。對於阿睦爾撒納這個罪魁禍首，乾隆恨之入骨，在控制阿睦爾撒納舊部眾遊牧的札布干後，便下令將阿睦爾撒納的家眷解送京城，其部眾轉移他處，分給漠北喀爾喀人為奴。

前線將領的愚蠢無能和屢失戰機也讓乾隆無法容忍。永常在撤至巴里坤後托詞兵少糧缺，無力平叛，請求「先辦理馬駝口糧，以利遄行」，其他前線將領和大臣則大多表現得驚慌失措，尚在班第等人生死不明的情況下，負責運送糧餉的陝甘總督劉統勳就輕信謠言，奏請放棄巴里坤，退守哈密。

「阿睦爾撒納在此時不過一亡命逸賊耳！」乾隆認為臣下們這種怯懦逃跑的行徑極其可笑。一個僥倖逃脫的亡命徒罷了，至於把你們嚇成這樣嗎？他在博羅塔拉一動都不敢動，又怎麼能在短時間內鼓動眾部，飛越千里來到巴里坤？

此時和伊犁駐將一樣，在前線擔任領兵之責的大臣一共三個人，除永常、劉統勳外，還有赴巴里坤督理軍需的副都統吳達善。乾隆把本來沒什麼責任的吳達善也拿來陪綁，說前線軍心全靠領兵大臣維繫，結果一個將軍、一個總督、一個都統，不研究如何對敵，卻自相驚擾，「舍穆壘而回巴里坤」，現在又提議棄巴里坤而就哈密，軍心怎麼能不亂？

乾隆降旨，以貽誤軍機之罪，撤革永常、劉統勳，拿解赴京。永常在解京途中就開始生病，至臨潼時痰塞氣絕，其實如果他不病死，回京後日子也不會好過。在清初直至乾隆朝，一個滿臣若怯懦怕死，便會被皇帝認為是丟棄了祖先尚武好勇的傳統和精神，很難予以諒解，甚至就算永常已經因病而死，乾隆一度還懷疑他是畏罪自殺。漢人則不然，劉統勳是漢人，乾隆念他是一介書生，不諳軍務，軍旅之事非其所長，故特予寬釋，不加究責。

為平定叛亂，乾隆決定再組大軍進兵準噶爾。為了表示對誠心歸降的準部貴族的信任，從而在最大限度上孤立叛軍，乾隆正式任命噶勒藏多爾濟為準噶爾汗，策棱為杜爾伯特汗，原先留給阿睦爾撒納及其兄班竹的位置分別由沙克都爾曼濟、巴雅爾代替，後者一個擔任和碩特汗，一個擔任輝特汗。在正式任命四汗後，乾隆即透過他們徵調所屬準噶爾部隊，對叛軍進行討伐。

風聲鶴唳

早在三策棱降清時，準噶爾宰桑瑪木特追擊三策棱被清軍誘擒，獲乾隆赦免遣回，他對此心存感激，又覺得達瓦齊難以成事，便主動降清。在第一次平準戰役中，阿睦爾撒納為定邊左副將軍，他是參贊，因功被封為三等信勇公，賜雙眼孔雀翎、四團龍補服。

由於生了病，瑪木特戰後留在伊犁休養，等到阿睦爾撒納發動叛亂，他想逃往內地向清軍報信，結果落到了阿睦爾撒納手中。阿睦爾撒納勸他歸降自己：「準噶爾與清朝差異極大，你為什麼一定要內附清朝呢？不如跟著我，我不會虧待你的。」

瑪木特朝阿睦爾撒納吐了口唾沫，憤然說：「天下豈有無君之國？策零後嗣已絕，我不內附清朝還能內附誰？」

瑪木特最後情願慷慨赴死，也不肯跟隨阿睦爾撒納。在準噶爾降將中，瑪木特雖然只是個例，但也足以說明，自策零死後，準噶爾內部再無一人能真正憑藉威信和能力鎮住全場。阿睦爾撒納在準噶爾的號召力有限，遠不足以籠絡各部，在移至博羅塔拉後，不管他怎麼四處聯絡鼓吹，拉攏人馬的速度都很慢，其所部一共不過才兩千人而已。

面對清軍即將大舉進擊的壓力，一些原先被煽惑參與叛亂的人發生了動搖，他們派人向清軍聯繫投降，並釋放薩喇爾，奉之以主，轉而對駐於博羅塔拉的阿睦爾撒納發動攻擊。此時阿睦爾撒納好不容易召集到了四千部眾，在回部和卓叛軍的支持下，力量有所增強。兩股力量在伊犁附近相遇，隨即爆發激戰，薩喇爾一方落敗，未能阻止阿睦爾撒納進入伊犁。

在伊犁保衛戰中，薩喇爾未能與班第、鄂容安並肩力戰到底，後又降附於準噶爾，大學士陳世倌奏請處以死刑。乾隆考慮薩喇爾最先歸附清廷，而且作為準噶爾降將，也不能像對待八旗將領一樣嚴苛要求，換言之，薩喇爾若能像瑪木特那樣忠於清廷，固然值得表彰，但如果做不到，也很正常。為了給大臣們一個交代，他命薩喇爾在班第等人的靈柩前磕頭表示謝罪，之後便予以寬釋，並以其率平反部隊攻擊阿睦爾撒納之功，授以內大臣之職。

一七五六年二月，乾隆發起第二次平準戰役，這次清軍亦分西、北兩路夾攻，西路軍由定西將軍策楞掛帥，為主力軍，北路由定邊左副將軍哈達哈統領，為牽制之師。

基於首次平準戰爭因為缺糧，進而導致騷擾準噶爾牧民以及倉促撤軍等教訓，乾隆反覆強調：「軍營糧餉，關係緊要，理應加意辦理」、「軍營進剿官兵，所需口糧，甚關緊要。」新任陝甘總督黃廷桂對此貢獻巨大，他過去長期在西北擔任督撫，彼時就預測到將來清軍可能會發動西征，遂「買穀三百萬石，分儲河東，正為今日。」當時的運糧車主要從民間攤派，老百姓對此大多抱有畏難情緒，黃廷桂見狀，便將原先的家家攤派改成十家抽一，即十家中只抽一家攤運糧車從征，抽中者由政府給以比平時更高的薪酬，還允許帶上自己的錢財物品，沿途可以進行買賣，這樣才使應徵的老百姓變得踴躍起來。

黃廷桂做事非常認真細心，他看到軍馬速度普遍不快，又經常出現傷病甚至死亡，知道是因為馬的飲食跟不上，因此命令從安西至哈密沿途開池蓄豆，軍馬一到，一邊走一邊餵，如此既不耽誤行軍還能讓馬吃飽吃好，「奔馳千餘里，馬益膘壯。」

在第二次平準戰役啟動後的不到一個月時間，清廷就調動駱駝三千多頭，從陝甘向巴里坤趕運糧食一萬兩千多石，其間運糧不力的官員均被革職治罪，運糧勤勉的官員則立即得到嘉獎和擢升，黃廷桂更是深得乾隆的青睞與重用，「倚任如左右手」、「恩寵莫與肩比」。

從一開始，乾隆正式任命的準噶爾四汗及其他未叛者就大多隨軍西進，已叛者也紛紛重新歸附。阿睦爾撒納所部風聲鶴唳，偏偏和卓叛軍又和準噶爾發生衝突，負氣離開了伊犁地區，阿睦爾撒納狼狽不堪，手忙腳亂地對因內訌而離散的隊伍進行整頓。清軍進展神速，還沒等對方整頓就緒，由參贊大臣玉保所指揮的西路軍前鋒便已抵達特克勒河。

特克勒河距阿睦爾撒納的軍營僅一日之程，一山之隔。正當玉保準備揮師進擊的時候，喀爾喀王公諾爾布的一名屬下前來報告，說阿睦爾撒納在斫冰開道的奔逃途中，被諾爾布等追及並擒獲，將送至軍營，請等候接收。玉保聽後下令停止進兵，同時派人馳報策楞。策楞收到報告後，也下令全軍停止前進，又飛書京師，以紅旗報捷。

收到這一好消息時，乾隆正在東巡途中，聞訊大喜過望，立即降諭封策楞為一等公，玉保為三等公，並以軍務告竣頒詔中外。他本來計畫動身前赴曲阜，也因此事而臨時改變主意，決定轉道易州泰陵。泰陵是雍正的安息之地，乾隆在父親陵前報告喜訊，對祖先的「默垂庥佑」表示感謝。

大烏龍

乾隆急於平定叛亂的心情大家都看在眼裡，各省督撫紛紛具折奏賀。可就在前線部隊和朝野上下一致歡慶勝利之際，捷報卻被證明只是一個假消息。原來這是阿睦爾撒納設的緩兵之計，他見己部兵無鬥志，人心散亂，料想難抵清軍，便派人裝扮成諾爾布的屬下，讓清軍上了當。

應該說，阿睦爾撒納的騙術並不是特別高明，只要玉保派人去諾爾布那裡驗證一下，即知真偽，但玉保居然就不假思索地相信了，還將這一未經證實的消息徑直予以上報。策楞同樣也是不審虛實，連想都不想就轉報入京，結果弄出了一個讓乾隆啼笑皆非的「大烏龍」。

策楞、玉保中計自然是緣於立功心切，但最主要的還是缺乏進取心。玉保想的是如何可以不戰而勝，不勞而獲，跟他相比，策楞只是半斤八兩，他與玉保的前鋒部隊也僅隔一日行程，就算是阿睦爾撒納真的已經被擒，也完全可以趕上前去與玉保會合，可他竟以軍營無馬為由頓兵不進。在此期間，阿睦爾撒納乘機逃脫，等到策楞、玉保發現所謂阿睦爾撒納被追及擒獲一事純屬子虛烏有，阿睦爾撒納已率殘部北越庫隴癸嶺，趨近哈薩克南境。

一七五六年四月，清軍收復伊犁。在阿睦爾撒納漏網的情況下，收復伊犁的意義已經被大打折扣，乾隆堅持「擒賊先擒王」，指示策楞等人「此時所有伊犁應辦事宜，尚可稍緩，唯當以追擒逆賊為第一要務。」

策楞等人本應全力追擊，將功折罪，但策楞卻以「收集流亡，撫慰喇嘛，安插失業貧人」為由，駐守伊犁不動，只傳令玉保負責追擊。玉保與策楞不和，兩人平時就互相鉗制，接到命令後玉保勉強追至庫隴癸嶺便不再深入，僅遣一副都統烏勒登率五十人追擊，之後即班師返回，以馬匹糧草不濟為藉口，駐兵不動了。

被推到最前面去的烏勒登一看上司們都是如此，他也有樣學樣，擅自停止了西進。清軍將領的彼此推諉，一誤再誤，致使阿睦爾撒納從容遠遁，直至到達左哈薩克境內。

哈薩克與準噶爾毗鄰，清廷平準，讓它有唇亡齒寒之感，故而左哈薩克汗阿布賚對阿睦爾撒納表示歡迎和支持，還將女兒嫁給了他。乾隆對此嗟嘆不已，認為阿睦爾撒納本已窮途末路，卻仍能逃至哈薩克，完全是前線將帥庸懦無能所致。他降旨將策楞、玉保革職，解京治罪，另由達勒黨阿接替策楞的定西將軍一職，繼續向哈薩克追索阿睦爾撒納。

阿布賚極力庇護阿睦爾撒納，並替他向乾隆求情，稱阿睦爾撒納「如窮鳥投林，擒獻不難，但懇求大皇帝網開一面，饒他一命。」乾隆的態度則十分堅決和強硬，見哈薩克方面不肯交出阿睦爾撒納，便下令清軍直接入境捕捉。

按照乾隆的旨意，達勒黨阿出西路，而原來就擔負牽制任務的哈達哈仍出北路，南北兩路清軍都進入了左哈薩克境內。阿布賚見狀，也決定出兵幫阿睦爾撒納打仗，兩人分路迎擊清軍，阿睦爾撒納迎擊的是達勒黨阿，他在清軍的必經之路雅爾拉山周圍設置埋伏，爾後派遣少量兵馬，將達勒黨阿誘進了伏擊圈。

達勒黨阿雖遭伏擊，但仗著兵多勢壯，阿睦爾撒納也沒辦法馬上吃掉他。次日，清軍大隊人馬趕到，阿睦爾撒納就此失去了殲滅被圍之敵的機會，不得不與清軍激戰於山麓。

儘管激戰中雙方互有損失，然而隨著清軍援兵不斷增加，阿睦爾撒納終究難以支撐，只得收兵撤退。達勒黨阿揮軍緊追不捨，當與阿睦爾撒納相隔只有一座山谷，僅二三里之遙時，情急之下的阿睦爾撒納故技重施，令一名哈薩克人裝扮成阿布賚的部下，來到清軍軍營，詭稱哈薩克人已將阿睦爾撒納拿下，但須等阿布賚趕到後，才能將其縛獻清軍，在此之前，請清軍暫緩攻擊。

令人驚詫的是，達勒黨阿竟再蹈策楞、玉保之覆轍，對來人的話信以為真，因為怕進擊導致與哈薩克人失和，他便傻乎乎地答應對方之請，下令全軍停止追趕，駐軍以待。

阿睦爾撒納趁機又一次金蟬脫殼，與此同時，北路的哈達哈也與阿布賚交上了手，阿布賚恐怕清軍大隊人馬會聚攏過來，很快就撤出了戰場，而哈達哈也無心追擊，只是聽其逸去。

兩路大軍全都撲空，令乾隆甚為失望，對勒達黨阿錯失機會尤其扼腕不已，遂下令將其撤革拿京。此時西北地方大雪封山，天氣寒冷，馬力疲乏，兼之喀爾喀和原先受封的準噶爾地區又先後發生叛亂，乾隆只得將兩路大軍暫時由北路撤回，同時命定邊右副將軍兆惠率部移駐伊犁，用以防截哈薩克，但其追剿阿睦爾撒納的決心始終未變：「叛賊一日不獲，則伊犁一日不安，邊陲之事，一日不靖。」

撤驛之變

抓不到阿睦爾撒納，使乾隆對阿睦爾撒納當初的叛逃更加耿耿於懷。

在阿睦爾撒納叛逃這件事情上，有兩位蒙古親王對此負有不可推卸的責任，其一是額駙、科爾沁親王色布騰巴勒珠爾，其二就是喀爾喀親王額琳沁多爾濟。

色布騰出身顯貴，而且從小就被養在清宮，陪著皇子們讀書習武，幾乎被乾隆視為半個兒子。正因如此，乾隆才招他為駙馬，並將孝賢皇后唯一長大成人的女兒，自己視如掌上明珠的固倫和敬公主嫁給了他。對於這個女婿，乾隆極力予以栽培，從史書記載上看，色布騰在平準之役中似乎沒做太多事，但乾隆卻賜他親王雙俸，並授予了侍衛大臣的實職。

乾隆授色布騰以密旨，讓他在與阿睦爾撒納同行的過程中對其予以防範，卻沒想到色布騰不但對阿睦爾撒納的異心毫無覺察，還與阿睦爾撒納交好，又是為之說話，又是替他打探消息，直至被召回京，明知朝廷將整肅阿睦爾撒納，仍未對其予以揭發。乾隆盛怒之下，欲以匿情不報之罪，對色布騰明正典刑，軍機大臣、武英殿大學士來保連忙替其求情：「願皇上念孝賢皇后，莫使公主遭嫠獨（即成為寡婦）之嘆。」

乾隆一旦動怒發火，很少能聽得進別人的勸，但孝賢皇后這個字眼是個例外，一想到如果真把色布騰殺了，固倫和敬公主就要守寡，孝賢在天之靈將會為之不安，他便忍不住傷心落淚，再也下不去手了。色布騰被免去死罪，只削去其爵位，乾隆為此還自己給自己找臺階下，說：「色布騰身為額駙，位列藩王，怎麼可能與叛逆者同謀呢？朕相信必無如此道理，他不過是年少無知罷了，起初肯定想不到事情會發展到這種地步。」

與色布騰相比，額琳沁的身份和地位一點不差，他是蒙古活佛哲布尊丹巴和大首領士謝圖汗的兄弟，在漠北喀爾喀上層社會極有影響，但由於同情阿睦爾撒納，致使後者逃逸，結果被乾隆毫不留情地賜令自盡，其間哲布尊丹巴親自出面，請求乾隆赦免其弟，也沒有能夠得到允許。

除了色布騰、額琳沁外，乾隆還數次給有關官員下達密令，要求將洩密給阿睦爾撒納的喀爾喀郡王青滾雜卜擒拿治罪，只是顧忌青滾雜卜手中擁有重兵，加上已經處理了額琳沁，出於安定喀爾喀內部形勢的需要，乾隆才最終收回了成命。

青滾雜卜早有異志，也害怕清廷對洩密案進行追究，在這種情況下，便帶著部屬私自返回原遊牧區，所屬守卡士兵也被其全部召回。隨著額琳沁被賜死一事在漠北草原引起震動，青滾雜卜趁機大做文章，以喀爾喀為成吉思汗後裔，例不治罪，更不應處死為由，在喀爾喀各部中傳播謠言，煽動叛亂。

在青滾雜卜的煽惑下，一些隨軍出征的喀爾喀王公紛紛效仿，除撤回所屬守卡士兵外，還趁機搶劫了臺站財物糧食以及過往客商的布匹、茶葉。清軍北路臺站從第十臺到第二十六臺由此全部陷入癱瘓，郵驛不通，準噶爾平叛大軍的給養供應亦告斷絕，歷史上稱為「撤驛之變」。

漠北喀爾喀與準噶爾相似，都是比較脆弱的遊牧經濟，在一七五五年至一七五六年也即兩次平準戰役期間，冬季都特別冷，漠北一帶寒氣逼人，積雪盈尺，致使喀爾喀人的牲畜大量倒斃，疾病也隨之流行蔓延。與此同時，各部落都有成年男子應徵參戰，氈子、毛皮和其他畜產品也被徵用了不少，這對當地的生產生活產生了很大影響，喀爾喀人「皆以連年用兵為累」。

自康熙朝內附以來，喀爾喀一方面受到清廷保護，與中央政府的聯繫日益密切，另一方面他們與準噶爾雖是宿敵，長期互相攻殺，但畢竟同為蒙古人，都尊崇成吉思汗一個老祖宗。準噶爾的敗亡不免使他們有物傷其類、兔死狐悲之感，而戰爭期間的頻繁徵調以及額琳沁之死，又嚴重損害了他們的利益和自尊，青滾雜卜叛亂等於捅破窗戶紙，把喀爾喀的不滿情緒全都激發了出來。

叛亂發生後，二十三個喀爾喀王公聚集在克魯倫河畔商量，大家認為青滾雜卜說得沒錯，「成吉思汗後從無正法之理」，青滾雜卜自然也屬此列。活佛哲布尊丹巴因其弟之死亦憤憤不平，對青滾雜卜極予袒護，王公們遂公推哲布尊丹巴為首，召集一萬五千人馬，向清廷「請求寬恕叛亂者」。

親筆信

哲布尊丹巴和王公們所擺出的架勢，立刻把清廷推入了兩難境地：若做出讓步，無異於承認了叛亂的合法性，場面將不可收拾，但若堅持平叛，又可能釀成更大的騷亂，甚至導致喀爾喀重新分離出去。

面對嚴峻形勢，乾隆顯示出應對危機的超強能力和手腕。他首先給哲布尊丹巴、土謝圖汗寫信，承認自己政策出現失誤，對喀爾喀人的困境瞭解不夠，表示今後將不再一味採取強硬措施，並會按照喀爾喀人參與平準戰爭的軍功予以賞賜，同時他還請哲布尊丹巴著眼大局，勸告喀爾喀王公們繼續保持對中央政府的忠誠。

哲布尊丹巴是喀爾喀蒙古的精神領袖，在喀爾喀王公們對究竟何去何從還猶豫不定之際，他的態度可謂舉足輕重，也可以這樣說，清廷唯有把哲布尊丹巴重新拉到自己一邊，才能促使喀爾喀局勢真正好轉。為此，乾隆在透過種種管道對哲布尊丹巴撫慰的同時，還動用了自己所掌握的全部人脈資源，從幕後進行斡旋，其中作用最大的就是請青海活佛章嘉三世居中予以調解。

與哲布尊丹巴相似，章嘉對於青海蒙古人來說亦無可替代，兩人在藏傳佛教界的地位相當，私誼也相當之好。章嘉與乾隆的淵源則可追溯到兩人的童年時代，那時七歲的章嘉奉召入宮讀書，與還是皇子的乾隆成了同窗。乾隆比章嘉大六歲，登基後對章嘉非常尊崇，舉行木蘭秋獮，也會讓章嘉扈從隨行，趁著同赴木蘭秋獮的機會，乾隆將喀爾喀的危急形勢告知了章嘉，章嘉聽後馬上寬慰道：「皇上勿慮，老僧這就寫信以消逆謀。」

當晚，章嘉就給哲布尊丹巴寫信，說國家給予我們的恩情深厚，額琳沁被賜死，是因為他自己犯了法，國家不得不按律行事，這也說明國家把蒙古與其內地臣民一樣看待，而不是對我們有所猜忌。如果只要是成吉思汗後裔就不能處死，那麼朝廷的宗室子弟一旦犯法，該怎麼處理，難道也聽之任之？

章嘉在信中勸哲布尊丹巴應安守出家人本分，不要隨便表露出生氣不滿的情緒，也儘量不要干預國事。信寫完後，他便派他的一個白姓弟子前去送信。

白某知道情況緊急，因此不敢耽擱，每天騎馬跑數百里，在最短的時間內趕到喀爾喀，見到了哲布尊丹巴。此時哲布尊丹巴和喀爾喀王公們正在醞釀起兵抗清，他們甚至連起事的日子都定好了，形勢已到了一觸即發的關頭。章嘉派白某送信，是因為白某本身就是一個善於遊說的高手，經過他一番深入淺出的分析，哲布尊丹巴大為折服，再讀章嘉的親筆信，便徹底打消了起事的念頭。

在此基礎上，乾隆又派章嘉率內地大臣、漠南王公等親赴漠北，與喀爾喀王公及哲布尊丹巴會盟，以堅定其內向之心，並再三申明除青滾雜卜外，其餘人都將加恩寬宥。

會盟成為喀爾喀局勢的重要轉捩點。在過往的漠北喀爾喀王公中，已故親王、額駙策棱最受清廷信任和重用，乃至死後得到了配享太廟的待遇，乾隆即任命其長子成衮扎布為定邊左副將軍，讓他統率清軍征討青滾雜卜。

青滾雜卜在發動叛亂時擁兵萬人，其中五千人在草原上放牧，另外五千人和他一起屯紮於森林之中，看上去還蠻有點氣勢，但其實不過是外強中乾而已。在失去哲布尊丹巴和王公們的支持後，他很快就現出了原形，在清軍的打擊下毫無招架之力。

青滾雜卜被擒於中俄邊界。據說他當時聽說有部隊逼近時，還心神不安地騎馬迎向對方，直到看清楚來的是清軍，才慌忙騎馬逃跑，但他的馬已經好久沒有吃過草料，僅餵雜食，腳上乏力，沒辦法幫助主人擺脫追兵，於是只得束手就擒，後被解送北京處死。

北路形勢重新穩定下來，乾隆吸取教訓，從此糾正了對喀爾喀的嚴厲態度，只要一有機會就對有功的喀爾喀王公予以提拔和重用。對於在叛亂時表現曖昧的哲布尊丹巴，乾隆不僅不追究責任，反而盡力拉攏，有意把平叛的功績記在他的賬上，除賞與緞匹外，還將其晉封為「敷教安眾大喇嘛」。

當然，安撫歸安撫，乾隆也注意到中央政府對漠北喀爾喀的管轄有待加強，作為亡羊補牢的補救措施之一，清廷開始在喀爾喀設置庫倫辦事大臣，以便逐步將喀爾喀王公手中的權力收歸中央。

就在青滾雜卜發動叛亂期間，準噶爾也再次爆發了大規模叛亂，整個準噶爾地區一片大亂，尤為嚴重的是，大部分準部領袖都被捲入了這場旋渦。乾隆兩邊應付，真猶如熱鍋上的螞蟻一般，青滾雜卜的叛亂被迅速平定，終於讓他得以騰出手來，用以全力解決準噶爾問題。

第六章

長箭大炮如雨下

準噶爾自策零死後就一直沒有太平過，皇子貴族爭奪汗位的內亂、哈薩克的趁火打劫，再加上兩次平準戰爭，使得伊犁千瘡百孔，準噶爾人沒有吃的，便都跑到駐準清軍的軍營乞食。可是清軍師行萬里，糧運維艱，保證自己的口糧已不容易，哪裡還能分出來給他們？

乾隆得報後，讓臣下考慮是否可以讓準噶爾人赴巴里坤自運糧食。督運軍糧的陝甘總督黃廷桂答覆說，伊犁距巴里坤路途遙遠，讓準噶爾人自己去巴里坤運糧也不方便，不如向附近蒙古回民求援，從他們手中換取糧食牲畜，以資食用。

實際上，清軍千里迢迢運到巴里坤的軍糧也很有限，又要供應前線，並沒有多餘糧食可以用來接濟，所謂路途遙遠云云，多半只是黃廷桂的托詞而已。至於伊犁附近的蒙古回民，他們的處境並不比準噶爾人好上多少，又哪裡能夠解決得了伊犁的缺糧問題，是故準噶爾人餓死病死者甚多，矛盾也越積越深。

先前乾隆冊封準噶爾四汗，實指望抵消阿睦爾撒納的影響，對準部起到穩定作用，但準噶爾的多數貴族和首領都只是迫於時勢才臣服於清廷，他們一直在暗中觀察形勢，時時準備有所行動。清軍屢剿阿睦爾撒納而徒勞無功，讓他們產生了「輕清廷，思反復」之念，青滾雜卜叛亂以及喀爾喀所出現的不穩跡象，則又被他們視為有力奧援，助長了其離心傾向。

殺降

一七五六年十一月，趁著清軍大部隊撤離，伊犁空虛，阿睦爾撒納昔日親信、新封輝特汗巴雅爾等人降而復叛，分兵搶掠，在遊牧區殺傷人眾，劫奪牲畜，並聲言欲進擾巴里坤等處。

為鎮壓叛亂，駐防伊犁的定邊右副將軍兆惠授命寧夏將軍和起，派他率吐魯番回兵進攻巴雅爾。不料吐魯番頭人莽噶里克以及一些準部宰桑卻勾結巴雅爾，透過設計將清軍駝馬遠調、刺探資訊等方式突然動手，將和起圍困起來。和起冒著箭雨，徒步與敵人奮力廝殺，直至重傷陣亡。

乾隆讓兆惠領兵駐於伊犁，本意並非用於進剿叛軍，所以清軍總共只有一千五百人，配備給他們的馬匹武器也不太多。在這種情況下，乾隆唯恐有失，遂密令兆惠率部撤往巴里坤，同時調撥包括索倫兵在內的四千五百名八旗精銳，前往巴里坤待命應援。

和起被害後，準噶爾全境又陷於平叛戰爭前的紛亂之中，叛軍攻擊清軍不說，其各部之間亦因爭奪牲畜糧食而自相殘殺。新封和碩特汗沙克都爾曼濟在不堪忍受其他部落劫掠的情況下，率部眾向內地遷移，依居於巴里坤附近，此後因為缺糧，他屢次派人探聽巴里坤情形，想請清軍大營接濟糧食。

有一種說法，駐巴里坤大臣雅爾哈善與負責供應軍糧的陝甘總督黃廷桂不和，黃廷桂暗地裡限制糧食供應，使前線士兵處於饑餓之中，只能採摘野外的青杏葉以食。雅爾哈善連自身糧食都滿足不了，當然也無法接濟沙克都爾曼濟，但又生怕對方因得不到糧食而發生變亂，故而起了殺機。

從史料上看，乾隆將黃廷桂與蕭何相提並論，黃廷桂對督運西北糧草極為賣力，最後更因此積勞成疾，咯血而死。黃廷桂即便在重病昏迷期間所說的夢話還是如何安排馬馱糧運，前來看望他的文武官吏均為之泣下，由此分析，即便他與雅爾哈善有個人矛盾，也斷不至於因私廢公，在軍糧供應這一性命攸關的大事上做手腳，而且對西北軍務始終保持高度關注的乾隆又怎麼會對此毫無察覺？

其實乾隆正在巴里坤儲糧，軍糧不可能短缺，更不可能讓士兵去摘野菜葉吃，而乾隆既有過讓準噶爾到巴里坤自運糧食的念頭，也自然不會將主動內附的準噶爾拒之門外。真實的原因，恐怕還是自巴雅爾叛亂後，從京城到前線，幾乎已無人再敢相信準噶爾人歸降的誠意了：巴雅爾、沙克都爾曼濟都位列曾被認為比較可靠的新封四汗，巴雅爾反叛了，沙克都爾曼濟為什麼就不會步其後塵？或許請求接濟糧食只是一個藉口，找機會攻佔巴里坤才是其真實目的！

巴里坤是清軍自西路進入準噶爾的必經之所，同時也是駐準清軍的後衛基地，一旦失守，不僅將阻擋住今後西路軍的通道，使清軍慣用的兩路夾擊戰術無以逞其計，還等於切斷了伊犁方面駐準清軍的退路。乾隆自己放心不下，傳諭雅爾哈善，讓他對沙克都爾曼濟進行秘密觀察，如其內附的誠意確實可信，則坦懷以待，否則應先發制人，以免成為肘腋之患。

雅爾哈善系文官出身，膽子很小，處於如此敏感紛亂的時期，又哪裡敢為沙克都爾曼濟的內附誠意打包票。按照他的命令，其手下一位裨將（副使、副將）奉命率兵五百人，以迷路借宿為名，進駐沙克都爾曼濟營壘。沙克都爾曼濟對清軍沒有防備，還屠羊招待，到了後半夜，大雪紛飛，清軍以茄為號，發起突襲，將沙克都爾曼濟及其部眾四千餘人全部屠戮。

相傳在清軍沖進沙克都爾曼濟的氈帳中時，沙克都爾曼濟被驚醒，但已無法抵抗。他的妻子不忍心丈夫死於亂刃之下，便赤著身子抱著他，想加以保護，夫妻二人「如兩白蛇宛轉穹廬中」，結果雙雙慘死。

雅爾哈善濫殺降人，卻以沙克都爾曼濟意圖叛亂，被其鎮壓上報朝廷邀功，乾隆信以為真，晉封他為一等伯。天道好還，幾年後，雅爾哈善因糜餉失機論斬，乾隆這才知道沙克都爾曼濟並未反叛，是被誤殺的，為此很是悔恨，認為是自己用人不當所釀成的慘劇。

雅爾哈善殺降在當時帶來的一個最嚴重後果，是加深了準噶爾人對清廷的疑慮和憎恨。新封準噶爾汗噶勒藏多爾濟等人相繼反叛，至此，新封四汗中除被誤殺者外，僅杜爾伯特汗策棱一人尚未背叛清廷，重要貴族和首領幾乎全都參與了叛亂。

駐準清軍一下子陷入了敵區，就連原被革職逮問的清軍統帥策楞、玉保也在押往京城的途中被害。準噶爾各部聯合起來，向屯紮於濟爾噶朗河的駐準清軍發動進攻，清軍兵單糧匱，想要按照原計劃順利撤往巴里坤看來極為困難，定邊右副將軍兆惠一面挑選部將殿后，一面做好了若突圍失敗，即效法班第、鄂容安自殺殉國的準備。

奇跡

眾所周知，在突圍戰中，後衛通常都處在最重要也最危險的位置，有人甚至被主將點了名，都想找機會退避，但一位都統卻向兆惠毛遂自薦，且掀髯笑道：「將軍不用擔心，若讓我阿難殿後，可保大家生入玉門。」

這位自稱阿難的都統全名叫莽阿難，是一員老將，兆惠頗壯其言，隨即安排他率百人殿後。一七五七年一月十四日，兆惠領兵自濟爾噶朗河突圍，自此以後，莽阿難一直擔任後衛任務，置身於箭矢槍彈之下的他一身是膽，勇猛無比，殺敵無數，與其交過手的敵兵都很懼怕莽阿難，稱他是「無敵修髯將軍」。

次日，兆惠軍到達鄂壘扎拉圖，叛軍大隊人馬即將追至，兆惠軍約有一半人都是步兵，另一半騎兵的馬力也很平常，若是憑速度不可能跑得過叛軍，兆惠於是下令停止行軍，堅拒固守。

兆惠本人不僅精於騎射，而且智勇雙全，見叛軍疏於設防，便選出精兵，趁夜深人靜時潛行出營，對其發起猛襲。叛軍措手不及，在倉皇潰逃中，又被兆惠預先埋伏在林中的另一路精兵攔擊，此戰兆惠軍前後共消滅叛軍千餘人，而自身僅付出陣亡三十餘人和百餘人負傷的代價。

在轉戰數十天後，尾追的叛軍被越甩越遠，兆惠欲屯營讓官兵休息，莽阿難提醒說：「我軍只剩下十天的糧了，但距離邊境還有數千里，如果中途糧食吃光了，強敵又追上來，如何禦敵？」兆惠認為他說得對，遂傳令繼續開拔，所部「日馳數百里」，直至抵達烏魯木齊。

叛軍果然一直在緊追不捨，兆惠軍前腳剛到烏魯木齊，叛軍後腳也趕到了。兆惠軍與叛軍連日發生數十次交戰，戰前兆惠軍的口糧已所剩無幾，被迫將僅剩不多的瘦駝疲馬殺掉作為食物，多數人甚至連鞋襪都穿爛扔掉了，只能赤著腳在大雪泥沼裡與敵人作戰，然而兆惠仍舊率領官兵們以一當百，使得敵人始終無法憑藉數量優勢將其完全困住。

在烏魯木齊，兆惠軍傷亡甚重，但終於得以衝出重圍。不料當他們撤至特訥格時，卻又陷入了叛軍的重重包圍之中，饑疲不堪的官兵們已經無力再實施突圍，只能築營固守。此時塞外風雪交加，各臺站之間聲息不通，巴里坤方面都不知道兆惠軍已撤到特訥格，所幸兆惠派出報信的兩名士兵冒著大風雪找到軍營，與大部隊取得聯繫。得知兆惠軍被困特訥格，侍衛圖倫楚立即率生力軍支援，在擊破叛軍後，為兆惠軍解了圍。

四月十一日，兆惠軍返回巴里坤休整，前前後後，他們共經歷了近三個月的強行軍和浴血苦戰，最終能夠衝破重重險阻，振旅而還，堪稱創造了一個軍事奇跡。兆惠是滿洲正黃旗人，乃雍正生母烏雅氏的族孫，父親為都統，妥妥的八旗貴族。之前他參加過金川之役，但僅僅是督辦糧運，平準戰爭初期，也只是在巴里坤負責同樣的事務，可以說並不是很顯眼，此次突然立此奇功，讓認識他的人都為之刮目相看。一直以來深受將帥無能困擾的乾隆更是格外欣喜，當兆惠返回京城時，不僅晉封他為一等伯，還親自出城迎接，給予了兆惠幾乎無人可享的殊榮。

還在兆惠撤回巴里坤之前，乾隆就已調兵遣將，將大軍重新集結於巴里坤，準備進行反攻。成袞扎布因熟悉蒙古事務，且有平定青滾雜卜叛亂之功，被授定邊將軍，其弟車布登扎布為人幹練，暫署定邊左副將軍印務。乾隆預計用三個月時間完成準備，在此期間，兆惠正好撤回，乾隆認為他足堪重任，因而讓兆惠亦以定邊右副將軍的身份參加反攻。

就在清軍為反攻積極做著準備時，準噶爾叛軍頭目們派人從左哈薩克迎回了阿睦爾撒納，眾人在博爾塔拉河畔會盟，共同擁戴阿睦爾撒納做了準噶爾的總台吉（總首領）。阿睦爾撒納當初叛清就是為了能夠坐上這把交椅，但這把交椅其實並不好坐，惦記著它的還大有人在。在叛軍頭目中，最為擁戴阿睦爾撒納的是新封準噶爾汗噶勒藏多爾濟，孰料噶勒藏多爾濟的侄子扎那噶爾布對總台吉之位也素有野心，他覺得叔叔擋了他的路，便把噶勒藏多爾濟殺了，在佔有其部眾後，堂而皇之地以總台吉身份進駐伊犁。

扎那噶爾布自封總台吉，阿睦爾撒納也沒有下臺，兩邊各自向追隨他們的那部分人發號施令，使準噶爾出現了政出多門、互不統屬的局面，叛軍集團也就此錯過了聯合起來共同防禦清軍的良機。

潘朵拉魔盒一旦打開，就無法自行關上，接著，扎那噶爾布又被人所殺，阿睦爾撒納則乘機搶掠他的遊牧地。連阿睦爾撒納都是如此，其他部落更是你搶我，我搶你，你殺我，我殺你。

此時恰逢準噶爾出現自然災害，人禍加上天災，導致疾病流行，繼策零時期後，天花再度橫掃準噶爾，染疾死亡者甚眾，倖存者四處逃亡。這個曾以悍勇善戰著稱的強盛王朝已經是今非昔比，一盤散沙。

長驅直入

一七五七年四月，乾隆如期發起第三次平準戰役，大軍仍分兩路出擊，其中成袞扎布出北路，兆惠出西路。此時隨著平準戰爭進入第三個年頭，後勤供應也更加順暢，主持糧臺的陝甘總督黃廷桂將籌備到的大批糧食陸續運至前線，巴里坤、哈密貯糧已達到十一萬石，足堪大軍食用。

鑒於準噶爾已經全境失陷，清軍這次做好了打惡仗的準備，換言之，如果真的要打三四年，也只能奉陪到底，反正軍糧供應沒有問題，但準噶爾受習慣性的內訌和痘疫所累，其實際力量已變得相當薄弱，清軍所受阻力以及推進成本也因此大大降低。兆惠不負所望，出西路後即翻越庫隴癸嶺，直逼伊犁，叛軍據險頑抗，清軍八十餘名官兵趁晨霧迷漫，一舉奪取了險隘，兆惠由此率部長驅直入，再克伊犁。

叛軍集團在短時間便以驚人的速度土崩瓦解，清軍分路進行追擊，巴雅爾很快被兆惠擒獲，其他叛軍頭目或死、或俘、或逃，亦紛紛星散，就連已死的扎那噶爾布，都有人將其首級割下獻至清營。

乾隆最為注意的則還是阿睦爾撒納，還在第二次平準戰爭被迫收兵時，他就誓言：「如阿逆不獲，即二年，或十年，或二十年，兵斷不止。」此次他又特地諭令：「應先擒首賊（阿睦爾撒納），其他皆可從容辦理。」有了這道諭令，兆惠進入準噶爾地區的首要任務，就是追剿和打探阿睦爾撒納的行蹤。

首先發現阿睦爾撒納的是兆惠軍先鋒官、參贊大臣富德，雙方激戰一陣後，阿睦爾撒納抵敵不住，見沒有其他叛軍頭目前來增援，便收兵撤至博爾塔拉河。這次遭遇戰讓兆惠確定了阿睦爾撒納的去向和位置，他馬上將進剿重點轉向博爾塔拉，但阿睦爾撒納長年流竄，嗅覺非常敏銳，在清軍彙集於博爾塔拉之前，就已提前轉移。

不過這次要想甩掉清軍就不那麼容易了，在清軍的持續尾擊下，阿睦爾撒納的屬下從近千人減至三百餘人，最後只剩下二十多人，阿睦爾撒納自己也身患疾病，不得不像以前一樣逃入哈薩克境內。

在第二次平準戰爭中，正是左哈薩克汗阿布賚庇護了阿睦爾撒納，乾隆當時便予以嚴詞警告：「爾等若不即將阿逆擒獻，明春仍令大兵前來，盡將爾部落剿滅。」

得知阿睦爾撒納又逃入哈薩克境內，清軍不由分說就追了進去，哈薩克軍上前阻攔，交戰中清侍衛奇徹布中槍陣亡。單方面緝凶一下子有了演變成清哈全面衝突的可能，阿布賚意識到情況嚴重，一夜之間改變態度，遣使稱與清軍作戰純屬誤會：「倉猝不知，是以拒戰。」他不但表示願與清廷合作，還主動寫表文，遣使入覲，「願以哈薩克全部歸順」。

哈薩克是中國西北境外的大國，它能對清王朝表示歸順，讓乾隆極為高興，但他也深知哈薩克境內並未四分五裂，阿布賚也像策零一樣對其王國具有統攝力，只是懾於清軍大兵壓境，才不得不前倨後恭而已。考慮到清廷無法像對待準噶爾那樣對待哈薩克，能讓其不再庇護阿睦爾撒納已經達到目的，臣服於清更是超出了預想，乾隆宣佈不將哈薩克歸入中國版圖，而僅作為和安南、琉球、暹羅一樣的藩屬國。

阿睦爾撒納進入哈薩克後，尚未與阿布賚見過面。當他前去求見時，阿布賚回覆說只能第二天見，而且暗中將他們的馬匹牧畜控制起來，實際是欲請其擒獻清廷。阿睦爾撒納非常警覺，察覺情況有異，立即拋棄衣物，帶著妻子、親信等徒步逃出哈薩克，沿額爾齊斯河竄入俄國。

俄國一直鼓勵和支持阿睦爾撒納叛亂反清，阿睦爾撒納先前曾派使團前往聖彼德堡，請俄軍對他的叛亂予以協助，當時俄國正忙於對普魯士的戰爭，無暇他顧，此事只得作罷。得知阿睦爾撒納兵敗逃入自己境內，俄國當即予以接納，目的是想繼續將他當作染指中國西北的工具使用。

在確信阿睦爾撒納藏身俄境後，不少大臣都擔心乾隆一時意氣用事，向俄國用兵，大學士史貽直甚至奏請放棄伊犁，退守玉門關。乾隆聽後笑道：「都是書生之見，不值得跟你們計較。」他認為平準成果一定要確保，而捉拿阿睦爾撒納，對於平準又至關重要，因為阿睦爾撒納「遊魂遠竄，將來必不能久甘窮困，勢必滋生事端。」

雖然覺得大臣們過於杞人憂天，但乾隆也知道俄羅斯的實力非同小可，不宜直接與之發生衝突，因此他採用的是「撫而用之」的辦法，即諭令理藩院再三照會俄國，要求通過外交途徑引渡阿睦爾撒納。

俄國人先是詭稱阿睦爾撒納已淹死於額爾齊斯河，在謊言被揭穿後，又繼續抵賴否認。直至當年冬天，阿睦爾撒納自己病死於俄方為他安置的秘密住所，俄國政府覺得不值得為一具無用的僵屍與中國鬧翻，這才將阿睦爾撒納的屍體運至中俄邊界恰克圖，請中方派人查看。

經過查驗，阿睦爾撒納確死無疑。雖然將屍體解送北京的要求被俄國拒絕，但乾隆也表示已經可以接受：「俄羅斯將阿睦爾撒納之屍解送與否，均可不必深究。」

新疆

自清廷發起平準戰爭以來，由於準噶爾反復叛亂，清軍受到重大損失，班第、鄂容安、策楞、玉保、和起等將帥及重臣都先後戰死，其中不少人都是被叛軍以投降為名誘殺的，這令乾隆君臣對準噶爾人的信任感喪失殆盡，以致「帝怒於上，將帥怒於下。」

兆惠在從伊犁撤回巴里坤的途中，嘗夠了眾多準噶爾部眾降而復叛的苦頭，回到巴里坤後即奏請將復叛部眾盡行剿滅。乾隆也早已失去耐心，他對前兩次平準戰役進行檢討，認為準噶爾降眾多系畏威降服，實質上「反復狡詐，飾詞投順，旋即生變」，而自己對準噶爾降眾過於寬大，這才導致了兩次戰役都損兵折將，功虧一簣。他預計此次出兵，準噶爾叛軍迫於時勢必然還會大批投降，但只要清軍撤回內地，則又會故態復萌，從而使得平準成果再次毀於一旦，「前事可為明鑒」。

還在第三次平準戰爭開始前，兆惠等前敵將領便接到諭令，要求嚴厲處置準噶爾降眾，「盡行剿滅，不得更留餘孽。」準噶爾各部中真正得以豁免的，只有策棱的杜爾伯特部和達什達瓦之妻所部，前者自歸附後一直對清廷表示忠誠，後者在阿睦爾撒納初叛時即遷至巴里坤，依附於清軍。除此之外，其餘部落無一例外都有降而復叛的歷史，戰爭開始後，清軍對他們進行了大範圍剿殺，其殺人之多，超過了一般戰爭的範圍，不但參與叛亂的首領、宰桑及其部屬被一律處決，就連已經投降的部眾也遭到大量殺戮。

由於害怕就地殺戮會驚動尚在抵抗的部落，從而使得他們更加殊死相抗，清軍採取的方式是先將被俘或歸降部落頭目送至京城，所屬部眾移往內地，其中丁壯者一過巴里坤就殺，「所餘妻女老弱，分賞官兵為奴。」這是赤裸裸的大屠殺，很難讓人為之辯駁，就連清廷自己也覺得傳出去不好聽，在官書中一律都稱之為「辦理」。

在進行第三次平準戰爭的當年，準部抵抗軍尚分為四支，每支各一兩千人，伺機出沒，襲擊清軍。至次年，準部的抵抗終於瓦解，餘眾分散逃入山谷僻壤及川河流域。兆惠、富德分兩路進行合圍搜殺，準噶爾人在失去抵抗能力和意志後，已形同刀俎上的魚肉，據說即便數十戶至百戶的中小部落也都集體放棄了抵抗，清軍在屠殺時將壯丁喊出，按次序斬殺，而被害者均「寂無一聲，駢首就死。」

從內亂到三次平準戰爭，準噶爾已飽受兵火及瘟疫的威脅，很多人被迫改變部族身份，背井離鄉逃往外地，清軍的濫殺更使得準噶爾地區人口銳減，「種類盡矣」。有關資料表明，戰前準噶爾有二十餘萬戶，六十餘萬人口，經此大劫，倖存者僅十分之一，「數千里內遂無一人」。很多年後，詩人龔自珍途經準噶爾，發現「若烏魯木齊，若伊犁，東路西路，無一廬一帳是阿魯台（指準噶爾）故種者也。」

準噶爾就這樣悲劇性地淪為了一個地理名詞，對此結局，準噶爾人似乎也早有不祥的預感，其古老文獻中曾記載道：「準噶爾在由於善戰而聞名的噶爾丹時代過去以後，各地的風水先生經過卜算，預言準噶爾政權不會由於外部因素瓦解，而有可能屆時從內部瓦解。」

自明代至清初的四百多年間，準噶爾一直是西陲邊患，同時那段歷史時期也正值俄羅斯積極東擴，乾隆分封四汗，既是要通過「以準制準」、「眾建而分其力」的辦法，消除長期以來的這一邊疆大患，同時也有阻礙俄國東擴的用意。需要指出的是，乾隆最初並沒有打算將準噶爾歸入版圖之內，然而局勢的演變出乎意料，阿睦爾撒納反叛把所有計劃都打亂了，及至平定叛亂，原有準部首領及部眾已被誅戮殆盡。在這種情況下，就算乾隆想分封都不可能了，他也只好放棄初衷，嘆息著說：「此或上天將以全部衛拉特（指包括準噶爾在內的漠西蒙古）賜我國家耳！」

就在平準戰爭取得完全勝利的當年，乾隆將天山南北和巴爾喀什湖一帶命名為「新疆」，寓意為「故土新歸」。根據他的指示，清廷後來在伊犁設置了伊犁將軍府，伊犁將軍由皇帝直接任命，全面掌管新疆事務，另在部分地區引進了內地郡縣制。

為了恢復新疆經濟和就地解決駐軍口糧，乾隆先後從內地遷去大批移民，與駐軍一起進行屯田、屯牧。這一措施頗見成效，不到二十年的時間，屯田已達五十六萬多畝，陝甘總督文綬前往視察，從巴里坤走到烏魯木齊，一路都能看到地肥水饒、商賈雲集的興旺景象。

據文綬說，他在巡查中曾遇到過內地前來當傭工的老百姓，他們也反映新疆地廣糧賤，傭工一個月可拿到一二兩銀的工錢，生活上綽綽有餘。雖然文綬所述可能有些誇張，但新疆經濟在戰亂後得到快速恢復和發展，應該是一個不爭的事實。

事與願違

新疆中部橫亙著天山山脈，把全疆自然劃分成南北兩部分，清代時一般把天山以北稱為北路，天山以南稱為南路，也即今天俗稱的北疆和南疆。北疆主要為準噶爾所據，南疆主要為回部所據，回部是指當時居住於此的維吾爾族，因他們信奉伊斯蘭教，而伊斯蘭教在中國又被稱為回教，故有此名。

明末清初，回部建立了一個名為葉爾羌汗國的王朝，他們的伊斯蘭教內部有兩個敵對教派，一為黑山派，二為白山派，葉爾羌汗國的末代汗王信用黑山派，趕走了白山派。白山派北上投靠準噶爾，準噶爾當時正值崛起之際，於是趁機南下，滅掉了葉爾羌汗國。

以後南疆又歷經政治動盪，兩大教派首領紛起割據，各自為政，準噶爾遂再次舉兵予以征服，征服後他們轉而採取了扶持黑山派的政策，將「多權術，善收人心」、「欲背準噶爾而自立一國」的白山派首領瑪罕木特押到伊犁囚禁起來。瑪罕木特在被關押時生了兩個兒子，長子叫布拉尼敦，次子叫霍集占，回部稱他們為大小和卓（伊斯蘭教對其頭面人物的稱呼，意為掌教）。瑪罕木特含恨去世後，準噶爾生怕大小和卓返回南疆後生事，仍將他們繼續禁錮於伊犁。

在第一次平準戰爭末期，準噶爾汗王達瓦齊逃往南疆，為維吾爾族首領霍集斯擒捉並獻於清軍，霍集斯因而受到清廷信任。霍集斯與黑山派處於對立狀態，他向定北將軍班第建議說，大小和卓在回部深得人心，如果讓他們出面招服維吾爾族部眾，南疆必能不戰而定。班第深以為然，經乾隆同意，將大小和卓予以釋放，隨後便派兵護送大和卓布拉尼敦返回故里，而小和卓霍集占則留在伊犁，繼續統領當地的維吾爾人。

布拉尼敦返回南疆後，在霍集斯家族和白山派的支持下，很輕易地就擊敗了黑山派軍隊，重新掌控南疆。乾隆君臣以為這樣一來，和平統一南疆的道路將會變得極其順利，但事與願違，大、小和卓及其白山派其實只是想利用清廷之力恢復他們的權勢，內心並不情願將南疆納入清朝版圖，受中央政府管轄。在阿睦爾撒納發生叛亂時，留在伊犁的小和卓霍集占就「率眾助逆」，積極參加了叛亂，中途因為與準噶爾人發生矛盾才率眾逃往南疆。

其時定邊右副將軍兆惠奉命駐守伊犁，發現大、小和卓有叛亂跡象，「布拉尼敦似屬恭順，霍集占素不安分」，他立即上奏朝廷，主張派副都統阿敏道進兵南疆。此時阿睦爾撒納尚未落網，準噶爾也不穩定，乾隆一方面還騰不出手來處理回部問題，另一方面對和平解決回部尚抱有希冀，因此加以制止，要兆惠首先進行招撫。

正如兆惠先前所觀察到的，大、小和卓對於反清的態度本來是不太一樣的。小和卓霍集占被認為是反清的「傳授經卷之人」，與之相比，大和卓布拉尼敦還算識得利害，對清朝讓他獲得自由，又幫助他回到南疆也尚心存感激，所以打算「招集回人投順天朝」。他對霍集占說：「我們從前受辱於準噶爾，要不是靠天朝之力，怎麼可能復歸故土？這種恩情不能忘，再說我們也打不過天朝啊。」

布拉尼敦話一出口，立即遭到霍集占的反駁：「你我兄弟二人被準噶爾禁錮了好多年，到今天才得以回歸故土，如果聽大皇帝（指乾隆）諭旨，你我二人中必定將有一人被召至北京作為人質，那與被準噶爾禁錮有什麼區別呢？」

霍集占所言其實根本站不住腳，接受清廷招撫與被準噶爾禁錮完全不同，乾隆亦絕無可能讓他們兄弟中的一位去北京充當人質——自古以來，只有拿兒子做人質，哪有拿兄弟做人質的道理？兄弟恰恰是權力的競爭者，被人拿去做人質，形同是幫剩下的那位清除競爭對手，他還求之不得呢，又談何牽制！

可恰恰是霍集占的這番話把布拉尼敦給嚇住了。霍集占接著又趁熱打鐵，分析說準噶爾已滅，附近也沒有其他強鄰，正好可以收羅各城，謀求割據，不然將永久受制於人，「我方久被準夷（指準噶爾）所困，今屬中國（指清廷），則又為人奴，不如自長一方。」

霍集占野心極大，他既怕參與阿睦爾撒納叛亂一事受到追究，同時也像準噶爾那些降而復叛的首領一樣，被阿睦爾撒納叛亂所鼓舞，認為清軍忙了半天，卻還是被耍得團團轉，證明並無能力控制西北，這正是他們謀求割據的良機。基於這種認識，他除極力煽動布拉尼敦外，還給對方打氣，稱南疆地險路遠，清軍征伐不易，不是說來就能來的，而且就算真的要征伐，也會受部隊疲憊、糧運不繼之困，最後終將不了了之。

霍集占雖然後來才赴南疆，但權力地位卻在乃兄之上，加之能言善辯，使得布拉尼敦最終接受了其蠱惑，決定拒絕招撫，與清朝分庭抗禮。大、小和卓於是一面召集部眾，舉行獨立式，一面傳檄各城，要求收拾好鞍馬兵器，戒嚴以待。

黑雲壓城城欲摧

大、小和卓乃政教合一的首領，在回部的號召力和煽動力很強，在他們下達號令後，葉爾羌、喀什噶爾、和闐等城的數十餘萬回戶都群起響應。當然也有例外，庫車城大伯克（南疆對官員的稱呼，有大小之分，此處為城主）鄂對深感清軍兵力強大，不可輕視，庫車在地理位置上是進入南疆腹地的門戶，一旦清軍征伐南疆，屆時庫車將首當其衝，第一個倒楣。

鄂對是黑山派信徒，與作為白山派領袖的大、小和卓之間本身就存在隔閡，他思前想後，覺得不能給大、小和卓當炮灰，便帶著親信直奔伊犁投奔清軍。

坐鎮伊犁的兆惠已經按照乾隆的旨意，任命副都統阿敏道為回部招撫使，準備讓他前去南疆執行招撫任務。鄂對的到來及其報告讓兆惠更加確信大、小和卓有不軌之心，但他又被另外一個管道的不實情報所誤導，以為大、小和卓懾於兵威，還在首鼠兩端，觀望形勢，尚不敢貿然與清廷決裂，因而「回城地方並無事故，毋庸多帶兵前往。」

兆惠讓鄂對與阿敏道同行，一道前往南疆對大、小和卓進行勸諭，但只交給他們一百名索倫兵和三千名厄魯特兵。

當招撫部隊行至庫車城附近時，突然在路邊發現了三具被害者的屍體，鄂對騎馬過去一看，竟然都是他的親屬，不由下馬大哭。哭完之後，他對阿敏道說：「這都是我留在庫車城內的家人，如今被殺害，說明霍集占已發現我的行蹤並控制了庫車。我們只有八旗兵一百人，其他的厄魯特兵都是新附的，人心不一，焉能與戰？我們不能貿然進城，而應該立即報告朝廷，重新部署，這才是萬全之策。」

阿敏道對南疆的情況不太瞭解，覺得鄂對未免草木皆兵，大驚小怪，就沒有聽從其建議，又繼續前往庫車城。

不出鄂對所料，正是霍集占殺害了鄂對家人，他在控制庫車城後，重新任命了庫車城伯克，並增兵加以防守。清軍到了庫車城下一看，新任伯克克呼岱巴爾不但緊閉城門，拒絕他們入內，還派出一千多人的騎兵出城進行攻擊。

阿敏道是蒙古鑲紅旗人，父親在康熙朝的征討噶爾丹之役中立下過軍功，阿敏道子襲父職，在平準戰爭中亦屢建戰功。他們這些職業軍人來到南疆，最不怕的就是打仗，於是當即揮師掩殺。

清軍雖遠道而來，卻遠不像霍集占所認為的那樣不堪一戰，轉眼間，四十餘名回軍騎兵便人頭落地，其餘回軍趕緊逃回了城內。

阿敏道下令包圍庫車城，他質問站在城頭上的克呼岱巴爾，說你們為何還不歸順「天朝」。克呼岱巴爾給他打馬虎眼，回答說我們早就歸順「天朝」了呀，但是準噶爾是我們的仇敵，你現在身邊帶著這麼多厄魯特兵，我們害怕，不敢開門，更不能放厄魯特兵入城。

阿敏道本為招撫而來，開戰並不是他的本來使命，打一打也只是要給對方一點顏色看看。聽了克呼岱巴爾的話後他一琢磨，好像還真是這個理，就說既然你有此顧慮，那我進城就只帶八旗兵，不帶厄魯特兵。

這一入城條件被克呼岱巴爾所接受，但卻遭到鄂對等人的極力反對，認為太過冒險，如此入城恐有殺身之禍。阿敏道慨然答道：「我們的目的是招撫回疆民眾，只希望對國家有利，哪裡還能考慮那麼多呢？」當下便帶著一百名索倫兵馳入城內，而鄂對等人則帶著另外三千厄魯特兵火速返回伊犁，向清廷進行報告。

阿敏道率部入城後，克呼岱巴爾即按照霍集占的指令，將他們加以軟禁。乾隆聞報降旨讓霍集占予以釋放，霍集占料定清廷「新得準部，反側未定」，對此置之不理。

隨著準噶爾再次爆發大規模叛亂，霍集占認為「自立國」的時機已到，便準備殺害阿敏道。

克呼岱巴爾其實並非霍集占的心腹，他是維吾爾族首領霍集斯的次子。霍集斯曾請求清廷釋放大、小和卓，又幫助大、小和卓消滅黑山派，但霍集占並不真正信任他，而他也覺得南疆叛亂勝算太低，時刻想著要為自己留條後路。在霍集斯的授意之下，克呼岱巴爾向阿敏道透露了霍集占要殺害他們的消息，阿敏道及其手下死中求生，在幹掉看守後逃出了庫車城，可惜的是他們沒能搶到戰馬，只能步行出逃，最終還是被霍集占所派的部隊追上，一百餘人全部殉難。

殺害負有招撫使命的重臣及使團成員，是大、小和卓公開進行叛亂的一個標誌性信號，霍集占就此自稱「巴圖爾汗」，以反對「異教徒」為名，正式宣佈叛清，一時間，南疆黑雲壓城城欲摧，大有與清廷全面對抗之勢。

獲悉阿敏道等人被殺，招撫政策歸於失敗，乾隆悲憤不已，表示絕不會「忍心於死事之臣，而不為之復仇也」，同時他也絕不允許回部趁清軍用兵準噶爾之際分裂割據，進而成為又一個準噶爾。不過此時第三次平準戰爭才剛剛打響，清軍主力正集中於北疆，暫時無力顧及南疆，因而當兆惠、成袞扎布等將領先後上書，要求出兵討伐大小和卓時，乾隆還是決定：「俟平定準噶爾後，再行辦理。」

毫無成效

自一七五七年八月以後，準噶爾各地的叛亂被陸續平定，阿睦爾撒納再次外逃，平準戰爭已經進入掃尾階段，在這種情況下，駐準清軍開始加緊對平回戰爭進行準備。

乾隆原定兆惠為主帥，當年年底，他命兆惠為定邊將軍，車布登扎布為副將軍，負責率部平定南疆叛亂，但由於平準戰爭尚未完全結束，北疆還有相當數量的阿睦爾撒納叛軍沒有被消滅，兆惠請求徹底解決這部分叛軍後，再進軍南疆。乾隆准其所請，遂改派兵部尚書雅爾哈善為靖逆將軍，統兵對回部進行征討。

一七五八年二月，在確證阿睦爾撒納已死的情況下，乾隆正式下達了進軍南疆，討伐回部叛亂的命令。在上一年的平準戰爭收尾中，清軍大開殺戒，曾令西北風雲變色，乾隆在怒氣漸漸平息後，也感到如此濫殺不僅有損他和所謂「天朝上國」的聲譽，也不太利於今後平叛。為了消除影響，分化敵軍營壘，以減輕進軍阻力，他在相關諭旨中特地申明，平回與平準不同，矛頭只對準霍集占一人，不會株連維吾爾族普通民眾，就連大和卓布拉尼敦也可以從寬處理。

按照計畫，靖逆將軍雅爾哈善將從吐魯番出發，率一萬餘人兵進南疆。雅爾哈善是平準戰爭中沙克都爾曼濟殺降案的始作俑者，由於當時乾隆還不知道事情真相，才使他得以透過此案申報戰功，並先後被授參贊大臣、兵部尚書等職，直至以靖逆將軍的身份掛帥征回。

雅爾哈善是文人出身，其實他不太懂將略兵法，打仗主要靠裨將出策出力。雖然乾隆當時還不知道殺降案的真相，但他對雅爾哈善的弱點並非一無所知，之所以仍以此人為前方主帥，不是因為覺得他很強，而是認定敵人比較弱——「準噶爾等既皆劃除，則回部自可招服。」

清軍以往出征，慣用「兩路出擊、一正一奇」的戰術，起初廷臣們也仍建議兩路進兵，夾攻回部，正好阿睦爾撒納叛軍已被基本消滅，兆惠也能騰出手來了，以兆惠的能力，自然可當一路。可是乾隆卻認為討伐回部不需要太多人手，同時又覺得如果一軍兩將，反而會造成掣肘，因此否決了廷臣們的建議，並降旨調兆惠回京，以便商辦在伊犁駐軍的屯田事務。

庫車是清軍從吐魯番進入南疆的必經要隘，在原庫車城伯克鄂對的引導下，雅爾哈善率部於當年六月進抵庫車城下。城內敵將阿卜都克勒木是霍集占的心腹，指揮一千精銳騎兵及城內部眾守城，雅爾哈善在招降無效後，即下令四面圍城，予以強攻。

維吾爾族與以遊牧為主的蒙古人不同，他們主要以種植小麥等農產品為生，平時都聚居於城堡內，而不是像準噶爾人一樣四散遊牧。按照雅爾哈善的設想，攻打固定的城池自然要比四處搜捕來得容易多了，大軍一到，「自易成功」。殊料城內回兵雖然不多，但阿卜都克勒木守城卻頗得古法，而且回兵的火器也不差，喀什噶爾、葉爾羌乃聯繫中亞的重要商埠，當時流行於中亞的火器大量流入南疆，使得回兵普遍都裝備有鳥槍（火繩槍），在清軍攻城時，回兵便不斷施放鳥槍，城頭槍矢如雨，加上庫車倚山而築，地形險要，給清軍攻城造成了極大困難。

火炮向為攻堅利器，但庫車城雖是土築城池，卻是用紅柳枝條、沙土密築而成，城牆十分堅厚，連「威遠將軍」大炮都無法摧毀。除「威遠將軍」外，清軍此次所攜的「四大神炮」尚為前明所造，那就更不濟事了，由於年代久遠，炮身已不太堅固，轟擊城池時炮身甚至都會自行裂開。

清軍連攻兩日，結果毫無成效，讓雅爾哈善等人大為吃驚。參贊大臣額敏和卓原為吐魯番的維吾爾貴族，早在康熙末年，他即率眾歸順清朝，隨征這一年已經六十四歲，老爺子不顧年力已衰，始終奮戰不止，即便臉上負傷，亦不肯輕下火線。與雅爾哈善等人不同，他對庫車城的易守難攻倒是一點都不感到意外，據他介紹說，從前準噶爾圍攻庫車，用了整整九個月才得以攻克！

征回第一戰

在強攻受挫的情況下，鄂對認為庫車乃回部門戶，如庫車被清軍率先攻克，其他城必然人心動盪，因此庫車被圍，大小和卓不可能不派兵援救，清軍正可利用這一點破城。雅爾哈善認為這個主意不錯，招來眾將商量，大家也都覺得不妨一試。

額敏和卓等人在隨征時，都帶來了本部的維吾爾族士兵。按照鄂對之計，雅爾哈善從維吾爾族士兵中撥出三百人，讓他們更換衣帽旗幟，從阿克蘇方向往庫車走，一路上揚塵奔馳，作救援庫車狀。與之相配合，清軍安排了哨兵飛報敵兵來援的戲碼，並由綠旗兵打著滿洲兵、索倫兵的旗幟，前往迎戰「援兵」，滿洲兵、索倫兵則預先埋伏於要隘，準備等城內守軍一出，就伏兵四起，予以截斷剿殺。

一開始，見「援軍」到來，城內守敵似乎還頗有些心動。清軍在城外修建有瞭望塔，可以看到城內在鳴鼓吹角，除步兵登城鼓噪外，騎兵都在西門集合排立，似乎有出城接應「援軍」的意思。可是令人失望的是，不管「援兵」如何把大路上搞得塵土飛揚，也不管綠旗兵怎樣用鳥槍齊放來百般引誘，守敵一直到最後也沒有真正動彈，其間僅僅是點了幾次火，作為與「援軍」呼應的信號而已。

事後分析，守敵之所以不上當，只有一種可能，即清軍對庫車的包圍很不嚴密，沒有掐斷其對外聯絡線，庫車城與其大後方之間的聯繫一直都是暢通的。「援軍」雖然出現在城外，但城內並沒有提前接到援兵前來的訊息，故而守敵才會產生懷疑，在經過一番觀望判斷後終於放棄了出城接應的念頭。

儘管誘敵出城之計未能成功，鄂對仍堅持在敵軍增援庫車上做文章。此時清軍已經切斷了城內的水源，鄂對對雅爾哈善說，現在既然城內水源已被斷絕，守敵勢必告急，霍集占絕不會坐視庫車不管，守敵不敢出城沒關係，我們可以在庫車通往外部的道路上部署兵力，殲滅來援之敵。

庫車曾經是鄂對的地盤，對庫車地理自然極為熟悉，他告訴雅爾哈善，庫車城往外主要有三條道路。東南方向清軍來的道路上遍佈軍營及臺站，敵援兵不會去自找晦氣，在排除這條道路後，便只需控制剩下的兩條道路，其一為城北道路，那裡雖有高山阻隔，但山上有隘口可以通過；其二為城西道路，此處的鄂根河水深可以行船。

按照鄂對的建議，雅爾哈善分別在庫車城北、城西的兩條道路上部署重兵，同時下令用石塊將山中的隘口封死，並在鄂根河附近設立瞭望塔，以防敵軍滲入。其間，清軍在封隘口的山中以及城東北都發現過百餘名至兩百餘名的回軍，但據判斷，他們只是霍集占派來偵查的小股部隊，並非援敵主力。

霍集占派來的援敵主力是在近一個月後出現的，不過不是出現在鄂對預計的北面和西面，而是在東面清軍來時的道路上，也即鄂對認為援敵最不可能選擇的路線。鑒於援敵已對城北、城西做過事先偵察，出現這種情況，很可能是他們見無機可乘，才不得不劍走偏鋒，以希圖能夠出奇制勝。援敵共有三千餘人，領軍者是庫車守將阿卜都克勒木的弟弟，名叫阿卜都哈里克。

藍翎侍衛達克塔納所負責的臺站首先發現了敵前哨部隊，達克塔納一邊派人向大部隊報告情況，一邊帶著一百八十名綠旗兵上前迎敵。發現清軍人數不多，阿卜都哈里克立即派四五百人，分成兩路，朝他們直撲過來。達克塔納知道大部隊就在身後，所以並不慌亂，一路邊打邊退，等他們退至雅哈托和鼐時，領隊大臣愛隆阿率清軍主力正好趕到。此時，阿卜都哈里克的部隊也追到了雅哈托和鼐，並且已經越過戈壁灘上的一條長溝，見清軍大隊人馬開來，便順勢以溝邊的土丘作為依託，與清軍形成對峙。

清軍因為還需要分兵圍城，所以主力部隊只調來兩千四百餘人，數量上比回軍還少一些，但其戰鬥力的強悍卻足以彌補數量的不足。雙方開戰後，愛隆阿以綠旗兵、維吾爾兵居中，以滿洲兵、索倫兵、蒙古兵為兩翼，首先對回軍發起攻擊。

相對於稍弱的綠旗兵、維吾爾兵，八旗身份的滿洲兵、索倫兵、蒙古兵皆為百戰精銳，而且擅長分割包圍戰術，當回軍還在與正面的綠旗兵、維吾爾兵交鋒時，他們已從兩面實施快速合圍，將其包圍於溝中。

回軍軍心大亂，士氣全無，所有人都擁擠在溝中，如同無頭蒼蠅一樣不知如何是好。清軍則居高臨下，「四面呼噪，發矢放槍，合圍攻擊」，後來乾隆看過戰報，曾寫詩形容當時的戰況：「長箭大炮如雨下，狂回亂奔氣消磨。填溝受殺敢回顧，血流漂杵時無何。」

是役，回軍全軍覆沒，阿卜都哈里克連坐騎都被繳獲，僅帶著一二十人負傷逃脫，清軍方面損失甚微，只陣亡了數人，負傷的也很少。此戰繳獲了大量戰利品，回軍火器不錯，清軍不僅繳獲了五百杆普通鳥槍，還獲得十杆名為「贊巴拉特」的鳥槍，後者射程可達兩三百步遠，為普通鳥槍的兩倍至三倍。

前方戰報送入京城皇宮時已是深夜，乾隆已經睡下，但一聽是庫車戰報，立即披衣起床閱看，看完之後非常高興，稱讚道：「是為征回第一戰，遂叨天佑威荒遐。」意思是承蒙老天關照，終於取得了平回戰爭中的首次大捷，這對南疆偏遠之地的叛軍而言，將是一個有力震懾。

興奮之餘，乾隆下旨對前線有功將領進行了獎勵。鄂對因熟悉要隘，預先提出對兩條要道進行防範，以及力主圍點打援，得到賞銀一百兩，乾隆明確今後在南疆攻下任何一座城，即首先授命他為該城伯克（後擔任阿克蘇伯克）。鄂對之外，藍翎侍衛達克塔納因誘敵深入之功，跳過三等侍衛，直接提拔為二等侍衛，其餘從雅爾哈善至愛隆阿等諸將領也都被各賞御用荷包一個。

壓倒性的勝利

雅哈托和鼐之戰的價值，不光是全殲敵軍，還在俘虜口中得到了霍集占將親自來援庫車的重要情報。

事實上，就在雅哈托和鼐之戰當天，霍集占已經率領從各城湊集的三千兵馬，抵達距庫車只有幾十里的地方。就在那裡，他們遇到了敗逃的阿卜都哈里克，看到阿卜都哈里克被打得如此狼狽，隨霍集占出戰的部分伯克心慌意亂，都勸霍集占放棄前進，撤回阿克蘇。霍集占卻不甘心，他派人前去偵察，得知庫車城尚未被清軍攻破，便決定繼續執行解圍計畫。

次日，天色微明，清兵透過城外的瞭望塔，遠遠地看到距庫車城十里之外，出現了多股敵軍援兵。清軍對此早已有備，雅爾哈善隨即命將領們分路迎擊，自己則站在城外的一塊高地上觀察戰況。就在雙方激戰之際，庫車西門忽然打開，從城內衝出數百敵軍，欲對其援兵進行接應，雅爾哈善忙率部分兵馬迎戰，這時一股敵援兵也衝至城下，對清軍實施夾擊。

清回進行野戰，在數量對等或回軍還略多的情況下，回軍通常都不是清軍的對手。霍集占所湊集的各城回兵均系臨時徵調，還沒有經過集中訓練，在軍心不協、倉促上陣的情況下，更難以與久經戰場的清軍匹敵，本來是他們夾擊清軍，但清軍卻利用嫺熟的分割包圍戰術，反過來將他們切割成了三截。眼看占不到什麼便宜，敵援兵及其接應他們的守軍趕緊拼死拼活地衝破包圍，逃到城裡去了。

這一戰和前一天的雅哈托和鼐之戰相似，清軍也是用兩個小時左右就取得了壓倒性的勝利。敵援兵大致可以分成三股，最大的一股約千人，最小的一股約三百人，都被清軍基本殲滅，中間一股也就是衝到城下的那一股，約有八百人，因夾擊清軍失敗最後遁入了庫車城內。

在清點整理戰利品時，清軍發現了兩面與其他旗幟很不一樣的大旗，旗上鐫刻著伊斯蘭教文字，經辨認，系《古蘭經》經文。額敏和卓鑒定之後，斷定是霍集占的自用旗幟，因為這種鐫刻《古蘭經》經文的旗幟，只有大小和卓才能使用。

既然旗都被繳了，人又去了哪裡？對戰場上的敵軍屍體反復翻檢，沒有找到霍集占，說明霍集占還活著。一名被俘的伯克供認，他曾看到霍集占的肩頭上中了一箭，但到底傷得重不重以及之後的下落，他就不清楚了。據此，雅爾哈善等人判斷，霍集占應該是僥倖漏網，像阿卜都哈里克一樣帶傷逃往了阿克蘇。

這時候大家都忽略了遁入庫車城的那部分敵援兵，更沒想到，那部分敵援兵系由霍集占直接率隊。原來霍集占與庫車城的聯絡始終沒有中斷，城內守將阿卜都克勒木預先知道霍集占要親自來援，才派兵出城接應，混戰中，霍集占的左肩確實中了一箭，不過那一箭連他的衣服都沒有射穿，所以霍集占並未受傷。

雖然兩支救援部隊都以慘敗告終，自己也被困在了庫車城，但霍集占對清軍明顯高出一籌的作戰能力仍無清醒認識，他居然還試圖出城打退清軍。

就在霍集占入城的第三天，霍集占把城內的一千多回兵集中起來，對清軍營壘進行了衝擊。清軍整天愁的就是這幫人像烏龜一樣縮在城裡不出來，對手此舉可謂正中下懷。

在霍集占受宗教狂熱情緒的煽動下，回軍一上來氣勢很足，清軍作戰老到，並不與之硬拼，而是躲在營壘後施射，只有在回軍衝到近前，必須短兵相接時，才用大刀長矛招呼。回軍幾次猛衝未果，在士氣耗盡的情況下，很快就亂了陣腳，開始一窩蜂地向城內敗逃。當清軍追到城下時，城門中仍擁擠著敗兵，因為城頭有回軍密集施放排槍阻擊，清軍沒辦法乘勢衝入城內，便也朝著人群放槍射箭，又打死打傷了不少回兵。

霍集占組織的反擊再次以失敗收場，回軍當場死了兩百餘人，而清軍只陣亡十一人，傷四十三人。與清軍前兩次的圍點打援不同，此次回軍的死傷者多為城內守軍，據雅爾哈善向乾隆奏報，那兩天「城內晝夜哭聲震動」，連城外都能聽得到。

失機

反擊失敗終於讓霍集占領教了清軍的厲害，至此他便緊閉城門，死活不露頭了。清軍雖然不知道霍集占就在庫車城內，但從當時的形勢來看，庫車守敵坐困圍城，「潰圍不得出」，又無其他奧援，若能嚴密圍困，破城只是時間問題。

雅爾哈善先前也曾害怕庫車守敵自行突圍，或由援兵為之解圍，現在既然這兩種可能性都被認為已不存在，他也就放下心來，除了口頭上讓手下加緊攻城外，自己諸事不理，既不想辦法如何儘快破城，也懶得去巡視防衛情況，每天只是坐在帳中飲酒下棋。

雅爾哈善的麻痺大意讓鄂對感到憂慮，他進言說，古語「困獸猶鬥」，敵軍困守孤城，糧盡援絕，怎麼會坐而待縛呢？必定要趁我不備，冒死突圍歸巢，此事不可不防。他還特別提醒雅爾哈善，城西鄂根河已到枯水期，水淺處可以徒涉，更便於敵軍突圍，為此他建議在原有設防基礎上，再在庫車城北、城西的兩條道路上各伏兵一千，以確保庫車守敵插翅難逃。

還在雅哈托和鼐之戰前，雅爾哈善就接受鄂對的建議，在城北、城西道路加強了防守，他認為根本沒必要再添兵，也就沒把鄂對的話當回事。

一天傍晚，一名索倫兵在庫車城下牧馬，這名索倫兵是個老兵，觀察敏銳，他聽到庫車城內駝馬喧囂，人聲鼎沸，便警覺起來，再仔細一聽，駱駝的叫聲和平常還不一樣，高亢有力，「似負重遠行之聲」。

城裡的駱駝背負重物，將要隨人遠行？守敵想逃跑！

老兵立刻回營向雅爾哈善報告，雅爾哈善正在帳中飲酒，聽後笑道：「你不過是個士兵，知道什麼呢？」敢情他壓根兒不瞭解駱駝鳴叫等軍旅常識，對老兵的話也根本不信，喝退老兵後，又繼續飲酒取樂。

當天深夜，霍集占打開西門，以夜色為掩護，率四百騎兵向西突圍，正如鄂對所擔心的，他們選擇了城西鄂根河水淺處這條路線。城西道路由領隊大臣、副都統順德訥負責把守，他的部下、侍衛噶布舒發現城內敵人在逃跑，急忙向順德訥報告，順德訥卻以天黑難以辨認，不能作戰為由，拒絕發兵，竟任由霍集占等人突破防線後徒涉鄂根河。直到天亮後，他才派出百餘人追擊，然而為時已晚，哪裡還能再見到逃敵的蹤跡。

霍集占逃脫後，將原本從各城徵集的人馬予以解散，只帶直屬人馬一百人逃奔老巢葉爾羌。被解散的士兵把他們如何突圍的情況擴散開來，很快這一內幕又通過歸降清軍的回人傳到了清軍大營。得知那晚逃脫的敵軍中就有霍集占，可把雅爾哈善給嚇壞了，為了推脫責任，他趕緊對順德訥進行參劾，指責他疏於防守，以致霍集占從其把守的城西道路逃走，過後又不急著追擊，「疏脫賊眾，違誤軍令，罪無可逭。」

乾隆接到奏報，又氣又急：圍城打援把霍集占這個最大的魚給漏掉了，還漏進了本該圍得水泄不通的庫車城；霍集占進入庫車城，本身是自投羅網，自尋死路之舉，可他竟然能夠來去自由，到了城下就能入，打開城門就能走；清軍就算不在城外提早設防，若發力猛追，也不可能讓霍集占如此輕鬆突圍……。

在乾隆看來，大和卓布拉尼敦本身態度搖擺，只要霍集占被擒，南疆將不戰而定，錯過如此大好時機，就意味著平回戰爭還要耗費更多的時間、資源、人力，死更多的人，這簡直得遭天譴！

「此次失機，非尋常可比」，乾隆對雅爾哈善等人極為失望，痛罵順德訥「怯懦昏憒已極」，同時也斥責雅爾哈善和另一參贊大臣哈甯阿身為前線主要將帥，難辭其咎，為此他下旨將順德訥、雅爾哈善、哈甯阿一併革職，順德訥直接降為小兵，雅爾哈善、哈甯阿在接替他們的人選到任之前，在原位爭取戴罪立功，否則即按軍法嚴懲。

工部尚書納木扎勒、戶部侍郎三泰隨後被分別任命為靖逆將軍、參贊大臣，以接替雅爾哈善、哈甯阿。乾隆還想到了兆惠，此時他才得知，兆惠在接獲回京諭旨前已準備啟程前往南疆，返京之事並未付諸行程，但因領兵不多，難有作為，只能在伊犁等待機會。既然如此，乾隆便順勢命兆惠趕往庫車進行協助。

激將法

京城與庫車相距遙遠，雅爾哈善不會馬上接到聖旨，也不知道自己被革職而且可能被治罪的消息，儘管如此，他也早已沒有了飲酒下棋的心情，只盼著能趕快打下庫車城，以便抵消或減輕自己的責任。

在與將領們商量時，鑒於炮擊城池不見成效，提督馬得勝建議改用地道攻城，雅爾哈善覺得這個辦法可行，便立即讓馬得勝全權負責。馬得勝於是從綠營中挑選擅長挖掘地道的士兵充任掘土兵，在城北一里地外開挖地道，他們計畫在掘至城牆根後，用火藥填滿坑道，進而炸毀城牆。

一般來說，為了不讓對方發現以及保護掘地兵的安全，地下作業宜慢不宜快，但雅爾哈善急於成功，嚴令晝夜挖掘，主持挖地道的馬得勝也加以迎合，不管掘土兵的死活，只是一個勁地催促他們加快進度。掘土兵連夜點燈挖掘，就在他們快要挖到城牆根的時候，一個割草夜出的回人無意中窺見了從地道氣眼中漏出的燈光，地道的秘密由此被城內守軍所發現，後者從城內反向挖出一道橫溝，水淹火攻，致使地道內的掘地兵全部喪生。

慘劇發生後，雅爾哈善又把責任全部推給馬得勝，對於攻城則一籌莫展，只能用長圍久困的辦法待其自斃。庫車之役持續達三個月之久，在城內糧食和飲水不繼的情況下，守將阿卜都克勒木率四五十人也騎著馬乘黑夜逃走，城內剩下的三千餘老弱婦稚才不得已出降獻城。

清軍以萬餘之眾，挾平準戰爭勝利之勢，圍攻一城，卻坐失機宜，任由敵軍潛入潛出，來去自如，最終得到的只是一座空城。雅爾哈善還自我安慰，對順德訥說：「就算得了一座空城，也可以向朝廷覆命了。」殊不知乾隆可沒這麼好糊弄，亦無法接受這樣的結果，他下令將雅爾哈善、順德訥、馬得勝問罪正法，參贊大臣哈甯阿也責令自盡。

平回戰爭實際上是平準戰爭的延續。金川戰役後，乾隆重開康熙朝曾設的方略館，用於記錄重大軍事行動，方略館的纂修官便指出：「平回之役，初由勘定準噶爾部所連及。」他們在奉敕纂書時也將準噶爾與回部之役合併，通稱為「平定準噶爾方略」。準噶爾一役，前線將領很不得力，乾隆深受其累，沒想到平回戰爭又重蹈覆轍，他深悔自己用人不當，忍不住嗟嘆自責：「選將吾未慎，失機有如此。」

讓兆惠再次出山掛帥，成為乾隆扳回局面的希望所在，他發出正式諭令，命兆惠從伊犁帶兵速往南疆，全權指揮平叛。先前他考慮到兆惠的老部下在外征戰時間已久，官兵非常疲憊，決定調索倫兵、察哈爾兵前往增援，兆惠本來要在伊犁等待這些援兵，但乾隆卻嫌他停留太久，說你是不是不願前往南疆，所以才觀望猶豫，如果你真的抱有這樣避難就易的想法，那就太不應該了，我告訴你，今年不管南疆戰事順不順利，總之我絕不撤兵，而且必須在今年冬天予以了結。

眼看皇帝連激將法都用上了，兆惠不能再耽擱下去，只好將副手富德留在伊犁繼續負責，自己率已集結的八百官兵直奔庫車。途中為加快進度，他先帶四百人輕裝前進，在抵達南疆一側的山口時，他們得知庫車城已經歸降，大軍正開赴阿克蘇，於是又晝夜兼程前往，與大軍進行會合。

在從伊犁啟程時，兆惠就已在設想該如何攻取阿克蘇，但在抵達清軍大營後，一瞭解情況，他才知道阿克蘇也已經歸降。

原來霍集占在逃回葉爾羌後，重新大肆徵兵，打算再援庫車，後來聽說庫車已被清軍所控制，又計畫強行將阿克蘇的回人遷移至烏什等地。一方面，阿克蘇的回人不願遷移；另一方面，自平回戰爭開始以來，清軍所顯示出的軍事優勢以及平回決心，對他們造成了極大衝擊，很多人都不願再追隨霍集占作亂，於是在霍集占來阿克蘇時，大家便「閉城拒敵」，不讓他進城。兩邊翻臉後，霍集占率兵攻打阿克蘇，城裡的阿克蘇人也不是吃素的，積極地組織了抵抗和反擊，霍集占見一時難以攻下城池，清軍又可能隨時殺來，遂不得不放棄阿克蘇，直奔烏什而去。

烏什與阿克蘇近在咫尺，兆惠既得阿克蘇，接下來自然是要取烏什。烏什守將系霍集斯的長子漠咱帕爾，霍集斯過去有生擒準噶爾汗王達瓦齊之功，又曾授意次子呼岱巴爾氏幫助阿敏道逃出庫車，兆惠據此判斷他絕不會跟著霍集占一條道走到黑，所以就寫了封信，派人送往烏什，對霍集斯、漠咱帕爾父子進行勸降。

霍集斯父子還沒等收到勸降書，便已決定歸順清廷，他們甚至還準備設下鴻門宴，將霍集占擒獲後獻給清軍，只是事情洩密，被霍集占察覺了。霍集占很惱火，但烏什「閉城不納」，他也沒辦法，只能退往喀什噶爾。據霍集斯方面所見，當時霍集占的叛眾僅三千人左右，部隊怨聲載道，士氣非常低落，有人還做出了毀棄武器、宰殺駝馬等自暴自棄的舉動，可見阿克蘇、烏什先後降清對其打擊之大。

圍繞塔里木盆地，南疆聚居區主要集中於其北部、南部和西部邊緣綠洲，烏什歸降標誌著南疆北部已全部為清軍所掌握。霍集斯還利用自己對大、小和卓及其根據地的熟悉，向清軍獻上了擒捉大小和卓的方案，乾隆聞訊「深為嘉悅」，宣佈封霍集斯為公爵，並賞戴雙眼孔雀翎等。

等不及了

以葉爾羌、喀什噶爾為中心的南部及西部各城，是大小和卓的老巢，如果清軍要進軍這一地區，通常能想到的進軍路線是先攻取喀什噶爾，接著再向葉爾羌進發。這是因為如果從烏什直逼葉爾羌，需穿越長達一千五百餘里的沙漠戈壁，沿途極為艱險。

霍集斯在其方案中卻反其道而行之，他建議繞過喀什噶爾，直接南下葉爾羌，理由是葉爾羌是喀什噶爾最後的退路，佔領葉爾羌，喀什噶爾也就成了死地，大小和卓都沒辦法逃了，而且烏什和喀什噶爾之間有山嶺阻隔，道路也不好走。

聽取霍集斯的方案後，兆惠又徵求額敏和卓、鄂對等人的意見，眾人「俱以為實」，認為霍集斯所言符合實際，這樣兆惠便決定採納他的方案，出兵葉爾羌。

此前乾隆已命靖逆將軍納木扎勒、參贊大臣三泰與兆惠會合，二人奉旨統帶四千人馬，其中包括索倫兵兩千、察哈爾兵一千、健銳營一千。這些人馬都是清軍中的主力，尤其健銳營更是號稱精銳中的精銳，當年健銳營的常規編制才不過兩千，一下子就調來一半，足見這支部隊的戰鬥力之強以及乾隆渴望取勝的急迫心情。

對兆惠來說，最好就是能等納木扎勒等人的到來，大家會合後一道進軍葉爾羌，但與兆惠從伊犁到阿克蘇不同，納木扎勒等人從北京到南疆，路途遙遠，如健銳營，按其行程計畫，還得兩個半月才能抵達阿克蘇。在這種情況下，就算兆惠願意等，乾隆也等不及了，阿克蘇、烏什等城的相繼歸降，不僅令他心情大好，而且影響了他對形勢的判斷，使他深信，霍集斯已經眾叛親離，只要清軍一到葉爾羌，必能勢如破竹，他甚至還幻想可能出現維吾爾人擒霍集占來獻的奇跡，在聖旨中稱「葉爾羌、喀什噶爾相繼投誠，亦未可定。」

在這種樂觀情緒的支配下，乾隆認為以兆惠現有所轄兵力就能確保大功告成，其實健銳營等部都用不上，他一邊催促兆惠向葉爾羌驅兵急進，一邊傳旨讓健銳營沒必要太趕，「從容行走」，以免耗費馬力。

當初跟隨雅爾哈善進入南疆的部隊損失倒不大，加上兆惠從伊犁帶來的八百人，現有兵力確實也不少，但清軍既然控制了南疆北部這麼多城池，就必須分兵駐防。朝廷本應從後方另調駐防部隊，但乾隆卻不覺得有此必要，車布登扎布派兵到烏魯木齊領取軍糧，準備前往庫車駐防，結果乾隆說你久在軍營效力，這次就不必參加平叛了，一個旨意，打發他回游牧地休息去了。

分兵駐防削弱了清軍機動部隊的力量，也加大了兆惠出兵葉爾羌的風險。除此之外，還有其他很多的不確定性，前鋒統領鄂實就擔心清軍對前往葉爾羌的地形、道路都不熟悉，若倉促出兵，被敵人截斷退路，到時將會有全軍覆沒的可能。兆惠自己也不無顧慮，照霍集斯所言，葉爾羌是大、小和卓最後的退路，那回軍必然會竭盡全力地進行死守，如此戰鬥很可能會打得很艱苦。兆惠有心再準備得充分一點，無奈皇帝催得太急，他無法推託，只能硬著頭皮上。

在清軍當中，綠旗兵、回兵都被認為打仗不行，兆惠主要讓他們負責在後方守城，儘量用滿洲兵、索倫兵、喀爾喀蒙古兵組成自己的基本部隊，但因為人實在不夠，只能再酌情挑選五百名綠旗兵隨征。最終兆惠共選拔出四千餘人，在向乾隆奏報後，全軍即從烏什出發，穿越荒漠戈壁，直奔葉爾羌。額敏和卓的回兵自庫車之戰開始就參加了征戰，且又擁有語言、地理之便，自然也得把他們給帶上。

乾隆雖然口口聲聲用不著「多煩兵力」，但在接到兆惠的奏報後，也覺得出征兵力是少了一點，因而命令留守伊犁的富德去烏魯木齊挑選精兵，以便前往南疆協助兆惠。問題是從乾隆發出這道命令，到富德奉命選兵，再到他前往葉爾羌與兆惠會合，又要經歷很長的時間，在短期內也根本無法對兆惠軍產生任何幫助。

如同預料中那樣，千里戈壁是兆惠軍遠征葉爾羌所遇到的第一個嚴峻考驗，一路上人們櫛風沐雨，倍嘗艱辛，在翻越一座山嶺時，山頭石頭滾落，官兵多有不幸被砸死砸傷者，致使部隊尚未與敵人交手，就出現了減員。不僅如此，為保證抵達葉爾羌後，沿途臺站不被敵軍乘隙侵擾，兆惠也不得不抽兵駐防，這樣無形中又減少了一些可用之兵。

這個時候包括兆惠在內，官兵們誰都沒有意識到他們才剛剛接近虎口，未來將有最傳奇、最兇險也最慘烈的遭遇在等待著他們，與之相比，他們路上碰到的所有困難都只是小兒科而已。

引誘

一七五八年十一月三日，清軍到達耀齊阿里克，此處距離葉爾羌僅四十里。兆惠傳令停駐休息，然後派人潛近葉爾羌城下，透過摸哨從城外哨卡抓到了一名哨兵。俘虜供稱，自從霍集占從阿克蘇、烏什退回喀什噶爾後，大和卓布拉尼敦一個勁兒地抱怨弟弟不應該反叛，以致局面到了不可收拾的地步，但抱怨歸抱怨，兄弟倆還是決定共同抗清，其中布拉尼敦守喀什噶爾，霍集占前往葉爾羌，兩城相互進行支持和呼應。

其實不單單是布拉尼敦仍和霍集占坐在同一條船上，其他頭目也是如此，這與南疆北部相繼倒戈的情況大相徑庭，主要原因還是白山派在北部的影響力一向較弱，但在南部和西部卻擁有雄厚勢力。對俘虜的審訊結果也顯示，霍集占擁有五千餘騎兵，步兵更多，布拉尼敦同樣轄步騎兵萬餘人，總數大大超過了清軍。

次日，清軍進至葉爾羌附近，兆惠原計劃先包圍城池，然而近前一看，頓時就傻了眼——他想像中葉爾羌應該是和庫車差不多的，沒料到葉爾羌城周十餘里，其四面有十二座城門，比庫車還大上好幾倍，而且城防措施看起來頗為堅固。

清軍步騎兵四千餘人，展開了最多也只能圍其一面，同時為了防止霍集占潛逃以及喀什噶爾來援，還得再分兵扼守各個路口，兵力哪裡夠用？當然如果加強部隊特別是騎兵的機動能力，理論上是可以兼顧幾個方面的，但經過千里之遙的長途行軍，清軍早已是人困馬乏，大家需要的是先喘口氣，而不是連續地跑來跑去。

兆惠後悔不迭，他這才發現自己犯了輕敵冒進的錯誤，帶的兵實在太少了，於是趕緊向朝廷請求增兵添馬。接到兆惠的奏報後，乾隆也迅速意識到問題的嚴重性，按照兆惠的要求，他下令從庫車等北部各城就近抽調駐防的綠旗兵，有多少抽多少，全部調往葉爾羌，所需戰馬則從巴里坤調撥，由巴里坤大臣阿里袞親自押送，另外他還催促原計劃中就要協助兆惠的富德加速前往葉爾羌。

乾隆接到兆惠的奏報已是四十多天後的事了，也就是說起碼在這四十多天裡，兆惠不可能得到援兵。最初他採取的策略是領兵攻擊，誘敵出戰，十一月三日，他率兩千兵馬直奔葉爾羌城，在到達距城東北還有五六里遠的地方時，大家遠遠地看到前方村落中有一座高臺，高臺上有四五個回軍騎兵在防守。

感覺上高臺應為回軍的阻擊工事，但為什麼只有四五個騎兵呢？就在眾人都摸不著頭腦的時候，隨征的霍集斯道出了其中玄妙，他告訴兆惠，這種高臺下面應該挖有大溝，溝內埋伏著敵兵，高臺上的騎兵其實主要負責觀察瞭望和引誘迷惑對手，只要清軍衝過去，必會伏兵四起，同時高臺上也會增加鳥槍手，用於居高臨下地進行射擊。

兆惠明白是怎麼一回事後，立即做出部署，命左翼部隊繞至高臺東面，先找到暗藏的大溝，然後沿著溝自其東面向西進攻，右翼部隊則繞到高臺西面，也是先找到大溝，不過攻擊方向正好與左翼相反，即沿溝從西向東進攻。

除左右翼外，兆惠事先還組織了兩百人的誘擊部隊，誘擊部隊這時的任務是直接前衝奪臺。在誘敵部隊啟動後，正如霍集斯所揭示的，高臺上多出了不少鳥槍手，高臺下也果然挖有大溝，只不過不光是大溝內藏有伏兵，村落的大小院落、房屋裡也都有伏兵，他們一起向清軍伏擊部隊射擊，並對之形成了合圍之勢。

兆惠軍早已有備，左右翼部隊兩路夾攻，回軍抵敵不住，只得一邊打一邊向葉爾羌城的方向敗退，很快清軍就奪取高臺，衝過大溝，殺到了葉爾羌城下。

見清軍逼近，城內也打開東面兩座城門，各派出四五百名騎兵與之對壘。兆惠並不是真的要直接攻城，而是想將敵人引到離城一二里的地方進行戰鬥，這樣既便於截斷出城敵軍的退路，消耗守敵的有生力量，也可以避免遭到城頭敵軍的俯射。按照這一意圖，他命令作為前鋒的誘擊部隊後撤，孰料回軍並不上當，不但不予追擊，反過來還用二三十個騎兵對清軍進行引誘。

誘擊部隊見狀只好返身攻擊，但也注意避免進入其城頭的射擊範圍內，雙方就這樣你來我往，拉鋸了三個回合，彼此都未有大的損傷，當然也未取得明顯戰果。三個回合過後，北門突然被打開，從城內衝出三四百名騎兵，準備向清軍誘擊部隊發起攻擊，但一看到清軍派出相應騎兵進行阻擊，他們就又掉頭縮進了城裡。

相持至日暮時分，清軍仍無進展，兆惠傳令收隊，同時預留了截殺敵追兵的伏擊部隊，但敵人卻並不出城追趕，伏擊部隊等了一個晚上，連一個敵兵都沒能見到。

後來發現，回軍在葉爾羌城內的東南角建有高臺，上面排列著數千名鳥槍兵，鳥槍架得密密麻麻，如果清軍進入城下作戰，必然要吃大虧。據此推斷，霍集占也在使誘敵深入之計，而且是重複設套：先利用城外村落的高臺和大溝引誘圍殲，若無法得逞，再利用清軍乘勝追擊的心理，將他們引到城下予以火力殺傷。

黑水營

行家伸伸手，便知有沒有。經過一天的接觸，兆惠判斷，霍集占雖號稱有五千餘騎兵，但戰馬真正堪用者不會超過千餘匹，步騎兵加一塊，能打的最多也只有兩三千人，其餘都是拿來充數的。如果能將其誘到城外較量，回軍絕非清軍的對手，可他們就是固守不出，也實在拿他們沒辦法，至於強行攻城，以清軍目前的兵力和狀況，則更非能力所及。

在兵少不足以圍城，但又怕敵人遁逃的情況下，兆惠暫時只能選擇結營自固，準備等增援部隊到來後，再對葉爾羌城予以合圍。

營地必須有水有草，以便供人馬飲食，這在城郊葉爾羌河畔倒是很容易找到。一開始大家還在為缺乏工事材料以及生火燒飯用的柴火發愁，正好距離葉爾羌河兩里左右有一大片樹林，可以伐木使用，於是部隊便在樹林中安下了營寨，因為當地人稱葉爾羌河為黑水河，所以清代史書中也將這一屯營處稱為黑水營。

在清軍兵臨葉爾羌城下前，霍集占實施堅壁清野政策，已將葉爾羌附近的人眾糧草全部移進城中，城外的莊稼則一律予以收割，尚未成熟者悉予焚毀，總之是一顆糧食也不留給清軍。兆惠軍遠離後方基地，不僅武器火藥無法補充，口糧也很有限，為了能夠盡可能長久地堅持下去，以待援兵，兆惠不得不積極想辦法為部隊就地補充給養。

一七五八年十一月十三日，清軍又抓獲了幾個俘虜，從俘虜口中獲知，霍集占將部分畜群放牧於城南英奇盤山，那一帶還有部分投奔霍集占的準噶爾殘部，這使兆惠想到或許可以掠其牲畜，以充軍糧，順便抓住機會殲敵殘部。與此同時，他接到消息，納木扎勒、三泰正往葉爾羌趕來，不過他們與增派的健銳營以及索倫兵、察哈爾兵並不同行，而是超前行進，趕到阿克蘇後，再經喀什噶爾前來黑水營，兆惠隨即派領隊大臣愛隆阿率八百人前去迎接和護送。

愛隆阿前腳剛走，兆惠就點起一千精兵，隨其前往英奇盤山。他們行至葉爾羌城的東面，打算由此渡河，向南進入英奇盤山，結果一到河邊，就看到回軍已在河對岸整裝以待。

經觀察，當天出城的敵騎兵有四五千人，均手持鳥槍或長矛，步兵更達萬餘，其中一部分拿著斧棍等兵器列於騎兵背後，另外一部分則在溝內持鳥槍排立，就連霍集占本人也破天荒地出現在騎兵隊伍之中。兆惠立刻意識到他先前低估了回軍，看來首輪在城外交手時，霍集占刻意隱藏了實力，並未做到完全投入，而霍集占既然親自率部阻河為陣，顯然是預先知道了清軍的計畫，這說明俘虜所稱的牲畜、準噶爾殘部等消息都是預先設計好的，為的是把清軍誘到他們所佈置的戰場。

儘管明知可能中了計，但兆惠並不以為意，因為在援兵到達之前，與回軍野戰正是他所希望的——前面我怎麼引誘你都不出來，現在你為了把我誘到這裡，反而自己跑了過來，那就不要怪我不客氣了！只要回軍能到城外來打，哪怕是傾巢而出，兆惠自認也握有相當大的勝算，更何況霍集占都露了臉，正是射人先射馬，擒賊先擒王的好機會。在他看來，甚至都不用完全殲滅回軍，只要「奮勇衝入」，尋機活捉霍集占，或者遠距離用箭將其射死，這場平回戰爭也就可以宣告大功告成了。

兆惠下令所部在河邊結營，他從中挑選了五六百名騎兵，由其親率在前，大部隊在後，一眾人馬呼嘯著從橋上向對岸衝去。

清軍氣勢如虹，但就在他們奪橋衝鋒的過程中，意外發生了，大橋突然斷裂，除了已過橋的四百騎兵外，後續人馬全都被攔在了岸邊。

眼見清軍被隔斷在河的兩岸，回軍騎兵立即向其過河部隊發動反擊。兆惠臨危不亂，依然身先士卒，馳馬奮擊，在他的指揮和鼓舞下，官兵們齊聲吶喊，如同猛虎一般衝入敵陣與其鏖戰。回軍騎兵很快不支撤退，但溝內的鳥槍兵開始向清軍射擊，清軍剛剛要對付這些鳥槍兵，又有敵騎兵從背後夾攻而來，官兵們不得不兩頭兼顧，局面開始變得越來越被動。

回軍士兵有相當大一部分系臨時從維吾爾族平民中徵發，平時沒有受過嚴格訓練，也缺乏作戰經驗，但以大小和卓為首的白山派的煽動力很強，除了反對「異教徒」的所謂聖戰外，霍集占事先還對外宣傳，說清軍見人就殺，所到之處，所有回人都會被屠殺，喀什噶爾、葉爾羌也將被屠城。回軍士兵受到蠱惑，再加上人多勢眾，熟悉地形，使得他們在這場戰鬥中顯得很是亢奮活躍。

除前後受敵外，兆惠軍的兩翼也受到衝擊，兆惠只得傳令撤回黑水營，但此時部隊已被回軍截為數段，且遭到四面合圍。這一場面被對岸的後續部隊看在眼裡，然而因為僅有的一座橋已經斷裂，在河水相隔的情況下，根本無法施以援手。

危如累卵

隨著一撥接一撥的回軍如潮湧入，兆惠軍陷入了各自為戰、拼死突圍的絕境。兆惠左衝右突，身下戰馬中彈而亡，他的面部和小腿也都負了傷，之後換馬再戰，但坐騎又再次被鳥槍擊中倒斃。千鈞一髮之際，總兵高天喜奮力殺入重圍，將兆惠救了出來，而高天喜本人則被敵人團團圍住，最終英勇戰死。

兆惠重換戰馬，率其他突圍人員連打邊撤，渡河返回了營地。南疆河流大多不是很深，尤其當時還是淺水季節，所以大家尚可涉水而過，但葉爾羌河底全是淤泥，戰馬「陷於泥淖者甚多」，這又使他們蒙受了不小傷亡，參贊大臣明瑞就因為這個原因，「唇得長槍傷」，嘴唇都被追兵的長槍給刺傷了。

這一仗，兆惠軍損失慘重，當場陣亡者即達百人之多，除高天喜外，前鋒統領鄂實、侍衛特通額、副都統三格、監察御史何泰均名列其中。在這些陣亡將領中，鄂實是原參贊大臣鄂容安之弟，特通額是原定西將軍策楞之子，他們的兄長或父親都已在平準戰爭中殉職，如今自己又力戰而死，可謂滿門忠烈，其情著實令人唏噓。

若是往上追溯，皇族曾是滿人入關和平定中原的重要助力，甚至直到康熙年間，他們在戰場上仍發揮著領袖作用，從平定三藩之亂到三征噶爾丹，指揮高層遍佈著皇族的身影。爾後由於雍正在位期間對皇族中的異己力量多次進行清洗，皇族參與軍事行動的機會變得越來越少，乾隆登基後雖然修正了其父親的政策，但對宗室成員也有所抑制，處於皇權的高壓之下，皇族之人大多選擇了沉溺於享樂之中龜縮不出，這樣一來，前線便不再能夠見到皇族的蹤跡，他們逐漸被八旗貴族所取代。在清軍中，從兆惠到鄂實、特通額等，皆為貴族出身，他們在血灑西北戰場的同時，也驗證了新一代八旗貴族已足堪平亂重任。

清軍在退入黑水營後，霍集占尾隨而至，將黑水營團團圍住，布拉尼敦也率軍萬人自喀什噶爾趕來助陣。這個時候，愛隆阿已經接到了納木扎勒、三泰，但他們都不知道兆惠已陷入重圍，愛隆阿除了迎接和護送外，還負有巡查臺站和扼守路口之責，因此便從所帶兵馬中分出四百五十人進行護送，他自己則率剩下的兵馬執行巡查和扼守任務。

納木扎勒初來乍到，對葉爾羌所面臨的嚴峻形勢並不瞭解，他嫌步兵速度太慢，只帶了侍衛奎瑪岱以下二百五十名騎兵，就匆匆上路了。在前進途中，他們被布拉尼敦軍的三處營盤擋住了去路，納木扎勒正要派人進行偵察，布軍就已經發現了他們，馬上有三千多人衝出來，將他們團團包圍。納木扎勒等人毫無退路，只能奮力搏殺，最終全軍覆滅，奎瑪岱首先戰死，納木扎勒一直打到所有的箭都射光，才被敵人所殺，三泰戰死的時候箭筒裡也只剩下兩支箭，可謂悲壯至極。

愛隆阿剛剛聽說納木扎勒等人被敵重兵包圍，那邊兆惠緊急派出的信使也來了，兆惠除告知他黑水營被圍外，還指示愛隆阿先行返回阿克蘇，待援兵到齊後，再一同來援救黑水營。愛隆阿也明白憑自己手下的這點兵力，無論救哪一邊，都無異於飛蛾撲火，於是他便按照兆惠的指示，直奔阿克蘇而去。

兆惠在黑水營被圍時，也曾考慮過是否要組織強行突圍，但因馬力疲乏，無法衝殺，不得已只能掘壕結寨，「築長圍以相持」，黑水營之役由此進入了最為艱苦卓絕，乃至令後人談之色變的階段。

兆惠軍臨時搶挖的壕溝既淺，壘起的掩體也不高，回軍不用戰馬，步行就可以衝進來。最初回軍依仗絕對的數量優勢，晝夜不息地進行攻擊，兆惠軍已再無撤退逃生的餘地，皆死中求生，奮勇殺敵，使得回軍的正面進攻始終無法奏效。

兆惠軍的勇猛強悍令回軍不寒而慄，回軍本身良莠不齊，在斷橋血戰中，他們可以像打了激素一樣猛打猛衝，但這種狀態畢竟沒辦法長久保持，一進入持久戰或稍一受挫，就又會生出怨懟和恐懼之心，不再肯出力賣命了。

既然都不敢再進行正面攻擊，眾人便只能琢磨討巧之法，他們首先想到的是在葉爾羌河上游決水，用河水來淹灌黑水營。兆惠見多識廣，馬上派兵挖溝排水，將水引入下游，由於回軍在圍困黑水營時，就已截斷了黑水營的水源，兆惠軍在化險為夷的同時也順帶解決了部隊最初幾天的飲水問題。

水淹不成，回軍改用火攻，他們將蘆葦、樹枝披在身上，沿著挖好的溝向黑水營接近，試圖以火焚燒，還曾嘗試進行偷襲，但都被兆惠軍一一識破並擊退。

相比近戰肉搏，使用火器不需要那麼多的勇氣和膽量，回軍又在黑水營的周圍築起四座高臺，高臺四面全都建有護身垛口，他們躲在垛口後面，用贊巴拉特鳥槍向兆惠軍進行射擊。

黑水營處於樹林之中，兆惠軍遂也在林中搭起高臺與敵人對射。清軍自康熙朝起就與準噶爾進行較量，準軍也配備有贊巴拉特，從那時起，為獲取戰爭中的技術優勢，清軍不但通過繳獲直接裝備這種鳥槍，而且大量進行仿製，以致到乾隆朝時，贊巴拉特鳥槍以及贊不喇大鳥槍（大型火繩槍，又名贊巴拉贊，實際為贊巴拉特的一種）實已成為八旗兵的普遍裝備，尤其健銳營更多。

在對射時，同樣持有贊巴拉特鳥槍的兆惠軍於火器方面並不吃虧，只是苦於彈藥不足，無法像回軍那樣密集而頻繁地進行射擊而已，但他們的作戰經驗卻能保證己方不被壓倒，經過一段時間的相持，他們終於抓準回軍鬆懈的機會，一舉攻佔高臺，從而解除了來自敵方的這一火力威脅。

儘管回軍始終攻不進黑水營，但兆惠也擔心，若遭長圍久困，大營的糧食和飲水遲早會消耗一空，到時部隊必致潰敗。一七五八年十一月十七日夜，鑒於形勢已危如累卵，他挑選和派遣三等侍衛伊薩穆等五人分路突圍，赴阿克蘇告急。

五個使者每個人身上都藏有一份告急文書，他們中哪怕只有一個最終到達阿克蘇，兆惠軍也能得救，然而即便如此，在得以解圍之前，黑水營依然只能靠自己苦苦支撐下去。

第七章

輝煌時代

新疆除準噶爾、回部外，尚有一個名叫布魯特的部落，布魯特人以天山及納林河為界，北面稱作東布魯特，南面稱作西布魯特。布魯特人豪爽驍勇，在準噶爾統治新疆時期，讓準噶爾吃過不少苦頭。在黑水營被圍之前，經兆惠等辦理，東布魯特已歸屬清廷，西布魯特雖然尚未站到清軍一邊，但他們與大小和卓素有仇怨，現在見大小和卓都被清軍牽制在葉爾羌，便決定乘虛而入。

就在黑水營被圍二十餘天後，西布魯特與回部貴族額色尹進行聯合，攻打了喀什噶爾所屬的英吉沙爾。大小和卓正要商量如何出兵援救英吉沙爾，誰知當天薄暮時，兆惠軍也發動反擊，透過火攻奪取了回軍的兩座營壘以及六十餘個帳篷，守衛這些營壘及帳篷的回軍士兵被斬殺過半。

本來布魯特人攻打英吉沙爾與兆惠出擊之間並無聯繫，純屬巧合，然而大小和卓卻懷疑布魯特人是受了清軍之邀，才會前來對他們發動夾擊。兩人覺得如果這樣，就算將黑水營圍個一年甚至一年以上，都難以取勝，他們也沒信心能圍困那麼長時間，於是便以大和卓布拉尼敦的名義派人與兆惠議和，以便能夠獲得休整和轉用兵力。

奇跡

儘管明知若接受議和，就能立即把部隊從困境中解脫出來，但兆惠仍按照乾隆的既定政策，在回信中向布拉尼敦表明態度，即朝廷這次興兵，就是為了討伐霍集占，布拉尼敦本不在被問罪之列，然而若是他想要議和，就必須將霍集占等人「一併擒獻」送來，以示誠意。

兆惠在將回信交給來使的同時，還特地讓他將乾隆的相關諭旨捧去給布拉尼敦閱看。布拉尼敦接到回信和諭旨後，就沒了下文——這並不奇怪，大小和卓早已聯合成一體，議和都是兩人共同議定好的，布拉尼敦當然不可能擒捉霍集占。

在議和未成的情況下，布拉尼敦將大隊撤回喀什噶爾，用於對付布魯特人，霍集占則率本部兵馬繼續對黑水營進行圍困。自此之後，雙方已經沒有大的交戰了，其實就是互相乾耗著，看究竟誰耗得過誰，如果誰先支持不住倒下去，那麼另外一個自然獲勝。

和兆惠拼意志力，大小和卓實在是找錯了對象。一年前的伊犁突圍，早已證明兆惠不但能打硬仗，而且特別擅長打苦仗、惡仗，甚至是絕處逢生的仗。黑水營前前後後被困了整整三個月，兆惠和將士們就硬熬了三個月，其間不管發生什麼困難，哪怕接近山窮水盡，都沒有能夠動搖他們固守待援的決心。

關於黑水營之役，清代筆記中的一段記載堪稱黑歷史，上面說兆惠軍在被圍後斷糧，饑餓難忍的官兵竟然「掠回人充食」，也就是抓獲當地的回人，宰殺了充當糧食。若認真推敲，這種說法其實並不可信，因為戰前霍集占就已經將城外的回人和糧食全部移入城內，兆惠軍的官兵又到哪裡去擄掠回人？

再者，黑水營之圍與庫車之圍不同，回軍基本將黑水營圍得密不透風，自被圍後，兆惠與阿克蘇方面的聯絡就完全中斷了，倘若清軍能夠輕輕鬆鬆地衝出去擄掠回人，兆惠恐怕早就讓他們去阿克蘇報信了，又何至於要寫五份同樣的告急文書，專門選派五名信使分路突圍？黑水營之圍時，正值鄂對等人接受和闐六城的招撫，他們曾嘗試派人前來與兆惠軍接頭，卻發現包圍著黑水營的回軍營壘裡三層外三層，且「互相結寨放槍」，根本無法進入，這也可以間接證明當時被圍困的嚴實程度。

事實上，兆惠軍從未完全斷糧，否則他們不可能堅持那麼長的時間，在大小和卓提出議和時，兆惠的態度也不可能那麼堅決。就像人們後來所評論的那樣，吉人自有天相，兆惠軍在黑水營得到了上天的不少眷顧，其中之一就是意外地得到了一批糧食：紮營時，他們在施工的二十餘處地方都挖出了糧食，每處都有一兩石米。

維吾爾人有掘地藏糧的習慣，據說是過去為逃避準噶爾搜括所形成的，老百姓通常將餘存的糧食埋於地下，需要的時候再挖出來吃。雖說這在南疆並不稀奇，不過能這麼巧，正好埋在兆惠軍的紮營地點且被官兵挖出，則不能不說是一個奇跡。兆惠軍在建營前，軍糧就已經夠支撐一兩個月，再加上多出來的這批糧食以及必要時可宰食的馬駝，不能說讓大家吃飽吃好，但起碼能維持著官兵們的生命和戰鬥力，使部隊不致垮掉。

除此之外，黑水營還有其他「靈跡」相助。營地距葉爾羌河雖然僅有兩里之遙，但在遭到鐵桶式包圍的情況下，官兵們都不可能到河邊打水，否則只會增加無謂的傷亡。在營中的儲備水以及回軍為灌營所「送」的水快用光的時候，兆惠一度也很著急犯愁，「初憂乏水」，大家試著在營地內掘井，還以為可能要費一番周折，結果隨地一掘，泉水就汩汩地冒了出來，水源問題迎刃而解。

要想守住黑水營，不僅得坐地固守，還須時時抓住機會進行反擊，缺乏彈藥則很難做到這一點。兆惠軍的彈藥本來在被圍之初就不足了，但這個時候敵人卻幫助他們解了燃眉之急。

回軍進攻黑水營時一般不敢近身用冷兵器搏殺，都是隔著一定距離用鳥槍朝營內放槍。當時鳥槍所用的彈丸是鉛丸，打出去以後撿回來還能再用，黑水營處於林中，這些鉛丸大多沒有打到清軍，而是鑲嵌在樹木上或落到了枝葉間。清軍伐木做飯，每砍伐一棵樹，鉛丸就落下一大堆，最終他們獲得的鉛丸竟達數萬顆之多，於是他們「反用以擊賊」，再不用擔心彈藥不夠了。

「靈跡」也被兆惠有意識地用來對敵方進行誇大宣傳，以打擊其圍困黑水營的信心和士氣。後來有一位從葉爾羌城逃出的回人就曾聽人說，兆惠軍共掘得糧食「一百六十窖，收馬千餘匹，駝千餘隻」，這顯然都是兆惠故意放出的風聲，其中挖掘到糧食雖是事實，但數量卻被誇大了許多倍，所謂收得一千匹馬、一千峰駱駝純屬子虛烏有。

失敗了怎麼辦

兆惠一面率部固守黑水營，一面眼巴巴地期待著援兵到來，而來援的希望又主要寄託於後方能否儘快收到求援資訊。

第一個負有傳遞資訊使命的是愛隆阿，但愛隆阿本身只帶一支人馬，沿途還要收集臺站的駐防兵，目標較大，因此一路都遭到大小和卓所部的攻擊，好在這些部隊都是小股部隊，不足以阻撓其前進，他們邊打邊走，直至抵達阿克蘇。

在愛隆阿之前，已經有信使趕到了阿克蘇，他們就是兆惠親自選派的伊薩穆等五人。兆惠沒有看走眼，五名告急使者皆為勇者中的勇者，他們不負所托，當時就一個不少地衝出了重圍，之後被敵軍追趕時，又憑藉神乎其技的箭術和馬術擺脫了追擊。五個人的運氣也不錯，路上眼看坐騎快跑不動了，正好遇上阿克蘇方面的負責人、頭等侍衛舒赫德派出來探聽消息的人員，於是得以「換馬行走」，比愛隆阿提前一步到達阿克蘇報信。

阿睦爾撒納在還未叛亂時，就有兩個前線大臣覺得他不可靠，主張將阿睦爾撒納部的士兵及家屬分開安置，這兩個大臣的其中一位就是舒赫德。當時乾隆正要以阿睦爾撒納為導引攻入準噶爾，對他們的提議很不以為然，不僅予以申斥，還進行了處分。舒赫德被降職為參贊大臣，到北疆效力，後來阿睦爾撒納果然反叛，舒赫德又做事勤勉，遂被重新提拔，由副都統、都統一直做到兵部尚書。可是舒赫德的官運沒能延續太久，因為報送的奏摺行文不規範，再次遭到處分，而且這次更慘，居然由堂堂大吏降為了前線的一個小兵！

自金川戰爭起，乾隆便致力於用嚴刑峻法的辦法來澄清吏治，振作營伍，像舒赫德這種輕者被降職，重臣被一抹到底的情況早已成為常態。當然，即便是暫時被降為小兵，也只是作為一種懲戒和教訓，其本人實際仍處於乾隆的考察範圍之內，一旦需要，仍將作為候選將官予以提拔，如在兆惠進軍葉爾羌後，南疆急需用人，乾隆便又重新起用舒赫德，任命其為頭等侍衛，駐守阿克蘇。

乾隆反復強調他這麼做，「並非有意從嚴」，為的是整頓官場侵貪和軍營怯懦兩大痼習，從而使得「文官不要錢，武官不怕死」成為官場風氣。就實際效果來看，新一代八旗貴族能迅速崛起於軍中，乃至產生出以兆惠等人為代表的一大批著名將帥，也確實都與他的這些做法有關。舒赫德在經歷幾上幾下，特別是自己也做過小兵後，不光是更加熟悉和瞭解前線實際，而且也不會像雅爾哈善等人那樣高高在上，因為不把小兵放在眼裡而耽誤大事了。

首先趕到阿克蘇的信使是一名叫五十保的士兵，身份低微，但舒赫德除認真閱讀他所攜帶的告急文書外，還親自予以接見。確認黑水營的情況極其危急，他一面移文富德、阿里袞等，催促他們馬步兼行，迅速趕來阿克蘇，一面在將兆惠的奏報予以謄寫後，連同自己的奏報，一併上奏乾隆。

接到兆惠、舒赫德的奏報，乾隆才知道兆惠軍已被圍困於黑水營，急需援救。兆惠在其奏報中還表示，阿克蘇、烏什的相繼來降，讓他產生了麻痺思想，覺得抓獲霍集占的時機已經成熟，故而沒帶多少兵馬便匆忙進兵，以致落敗被圍，「輕敵妄進之罪，在臣兆惠一人，實所難逭。」

戰場上從來沒有常勝將軍，失敗了怎麼辦？堪稱對一個將領的終極考驗。事實上，兆惠固然要對冒險進兵、急於求成負一定責任，但在進兵之前，他本人還是有所猶豫的，若不是乾隆一個勁兒地催促，也不至於匆忙上陣。在這種情況下，他原本可以閃爍其詞，就算不敢涉及皇帝，也可以像雅爾哈善那樣拿部下來墊背，但是兆惠沒有這麼做，而是一肩扛起，展現的正是作為一個主帥的擔當。

兆惠是名將，乾隆亦可稱一代雄主，在看了兆惠的奏報後，他立即承認此次清軍落敗被圍純屬自己的失誤，「向來輕視逆回，乃朕之誤」，特別是這幾年平定準噶爾、降服哈薩克、招撫東布魯特都先後成功了，他便以為使回部歸順自應不在話下，卻沒料到回部叛軍的勢力如此之雄厚頑固。

在主動認錯的前提下，乾隆稱讚兆惠不愧是「有進無退之良將」，認為正是兆惠在黑水營力撐危局，才在一定程度上把因他部署不當所帶來的損失降到了最低，故特晉升兆惠為武毅謀勇一等公，加賞紅寶石帽頂、四團龍補服。

五名告急使者冒死突圍送信，為後方採取救援行動爭取了寶貴的時間，乾隆下令將五十保提拔為藍翎侍衛，賜號卓禮克圖巴圖魯，賞銀一百兩，其餘四人也都賜予巴圖魯的封號（巴圖魯在滿語中是勇士之意），各賞銀一百兩。與此同時，他還讓兆惠將所有有功官兵統一記錄造冊，待脫險返回後再予以封賞。

當務之急

為兆惠軍解圍成為壓倒一切的當務之急，乾隆任命富德為定邊右副將軍，授舒赫德、愛隆阿、阿里袞等為參贊大臣，讓他們挑選軍中壯健馬匹，率部火速趕往葉爾羌，「惟應援兆惠為要」。

早在黑水營被圍前，乾隆已按照兆惠的請求，對庫車等城的駐防部隊進行抽調，抽出來的綠旗兵已陸續集結於阿克蘇，舒赫德向乾隆彙報，說只要他這邊集結的機動兵力達到一千之數，就立即前往葉爾羌救援兆惠。乾隆這回再不敢大意，他認為一千人未免弱了一些，還是兵不厭多比較好，因此指示舒赫德不要急於出發，起碼也要湊齊數千綠旗兵才能行動。

康熙、乾隆祖孫都極善用兵，較之康熙，乾隆雖從未親征，但在調兵遣將、運籌帷幄方面卻毫不遜色。在他的親自統籌下，清廷除增撥兩千滿洲兵外，又從歸降的準噶爾達什達瓦部徵調一千人，加上黑水營兆惠軍的四千人、尚在路上的健銳營等一撥四千人，以及舒赫德最終集結的數千綠旗兵，使得清軍在南疆的機動兵力將有望達到一萬五六千。

前方兵力越多，隨之而來的後勤問題也越多。為了確保籌集到足夠的糧草和馬匹，乾隆與陝甘總督黃廷桂針對所有重要細節逐一進行研究和推敲，那段時間他們之間的往來聖旨及奏摺也變得分外密集，經過努力，僅馬駝算下來就能籌集到一萬多匹，基本上已能滿足前線所需。

按照乾隆的總體部署，一七五九年一月二日，舒赫德在得以集結三千五百名綠旗兵後，率先啟程前往葉爾羌。二十多天後，富德率三百餘人的先頭部隊追上了舒赫德，清軍指揮權也隨即移交到富德手中，部隊冒雪繼續向葉爾羌進發。

清軍赴援的風聲傳到霍集占耳中，促使他進一步加強了對黑水營的攻擊。雖然黑水營仍可確保不被敵人攻破，但因為糧食已所剩無幾，官兵們也都有了度日如年之感。除夕當天，參贊大臣明瑞、常鈞等人到大帳內齊聚談話，他們算一算軍糧，最多也只夠吃十天了，十天以後若再不能解圍，就算不戰死也得餓死，所以儘管是除夕，也只能勒緊褲腰帶，能不吃就不吃，能少吃就少吃。

一名軍官平時最為吝嗇小氣，這時卻突然一反常態，變得大方起來，他說：「我從肅州經過的時候，有人送酒肴給我，現在還剩下一些存放在皮袋。」言訖，他便讓衛兵取出所存酒肴，招呼周圍的人一起過了一個像樣的除夕。

對於有幸嘗到酒肴的人來說，這個除夕真是過得既開心又辛酸。開心的是，平時大家都處於半饑半飽之中，連吃點米飯都不容易，更不用說酒肴了；辛酸的是，他們吃的很可能是人生中的最後一頓美餐了，從某種程度上，簡直就像死刑犯走上刑場前的斷頭飯差不多。這種感覺在吃完之後尤其來得強烈，有幾個人竊竊私語，說就連軍營裡最小氣的人都把私貨拿了出來，前景可知，恐怕我們是真的生還無望了。說到悲傷處，眾人都不禁黯然淚下。

黑水營的官兵們此時還不知道援兵已接近葉爾羌，他們距離獲救僅隔一步之遙。就在除夕的前一天，富德軍抓獲了幾個俘虜，經過審問，得知霍集占正驅兵猛攻黑水營，富德傳令部隊丟棄多餘輜重，「乘騎駝隻前進」，輕裝向葉爾羌全速突進。

二月三日，富德軍進抵呼爾，這時他們發現大小和卓早已在此處擺好陣勢，以逸待勞地等著他們了。透過觀察，富德粗略地估算了一下，回軍至少在五千人以上，相比四千人不到的清軍佔有數量優勢，同時回軍還搶先佔據高崗，在上面挖了壕溝作為陣地，可居高臨下地對清軍進行俯射。

正是以為自己更有資本碾壓對手，大小和卓一聲令下，首先發起攻擊，企圖乘清軍立足未穩之際，殺對方一個落花流水。富德立即將慣於火器的綠旗兵排於正面，將長於射箭的索倫兵、察哈爾調至兩翼，分別用槍炮和弓箭迎敵，一場你死我活、難解難分的鏖戰開始了。

叱吒淩厲氣如虹

在清軍射出的彈雨和箭雨威脅下，回軍攻擊失敗，清軍又反過來進行衝擊。前鋒統領瑪瑺身先士卒，一馬當先地衝入敵陣，且緊盯住一名回軍頭目不放。見其悍勇難敵，這名回軍頭目打馬就逃，瑪瑺緊追不捨，在追擊過程中他拉起強弓，一箭正中敵酋要害，敵酋中箭後帽子墜地，身體也搖搖欲墜，不過仍在奔逃。瑪瑺隨之擲出長矛，可惜沒能擊中敵酋，又射一箭，倉促間也落到了地上，在這種情況下，他依舊沒有放棄，繼而射出第三支箭，終於將敵酋射死。

瑪瑺殺得性起，卻忘了保護自己，等他射死敵酋，向周圍四顧時，才發現自己已被回軍包圍。瑪瑺毫不畏懼，立即抽出兵刃與敵人近身格鬥，廝殺中戰馬倒斃，他就舍馬步戰，繼續以「叱吒淩厲氣如虹」的精神力戰到底。危急時刻，富德軍大部隊衝上來，回軍被迫後退，瑪瑺終得以殺出重圍。經檢視，這位勇士全身已負傷十餘處，但他用布將傷口一裹，又繼續參加了戰鬥，此情此景，令降清的回人都為之咋舌，以為「如此超勇」實乃罕見。後來乾隆亦深嘉其勇，不僅親自創作《瑪瑺斫陣歌》予以表彰，還命郎世寧繪製《瑪瑺斫陣圖卷》，將瑪瑺三箭治敵的英姿逼真地保留了下來。

清回兩軍從早上打到下午，相互衝擊十餘次，連續交鋒時間長達六七個小時。富德軍銳氣勇氣皆備，戰鬥中無不以一當十，諸如「瑪瑺斫陣」這樣的場面隨處可見，他們不僅成功地遏制了回軍的攻勢，而且給予敵人以重創，僅霍集占一軍就陣亡巴圖魯（此處指擁有巴圖魯稱號的軍官）十五人，大伯克數十人，布拉尼敦軍也損失不小，連布拉尼敦本人脅間都被鳥槍射中，因身著重甲，才無大礙，但已不能騎馬，只得派人抬回喀什噶爾。

乘此機會，富德指揮全軍對據於高崗和壕溝內的敵人發動總攻，臨近傍晚，總攻奏效，回軍開始敗退，清軍一口氣追趕了十幾里路，斬殺敵軍數百人。

清軍的不足之處，是他們缺少馬匹，原本出發時帶的馬就不多，由於一路進行強行軍，戰馬多數疲憊不堪，經過一天的激戰，又有許多戰馬中彈傷亡，僅剩百餘匹馬尚能正常使用，這使得他們雖能擊敗和追擊敵人，卻沒法追得太遠。眼見夜幕降臨，回軍已遁逃無蹤，富德下令鳴金收兵，尋找有水源的地方安營紮寨。

回軍落敗，但並未垮掉，也沒有失去戰鬥力，此後霍集占學聰明了，不再與清軍正面拼消耗，而是利用他對地理的熟悉，選擇有利地形逐次進行阻擊和糾纏。次日，當清軍進入一個到處都是裸岩的大戈壁時，回軍便忽然從突起的裸岩上冒出來，與富德軍纏鬥了一個晝夜，總之是你進擊，他就退卻，你收兵，他又來攻。

來來往往中，清軍缺乏馬匹，無法實施有效追擊的弱點也被霍集占給看出來了，從第三天起，他們開始從四面進行圍攻，富德軍被其死死纏住，部隊行動極其緩慢，只能在戈壁就地紮營。戈壁到處皆為沙磧，很難找到水源，官兵們連續兩個晝夜都喝不上一滴水，不得不靠吞食零星冰塊的辦法來止渴。

當天晚上，富德一面派人前往阿克蘇方向催促正在趕來的阿里袞，一面下令以健銳營殿後，爭取迅速走出戈壁。健銳營自非浪得虛名，儘管回軍一直尾追於後，但憑藉健銳營出色的戰力，清軍得以一次次擺脫追擊，終於在第四天拂曉時分走出大戈壁，到達葉爾羌河邊，進而獲得了可救全軍性命的寶貴水源。此時回軍再次蜂擁上來，意欲搶奪渡口，而且人越來越多，清軍則踞守河岸還擊，兩邊又纏鬥一天，相持到了夜幕降臨。

富德意識到，正是因為馬力不濟，所以回軍在正面不敵的情況下，才敢不斷地進行糾纏侵擾，如果己方始終處於這種被動局面，別說騰出手來援救黑水營，恐怕自己也有可能陷入困境。經與舒赫德等將領商議，大家決定冒險一搏，當晚他們挑選了兩百名被認為可做到健步如飛的士兵，再配備僅剩的五十匹能用戰馬，組成了一支劫營敢死隊。

月亮落下之後，敢死隊整隊出發，走了沒多遠，耳邊就聽到了戰馬的陣陣嘶鳴之聲，扭頭一看，大批人馬正向清軍大營奔來。這讓眾人大驚失色：難道霍集占也想到了劫營之計，派兵來偷襲了？直到這支隊伍走近，人們才轉憂為喜，原來是他們！

排山倒海

來者正是富德派人前去催促的阿里衮，阿里衮在路上遇到了富德派去的人，這才知道富德軍被敵人糾纏著已經打了幾天幾夜。阿里衮是清軍將領中有名的拼命三郎，聽後立即加快速度，拼命追趕。在接近富德軍時，他雖不清楚大營的具體位置，但見夜色茫茫中，遠處的篝火如同繁星，連綿達十餘里，便斷定敵我雙方正在那裡紮營對峙，於是就衝著這個方向奔來。

與劫營敢死隊不期而遇後，阿里衮決定參加行動。隨阿里衮前來的官兵共有六百餘人，乃戰鬥欲望較為強烈的生力軍，更為重要的是，他們還帶來了富德軍極為緊缺的馬匹，共有良馬兩千匹、駝一千峰，在用這些馬匹統一對敢死隊進行裝備後，劫營隊伍頓時士氣大振，戰鬥力也陡然增加。

當下，阿里衮從左，副都統鄂博什從右，分兵自兩路馳出，直撲回軍營壘。霍集占想不到富德在馬匹嚴重不足，且人馬在精疲力竭的情況下，居然還敢組織敢死隊冒險劫營，更未料到敢死隊中途會得到充足的馬匹及生力軍補充，所以並未採取任何有效的防範措施，猝不及防之下，陣腳大亂。

阿里衮率部奮力砍殺，直至黎明方才得勝返回大營。富德、舒赫德等人在派出敢死隊後，大家都是一夜未眠，心裡七上八下，突然得知阿里衮臨時參加和指揮劫營行動，並且劫營行動還取得了成功，那種喜出望外的心情自然不言而喻。按照乾隆對指揮層的預先安排，阿里衮亦歸富德指揮，富德下令用新到的馬匹裝備隊伍，乘回軍新敗尚處於混亂之際，一不做，二不休，再次對其發動進攻。

這次進攻除富德親率中軍從正面行動外，其餘部隊仍舊沿襲清軍慣用的兩路夾擊戰術，由阿里衮、愛隆阿從左，鄂博什與護軍統領努三從右，呈合圍之勢對回軍進行包抄。阿里衮雖然已經打了一夜，卻絲毫未見疲憊之狀，他在衝鋒過程中大呼「突進」，官兵們齊聲響應，剎那間千馬奔馳，塵煙飛騰，氣勢奪人。回軍正在吹著號角收集潰部，猛然間見清軍排山倒海一般地衝殺過來，尚未交手，就已因驚駭而鬥志全無，開始全面潰敗。

此役清軍共殲滅回軍數百，繳獲大量鳥槍以及馬匹，也就從這一戰後，回軍在短期內徹底失去了對清軍發動進攻的能力。至此，歷時共五天四夜的呼爾戰役畫上了句號，相對於回軍所蒙受的重大傷亡，清軍的損失要小得多，只有健銳營因擔負殿後等急難險重任務，傷亡稍多一些，共計陣亡二十餘人，受傷七十餘人，其他各兵種加起來一共陣亡了七十餘人。

呼爾戰役初期，因為要阻擊富德軍，霍集占不得不從圍困黑水營的部隊中抽調兵力，發現圍營敵兵減少，兆惠推測可能援軍已經趕到。一天晚上，他遠遠地聽到北面數十里外槍炮聲大作，由此確證了自己的判斷，於是當即挑選出千餘名尚保持有體力的官兵，又製備好雲梯，分兩路對回軍營壘進行反擊，在殺死不少敵人後取得了反擊戰的勝利。

這時圍困黑水營的回軍數量仍然遠遠多於兆惠軍，在反擊戰中被擊敗的主要是回軍步兵，回軍騎兵依舊在遠處伺機反撲，兆惠軍自身又缺乏馬匹，全靠步戰，無法對敵騎兵進行有效攻擊。在這種情況下，即便他們衝出黑水營，也很難與援軍順利會合，反而可能會因放棄營壘，導致無法在野外與敵騎兵抗衡而被其消滅。有鑑於此，兆惠沒有輕舉妄動，只是趁回軍新敗，包圍網有所鬆動之際，派出幾名信使向援軍報信聯絡。

信使們於半夜時分潛出黑水營，繞道突出包圍網，趕在呼爾大捷的當天黎明到達富德軍中。得知黑水營還在固守，尚未被敵軍攻破，富德不待休整，即下令整兵出發，前去為兆惠解圍。

一七五九年二月十日，富德軍進至與黑水營僅距二十里的葉爾羌河岸紮營，從那裡已經可以清楚地看到回軍營壘裡的煙火。翌日淩晨，部隊在向前推進六七里後，展開兩翼，擺出戰鬥姿態，右翼阿里袞、愛隆阿以槍炮開路，數次擊敗敵人，壓得對方只能躲在河邊的蘆葦叢裡放槍。左翼富德、舒赫德見狀，迅速催兵急進，向右翼實施包抄，霍集占一看形勢不利，忙率部渡河逃入葉爾羌城中，黑水營之圍遂解。

解圍之日，自兆惠以下被困官兵皆安然無恙，孤軍萬里，陷於重圍三個月，瀕臨彈盡糧絕，最終猶能得以生還，令眾人均有重生人世之感，看到援軍之後無不喜極而泣。

黑水營乃是庇佑兆惠軍的福地，沙漠戈壁中本來很難看到成片的樹林，但這裡就有，而且伐木取用那麼長的時間，林子裡竟仍能存有樹木兩百餘株，更神奇的是，紮營時隨便掘井就能冒出泉水，但至解圍時，水卻又突然全部乾涸了。

黑水營解圍後，富德重又回到副手位置，由兆惠擔負起南疆前線總指揮之責。按照乾隆先前下達的旨意，兆惠率全軍返回阿克蘇，準備等來年麥熟，軍糧有了著落，再整兵攻取葉爾羌、喀什噶爾。當他們撤離葉爾羌，返回阿克蘇時，懾於其聲勢，回軍僅僅是隔著數里之外予以窺視，已經不敢再主動上前邀擊了。

消息報到京師，乾隆在如釋重負之餘，對有功人員予以大力嘉獎。與此同時，考慮到相對於阿克蘇，和闐距葉爾羌更近，而且可以緩解阿克蘇在糧草供應保障方面的壓力，他指示已返回阿克蘇的兆惠，要求將一部分軍隊移駐和闐，然而他的這一聖旨才剛剛發出，新的奏報傳來：和闐六城之一的克勒底雅失陷了！

錢該怎麼一個花法

其實還在清軍集中力量援救黑水營時，霍集占便已派曾死守庫車的阿卜都克勒木、阿卜都克勒木的弟弟阿卜都哈里克，以及霍集雅斯、鄂斯等心腹部將，率兵圍攻和闐。負責和闐防務的是鄂對和侍衛齊淩扎布，他們手下僅管轄綠旗兵五六百人，和闐共有六座城池，分攤到每個城也就百人左右，而且守軍的馬匹也很短缺，更為兇險之處還在於，各城城內全都是回人，隨時可能叛亂、嘩變，克勒底雅就是被回軍裡應外合所攻破的。

對於援救和闐以及下一步的平回計畫，兆惠擬定了兩套方案。第一套方案，由副都統瑚爾起等率九百精兵救援和闐，沿途打探敵情，如果和闐還沒全丟，就與和闐守軍對敵人實施內外夾擊。另一種可能性是，瑚爾起還未到達和闐，六城已經全都丟掉了，那樣的話就啟用第二套方案，讓瑚爾起返回與富德會合，由富德領兵二三千人，前往奪取和闐。

兆惠自己準備等集齊官兵糧草後，再策應富德，並且一起從和闐前往攻取葉爾羌。但是這一點讓乾隆感到很不滿意，作為主帥，你為什麼不親往救援，硬要先把瑚爾起、富德推上去呢？

「黑水營被圍困的時候，你兆惠望援心切，恨不得援兵立刻就能飛到你面前，可以想見，你完全能體會得到被圍之人的痛苦，如今鄂對、齊淩扎布他們被圍，你卻來了個置之度外，這讓人情何以堪？」

在諭旨中，乾隆對兆惠一頓痛責。

乾隆深曉馭將之術，必要時候他的敲打可是從來不講客氣二字的，哪怕是前一分鐘才把你誇成一朵花，後一分鐘也同樣可以把你罵成一堆渣。當然他這麼說兆惠也並非求全責備，兆惠自黑水營被圍後，確實有了心理陰影，不僅在救援和闐時縮手縮腳，而且拼命地抽調兵馬錢糧，似乎覺得怎麼都不夠。乾隆在匯總各方面的報告後發現，除他先前徵調的兵力外，兆惠已將從巴里坤到阿克蘇沿途的所有駐防兵，從綠旗兵到滿洲兵、索倫兵，一股腦全都調了過去，這樣粗略算下來，前線部隊已達兩萬人之多，即便如此，兆惠還覺得不夠，仍在繼續抽調兵馬和坐等部隊集結。

乾隆絕不是一個吝嗇的人，但他同時也很在意錢該怎麼一個花法。正好新任陝甘總督吳達善上奏摺，說兆惠又調了一批兵馬錢糧前往軍營，乾隆立即下令暫停調撥，同時下旨告誡兆惠：「辦理軍需應當講求實際成效，需要多少就調多少，撥那麼多兵馬錢糧到前線，只會增加內地的負擔和造成浪費。」

在乾隆看來，以現有兵力而言，援救和闐足矣，攻佔葉爾羌亦足矣，甚至拿下喀什噶爾也沒什麼問題，他要求兆惠對原方案做出修改，除全力以赴援救和闐外，葉爾羌、喀什噶爾都要一併拿下，其中兆惠負責攻取葉爾羌，富德負責攻取喀什噶爾。

照例，從乾隆發出聖旨到兆惠接旨，中間尚有不短的一段時間，在此期間，瑚爾起已按照兆惠的方案，率九百人馬行進在救援和闐的路上。一七五九年三月三十一日，他們在途中與齊凌扎布等人相遇，這才知道，包括齊凌扎布所直接防守的哈喇哈什城在內，和闐各城已紛紛陷落，六座城池如今只剩下了鄂對所直接防守的額里齊，但也岌岌可危，隨時可能失守。

瑚爾起參加過金川戰役、平準戰役，憑軍功一直升到副都統，是一員能打之將，在弄清楚和闐方面的情況後，他二話不說，率兵直奔額里齊，並且一到城下就對敵軍展開攻擊。

瑚部的九百人均為騎兵，兆惠吸取初次進兵葉爾羌時的教訓，在出發時就對這支部隊下達命令，規定所有官兵一律不能騎馬，只能牽馬步行，這固然使瑚部在路上吃了很多苦，也減慢了他們的行軍速度，但卻較好地保存了戰馬的體力，使得騎兵部隊的衝擊力得到充分發揮。回軍圍攻額里齊的人馬數量遠不及瑚部，戰鬥力更是無法相提並論，看到瑚部如狼似虎地撲過來，還沒怎麼交手就望風逃竄，瑚部追擊了二十里才收兵回轉。

鄂對在「與回人雜處」的情況下，能死守額里齊三個多月，實屬不易，他們見到援軍時的心情，也如黑水營解圍時的兆惠軍一樣，無不歡喜雀躍。

接下來大家便開始商討如何收復其餘五城。根據情報，阿卜都克勒木兄弟的人馬就駐紮在哈喇哈什城附近，哈喇哈什離額里齊最近，且該城位於道路之要衝，戰略位置非常重要，商議的結果，決定讓鄂對繼續鎮守額里齊，而瑚爾起、齊淩扎布則率部前去收復哈喇哈什。

兵不血刃

一七五九年四月五日，黎明時分，清軍開赴至哈喇哈什城附近。突然間大霧彌漫，即便面對面都很難看清對方，不過這對清軍採取隱蔽行動而言，倒也不是一件壞事。瑚爾起派人抓了幾名俘虜，經詢問得知，哈喇哈什的回軍共有騎兵六百人，步兵百餘人，但他們並不在哈喇哈什城內，而是紮營於城外十里左右的博羅齊。兵貴神速，瑚部立即趁大霧潛行，於中午繞至博羅齊敵營背後，趁其不備，發動猛襲。

直到清軍衝到自己眼前，回軍才驚覺不妙，阿卜都克勒木所部有八百多人，雖然數量和戰鬥力要超過圍攻額里齊的部隊，但也比不上瑚部，事先又無防備，頓時被打得潰不成軍，只得向葉爾羌方向奔逃。清軍一口氣追擊了一百多里路，共殺敵百餘人，阿卜都哈里克、霍集雅斯當場中箭身亡，鄂斯被射中腋下，負傷與阿卜都克勒木一起逃遁。

博羅齊之戰一舉奠定了清軍在和闐的勝局，此後不需要清軍再用兵，各城回人便紛紛獻城歸降，在最早失陷的克勒底雅，人們還將由阿卜都克勒木委任的頭目抓起來獻給了清軍。

和闐如此順利就得以全部收復，殊出兆惠、富德等人的意料之外，富德在給乾隆的奏報中承認，他們在剛剛派出瑚爾起時，根本沒指望這麼快就取勝，「未敢望成功如此之速」。這也證明，兆惠等人過於高估了回軍的實力，乾隆對形勢的分析和判斷是基本正確的。

和闐既下，兆惠正準備遵照乾隆的最新諭旨，出兵進取葉爾羌，恰逢回人頭目和什克來降，他告訴兆惠，大小和卓與浩罕汗國的關係很好，而喀什噶爾共有三條道路可通往浩罕，因此他斷定大小和卓必將逃往浩罕，同時建議兆惠，應首先進兵喀什噶爾，而不是葉爾羌。

和什克的建議與先前霍集斯的方案不同，霍集斯是主張先佔領葉爾羌，認為只要控制住葉爾羌，喀什噶爾就會成為死地。不過清軍初次進兵葉爾羌失利以及黑水營之圍，又都表明霍集斯對大小和卓的意圖也不是掌握得特別透徹，倒是和什克做過喀什噶爾的伯克，或許在這方面還更勝一籌。

和什克除加以論述外，還專門繪製了地圖，兆惠對照著地圖進行了認真研究，最後覺得和什克言之有理，遂一面派人傳檄浩罕，要求如果大小和卓逃往浩罕，不得予以收留，一面改變計畫，除派兵扼守和什克所說的那三條道路外，主力兵分兩路，一路由他自己親自帶隊，從烏什進軍喀什噶爾，另外一路由富德率領，自和闐進軍葉爾羌。

一七五九年七月，兆惠、富德分別直逼喀什噶爾、葉爾羌。按照以往庫車、黑水營的經驗，他們認為即便大小和卓要逃，也一定會在逃跑之前死守城池，清軍勢必迎來一場苦戰，但結果卻得知大小和卓在他們到達的二十天前，就各自棄城逃跑了。

原來經過一年多的反覆較量，大小和卓已經對清軍的戰鬥力存有畏懼之心，也明白自己終非清軍的對手，所以早已失去了與清軍繼續角逐的信心和勇氣。兄弟倆別的不考慮，一心只想著逃跑，至於逃跑的目的地，則與和什克所分析的一般無二，即前往浩罕。兆惠派兵扼守那三條道路是對的，但還是遲了一步，讓大小和卓給逃走了。

其實在大小和卓出逃前，其政權在南疆就已經很不得人心，大小和卓特別是小和卓霍集占只信任自己從伊犁帶回的回人，對其他回人則課稅徵兵，令老百姓不堪重負。相反，清廷在平回戰爭中則採取了「攻心之策」，沒有延續平準戰爭中殺戮過多的政策，乾隆在諭令中再三強調：「大兵進剿，唯欲擒獲布拉尼敦、霍集占，與回眾無涉。」除此之外，清廷還在南疆大幅削減賦稅，減輕民眾負擔，這些都促使回人對清軍採取了極為友好的態度。據記載，兆惠軍至喀什噶爾，回人「獻牛酒果餌，歌舞慶幸」，富德軍至葉爾羌，「城中觀者堵道，爭獻果餌。」

喀什噶爾、葉爾羌是南疆西部最為重要的兩座城池，也是大小和卓在南疆的最後堡壘及叛亂基地，清軍兵不血刃地收復二城，標誌著整個南疆都已處於清軍的控制之下，但是只要大小和卓仍然在逃，平回戰爭就不能說取得徹底的勝利。在乾隆的嚴令下，清軍兵分三路對大小和卓進行追擊，其中明瑞率前鋒騎兵首先追進帕米爾高原，也就是中國古代所稱的蔥嶺，並在霍斯庫魯克嶺追上了大小和卓。

大小和卓的後方部隊就有六千餘人，清軍只有九百人，而且大小和卓在山上，清軍在山下，仰攻一方肯定吃虧，明瑞便想誘敵下山，但大小和卓知道清軍精銳有多厲害，死活就是不下來。在勸降無效後，明瑞怕時間拖長了對己方不利，只得下令仰攻，雙方打了三個小時，互用火器攻擊，難分高下。

發現清軍兵力不多，大小和卓便打算拉開距離，重新集結後對清軍進行包割圍殲。明瑞是從黑水營殺出來的將領，馬上便明白了敵軍意圖，於是將計就計，率部佯裝敗逃，暗地裡卻部署人馬，尋找有利地形進行伏擊。回軍不知是計，一頭撞進了伏擊圈，清軍伏兵四起，從兩側向其放槍、射箭，明瑞也立即掉頭衝殺，回軍大敗，被殲五百多人，不得不「越山遁走」。

由於帕米爾高原上缺少草料，回軍攜帶了餵馬的大麥，而清軍對此缺乏準備，導致戰馬疲乏，無力追擊，但大小和卓逃走的具體路線和方向也由此被牢牢鎖定。

恨不得插上翅膀在高原上飛起來

一七五九年八月下旬，明瑞與另外兩支追擊部隊即富德、阿里袞部會合，總計人馬有六千左右。遵照乾隆的指示，富德從中選出四千精兵，由他統一指揮，繼續對大小和卓進行追擊。

八月二十九日，富德軍探知敵人蹤跡，確證對方與己隔開一座大戈壁，僅相距一百餘里。自次日起，富德下令「領兵牽馬，星夜急行」，這是收復和闐時積累的成功經驗，為的是保存馬的體力，好在關鍵時候發揮騎兵的威力。

第三天淩晨，富德軍穿越戈壁，在阿爾楚爾追上了敵人。發現清軍追了上來，大小和卓讓輜重隊趕著牲畜先行，他們另外選擇了一個狹長山谷，預設伏兵於兩山之間，同時列陣於谷口，以誘清軍。豈料這一伎倆對於清軍根本無效，富德兵分三路，以明瑞為左翼，阿里袞為右翼，兩翼部隊分成奇兵、援兵，「如牆而進」，搶先登上兩側山脊，分別奪取了左右兩側的制高點，反過來呈俯臨敵陣之勢，由富德自己率領的中路部隊則使用火炮，從山下向上放炮攻擊。

經過四個小時的鏖戰，回軍開始動搖，富德見狀，迅速從中路部隊中分出力量，協助兩翼加強衝擊，回軍實在支持不住，被迫放棄陣地敗逃。清軍緊追不捨，回軍在逃出三十餘里後，重新集結於一座山峰之上，再次對清軍進行阻止。富德見招拆招，命明瑞和副都統阿桂從正面攻擊，瑚爾起繞上側面，實施橫向攻擊，不過這次回軍打得格外頑強，他們依託有利地形，始終「以死拒守」。

正在僵持不下之際，富德遠遠地看到了回軍先行的輜重隊，估計大小和卓是為了給輜重隊撤逃爭取時間，才會這麼不要命地進行阻止。富德計上心來，當即派出一隊兵馬，假裝要繞過回軍佔據的山峰，直接對其輜重隊進行追襲。這下算是踩到大小和卓的命根了，他們唯恐輜重有失，只好放棄所佔據的山峰，向後敗逃並繼續尋找新的山峰作為阻擊陣地。

帕米爾高原山峰成堆，一座連著一座，但只要攻擊受阻，富德便派兵繞襲夾攻，一天下來，共統計殲滅回軍千餘人，其中包括多名大伯克，阿卜都克勒木在瑚爾起收復和闐之役中僥倖逃脫，此戰則未能倖免，而清軍一方僅陣亡一人，傷十人左右，雙方戰鬥力和戰術的懸殊差距可見一斑。

儘管取得完勝，但富德卻一點都高興不起來，相反還顯得更加焦慮。原因是大小和卓即將進入巴達克山（在今塔吉克斯坦和阿富汗境內）的地界，巴達克山當時是大清的藩屬國，一旦大小和卓進入，理論上清軍就不能直接抓捕，而必須與巴達克山進行交涉。

為了能夠趕在大小和卓進入巴達克山之前將其擒獲，富德開啟了高速行軍模式，全軍「日行百餘里」，真恨不得插上翅膀在高原上飛起來。一七五九年九月一日，薄暮時分，清軍追至一座名叫伊西洱庫爾的湖泊，就在這座湖泊的沿岸，他們發現了敵人的蹤影。

伊西洱庫爾即為新疆與巴達克山的邊界，時為布魯特人遊牧地，湖邊有一座大山，只要翻過此山，就能進入巴達克山。在清軍抵達伊西洱庫爾時，大和卓布拉尼敦已護送眷屬先走，小和卓霍集占率萬人之眾企圖將清軍阻於山下。富德命阿里衮由湖泊南岸繞到山的北面，以追擊布拉尼敦，自己則全力進攻山上的回軍。

由於直接仰攻較為困難，從次日上午十點到下午兩點，清軍先使用帶來的「威遠將軍」等火炮，對敵陣地連續轟擊了四個小時，但回軍依舊「死拒」，沒有絲毫放棄抵抗的跡象。在炮擊效果不夠理想的情況下，富德另想對策，從健銳營、索倫兵、滿洲兵等精銳中進行挑選，選出四十餘名精於火器的士兵組成突擊隊，以鳥槍對敵人進行射擊。

鳥槍雖然在聲勢上遠不如火炮，但在優秀士兵的操作下，卻能更為精準地射殺敵人，而且最重要的是，它能在心理上對敵軍起到一定的威懾作用。湖邊大山「山高石險」，山上只有一條路，非常狹窄，僅能過一人一騎，為了躲避彈丸，回軍的人馬輜重全都擁堵在一起，許多人驚慌失措，不知如何是好。

富德抓住機會，命霍集斯、鄂對等人在陣前豎起各自的旗幟，向山上高聲大呼「降者不殺」，以對回軍及其眷屬進行招降。跟隨大小和卓的人並非都是其死黨，很多系被其威脅，一路亡命，早已心力交瘁，此時聽到招降之聲，如同絕處逢生，一時間「蔽山而下，聲如奔雷」，都大聲呼喊著表示願意歸降，光從山上就跑下來上千人。霍集占急了，拿著刀拼命砍殺他們，企圖予以阻止，豈料這樣做更是起到了火上澆油的作用，「殺死多人，而降者益多」，連原先猶豫的人也都加入了歸降隊伍，漸漸匯成洶湧人潮，回軍防線遂成崩潰之勢。

第二天黎明，回軍僅剩的兩千多人往北逃去，此時阿里衮已繞到北面，正好撞上他們，於是立刻用鳥槍進行攔截，從而迫使這些回軍也全部投降。不過可惜的是，霍集占已經金蟬脫殼，連夜繞過山峰，騎著馬與布拉尼敦會合去了。

大功告成

清軍在帕米爾高原與大小和卓共經歷三輪大戰，史稱「蔥嶺三戰」，伊西洱庫爾之戰是最後一戰，此戰中歸降的回軍達到一萬兩千餘人，最後隨大小和卓脫逃的不過四五百人。儘管如此，由於沒能在巴達克山以外截住和擒獲大小和卓，富德仍受到乾隆的責備，乾隆同時檄諭巴達克汗素勒坦沙，令其縛獻大小和卓，如果違抗庇護，即進兵征剿。

巴達克山畢竟只是藩屬國，與清廷的關係和哈薩克等都差不多，有人認為大小和卓既已遠逃，沒必要窮追，一旦因此與巴達克山發動戰爭，勢必又要派去更多的軍隊。乾隆不同意這種看法，他認為大小和卓作為南疆叛亂的禍首，若不能捉拿歸案，就無法徹底穩定南疆，至於戰爭所費，平回大軍正駐紮於南疆，人力、物力、財力齊全，一聲號令，就可以開打，用不著再增添多少兵力。

遵照乾隆的旨意，富德率大軍進入巴達克山，同時對素勒坦沙發出最後通牒，勒令他必須在限期內交出大小和卓，「如過期不至，即行進兵。」素勒坦沙念在與大小和卓同族、同教的分上，本來確實想對大小和卓加以庇護，但見清廷態度如此堅決，為免殃及自己，也只得將大小和卓予以擒殺。

在清軍追擊大小和卓的過程中，布魯特人大批前來投順效力，蔥嶺三戰中的阿爾楚爾之戰，清軍的隨軍嚮導都是布魯特人，清廷順勢派人到布魯特各部落「傳檄曉示利害」，於是繼東布魯特之後，西布魯特也表示歸屬清廷，他們所屬的布魯特牧區亦隨之被劃入清廷管轄範圍。

至此，歷時達五年之久的平準平回戰爭大功告成，兆惠、富德奉命班師凱旋。一七六〇年四月十二日，西征將士抵京，乾隆非常高興，親自到京城郊外迎接，並為將士們舉行了盛大的「郊勞禮」。

所謂「郊勞禮」即在郊外迎接和慰勞將士的儀式，康熙平定三藩之亂後曾舉辦過一次，不過已相隔八十五年之久。康熙並非開國之君，但康熙朝武功之盛卻直追開國之始，八十五年後，乾隆再行「郊勞禮」，顯示著清軍實力及其戰績已經再上巔峰。

金川戰爭至平準戰爭前期，乾隆曾經深為缺乏良將而苦惱，從平準戰爭中後期起，以兆惠、富德等新一代八旗貴族為主的名將開始脫穎而出，他們在戰爭中多次創造奇跡，是當之無愧的平亂功臣。乾隆對功臣們大加犒賞，這時兆惠已被封為武毅謀勇一等公，又加賞宗室公品級，富德被封一等靖遠誠勇侯，其餘將領士卒也都按照各自所立戰功得到不同的封賞。

翌年，西苑紫光閣的重修工程完工，乾隆在紫光閣設慶功宴，宴請西征將士一百多人，並命人作《紫光閣賜宴圖》、《紫光閣凱宴將士圖》。歷史上，漢光武帝曾命人繪製《雲台二十八將》，唐太宗亦有《淩煙閣功臣圖》，乾隆仿效這一做法，從力主平準的傅恒，到實際參戰的兆惠、富德、瑪瑺等人，羅列一百名功臣，將他們的繪像陳列於紫光閣中，乾隆為其中的五十幅畫像親自撰題，其餘五十幅則命儒臣擬撰。以後便形成制度，每逢正月十九日即開放紫光閣，君臣共覽功臣圖，這既是對功臣們的嘉獎和激勵，同時也等於是在向朝野上下做何者為忠臣良將的最好示範。

清代新疆即中國古代所稱的西域，西漢時有西域三十六國，平準戰爭結束後，京城專設西域圖志館，分別考證出伊犁為故烏孫國，烏魯木齊為故車師國，庫車為故龜茲國，喀什噶爾為故疏勒國，葉爾羌為故莎車國等。西域與中原地區的聯繫曾經非常密切，唐代更是在西域專設安西都護府，並屯田駐兵，設官治理，直至唐末，都護府被吐蕃攻陷，中央政府才失去了對西域的有效管轄。

按照史家的總結，清代自康熙中後期起，便將龐大的軍事資源投入開拓邊疆的運動之中，這一運動一直持續到乾隆朝平準平回戰爭，並在這一時期達到高潮。平準平回戰爭結束後，天山南北重為中央政府所控，中央帝國的軍旗又再次飄揚在西域的天空，而此時距唐代都護府失陷已過去了九百多年！

五年時間，拓地兩萬餘里，乾隆完成了過去中原帝王們在近一個世紀裡都未能完成的輝煌業績，也奠定了近代中國的版圖。儘管也有人指責乾隆因為過度用兵消耗了民力財力，但這種說法其實並不客觀。康熙、雍正朝因為要對付準噶爾的威脅，所用軍費都不是一個小數目，雍正朝的清準戰爭更是接近兩千萬兩，為當時國庫銀的近一半，平準平回戰爭雖然也耗資三千餘萬兩，但它做到了一勞永逸，畢竟今後再不用為與準噶爾打仗背經濟包袱了，新疆駐軍的開支也沒有想像中那麼大，相比從前西北駐軍的所需費用，還減少了三分之二。

以回治回

民間流傳，香妃乃小和卓霍集占的小妾，她不僅容貌豔麗，天香國色，而且一生下來就體有異香，兆惠在平定回疆，凱旋的時候，把她帶回京城，獻給了乾隆。

乾隆很寵愛香妃，因為香妃入宮後思念家鄉和親人，便將其一部分族人遷居北京，同時在中南海內建寶月樓，使香妃登樓即可望見族人的居處房所，以慰鄉思，所以寶月樓也被俗稱為拜望樓。

又傳說，香妃終究難忘國仇家恨，為此暗藏利刃，欲刺殺乾隆，還曾對別人說：「我現在國破家亡，早就萌生死志，只是我不願像普通小女子那樣蒙羞而死，而必須和仇敵來個同歸於盡，這樣才能對故主有所交代。」

聞者大驚失色，連忙向乾隆報告，乾隆聽後深知香妃無論如何都不會屈服於自己，可殺掉又捨不得，於是只得一邊小心防範，一邊聽之任之。這樣過了幾年後，皇太后也知道了這件事，屢勸乾隆除掉香妃，乾隆不肯，皇太后便趁其外出之機，將香妃緊急召入，賜其上吊自殺。

按史書所載，平回戰爭結束後，乾隆確實納了一名回部女子入宮，後被封為容妃，所謂香妃即由容妃附會而來。容妃雖然也是和卓家族的後裔，但她和小和卓霍集占只是遠房堂兄妹的關係，而非其妃子。

容妃的生父早逝，她與胞兄圖爾都從小隨叔叔額色尹長大，額色尹就等於他們兄妹的養父，額色尹家族是回部上層貴族，他們與大小和卓一樣，早年曾被準噶爾囚禁在伊犁，清廷平準後又得以返回葉爾羌，霍集占叛亂時，額色尹等人因拒絕附從而避居於布魯特部落。清軍黑水營被圍，正是額色尹、圖爾都聯絡布魯特人，並與布魯特兵配合作戰，對喀什噶爾所屬的英吉沙爾發起進攻，才迫使大和卓布拉尼敦不得不分兵回援，從而減輕了黑水營清軍的壓力。

平回戰爭結束後，對於額色尹等人，乾隆一方面論功行賞，給予禮遇，另一方面又因為他們屬於和卓家族，為了防止其再回疆以和卓的名義鼓動回人，肇生事端，遂以入覲的名義，將額色尹舉族遷居北京。

當時以入覲名義從南疆遷京的回部上層家族很多，號稱「八爵進京」，這其中最讓乾隆不放心的並不是額色尹，而是霍集斯。霍集斯在回部的聲望和權勢直追大小和卓，他自己也曾流露出統領南疆的意思，乾隆擔心他成為第二個霍集占或是南疆的阿睦爾撒納，霍集斯剛剛奉命啟行，乾隆便即刻下旨，將他全家分批遷移至京。

這些家族入京後，除不能再回南疆外，給予的待遇都很優厚，霍集斯被封郡王品級多羅貝勒，容妃的叔叔額色尹被封輔國公，哥哥圖爾都被封一等台吉，而容妃入宮也同樣體現了乾隆對其家族的厚待。

清宮後妃的基本來源是選秀，秀女的年齡一般控制在十八歲以下，只有極個別可以例外，容妃就屬於此類，她入宮時已經二十六歲，而且沒有經過選秀管道，直接就冊封入宮了。為解其思鄉之苦，乾隆給予了她許多特殊優待，如容妃一年四季可穿本民族也就是維吾爾族服飾，又如乾隆常帶她出巡和賞賜其食物，所賞賜的食品名單中，多牛羊肉和瓜果而無豬肉，此外，宮中還專門為容妃配備了維吾爾族廚師，並召入維吾爾族雜技藝人為其表演鬥羊、玩繩杆等維吾爾族傳統節目。

傳說畢竟是傳說，寶月樓建於容妃進京之前，和她本人其實毫不相干，當然也不可能發生容妃行刺乾隆之事，所謂皇太后賜縊更是子虛烏有，實際上，皇太后比容妃還早十幾年去世，又豈能賜死容妃？

多民族聯姻向來是清皇室的傳統政策，不過之前主要是滿蒙聯姻，自乾隆開始，才有了滿維聯姻。對於乾隆而言，容妃並不僅僅是他的一個嬪妃，更是中央政府與南疆回部建立友好關係的象徵，他對容妃的態度直接體現著對容妃身後回部上層人士的態度。

在儘量善待在京回部家族，藉以向南疆回部民眾示好的同時，乾隆又積極籠絡額敏和卓、玉素布、鄂對等回部望族，這些望族不僅在平回戰爭中立了功，而且得到乾隆的信任，被認為繼續留在南疆不會引起事端。乾隆從各望族中挑選和任命阿奇木伯克（即城主），讓他們負責管理所屬各城回民事務，以推行自己「以回治回」的構想。

「以回治回」事實上只是南疆的基層治理模式。為加強中央政府對南疆的控制，清廷在阿奇木伯克之上設辦事大臣、領隊大臣，喀什噶爾還駐有參贊大臣，用以節制所有南疆各城。這種政治上的相對穩定對當地經濟的復甦無疑幫助良多，時間不長，原本因戰爭而滿目瘡痍的喀什噶爾、阿克蘇、和闐等許多地區便面貌大變，出現了「土田平曠，沃野千里，戶口繁多」的盛況。

東歸

平準戰爭結束後，在準噶爾強盛時受其擠壓而被迫外遷的原衛拉特（漠西蒙古）諸部、布魯特部紛紛回歸或內附至北疆，這其中影響力最大的便是土爾扈特東歸。

土爾扈特原為衛拉特四部之一，明末時因不堪準噶爾欺壓，汗王和鄂爾勒克率本部及和碩特、杜爾伯特的部分牧民，共五萬餘帳、約二十餘萬人西遷，輾轉至伏爾加河下游居住。

土爾扈特西遷時，伏爾加河下游尚荒無人煙，並非俄羅斯的勢力範圍，此後俄國沙皇才逐漸擴張到那裡，並力圖將土爾扈特人作為他們的征服對象。土爾扈特人很早就看穿了沙俄的嘴臉和用心，汗王和鄂爾勒克的使者曾經說過：「俄國人說謊的時候，不知道羞恥。」這句話一直被土爾扈特人牢記於心，不過相對於俄國，畢竟土爾扈特力量微小，難以與其直接對抗，順治元年，和鄂爾勒克即在與俄軍作戰時陣亡。

為了本部落的生存，和鄂爾勒克的後繼者不得不敷衍俄國，向其宣誓效忠，保證不與俄國的敵人來往，他們不僅每年要向俄國交納五百匹貢馬，當俄國對外進行戰爭時，還得承擔軍役和出兵作戰。有的學者據此認為，土爾扈特事實上已成為俄國的藩屬。

另外，土爾扈特並不甘心就此臣服於俄國，在政治上一直保持著基本獨立的狀態，和清廷的聯繫也始終沒有中斷，自順治朝起就多次遣使入貢。康熙也曾派內閣侍讀圖理琛等組成使團，深入伏爾加河下游，對土爾扈特部進行探望，這就是歷史上著名的「圖理琛出使」。

土爾扈特人對圖理琛使團予以了隆重接待，當時的汗王阿玉奇頗為動情地對圖理琛等人說：「雖然我在離你們很遠的地方生活，但是你們從我的衣帽服裝中就可以看出，和你們沒有什麼區別。如果把我們看作俄國人，那麼可以看出我們和他們之間，在衣帽服裝、語言和生活方式等各個方面都有著極大的差別。」他還公開表示自己討厭俄國，土爾扈特「不是他們（指俄國）的臣民」。

「圖理琛出使」加深了土爾扈特人對故土的思念，成為促使其東歸的誘因之一。一七六一年，十九歲的渥巴錫出任土爾扈特汗王，俄國利用其汗位交替之機，派人對土爾扈特的汗位繼承以及內部事務進行干預，又強迫土爾扈特放棄原來信仰的藏傳佛教格魯派，改信俄國的東正教，這些都激起了渥巴錫及其部眾的強烈反感。

土爾扈特人遠離故土，忍辱負重，不過是寄望於在異域為自己爭得生存空間，但俄國卻連這點餘地也不打算給他們留下。在沙皇政府的鼓動下，成千上萬的哥薩克人舉家遷徙至伏爾加河下游，此舉使土部遊牧區逐漸縮小，生活條件急劇惡化。

除土地被擠佔外，土爾扈特的人口也在不斷減少，沙俄熱衷擴張戰爭，對內大量徵兵，彪悍善戰的土爾扈特人更是屢被徵調，替俄軍充當前鋒和炮灰。一七六八年，沙俄對奧斯曼帝國開戰，被強征從軍的土爾扈特人死傷近八萬人，「歸來者十之一二」。當時土爾扈特的總人口還不到三十萬，一下子損失這麼多精壯成年男子，對它來說已超過極限，達到毀滅性的程度，因而造成了「人人憂懼」和整個部落的動盪不安。

當初土爾扈特西遷時，有一支部眾並未同行，他們隸屬於準噶爾，留在了伊犁境內。這一支部眾的首領舍楞參加了阿睦爾撒納叛亂，在一次戰鬥中，舍楞的弟弟勞章劄布被清軍副都統唐喀祿擒獲，舍楞為了救自己的弟弟，偽降並伺機殺害了唐喀祿，之後兄弟倆率部眾逃到了土爾扈特，清軍曾向俄國政府指名引渡舍楞兄弟，但遭到了拒絕。

舍楞雖遭清廷通緝，但終究思鄉心切，他告訴渥巴錫，準噶爾已被清軍剿滅，現在北疆「萬里之地，空虛無人，可據而有之。」除舍楞外，其餘逃往土爾扈特的衛拉特人也都附和他的意見，這使渥巴錫深受觸動，土爾扈特人自「圖理琛出使」以來東歸故土的願望得以重新萌生。

一七七〇年，為繼續加強對奧斯曼帝國的戰爭，俄國女皇葉卡捷琳娜強令土爾扈特凡十六歲以上男丁都必須上前線，這等於把土部推向了種族滅絕的境地，部眾人人驚懼，渥巴錫更是憂心如焚，他一面暗中加緊策劃東歸行動，一面被迫親率數萬土爾扈特人奔赴高加索戰場，以麻痺俄國政府。

在高加索，土爾扈特軍隊付出極大犧牲，也立下了功勳，卻並未得到應有的酬勞，相反，俄軍出於根深蒂固的民族歧視，還態度粗暴地對他們的宗教儀式進行侮辱，一旦他們表現出不滿情緒，就會遭到「可怕的、狂暴的打擊。」渥巴錫及其部眾由此進一步堅定了東歸的決心，事後連俄國人也不得不承認，正是由於俄當局給予土爾扈特以「一系列不應有的侮辱」，才最終使土部「從俄國的朋友變成了俄國的敵人」，直至憤然東歸。

讓我們到太陽升起的地方去

一七七〇年秋，渥巴錫率部從高加索前線返回。在一個夜色深沉的晚上，他和親信召開了一次關乎全部落前途命運的秘密會議，正式做出了舉族東歸的重大決策。

此時在沙俄的誘降和滲透下，土爾扈特內部已經發生分化，儘管渥巴錫採取了保密措施，但消息仍不脛而走，並傳到了親俄的王公貴族耳朵裡，其中有人屢次寫信向俄方告密，稱渥巴錫「已決定儘快渡過伏爾加河去中國」。俄國政府引起警覺，葉卡捷琳娜下達命令，讓渥巴錫把兒子及三百名貴族子弟送往聖彼德堡作為人質，並且還要徵發一萬名土爾扈特騎兵參加俄軍。

所幸負責監視土部的俄國駐土大使基申斯科夫是個狂妄自大的傢伙，他不相信土爾扈特人真的敢於反抗和逃涉，認為只是謠言，竟指著渥巴錫說：「你不敢這麼幹！我對那些謠言只付之一笑。可汗，你很清楚，因為你只是一頭用鐵鍊鎖住的熊，趕到哪兒就到哪兒，而不是想到哪兒就去哪兒。」

基申斯科夫的傲慢和疏忽為土爾扈特人起義爭取到了寶貴的時間。渥巴錫原計劃在伏爾加河結冰以後，會合河兩岸的土爾扈特人以及其他衛拉特人一齊行動，秘密號令已經發出，不料這一年氣候溫暖，河水不凍，居住在河西岸的一萬多戶土爾扈特人、杜爾伯特人無法渡河，而風聲卻已經洩露出去，並引起了俄國政府的懷疑和戒備，在這種情況，勢必不可能再耽擱下去了。

一七七〇年十二月，渥巴錫率河東岸三萬三千戶、近十七萬部眾離開伏爾加河，途中他召集會議，揭露了沙俄對土部所犯罪行後，指出如今「唯一辦法，只有同俄國人一刀兩斷，其他的任何出路都是沒有用的。」

在這次大會上，不僅渥巴錫自己熱淚縱橫，部眾也都群情激奮。按照一位西方史學家的記述，當時整個部落都異口同聲，高呼：「我們的子孫永遠不當奴隸，讓我們到太陽升起的地方去！」

渥巴錫將起義軍編成三路，婦孺老弱居中，舍楞率精銳騎兵做先鋒開路，渥巴錫親率兩萬人馬殿後保護。八天時間裡，他們闖過伏爾加河和烏拉爾河之間的草原，把尾追的俄軍遠遠甩在了後面，接著先鋒部隊又摧毀敵人要塞，保護大隊安全渡過烏拉爾河，迅速踏上了哈薩克草原。

獲知消息後，彼得堡宮廷內驚慌失措，葉卡捷琳娜大罵臣僚漫不經心，居然讓土爾扈特部在她眼皮子底下發動起義並離開了伏爾加河流域。她迅速調集大批俄軍，分別對起義軍進行跟蹤尾追和抄前堵截，同時通知哥薩克人在途中攔截，並唆使哈薩克人、巴什基爾人發動襲擊。

土爾扈特部出發時正值隆冬，哈薩克草原上白雪皚皚，天寒地凍，糧食水草都極為缺乏，兼之前有險阻，後有追兵，東歸之途變得越來越艱險。起義軍先是「攻破俄羅斯城四處」，繼而繞戈壁前進，戈壁上雖有水泉，但寸草不生，牲畜因而大量死亡。

一七七一年三月，為了避開其他部落的襲擊，起義軍再次進入一座大戈壁，結果那裡的環境比先前的戈壁更差。數千里大戈壁，漫漫黃沙，水草皆無，部眾只能飲牛、馬血解渴，隨之還暴發了瘟疫，導致人、牲死亡過半。

見此情景，有人開始意志消沉，渥巴錫及時召開扎爾固會議（部落會議），重新振奮了大家的士氣。渥巴錫的侄子，也就是土爾扈特的第二號實權人物策伯克多爾濟滿懷豪情地說：「俄國是奴隸國土，中國是理想之邦，讓我們奮勇前進，向東，再向東！」

東歸路上，依靠自身的勇敢機智，土爾扈特人多次得以化險為夷。當起義軍到達奧琴峽谷時，發現山口通路已被哥薩克佔領，在進退兩難的情況下，渥巴錫組織了五隊駱駝兵，從正面猛攻哥薩克，策伯克多爾濟則率領一支精銳的小分隊，從山間峽谷悄悄迂回至哥薩克背後對其發動突襲，通過前後夾擊，終於得以殲滅哥薩克，打通了東進的道路。

比奧琴峽谷之戰更為驚險的是姆莫塔湖之戰。當時起義軍陷入了哈薩克五萬聯軍的包圍之中，前路被堵塞，部隊也饑疲不堪，無力戰勝對方。渥巴錫派使者和哈薩克談判，又送還了在押的一千名俄國和哈薩克俘虜，從而得到了三天休整喘息的時間。第三天深夜，渥巴錫親率主力，奇襲哈薩克軍，一舉沖出了包圍網。

一七七一年七月，渥巴錫及其主力陸續進入伊黎河畔，此時距離土爾扈特西遷已過去了整整一個半世紀。為了完成這一回歸故鄉的壯舉，他們前後走了將近八個月，行程一萬數千里，至完成行程時，整個部落僅存一萬五千戶計七萬餘人，不及啟程時的一半，這也就意味著有近十萬土爾扈特人死在了途中。

土爾扈特東歸是十八世紀轟動中亞乃至全世界的一件大事。「十八世紀後半期，一個韃靼民族跨越亞洲的無垠草原，向東遷逃」，英國著名作家德昆西評論道：「自有最早的歷史記錄以來，沒有一樁偉大的事業，能像它那樣轟動於世和激動人心了。」

邊疆運動

在土爾扈特到達伊犁流域後，左哈薩克汗阿布賚曾派人向伊犁將軍伊勒圖提議，要求出兵夾擊土爾扈特。伊勒圖採取謹慎態度，沒有貿然行事，而是一面向朝廷奏報，一面瞭解土爾扈特的意圖。

在尚不知道土爾扈特來意的情況下，乾隆為防萬一，讓伊勒圖加強伊犁一帶的防務，同時指示正在返京途中的參贊大臣舒赫德，命他立即返回伊犁，協助伊勒圖辦理此事。

當初渥巴錫從舍楞等人那裡得到的消息是，由於清軍的剿殺，準噶爾人大為減少，伊犁空虛，所以他們最初其實有過佔領伊犁的打算。即便在途中的扎爾固會議上，是否仍按原計劃武力佔領伊犁也仍然是重要議題之一，眾人圍繞這一問題，反復討論了七天，始終難以決斷。直至東歸行程結束，看到伊犁等地防務力量很強，自身又處境艱難，實力大為削弱，渥巴錫這才下決心改變原計劃，與伊勒圖交涉歸順清廷。

獲悉土爾扈特乃為投奔而來，伊勒圖等一部分大臣心存疑慮，怕因此得罪俄羅斯。乾隆力排眾議，他回顧了土爾扈特的歷史，包括當年的「圖理琛出使」，認為土爾扈特向來就是「我之臣僕」，跟俄國沒有關係，過去我們向俄國索要犯了罪的舍楞，俄國不給，如今我們也照樣可以以子之矛，擊子之盾，他們必然無話可說。

未幾，俄國果然向清朝理藩院遞交諮文，氣勢洶洶地要求不得收留渥巴錫及其土爾扈特部，還稱清廷如若收留，便是不友好的表現，俄方不排除有可能動武，到時「恐兵戈不息，人無甯居。」一面對俄國的戰爭威脅，乾隆明確表示並不懼怕，強調土爾扈特此次返歸，清廷「再無送還之理」，哪怕因此引發中俄武力衝突，甚至中斷雙方長久以來的商業貿易亦在所不惜，反正你想打想和，悉聽尊便。

在西方史學界看來，十七、八世紀乃是中俄劃分內陸亞洲草原的時期，在此期間，雙方屢屢進行碰撞，而且均以武力作為後盾。拋開早期的雅克薩之戰不談，後期的準噶爾、回部都裝備了與俄軍相仿或直接由其提供的武器，二者與清軍的作戰，某種程度上也可以視作中俄軍事實力的較量。

雖然平準平回戰爭的結果，並不能視為清軍就可以理所當然地戰勝俄軍，但起碼說明當時的中俄兩軍有來有往，是有得打的。更何況，此時俄國忙於向西擴張，正與奧斯曼帝國等打得難分難解，又哪裡抽得出足夠兵力與清軍角逐，其外交諮文不過是虛張聲勢而已。實際上，俄國政府事後除對尚留在伏爾加河的土部部眾加強監視，防其再次逃逸外，對於土爾扈特東歸一事也只能不了了之。

舍楞等人殺害過清軍高級將領，本是亡命異域，被通緝的要犯，人們原先以為他們不敢回來，一旦確證舍楞等人就在歸來人眾之中，有人便開始擔心舍楞是否會與俄國串通，故意慫恿渥巴錫東返，卻伺機襲擊清軍。乾隆在彙集情報，摸清情況後，認為不應過高估計舍楞的能力，他分析說：「渥巴錫並未犯罪，舍楞先前雖然犯罪，他前來投誠看起來似乎有可疑之處，但其屬下能有幾人，渥巴錫所部那麼多人，渥巴錫怎麼可能被他牽著走？」

如果一個人別有所圖，通常只會選擇往高處走，絕不會明知絕境，仍自陷其中，乾隆由此判斷舍楞等人與渥巴錫一樣，東歸均出自真誠。

「俄羅斯和天朝同屬大國，舍楞既肯背棄俄羅斯東歸，現在又進入天朝邊界，進退無據，那他還有什麼地方可以去呢？」為打消對舍楞等人的顧慮，乾隆宣佈因其已經悔悟，又屬於自行投誠，故既往不咎，「前罪一律寬宥」，同時「照杜爾伯特之例，接濟產業，分定遊牧。」

在消除分歧，統一認識後，乾隆特命舒赫德接任伊犁將軍，專門籌畫安插優恤事宜。雖然對少數民族予以優恤一向是清廷收撫政策的一項重要內容，但土爾扈特所得到的優恤規格卻是史無前例的，其間中央政府不僅從各地調撥了大量救援物資，而且一次性就動用庫銀二十萬兩，這在蒙古的賑濟史上還從未有過。

土爾扈特人終於結束了饑疲不堪的生活，他們在回歸之初暫住於伊犁，後被安置在氣候適宜、水草豐美的北疆優良牧場，自渥巴錫以下對此都非常滿意和感激，「踴躍率眾謝恩」。

一七七一年十月，渥巴錫率大小頭目來到避暑山莊覲見乾隆，乾隆數次予以接見和宴請，又大加冊封，將渥巴錫仍封為汗，策伯克多爾濟為親王，舍楞等人為郡王（渥巴錫死後設盟編旗）。適值避暑山莊北的普陀宗乘之廟落成，乾隆邀渥巴錫等人同往瞻禮，在這次盛大法會上，乾隆親自撰寫「土爾扈特歸順記」和「優恤土爾扈特記」，並以滿漢蒙藏四種文字刻碑立於廟內，永志紀念。

史家認為，以土爾扈特二碑為標誌，自康熙年間開始的「邊疆運動」至此告一段落，在這長達一個世紀的時間裡，康雍乾三代帝王最終奠定了近代中國的版圖，尤其乾隆朝對西北的統一，其鞏固程度更是有史以來從未達到過的。

太平天子

孟子曰：「五百年必有王者興」，古代卦書《枕中記》託名孔子，書中有同樣的說法，認為必須九個甲子才有可能出現一次盛世。一個甲子是六十年，也就是盛世得經歷五百四十年的光陰才能輪到，從歷史上看，中國古代所謂的盛世確實不多，「康乾盛世」為其中之一，康乾盛世自康熙朝肇始，雍正朝、乾隆期連續發力，至乾隆朝中期，終於將這一繁盛的局面推向了頂點。

當年的金川戰爭曾讓中央財政承受巨大壓力，平準平回戰爭則完全沒有了相似的焦慮。一七五七年即第三次平準戰役打響的那一年，國庫存銀已達七千萬兩，是乾隆初年的三倍，而此前政府的儲備糧也達到了四千四百萬石，合五十億斤以上，據稱「可供二十餘年之用」。正是因為有如此充裕的錢糧盈餘，乾隆才可以一邊不斷地大手筆蠲賦稅、免錢糧，一邊放手在西北開疆拓土，「施軍威於遠方，震武功於域外。」

清代的錢囊以乾隆年間最充實，成為不爭的事實，其經濟之鼎盛，已超過前代任何一個王朝。這從人口數量上就可以看出來，至一七六二年全國人口已突破兩億大關，而且還在繼續增長，但並沒有因此出現危機性的後果，也就是說，乾隆時代完全可以養活兩億人，這在過去是難以想像的。

即便從橫向上來看，這時的中國，無論是國民生產總值還是國內貿易總額，也均居世界首位，其中一個極為重要的原因是，乾隆中期不僅對外強勢，內部也沒有發生過大規模的農民起義，表現出「一種超乎尋常的平穩安定和一脈相承的景象」，乾隆因此被外界稱為「太平天子」。以此為前提，中國在農業生產方面達到了前所未有的水準，而在同一時期，西方的工業革命和思想變革才剛剛開始，尚未爆發出其驚人的潛力，兩相比較，連西方漢學家都不得不承認，「乾隆年間的中國，經濟確實是生氣勃勃。」

作為乾隆盛世的標誌性工程之一，圓明園在本園擴建全部完工，且由乾隆親自命名「四十景」後，曾被認為工程已經結束，但實際情況並非如此。在一七四九年，即乾隆首次南巡的前兩年，圓明園還向其東面擴展六千多畝，並根據新的設計圖紙著手建造別館，這就是長春園。

長春園被定位為乾隆的養老居所。按照乾隆自己的說法，康熙在位六十一年，他不能超過祖父，因此希望在登基滿六十年也就是八十四歲的時候歸政，歸政後就住長春園。有了這樣的前提，長春園的整個設計便區別於圓明園本園，一方面強調休閒，另一方面更符合和貼近乾隆本人的喜好。

乾隆南巡時觀賞和喜愛的江南園林都在長春園內得到了仿製，但其仿製的建築之美又往往勝過前者，乾隆對此非常滿意，說有此現成景色，都不用再想念江南了，「何必更羨吳江？」

長春園的另一令人矚目之處，還在於它容納了大量的歐式宮殿和園林。雖然在乾隆之前，中國就已經出現了國外的建築樣式，但在皇家宮苑中引入歐式風格建築，乾隆乃是第一人。這些歐式建築主要由郎世甯、蔣友仁、王致誠等傳教士參與設計，被稱為西洋樓，也被稱為中國的凡爾賽宮，其中最知名的是諧奇趣、海晏堂、大水法三處噴泉建築群，人們熟悉的圓明園十二生肖獸首銅像就源自海晏堂。

一七五五年以後，平準戰爭開始，前線需要大量經費，京城的園林工程建設稍稍進入低潮，但長春園已基本竣工。由本園和長春園構成的圓明園氣魄宏大，精彩紛呈，法國神父因為參與設計長春園，得以獲准在園內自由行走，在他眼中，圓明園簡直可以用人間天堂來形容。

專家推斷，圓明園還極可能是《紅樓夢》中大觀園的原型。依據之一，乾隆曾在宮廷畫師所繪的《圓明園全圖》上御題「大觀」二字；依據之二，曹雪芹的青年時代正值圓明園擴建，此時曹家雖已衰敗，但曹雪芹和一些公子王孫都頗有交往，其中就有他的親姑表兄、平郡王福彭。福彭是乾隆當皇子時的同學兼好友，可以經常出入圓明園，他們帶給曹雪芹的關於圓明園的見聞加上各種街談巷議，都給曹雪芹創作《紅樓夢》帶來啟發；依據之三，大觀園本身就帶有圓明園的影子，如為元妃省親所蓋的大觀樓，在私家園林中較為少見但皇家苑囿中卻常設的稻香村，以及一般園林中同樣難得一見的庵、廟等。

根據考證，曹雪芹於圓明園本園完成之際，恰好開始創作《紅樓夢》。這部「披閱十載，增刪五次」的曠世巨著，與圓明園、《四庫全書》一樣，都是對那個輝煌時代的最好證明。

第八章

這叫打的什麼仗

乾隆在事業上雖然大獲成功，但帝王家庭自古多悲劇，他也不能例外。乾隆登基時有兩個弟弟，弘晝和弘瞻，弘瞻最小，乾隆即位時，他才只有兩歲，因從小生長在圓明園，所以人稱「圓明園阿哥」。乾隆很喜歡這位幼弟，某次弘瞻在圓明園裡玩耍，乾隆看到了，召他近前想和他說說話，沒想到弘瞻怕皇帝哥哥，居然一溜煙跑掉了。就這樣，乾隆也沒責怪他，只是把太監們當替罪羊罵了一頓。

另一件事也足以表明乾隆對弘瞻的愛護和培養。乾隆早年對著名詩人沈德潛最為傾倒，曾說沈德潛的詩詞「非時輩所能及」，於是便延請這位名師來為弘瞻執教。因為有沈德潛作為老師，所以弘瞻的詩詞也寫得很好，乾隆初年，他常和弘晝陪乾隆吟詩，史載「每陪膳待宴，賦詩飲酒，殆無虛日。」

可是弘瞻就像過去的弘晝一樣，並不讓皇兄為之省心。乾隆的十七叔、果親王允禮生前在諸王中較為殷富，他死後由於膝下無子，故以弘瞻過繼，承襲果親王封號的弘瞻因而積聚了許多錢財，但他秉性慳吝，即使家財萬貫，仍變著法兒地想占別人便宜。

御弟

弘瞻曾因開設煤窯而強佔平民產業，不過真正引起乾隆關注的還是販售人參案。一七六三年，兩淮鹽政高恒代京師王公大臣販售人參牟利案被曝出，經過審理，發現弘瞻也牽涉其中，起因是他欠了商人的錢，但又不拿現錢償還，而是派王府護衛帶商人到高恒處，托其販售人參，用以償債。

此案中的弘瞻已全無一點御弟的體面，讓乾隆臉上無光，他下令進一步追查，結果查出弘瞻還令各處織造、關差給他購買奢侈品及優伶，卻只付很少的錢。

乾隆對弘瞻很不滿意，屢次加以訓飭，然而弘瞻只是左耳進、右耳出，或者說他根本就沒把皇兄的權威當一回事。乾隆讓他去盛京送玉牒，他居然上奏說要先打獵，打完了獵才能去盛京。

弘瞻的生母謙妃劉氏舉行壽辰，乾隆未加賜稱祝，弘瞻便直接把不快掛在臉上，還對乾隆微詞諷刺，乾隆也來了氣，遂以事實批駁他說：「你坐擁豐厚家產，侍奉母妃卻菲薄小氣，不但不拿財物孝敬母妃，反而常向母妃索取財物，天底下有你這樣做兒子的嗎？」

除貪財牟利外，乾隆最不能忍受的莫過於宗室貴族對朝政的干預，此前他已明諭禁止諸王與大臣往來，並令各部院及八旗衙門抄錄此旨，張貼於壁，「庶諸臣觸目驚心，遠嫌自重。」弘瞻卻明知不可為而為之，在朝廷簡派官吏時，找軍機大臣阿里袞，想給門下謀取私人職位。乾隆知道後極為惱火，指出請托絕非小事，倘若此風不剎，則從內務府旗員到各級滿漢官員以及各部院司，將人人效法，到那時就沒有什麼問題不會發生了。

「朕實為之寒心。」乾隆把弘瞻找來，斥責他「素不安分，向人請托」，很嚴厲地對他說：「你是誠心要干預朝政嗎？居然毫無顧忌到這種程度！」

不管乾隆怎樣聲色俱厲，弘瞻依舊以為自己犯的都是一些小錯誤，乾隆不會拿他怎樣，因而沒有一點收斂。圓明園九州清晏殿乃帝后寢宮，殿內不慎失火，諸王都進園救火，弘晝的住處離得最近，但就數他到得最晚，更為惡劣的是，他到場後不但不參與善後，還和皇子們嘻嘻哈哈，看上去對帝后毫無掛念之情。

弘晝在盤查倉庫案中受罰後，已經變得低調起來，然而或許是被弘瞻間接地壯了膽，但凡只要他和弘瞻在一起，就不太注重細節。有一次兄弟倆同到皇太后宮中向其請安，兩人一屁股就坐在了皇太后的后座旁，還稱雍正為「皇考」。皇太后的后座旁是乾隆請安跪坐之處，按照規矩，別人是不能碰的，而且只有皇帝才能稱雍正為皇考，其餘兄弟都應按諡號稱世宗憲皇帝。

乾隆忍無可忍，數罪並罰，不但勒令弘瞻交出罰銀一萬兩，還將其革去親王，降為貝勒，並解除一切差使，永遠停俸。弘晝雖然平時已經算是謹小慎微，明哲保身，但如今也只能陪綁，被以在皇太后面前「跪坐無狀」的罪名，罰王俸三年。

這次嚴重的處罰標誌著宗室地位下降到了清初以來的最低點，對於弘曕而言更是如同晴天霹靂，從此以後他就抑鬱不歡，閉門家居，乃至最後一病不起。

乾隆雖不得不對弘曕的放縱行為予以懲戒，但並沒有拋棄手足之情，得知弘曕患病，忙親自趕去探望。見到皇兄，弘曕無法起身，只能在被褥間向他叩首謝罪。

看到弘曕病成這樣，乾隆又痛又悔，當場嗚咽失聲，拉著弘曕的手說：「我因為你年紀輕，所以才稍加處分，為的是要改改你的脾氣，想不到你竟會得如此重的病。」

回宮後乾隆特意稟明皇太后，封弘曕為郡王，希望幼弟聽到這個消息後能夠儘快痊癒，可惜已經無濟於事，弘曕不久即撒手人寰，死時年僅三十二歲。

乾隆悲痛不已，親自為弘曕的園寢撰寫碑文。據說他在寫這篇碑文的時候將文中的「瞻」寫成了「曕」，「弘曕」也就成了「弘瞻」，因為是皇帝御筆，眾人也只好將錯就錯，於此亦可見乾隆當時的心境。

繼后

乾隆的感情生活和兄弟關係一樣不順。在富察氏去世的前半年，乾隆的精神狀態一度很差，脾氣也變得很暴躁，經常無緣無故地對身邊人發火，弄得侍從們都戰戰兢兢，不知該如何應付。直到後來起用傅恒，較為體面地解決了金川問題，各方面的事業也蒸蒸日上，他才漸漸地得以恢復平靜。

再立皇后，成為宮中新的焦點，對此皇太后早有動議，她建議的人選是嫻貴妃烏喇那拉氏。

如同其封號中的「嫻」字一樣，那拉氏性情溫順，冊文中也說她「持躬淑慎，賦性安和」，故而頗受皇太后喜愛。那拉氏在乾隆皇子時期便做了側福晉，原先其地位僅次於富察氏和皇貴妃高佳氏，但高佳氏在富察氏謝世前就已亡故，這樣她就排到了其他嬪妃前面。

在乾隆心目中，那拉氏再好，也不能跟富察氏相提並論，他希望能將皇后這個位置永遠留給富察氏，換誰繼任皇后，都覺得「心有不忍」。只是皇太后懿旨不能置之不顧，而且中宮也確實不宜久虛，於是便在富察氏去世一年後，晉封那拉氏為皇貴妃，讓她先攝「六宮事」，代行皇后職責，待富察氏二十七個月喪期過後，皇帝四十歲生日之前，再正式冊封其為皇后。

按照晉封皇貴妃的儀制，公主、王妃、命婦等都應前往皇貴妃宮行慶賀禮，但乾隆表示那拉氏初封是嫻妃，不是貴妃，所以「儀節自當酌減」，慶賀禮就免了。這實際上是減低了儀制的規格，也表明乾隆從感情上依舊難以接受那拉氏入主坤甯宮。

轉眼到富察氏謝世的第三個年頭，二十七個月喪期早過，可乾隆還遲遲沒有冊封皇后的意思。皇太后一再催促，明知自己終將戴上鳳冠的那拉氏也極其小心謹慎，對乾隆表現得溫順體貼，這使乾隆不得不趕在自己四十歲生日前立那拉氏為后，並在頒詔中讚譽她：「孝謹性成，溫恭夙著。」

無論是冊封儀式還是爾後的萬壽大典，乾隆公開場合都儘量融入其中，乃至強顏歡笑，所謂「中宮初正名偕位，萬壽齊朝衣與冠」，但當夜深人靜，一個人獨坐於晚風之中，他仍然無法擺脫對前妻的深切思念。

時光和命運，二者都非人類所能真正抗衡，隨著歲月一天天流轉，連乾隆自己都覺得長此以往，對那拉氏很不公平，「豈必新琴終不及，究輸舊劍久相投」：並不見得是新皇后一定不如舊皇后，恐怕還是我對富察氏的感情太深之故啊！

他開始努力調整，嘗試著從昔日的陰影中走出來，重建新的婚姻生活，自此，乾隆每次出巡，那拉氏都會伴駕隨行。那拉氏於潛邸時期即嫁給乾隆，之前從未有子嗣，但在其後的五六年時間裡，卻接連為乾隆生下了兩子一女。

可惜這種看似和諧的時光並沒有能夠維持太久，尤其在乾隆過完五十歲壽辰後，本來談不上好色的他突然對年輕妃子表現出了興趣，後宮嬪妃也不斷增加，這必然影響到了他和那拉氏之間本就不夠穩固的感情。

乾隆的這種變化和晚年的康熙很相似，康乾祖孫受儒家文化的影響極深，年輕時對自己的道德約束都很嚴，向來無沉湎聲色之舉，為何中年以後都不約而同地熱衷此道？有人分析原因，認為是出於一種補償心理的需要，即隨著他們的年齡不斷增大，與年輕妻子在一起，似乎就可以用以抵禦乃至削減衰老一樣。

除此之外，另外一個可能性是乾隆希望借此獲得更多的子嗣。乾隆名義上的皇子雖多，但大多早殤，繼痛失嫡子永璉、永琮後，又先後有四個皇子夭折，其中就有那拉氏所生的永璟，另外三個甚至都還沒來得及命名，成年皇子中，皇長子永璜、皇三子永璋也因受到乾隆的嚴厲訓斥，而雙雙死於過度憂鬱。

不管出於何種原因，總之是乾隆的嬪妃越來越多，也越來越年輕，可乾隆的年紀卻越來越大，加上宮外需要他處理的事務堆積如山，乾隆的統治術又像他父親一樣，往往精細到無以復加的程度，連發遣一個犯人到新疆、雲南城垣坍壞這類看起來像芝麻綠豆一樣的小事，他都要親自過問，一天下來還能有多少時間和精力放到繼后身上？

那拉氏既為乾隆所冷落，她僅存的兒子皇十二子永　也不討乾隆喜歡，幾乎很少提及，更不用說立為儲君了。那拉氏是看著富察氏當皇后的，未料輪到自己，卻既不得足夠的夫愛又沾不到「母以子貴」的光，這種巨大的落差很容易讓她心理失衡，而從冊文描述以及其一貫言行來看，她的性格又比較內向，有了問題也不知道藉其他方式排遣，只會一味積壓在心裡，帝后矛盾遂由此引發。

不解之謎

一七六五年，那拉氏成為繼任皇后的第十六個年頭，這一年她已經四十七歲。清宮中皇后有每月侍寢的特權，按照規矩，當年一月的除夕夜與正月初一、初二，皇帝都要與皇后同房，之後才能召幸其他的妃子，但顯然這幾次同房並沒有達到那拉氏的期望值，她在失望和失落之餘，精神上也受到了更大的刺激。

二月五日，乾隆奉皇太后懿旨舉行第四次南巡，皇后及令貴妃等後宮嬪妃隨行。按照乾隆的說法，那拉氏在南巡之初就已經「性忽改常」，情緒顯得有些異常，也不能很好地侍奉皇太后，「於皇太后前不能恪盡孝道」。不過當時並沒有引起大家的足夠重視，正如乾隆事後所說，「皇后自冊立以來，尚無失德」，偶爾有那麼一次做得不夠好，自然沒必要放大處理。

儘管夫妻感情已經很是淡漠，但該表現在外的總是不能疏漏，途中適逢皇后生辰，乾隆吩咐早晚膳都另加膳品。此後一行人來到杭州，宮闈中仍是一派承歡洽慶的景象，清代西湖有一個名叫「焦石鳴琴」的名勝，當眾人在此處進早膳時，乾隆又將膳品賞賜給了皇后。

事情發生在當天晚膳時，皇后意外地缺席了。熟悉後宮內幕的人立刻意識到，一定發生了什麼重大變故，爾後傳出的消息令人震驚：皇后忤旨剪髮，已被提前遣送回京！

據宮中傳出的消息，當天的情況是，皇后對皇帝有所冒犯，然後又怒氣沖沖地到皇太后面前哭訴，懇求在杭州出家為尼，還抽出剪刀，齊根剪去了自己的萬縷青絲。這一講述與官方的正式講述大體一致，即那拉氏與乾隆發生齟齬，竟一氣之下剪去了髮辮，但究竟是因為什麼事發生齟齬，二者都未提及，後世的各種官修史書也無一例外地對此事保持了諱莫如深的態度，這使得杭州事件幾乎成了一個不解之謎。

官方避而不談，反而增加了人們予以探究的興趣。有一種說法是與納妃有關，「皇上在江南要立一個妃子，納皇后（即那皇后）不依，因此抵觸，將頭髮剪去。」民間流傳更廣的則是所謂「江南獵豔說」，有的說是皇帝私生活不檢點，常有冶遊之舉（指嫖妓），皇后反對他尋花問柳，也有的說是皇帝豔遇了一位傾國傾城的美女「揚州姑娘陳氏」，欲封其為明常在，皇后不同意，總之最後的結果就是雙方談判破裂，遂有憤而剪髮之舉。

乾隆性情高雅，有一種文化道德上的潔癖，說他和風塵女子廝混似乎不太可信，至於豔遇美女，民間演義的色彩亦顯得過於濃厚，但他那段時間多蓄嬪妃確是事實，由此可以推斷，他與那拉氏的爭執很可能也與納妃有關。

皇帝納妃本是尋常事，有統攝六宮之權的皇后也不是不能提意見，如果能找出上得了檯面的理由，如按照大清祖訓，皇帝不能沉迷女色之類，甚至可以迫使對方改變決定，畢竟，除富察氏再生外，恐怕還沒有哪個女子是乾隆非納不可的。問題在於，從那拉氏一路上情緒反常開始，已經呈現出帝后失和的徵兆，那拉氏心中蓄積了太多的不滿、沮喪和壓抑，急需尋找一個宣洩口，反對納妃可謂正當其時，而乾隆心裡已經有了疙瘩，自然也不會買帳。

激烈的爭吵使那拉氏失去理智，最後以她自己事前恐怕都想像不到的方式走向了極端。滿洲國俗最忌自行剪髮，特別是女子，只有親人或丈夫去世，才能這麼做，皇宮之中，也必須在皇帝或太后去世時，方允許皇后剪髮，那拉氏「悍然不顧」地剪去頭髮，等於就是要詛咒乾隆和皇太后早死！

那拉氏是滿洲正黃旗人，父親為世襲佐領，而且本身也受過嚴格的宮廷禮儀教育，她不可能不知道剪髮的後果和嚴重性，但當時當地，她可能只想到要表示自己削髮為尼的決心，而顧及不到其他了。此舉一出，頓時就把乾隆置於非常尷尬和難堪的境地，乾隆大為震怒，當即以「跡類瘋迷」為由，命額駙福隆安監護，將「突發瘋疾」的那拉氏由水路先行送回京城，他自己則在兩個月後才率領南巡隊伍返京。

回京後，乾隆本打算馬上廢后，但廢后乃大事，在中國古代政治倫理中與國體禮制直接相關，群臣對此議論紛紛，刑部侍郎阿永阿更是不顧一切地上疏進諫。乾隆看完諫疏後很惱火，斥罵道：「阿永阿覺羅近臣（覺羅有宗室之意），乃敢蹈漢人惡習，博一己之名。」當下召九卿議罪，將阿永阿罰戍黑龍江。

直接受益者

因為阿永阿等人力諫，乾隆意識到若貿然廢后，阻力太大，只得放棄，但皇后的身份和權力也已名存實亡，奉旨代其攝「六宮事」的是令貴妃魏佳氏。

魏佳氏出身於八旗漢軍的包衣家庭。包衣也就是家奴，相對於普通旗人來說，包衣的社會身份其實並不低，但在宮廷中就不一樣了，尤其清代選秀女非常注重門第，以致「清皇子之母鮮有出身微賤者」。通常情況下，剛進宮的秀女除非由王府直接入宮，否則只有權貴世家的女子才有機會獲得貴人及其之上的封號。

魏佳氏於乾隆十年被選進宮中，她既是包衣秀女，又無王府入宮這樣的資歷，然而一入宮就當了貴人，同年再被冊封為令嬪。很顯然，沒有皇帝的喜愛和關注是做不到這一點的，同時也說明當時乾隆的權力已經較為穩固，在私人事務方面擁有了更多的自主權。

《乾隆帝后妃嬪圖卷》中有魏佳氏被封為令嬪後不久的畫像，畫中的她嬌嫩美豔、楚楚動人。有意思的是，這一畫像的旁邊還標有「令妃」的頭銜，依常理來看，畫家絕不會出現和聽任這種明顯失誤的存在，否則將招致嚴厲的懲罰，最大的可能是乾隆親自為畫像書寫了榜題，只是寫的時候誤將「令嬪」寫成了「令妃」。

清代皇帝為提升皇后及寵妃的出身地位，經常將其旗籍進行改換，叫作抬旗。魏佳氏原屬正黃旗包衣，乾隆通過抬旗的辦法將她抬入了鑲黃旗，正黃旗、鑲黃旗同屬上三旗，但魏佳氏被抬入鑲黃旗後，就改變了原有的包衣身份，此外，她本姓魏，姓氏中加上一個「佳」字，使之滿洲化，也是提高身份的一個途徑。

皇后那拉氏與乾隆只差七歲，但魏佳氏要比乾隆小十六歲，在後宮年輕妃子吃香後，魏佳氏再次成為其中的佼佼者。在乾隆第四次南巡前，她就已為乾隆生育三男兩女，其等級也由令嬪升令妃，令妃升令貴妃，位列皇后之下，眾妃嬪之上。

魏佳氏隨乾隆參加了第四次南巡，清宮檔案收錄皇后忤旨剪髮當天的用膳名單，上面本應寫有皇后名字的地方已被人用紙遮貼，紙上寫的就是魏佳氏的名字。一七六五年六月二十六日，魏佳氏被冊封為皇貴妃，此時距杭州事件僅隔兩個多月，有人便猜測乾隆想封的妃子正是魏佳氏，並認為正是因為那拉氏反對乾隆晉封其為皇貴妃才引起了劇烈衝突，這就是所謂的「寵妾滅妻說」。

不管真相究竟如何，魏佳氏都是杭州事件的直接受益者，這一點是確鑿無疑的。當然，在後宮剛剛經歷風暴，人人自危，而皇后也未被正式廢除的情況下，魏佳氏所要承受的精神壓力和所要花費的心思，顯然也相當大。

清宮醫案記載，魏佳氏曾在三十一天的時間裡，服用人參七兩，每日平均二錢有餘，這些人參皆為上等人參，加在一起的服用量是很大的。醫學上將強力補益稱為「峻補」，只有極度虛弱和危重的病人才適用，專家認為魏佳氏的人參服用量已接近「峻補」，乃體虛神衰的表現。

好在苦頭沒有白吃，第二年，已年近四十的魏佳氏又為乾隆生下了一個皇子，即十七皇子永璘。以乾隆三十年即一七六五年劃界，在此之前，乾隆有十六子七女，但在此之後，僅有一男一女，魏佳氏也因此成為乾隆宮中生育子女最多的后妃。

按照清宮醫案，魏佳氏懷孕期間仍在服用人參，而就在她生下永璘的當月，乾隆下令將那拉氏歷次受封的冊寶悉數予以收繳，其中包括皇后一份、皇貴妃一份、嫻貴妃一份、嫻妃一份，此舉無異於將那拉氏從后妃名單中摒除了出去，她名義上雖仍是皇后，但實際上卻連一般的嬪妃都不如。這對已被幽禁於冷宮中的那拉氏而言，乃是致命一擊，因此僅僅兩個月後就香消玉殞，死前僅有兩名宮女在身邊服侍。

那拉氏死後，乾隆命以皇貴妃而不是皇后的規格治喪。上面的態度決定了下面的做法，內務府在實際操辦時，把那拉氏的喪禮辦得冷冷清清，規格比皇貴妃的喪禮還低，在她所安葬的裕陵妃園寢內，既無自己獨立的墓穴和寶頂，園寢大殿上也沒有相應的神牌供奉，就仿佛園寢裡根本沒有葬進過這麼個人一樣。

輿論再次譁然，御史李玉鳴上疏，指出喪禮過於潦草，結果被「革職鎖拿，發往伊犁」，然而李玉鳴的舉動卻受到不少士人的擁護，一名士人說，當他得知「有御史將禮部參奏，當即發遣」時，「我心裡就想這個御史為人耿直」。事過十年，又先後有兩名士人公然投書或上書，提出「請議皇后」，甚至讓乾隆頒罪己詔，急得乾隆跳起來，下令將兩人處斬，自此才無人再敢為皇后進諫。

乾隆的絕情終究難以為禮法和世俗所容，後來嘉慶親政，依舊下詔將那拉氏重新按皇后喪儀安葬，這當然不是乾隆自己的意願，而是兒子在為老子補過兼挽回形象。

既能打，也打得起

根據歷史記載，今緬甸北部的大部分地區曾經都屬於明王朝的勢力範圍，但到明朝末期，在緬甸東吁王朝強盛起來以後，中國的西南疆土開始不斷遭到其蠶食，明帝國自此失去了對上述地區的控制。

到了清代，東吁王朝逐漸沒落，於是首次遣使入貢，加入了中國西南的藩屬體系，可惜好景不長，緬甸發生內亂，雍籍牙王朝取代了東吁王朝，中緬剛剛建立不久的朝貢關係因此中斷。

相比興盛時的東吁王朝，雍籍牙王朝的軍事實力及其掠奪性、擴張性更強，在十幾年時間裡，它先後致使曼尼坡、暹羅亡國，老撾受控，國家版圖空前擴大，成為東南亞地區名副其實的霸主。東南亞無論財富還是人口都很有限，那時的中國正進入乾隆盛世的頂峰，原本人口稀少的西南地區人口激增，八方商賈雲集。雍籍牙王朝就跟貓嗅到魚一樣，自然不會放過從中搶掠騷擾乃至侵吞的機會，於是中國西南邊境烽煙再起，自明末後又陷入危機。

清代與明末不同，明末中央政府就是想打，也負擔不起出兵的費用，只能被迫忍讓退卻，清代尤其到了乾隆這裡，國庫有的就是錢，又剛剛取得平準平回戰爭的重大勝利，政府既能打，也打得起。不過入侵緬軍最初規模還不是很大，時間也不固定，而且都是搶完就跑，很像是流竄作案的土匪，同時邊吏情報也很不準確，這使乾隆受到誤導，一直以為要對付的是土匪，而不知道其實是有組織的緬甸正規軍。他對局勢的判斷以及軍事部署上也因此出現了一連串錯誤，讓雲貴總督劉藻負責征剿即其中之一。

劉藻本名劉玉麟，他在雍正朝考中過舉人，但只當過教諭一類的學官，至乾隆朝由博學鴻詞科出道，從此才走上大吏之路。劉藻為政清廉，行政事務辦理妥帖，而且學問也很不錯，乾隆非常賞識，認為他寫的文章渾厚、雋永，頗有韓柳之風，為此特賜名「藻」，意謂其文采、修養俱佳。

劉藻的缺點是他沒有任何軍隊履歷，也缺乏軍事才能，和當時的很多漢臣一樣，只能文不能武。乾隆一方面知道劉藻「老儒也，不識事體」，用兵非其所長，在諭旨中就直接稱劉藻為「書生」，顯示出他的某種擔憂，但另一方面既然被認為是普通的剿匪，他又覺得讓書生將兵未嘗不能一試，或許通過自己的指點，把劉藻逐漸錘煉成能文能武的將才也說不定，要知道，當年的鄂爾泰在改土歸流和用兵苗疆前其實也沒打過什麼仗。

在部隊的組成方面，乾隆決定就近調遣雲南地方的綠營，再配合一部分土練（即土司兵）。在清軍諸兵種裡面，綠旗兵的戰鬥力相對較弱，而且軍紀鬆弛，欺瞞蒙混的習氣嚴重，乾隆對此很清楚，所以西北戰役中雖也有綠營參與，但從不將其作為主力（「西陲用兵，全未借此輩也」），現在這樣使用，僅僅是在乾隆看來，綠營再怎麼差勁，畢竟還是國家編制的軍隊，剿匪應該綽綽有餘。

一七六六年一月，緬軍再次侵入雲南，劉藻聞警急忙調集綠營、土練七八千人，分三路迎敵。按照他的命令，參將何瓊詔、遊擊明浩、守備楊坤率六百餘名綠旗兵渡江馳援前線。

何瓊詔軍一路上毫無軍紀可言，特別是何瓊詔親率部隊，還將所有武器捆綁載運，人員則徒步散行，根本談不上設防，結果他們在過江後不久就遭到緬軍伏擊，部隊潰散，幾位將領皆下落不明。

這次戰役清軍除何瓊詔一路外，其餘兩路也都落敗了。事後，劉藻沒有核實詳情，就報告何瓊詔等全部陣亡，明浩受鏢傷，六百餘人僅一百餘人生還回營，還說清軍已破敵營七座，不無小捷。

乾隆看到何瓊詔軍損失慘重，頗為鬱悶，責問劉藻為什麼不在第一時間就火速上報這一情況：「如此軍機，何不即用六百里飛遞？」對於擊破敵營云云，他起先倒還頗感欣慰，但再一對照地圖，卻發現劉藻奏章中所報地名的先後順序與地圖所示不符，存在自相矛盾的地方，這讓他頓生疑竇，懷疑不是地圖有誤，就是劉藻所報非實，二者必居其一。

從嚴不從寬

時隔不久，何瓊詔、明浩等先後回營，兵丁也有四百五十五人陸續返回。何瓊詔回營後同樣出於卸責的目的，稱他曾架著藤牌與敵人奮戰，因所騎戰馬被砍，連人帶馬跌入江內，後被人所救才得以生還。劉藻不懂軍事上的常識，居然還原封不動地予以上奏。

乾隆擅長騎射，立即發現了其中破綻，他反問劉藻：「你想想看，騎在馬上能拿藤牌打仗嗎？」他還指出，既然何瓊詔軍接仗後即回營一百餘人，加上這次返回的兵丁，足以證明他們的戰鬥減員極其有限，幾乎是不戰而潰，這叫打得什麼仗？

乾隆隨即下達處分令，將何瓊詔、明浩、楊坤予以正法。儘管劉藻一誤再誤，但考慮到他本屬書生，不諳軍旅，謊報軍情也只是能力不及，並不是純心要欺騙朝廷，故從輕發落，只降為湖北巡撫，其雲貴總督一職由東閣大學士、陝甘總督楊應琚接任。

在楊應琚到任前，劉藻仍全權負責前線軍事，他急於挽回敗局，以便將功折罪，於是連日檄催各路官兵向緬軍發動進攻，但書生終究還是書生，調度時謬誤百出，官兵忽調忽撤，亂哄哄的全無紀律，攻勢也難以立刻組織起來。不久，吏部議準將劉藻革職，留滇效力。劉藻難堪重負，晚上在公館內挑燈默坐，到了四更天，在把侍從打發出屋後，他將當天所收到的朱批奏摺、廷寄用紙封包，放在桌上，繼而用桌上的裁紙小刀自刎。

雖然咽喉的傷口極重，但自殺者並沒有當場死亡，而是「宛轉於床榻間」。當同僚們聞訊趕去時，劉藻已不能說話，只招手取筆寫道：「君恩難報，臣罪萬死，快請常巡撫（應指雲南巡撫常鈞）。」七天後，時年六十五歲的劉藻終於還是不治身亡。

得知劉藻死訊以及言行，乾隆很不高興，認為劉藻一誤再誤，對他的處罰也不算重，可他卻矯情到要自殺，這等於是在打皇帝和朝廷的臉。乾隆下旨命將劉藻送回其家鄉安葬，但作為懲戒，只可按普通人歸葬，不許劉家建立墓牌，亦嚴禁為其立傳以及記載仕途經歷。

終清一朝，劉藻鮮見於史書，與乾隆的聖旨密切相關。世人評價劉藻死得太慘，乾隆處罰太苛，然而這也是乾隆朝中期以後考評官員的特點，即從嚴不從寬，而且只看績效和表現，其他一律免談。

劉藻在任上自盡五天後，他的繼任者楊應琚才到達治所。楊應琚出身於漢軍官宦世家，父親楊文乾乃雍正朝名臣，楊應琚繼承了家族的從政基因，由蔭生入仕而官運亨通，從兩廣總督、閩浙總督，一直做到陝甘總督，授東閣大學士，加太子太保、太子太師銜。一般認為，乾隆選擇讓楊應琚接任雲貴總督，就是看中他不僅精明能幹，政績突出，而且有處理周邊少數民族事件的經驗。

在楊應琚蒞任時，劉藻所調軍隊已經全部集中到位，楊應琚一面對綠營進行整頓，一面對邊情進行悉心查訪。乾隆諭令劉藻直搗巢穴，除惡務盡，但劉藻遲遲都沒有弄清敵人的巢穴究竟在哪兒。楊應琚儘管也把入侵者認定為流竄境外的緬甸土匪即所謂「莽匪」，不過還是通過查訪，確認了「莽匪」的巢穴分別為整欠、孟艮。

由於知道了對方巢穴所在，清軍不用再像之前那樣處處設防，處處挨打，楊應琚下令立即展開反擊，反擊目標也非常明確，就是兵分兩路，直奔整欠、孟艮而去。

恰好此時緬軍因瘴疫大作而向國內撤退，所以反擊戰打得極其順利，整欠、孟艮被先後收復，其間楊應琚著手對收復地區進行了恢復整頓，並讓邊境居民剃髮留辮，改易風俗，以與「莽匪」相區別。

至反擊戰結束時，西南邊陲的局勢已基本穩定，楊應琚據此奏報乾隆：「內附土司境地廓清。」乾隆非常滿意，稱讚他：「處處留心，條條有理，嘉悅之外，更無可諭。」

清廷原本交給楊應琚的任務和劉藻一樣，都是將入侵者趕出國土，接下來楊應琚也只需保境安民，確保邊境不被騷擾即可。可是由於看到反擊戰打得很順利，失地被迅速收復，一部分雲南地方文武官員便頭腦發熱，主張繼續跨境對緬作戰。騰越副將趙宏榜小時候在緬甸當過礦工，對緬甸局勢並不陌生，與土司們也都很熟悉，他更是第一個站出來，以緬甸境內土司爭相表示願意內附，緬甸國王勢單力孤為論據，竭力對楊應琚進行鼓動。

楊應琚的歲數比劉藻還大，當時已經七十歲，且久曆宦海，稱得上老成持重。他最初對此表現出不為所動的態度，說：「我官至一品，年逾七十，一生中想要追求和能追求的都追求到了，為何還要貪功冒進，輕開邊釁？」

從楊應琚的角度來說，朝廷對他收拾西南局勢的成績已予以完全肯定，確實沒必要再去冒險，但過了不久，楊應琚又允許道、鎮、府、州各級官員進行合議，以定行止，事實上是態度發生了變化。

寸草為標

就算楊應琚再怎麼裝出無欲無求的樣子，他想更進一步，以見寵於皇帝的心思還是有的，再說作為封疆大吏，誰不希望有朝一日躋身紫光閣，成為大臣們的榜樣呢？

反擊戰的勝利使楊應琚內心深處同樣存有邊事易辦的輕敵思想，他所顧慮的只有風險是否會超出可控範圍而已，但隨後正如趙宏榜所說，木邦等緬北土司果真開始與清軍接觸，積極要求投誠。這讓楊應琚意識到，緬甸業已「土司解體，人心渙散」的狀況可能並非虛言，而出兵緬甸的風險也有望降到最低。

參加合議的官員分成了涇渭分明的和戰兩派。主和派認為「賊勢甚大，邊釁不可開」，主戰派則躍躍欲試，幾個綠營將領競相虛報已歸附的境外土司名單，一算下來，僅這些土司的地盤範圍就有幾千里，戶口達十餘萬。接著談到與緬作戰，趙宏榜胸脯一拍，說只要給他幾百個兵，就可以把緬甸國王給抓來，「生縛緬酋於麾下矣」，騰越知州陳廷獻牛皮吹得更大，說他連綠旗兵都不需要，湊個四千土練足矣。

儘管楊應琚尚不至於相信四千土練就能大功告成，但最終仍被主戰派所打動。他隨即以緬甸阻撓木邦內附為由，上疏乾隆，「密奏緬甸可取狀」，同時還把進兵緬甸說成是鞏固邊疆、確保一勞永逸的必要措施，「若不乘時辦理，恐土境不得安寧。」

中國自明代初期取雲南之後，中央政府幾乎從沒有主動在西南開闢疆土，倒是被緬甸趁機蠶食了許多土地，但至乾隆朝，這一情況開始發生變化。

與前期皇帝不同，乾隆從來不是一個謹小慎微的人，尤其他對先帝開疆拓土所奠定的疆域極為珍惜，絕不允許國家版圖在自己執政期間有半點侵削。據說乾隆還曾做過這樣的規定，要求宮中的一切物件，哪怕是一寸草都不准丟失，為了讓這句話變成事實，他特地在養心殿的案几上擺放了一隻景泰藍的小罐，罐中盛放三十六根一寸長的乾草棍，每天都有人檢查一次，確保乾草棍一根不少，這叫作「寸草為標」。

乾隆死後，雖然未必還會有人對此進行檢查，但小罐和乾草棍一直都在宮中，末代皇帝溥儀在紫禁城生活了十幾年，對此印象深刻，他回憶「這堆小乾草棍兒曾引起我對那位祖先（指乾隆）的無限崇敬。」

宮中寸草尚不能失，何況疆域？緬甸屢次侵擾西南邊疆，是乾隆無法容忍的，同時他也同樣抱有趁國勢強盛，恢復前朝被緬甸所蠶食土地，乃至將版圖擴大至整個緬甸的念頭，即所謂「我大清國全盛之勢，何事不可為。」

當下，乾隆便降諭批准了楊應琚的征緬計畫，表示：「緬夷雖僻處南荒，其在明季尚入隸版圖，亦非不可臣服之境。」你別看緬甸地處南方偏僻之處，明代時也在我們中央帝國的版圖中，現在把它重新收復過來，也不是不可以。

其實早在乾隆降諭之前，楊應琚手下那些立功心切的將領就已經急不可待地實施了行動。雲南邊境有所謂「騰越八關」，系明代萬曆年間所建的邊防要塞，當時主要就是為了防止緬甸的挑釁進攻，以後也就成了事實上的中緬邊界。清代的緬甸共轄土司二十餘處，八關之一鐵壁關外的木邦、蠻暮既是緬甸門戶，同時也是緬甸最大的土司，一七六六年七月，趙宏榜首先兵出鐵壁關，輕取蠻暮土司所屬的重鎮新街，繼而開化同知陳元震也派人收取蠻暮四五十寨，蠻暮土司見狀選擇了順勢歸降。

新街向為中緬互所之市，其地扼緬甸之要衝，水路順流而下，四五日內就可到達緬甸都城阿瓦，乃兵家必爭之地。當楊應琚收到乾隆的降諭時，他所得到的消息是，對於清軍佔領新街，緬人甚為畏懼，各土司紛紛解體，除蠻暮外，木邦土司也確定將歸順內地，現已殺掉緬甸差來監事的人，懇請清軍迅速到境保護。在這種形勢下，楊應琚認為緬甸旦夕可下，決定親自前往永昌府受降，並應木邦土司之請，調撥三千兵馬進駐木邦所屬的遮放。

楊應琚馳赴永昌期間，加上援兵，共調集綠旗兵、土練一萬四千人，兩萬人還不到，而且全都是陸軍，水軍一個都沒有。但在他向緬甸所發出的通牒中，卻稱已在邊境集結陸軍三十萬、水軍二十萬，還配有大炮千尊，並說緬甸馬上投降便罷，如若不然，即刻進討。

誇大其詞當然是為了震懾對手，可是實際上緬甸國王孟駁掌握著關於中方的準確情報，知道駐紮雲南的清軍才幾千人，雖有其他地方的援兵，然而並無大規模調動跡象，料想也不可能增加到幾十萬，通牒不過是「恫嚇小技罷了」。

上一次緬軍入侵雲南的規模之所以不大，被逐出雲南境內後也未組織反攻，乃是因為其主力正遠征暹羅。在意識到中方對其騷擾行為已持零容忍態度後，孟駁本來也不打算再次內犯，但是清軍反過來大舉進兵其境內就是另外一回事了，尤其新街被占，更是令緬甸舉國震驚。孟駁從暹羅緊急抽調一部分軍隊回師，又從阿瓦派遣一部分軍隊北上，共集結三萬精兵，誓與清軍爭奪木邦、蠻暮。

內附的木邦土司首先遭到攻擊，見緬軍來勢洶洶，土司情知不敵，只得放棄木邦，退入雲南遮放境內。緬軍繼續沿伊洛瓦底江而上，向新街進發，由於不知道新街究竟駐紮了多少清軍，他們沒有貿然攻擊，而是先派人到新街詐降，用以刺探軍情。

坐鎮新街的趙宏榜有勇無謀，對緬軍的反攻缺乏心理準備，也不知道對方用的是計，不但對詐降者予以接待，還「犒而歸之」，請人家吃喝一頓後給送了回去。

通過刺探，緬軍弄清新街駐兵不過幾百人，於是直撲新街。此時各路都已響起警報，鑒於新街兵力不足，楊應琚令永順鎮都司劉天佑、騰越鎮都司馬拱垣率四百餘官兵馳援。在援軍到達後，趙宏榜正待款待他們，緬軍突然乘船殺來，但見帆檣林立，江面上全都是其戰船，倏忽之間，便有數千敵兵如同蜂蟻一樣衝上來，對清軍營寨發起猛攻。

清軍倉促應戰，由於力量懸殊太大，很快就只剩下了招架之功。戰至翌日，劉天佑陣亡，緬軍氣焰更加囂張。

眼看著已經陷入包圍，帶著傷病員又嫌累贅，趙宏榜竟然把傷病員都集中起來，關在草房內連同丟棄的武器一起焚燒。之後，他和馬拱垣放棄新街，輕裝突圍，由小路退駐鐵壁關，蠻暮土司亦攜家眷逃入了雲南。

皇帝的態度

聽聞新街失守，楊應琚憂急交加，一度引起痰疾舊病復發，導致無法視事，其間他以「心神恍惚，恐有貽誤」上疏乾隆，懇請另派大員來滇。乾隆命兩廣總督楊廷璋火速趕往永昌，做好接替楊應琚的準備。後因楊應琚報稱身體好轉，又命楊廷璋停止動身，但即便是在認為楊應琚可能需要替換時，乾隆也沒有放棄對他的期望，不僅特賜返香丹、活絡丹等內府珍貴藥品以及荷包，還安排楊之長子速赴永昌照看老父，並降旨擢升楊之次子為江蘇按察使。

為應對嚴峻局勢，楊應琚調兵遣將，令永北鎮總兵朱侖由鐵壁關進兵新街。當朱侖部到達楞木時，與緬軍遭遇，雙方接戰四日三夜，據朱侖事後報告，他們此役打退了緬軍，共殲敵四千餘，繳獲許多刀箭槍炮。楊應琚急於向朝廷報喜，也不加以覆核，就像從前的劉藻那樣以大捷奏聞。事實卻是緬軍決定避開鐵壁關、虎踞關一線，從其北面進行抄襲，楞木之戰時，其主力已經離開新街北上，在楞木的最多不過是緬軍的小股部隊，朱侖虛報了軍情。

時隔不久，緬軍即從神護關、萬仞關突入，向南抄襲鐵壁、虎踞兩關清軍的後路，並對關內的戶撒等土司地區肆行焚掠。鐵壁關方面一出問題，楞木清軍頓時面臨被緬軍截斷後路的危險，朱侖連忙撤退，新街一帶緬軍乘機進發，與戶撒方面的緬軍會師。

清軍緊急援救戶撒，但當他們趕到戶撒時，緬軍又揮師東向，圍困孟卯達十一天之久，在重創赴援清軍後，才出境而去。至此，緬軍不但完全控制木邦、蠻暮，而且還透過侵入關內，給當地造成嚴重的人員和財產損失。清軍傷亡慘重，遊擊將軍馬成龍等人相繼殉職，但包括朱侖在內的前線將領為了塞責，依舊虛報戰果，已經無計可施的楊應琚也只得順水推舟，繼續以大捷入報。

倘若乾隆只是個水準一般的君主，或許真相便被就此遮掩了，但乾隆何等精明幹練，他可不是這麼容易被人糊弄過去的。

根據各方面的情報，乾隆已經知道此次參與反攻的敵人絕非「莽匪」，乃是緬甸正規軍，而且兵力在兩萬左右，他把楊應琚前後兩次所報緬軍傷亡數字相加起來，發現竟已達萬餘人。如果緬軍總共兩萬餘人，被殲萬人，等於減少了一半，那這就不是普通大捷了，必然將造成遠近傳聞、風聲鶴唳的效果，緬軍恐怕連逃跑都來不及，還能繼續擁眾抵抗？

乾隆清楚地記得，在平準平回戰爭中，大小戰役和戰鬥不下百次之多，然而殲敵總數也不到萬人，楊應琚竟然說兩次交鋒就殺敵萬餘，這麼短的時間，戰場空間也不大，他們是如何做到的？

乾隆立刻產生了懷疑，他把楊應琚事先所繪地圖找出來，與其奏摺進行對照，結果發現奏摺中所提到的幾個所謂殺敵獲勝地點，如孟卯等，居然全都在中國境內。其他交戰地點則很含糊，只說在銅壁關、鐵壁關之外，卻不具體交代在哪裡，至於清軍的進退位置，也與圖上所標大相徑庭。

乾隆迅速弄清了一個事實，即緬軍已經侵入雲南，由此可以推測出，緬軍非但不可能損失近半，而且打的還是勝仗，楊應琚所謂大捷及其殺敵上萬之類，或許全是謊言。

就在楊應琚的報告遭到質疑的時候，他本人正在考慮如何把說過的謊話編得更圓。由於緬軍主力相當大的一部分仍陷於對暹羅的戰爭，無法抽身用於對入侵中國的緬軍進行支持，緬軍除最終撤出雲南外，也派人到清軍軍營議和。楊應琚求之不得，忙不迭地向乾隆呈上奏摺，提出緬甸僻遠，「水土惡劣，瘴癘時行」，如果要直搗其巢穴，恐怕曠日持久，得不償失，因此請求朝廷同意和談。

為了讓皇帝更能夠接受，楊應琚把和談改成了緬甸單方面的「乞降」，聲稱緬甸國王孟駁的弟弟卜坑、緬軍總頭目莽聶眇遮都親自出面前來「乞降」，緬軍攻打各土司也並非抗拒清軍，只是一場誤會而已，如今既屢次遭到清軍懲創，他們情願遣散兵眾，歸順清廷。

在捏造「乞降」的同時，楊應琚還代緬甸人「請賞」，說新街、蠻暮等乃緬甸人賴以為生之處，懇請賞給緬甸作為貿易地。楊應琚此舉顯然是想借此掩蓋新街、蠻暮已在緬甸控制之下的事實，以此逃避兩地得而復失的責任。七十多年後，英軍進攻廣州，在大敗清軍並索取所謂的「贖城費」後從城內撤出，負責防守廣州的靖逆將軍奕山在向道光奏報時，也使用了幾乎和楊應琚相同的伎倆，足見到了這種時候，滿漢大吏們的求生欲望及其反應往往可以達到驚人的一致。

不同的是皇帝的態度。道光收到奏報後，馬上傳旨嘉獎奕山等「有功之臣」，乾隆卻是拍案而起，堅決不同意楊應琚的撤兵提議：「按照你本人歷次所奏，剿殺緬匪（此處指緬軍）已多至萬人，我軍聲威大振，緬匪望風懾服，此時正應集中兵力，克盡全功，為什麼卻叫苦說緬甸地險瘴多，想將就了事呢？」

對於緬甸「乞降」，乾隆也根本不信，一針見血地指出這種「乞降」毫無誠意可言，不過是一種欺騙手段罷了，其目的在「請賞」，即不花力氣就把新街、蠻暮給要回去，「此等狡詐伎倆，騙得了誰？」

乾隆還注意到，楊應琚在奏摺中只提新街、蠻暮，卻未提及木邦除新街外的其餘地方以及先前內附的各境外土司地區，他質問楊應琚：「你對這些都置之不言，意思是不但允許緬匪得到蠻暮，就連木邦等處也要送給他們蹂躪，是嗎？那受降豈不等同於兒戲，如此又怎麼可能做到『靖遠夷而尊國體』？」

最後，乾隆在奏報中批覆說，緬甸不是山溝溝裡的某個小部落，如果他們能夠向哈薩克學，讓國王寫諮文，我或許還可以考慮將就了事，按照安南、暹羅的例子，將其納入南方藩屬國體系，但就算這樣，新街、蠻暮也必須「獻於中國」。

乾隆本來就對西南戰事產生了懷疑，新的奏報更讓他確信，那裡一定出了問題，於是決定派侍衛福靈安赴前線進行調查。

福靈安調查的結果證實了乾隆的所有猜疑，即西南局勢不是己方大勝，而是大敗。此時來自其他方面關於西南戰況的奏摺也陸續遞送京城，且都對此予以了佐證，乾隆勃然大怒，下令將趙宏榜、朱侖等敗將一律革職，押解赴京，交刑部治罪。

楊應琚是主帥，自應負首要責任，但他死鴨子嘴硬，依舊為先前所報殺敵數目辯解，聲稱專門派人核查過，千真萬確，沒有差錯。乾隆「不勝憤懣」，痛斥楊應琚「不知悔悟猛省」、「負恩欺罔，大出情理之外」，先下旨調他回京入閣辦事，後又下令革職交刑部候審，直至賜其自盡。

有哪隻攔路虎是不敢滅、滅不了的

楊應琚死了，日後的奕山卻不但活得好好的，而且還被嘉獎了。這倒不是因為道光特別糊塗，其實道光也未必不能從奕山的奏摺中看出前後矛盾之處，而且透過私下調查，他後來也知道奕山撒了謊，問題在於當時的道光心有餘而力不足，捉襟見肘的國庫也已難以承受戰爭的壓力，奕山能夠如此收場正是他所巴不得的，哪裡還顧得了對方有沒有說實話。

乾隆朝就不同了，軍費根本不必操心，軍事實力也傲視群雄，從準噶爾到回部，甚至是哈薩克，看上去誰都要比「蠻荒小國」緬甸更強更厲害，最後還不是該平定的平定，該老實的老實？用乾隆自己的話說，「試思我大清國全盛之時勢，何事不可為」，國家正值最強盛的時候，又有哪隻攔路虎是不敢滅、滅不了的？

還在降旨命楊應琚回京入閣辦事的時候，乾隆即補授伊犁將軍明瑞為雲貴總督，將他從新疆調到雲南，用以接替楊應琚。

明瑞是傅恒的侄兒，同屬於孝賢皇后富察氏家族成員，他的父親富文是一等公，明瑞長大後以官學生的身份襲爵，亦為一等公。乾隆朝是新一代八旗貴族打天下的時代，明瑞年紀輕輕就參加了平準平回戰爭，而且在黑水營之戰等諸多著名戰役中都立下大功，論功行賞時，在他原有的公爵名號前特加「毅勇」二字，號承恩毅勇公，繪像列入紫光閣。

明瑞的兩位前任，劉藻是書生，楊應琚雖有邊疆經驗，說到底也是文臣，到明瑞才正式上升到武將，而且還是一員能征善戰、功勳卓著的武將，這本身就傳遞出了乾隆要對緬甸發動全面進攻的明確信號，「征緬戰爭」的概念至此也才名實相符。

與統帥任命相配合的是軍隊的調整。劉藻、楊應琚任內，乾隆一直以為騷擾邊境的緬軍是境外賊匪，而且還分為「莽匪」和「木匪」，後來才知道二者其實都是緬甸正規軍，只不過在侵擾雲南邊境時，前者穿越了南線的整欠、艮良，後者穿越了西線的木邦。

在第二次征緬戰爭中，楊應琚前後八次共檄調官兵兩萬兩千七百餘人，比戰爭初期多出一半有餘，應該說機動部隊也不比緬軍少多少，但卻幾乎每戰必敗，場面難看至極。首因是作為統帥的楊應琚胸無成算、調度無方，他後來的指揮調度已跟劉藻沒有什麼兩樣，都是移東補西，朝更暮改，又不讓本營將官帶領本營士兵，各營雜湊成伍，兵將互不相識，毫無紀律，其間誰戰死了，誰受傷了，誰病故了，誰逃走了，統統成了一筆糊塗賬。除此之外，清緬兩軍技戰術和戰鬥力方面的差距也是一個重要因素，甚至更不容忽視，可以從中看出，緬甸能夠稱霸東南亞絕非偶然。

先前的緬甸內戰，雍籍牙一方得到了英國的軍事援助，而其對手則獲得了法國等歐洲國家的支持，並有成建制的法國士兵直接參戰。內戰結束，雍籍牙的軍隊不僅打敗了對手，還俘虜了數百名法國士兵，重建王國後，以雍軍為基礎建立的緬軍又把戰火擴展至周邊鄰國，這使他們的實戰能力迅速上升到亞洲一流水準。

緬軍普遍配備火器，據曾與緬軍交戰的將官稱，他們主要使用一種名叫「自來火」的鳥槍，現在看來，其實就是當時流行於英法等歐洲國家的新式洋槍，即燧發槍。燧發槍雖然與鳥槍同屬滑膛槍，但因為不使用火繩，簡化了操作過程，所以射速和射距都要高於鳥槍，可以做到每分鐘發射一次，射程達到八十步遠。它的火力和殺射力也更大，普通鳥槍彈丸重為十幾克，緬軍燧發槍的鉛彈則「率五六錢以上」，超過二十五克到三十克。

緬軍同樣使用火炮，且炮彈有「重至五六十兩者」，這種炮彈按當時的西方標準屬於六磅炮，與當時清軍慣用的紅夷大炮處於同一個級別，如果再加上他們幾乎人人都持有的燧發槍，其武器的優良程度事實上已超過清軍。

緬軍武器好，也會打仗，詐降、抄襲、避實擊虛等戰術可謂層出不窮，戰術運用方面比清軍要靈活高效得多。據前線清軍反映，緬軍打仗還常常不擇手段，如將靠近緬甸邊境的老百姓驅趕在前，稱之為「肉擋牌」。兩軍交戰時，先被槍炮擊斃者多為「肉擋牌」，躲在後面的緬軍傷亡反而不大。

與緬軍相比，清軍的狀態和表現稱得上是一塌糊塗。前兩次征緬戰爭，清軍在前線所使用的主力部隊均為雲南綠營，雲南綠營平時無人加以整頓，軍紀廢弛已久，能夠調集的士兵多數都沒有經過嚴格訓練。他們原本分散於全省各地，遠的離集結地點約有數十個驛站之隔，近的也要經過好幾個驛站，士兵們倉促起程，刀槍、火藥、火繩及衣物口糧都需自己攜帶，其中光衣物口糧就不下數十斤，攜帶著這麼重的東西，他們要走上百十里路才能到達集結地，且經過之處多為高山陡坡，故而到達時已經個個疲憊不堪。

按規定，清軍每一百名步兵就要配備十名騎兵，十名騎兵除每人有一匹騎乘的戰馬外，另有十匹馬用來馱載鍋盆帳篷之類物品，中途如有馱載之馬倒斃，即以戰馬替換。由於中途已提前耗盡了氣力，這些戰馬就跟它們的主人一樣，到了目的地全不中用。

清軍疲於奔命，緬軍以逸待勞，仗能打成什麼樣就可想而知了。有人經過訪察，發現整個雲南綠營裡面，僅昭通等四鎮營兵尚敢與緬軍對陣，其餘皆退縮不前，交戰時常常一觸即潰。明瑞赴滇後經過調查，認為這些問題全都存在，他同時指出，領兵將領也對此負有責任，除少數外，大部分將領都不知體恤士兵，明明士兵已經體力透支，每天晚上還逼著他們伐木樹柵，自己則不諳戰陣，不識地勢，無謀無勇，根本無法擔起指揮之責。

在明瑞所參加的平準平回戰爭中，從兆惠、富德開始，包括明瑞在內，將領們個個衝鋒陷陣，身先士卒，乃至與敵人短兵相接，打白刃子進紅刃子出的肉搏戰。征緬戰爭鮮有這樣的例子，綠營將領通常都是督令士兵在前面施放槍炮，自己在後面遠遠地觀望，一旦緬軍騎兵發動衝鋒，將領們便驚慌失措，士兵的情緒因此受到影響，以至棄械潰散，無法抵禦。

所有相關報告都匯總到乾隆手上，促使乾隆決定改變征緬部隊的結構，不但從量而且從質上集結兵力，同時加大軍需、軍餉的供應，一場大規模的戰爭動員開始了。

九月出師

健銳營作為清軍的王牌部隊，在平準平回戰爭中戰功卓著，平時輕易不會動用，乾隆從中撥出一千，其規格已與當初的平回戰爭相同，之後又續撥滿洲兵兩千，使八旗勁旅的數量達到三千，另抽調四川綠營八千，貴州綠營一萬，雲南綠營也沒有全然拋到一邊，而是從中精選了五千人作為輔助部隊，這樣一共調遣兩萬六千人參加南征。

在冷熱兵器並用的時代，馬匹仍是不可或缺的戰爭資源，乾隆從兩廣川黔湘五省抽調一萬五千六百匹馬，用於軍用物資運輸和騎兵作戰所需，使以騎射見長的八旗兵每人都得以配馬三匹。糧餉方面，也集中全國力量，給予最大限度的支持，其中通過從各省及戶部籌集，先期便投入軍餉白銀六百萬兩，又從雲南的大理、永昌等六座府城就近進行劃撥和購買，為軍隊提供糧食九萬石。

由於緬甸北部叢林密布，地形氣候極為複雜，不便運送糧草輜重，所以士兵行軍時仍需自帶分配的口糧，且規定每個士兵都需帶糧六斗，不過吸取之前的教訓，這些口糧主要都由配備給士兵的馬匹馱載。除馬之外，還有相當數量的牛隨隊而行，這是因為馬匹本身不夠用，相當大的一部分糧食只能靠牛馱載，而且根據平準平回戰爭的經驗，萬一到軍糧匱乏，必須宰殺牲畜以食的時候，殺馬不如宰牛——若是殺了馬，部隊的行動能力會急劇下降，若是宰牛，則可以把這種不利影響降到最低。

出征的具體時間也經過了再三斟酌。明瑞到任之前，緬軍曾出動一千餘人，渡江再次侵擾中國邊境，乾隆為此特意下旨給新任雲南提督譚五格，讓他只要擊退緬軍以及加強防禦即可，暫時不能帶兵深入，等明瑞到任，「於九月以後，克期大舉。」

南征緬甸，乾隆主要擔心的是瘴氣，據瞭解，緬甸瘴氣從農曆四月開始，以七八九三月為最盛，到九月方止。有大臣建議在十一月至次年三月間進兵，但當年的七月逢閏，也就是說有兩個七月，乾隆一算，當年的九月若放在往年，就相當於十月了，他估計到時天氣涼得快，瘴氣也應該消散得差不多了，再說自古兵貴神速，如果一定要等到秋冬進兵，緬軍察覺後將可能加強防禦，從而使戰爭形成曠日持久之勢。

九月出師就這樣定了下來，因為要等待由京城出發的八旗兵，遂一直推至九月二十四日（一七六七年十一月十五日）。當天，明瑞按計劃自永昌發兵，他的原計劃是「一主兩輔」，即將部隊分成三路出擊，至正式出師前，他又臨時修訂計畫，將三路變成南北兩路，其中南路主力一萬七千人，由明瑞本人親率，從陸路行進，北路輔軍九千人，由參贊大臣額爾景額、雲南提督譚五格率領，從水路行進，大家約定，兩路一旦得手，便會攻緬甸都城阿瓦。

由於緬甸仍處在雨季，明瑞軍起程時便大雨滂沱，三晝夜不絕，官兵的衣服都被淋得濕透，而且地面全是泥潭，下鞍亦無駐足之地，於是只好在馬背上過夜。在又冷又餓的情況下，很多人都生了病，更麻煩的是所帶糧食也被弄潮，不得已只好停留數日，將糧食晾乾。

用牛馱糧的方式也限制了清軍的行軍速度，沿途山陡路滑，人馬阻塞，後來還要過江，江上船隻又不多，大軍連渡數日方得以全部到達對岸。

緬軍很快就得知了消息，並利用清軍行軍緩慢之機做了準備。一九六七年十二月二十日，明瑞軍進抵木邦，緬軍未進行任何抵抗，便棄城而逃，但他們實際採用了堅壁清野戰術，撤走前已將數百里以內的村莊盡數焚毀，老百姓也都遷走了。清軍搜山百餘里，一共才弄到五六百石糧食，這對補充軍糧顯然並無太大幫助。

明瑞在出師前預備了四千綠旗兵，在他佔領木邦後，參贊大臣珠魯訥也率這部分綠旗兵趕到，明瑞稍事整頓，即命珠魯訥率部留守木邦，以保證陸路糧道和軍中驛遞，自己則率主力部隊繼續進發。

儘管乾隆搶時間突襲緬軍的如意算盤已經落空，但由八旗精卒為主力的明瑞軍不負所望，他們先是攻克臼小，擊退沿途的緬軍伏兵，繼而又結浮橋搶渡錫箔江，在蒲卡擊潰了緬軍前哨並抓獲俘虜。通過審問俘虜，明瑞得知緬軍主力正屯結於蠻結，於是當即率部挺進蠻結。

疾風驟雨

緬甸素來不設常備軍，只有在阿瓦才有萬人左右的皇家衛隊，所謂的國家正規軍其實是從各部徵召的土司兵，後者即清軍所稱的土兵、土練，雖屬民兵性質，但因為自緬甸內戰以來便頻繁參戰，所以其戰鬥力非一般土司兵可比。一七六八年一月十八日，當明瑞軍抵達蠻結時，緬軍已在該地集結包括皇家衛隊、土司兵在內的兩萬兵馬。把皇家衛隊都調過來，足見緬軍是把蠻結作為拱衛其都城的重要防線，亦有在此地阻擋乃至擊敗清軍的意圖。

在蠻結，緬軍於各要隘建造木寨十六座，以此構成了十六座軍營。這些軍營中的木寨均以近七米高的濕木交互排列，然後用土砌築而成，木寨內外挖有深溝，溝旁插著銳利的竹籤。清軍初來乍到，實難馬上攻克，與此同時，由於敵營外暫時無險可據，他們還面臨著被對手攻擊乃至衝垮的危險。

緬軍把皇家衛隊稱為勝兵，土司兵稱為部兵，通常情況下，總是部兵在前，勝兵在後督戰。步騎兵也有講究，系以步兵居中，騎兵為兩翼，交戰時騎兵隨時準備從兩翼「分繞而進」，實施包抄。如果把部兵看成清軍的綠營，勝兵看成清軍的八旗，這種排兵佈陣的方式其實與清軍十分神似，明瑞久歷行伍，一路過來對此早就已經熟悉，他一面派兵掩護，一面在密林裡排列陣勢，使得緬軍無法順利實施騎兵抄襲戰術，步兵亦不敢貿然進入密林。

次日，明瑞居中策應，所部分別佔據了敵營附近的東西山梁。緬軍見狀按捺不住，出兵首先對領隊大臣觀音保所據的西面山梁發動進攻，觀音保率部奮力衝殺，明瑞也從中路分兵接應，清緬雙方在野外展開了一場激戰。

在前兩次征緬戰爭中，清緬已經屢次交手，但緬軍還從未與滿洲騎兵照過面，這次算見識了。平原之上，重甲騎兵如同疾風驟雨一般地發起衝擊，緬軍的武器以火器、鏢子、短刀為主，不配備甲冑、弓箭，根本抵擋不住這種衝擊。緬軍的身份階層很容易識別，頭目都穿紅衣，士兵穿青衣，滿洲騎兵的箭也就像長了眼睛一樣，愛落誰身上就先落誰身上，激戰至晚，緬軍被當場殲滅兩百餘人。

這一戰給緬軍留下了深刻印象，以至於他們後來見到滿洲騎兵就膽寒，說：「天朝騎剖鼻子馬拿了箭的兵最厲害，驍勇可怕。」緬軍內部甚至還傳說：「大兵（指清軍）所用火箭甚是利害，火箭來時，人走得快，箭也趕得快，人走得慢，箭也慢些。」聽到這些說法和傳言後，即便尚未與清軍交手的緬軍官兵也很是害怕。

緬軍吃了敗仗後，急忙以連環槍炮掩護撤退。連環槍炮又稱連環銃炮，是當時常用的一種火器打法，即槍炮兵一排排上，輪番接力，面對緬軍連續不斷的槍炮射擊，清軍為避免過大傷亡，只得放緩追擊，及至硝煙散開，發現對方已鑽進了木柵之內。

緬軍長於防守，圍繞著木寨，在溝外二三十步處密密麻麻地豎立著無數高達兩米多的木柵，柵外又設木排，清軍的槍炮很難傷及緬軍，躲在裡面的緬軍卻能透過木柵的縫隙，用燧發槍對清軍進行射擊。

緬軍火器使用的技術熟練程度尚在清軍之上，士兵的槍法準，命中率極高，連清軍中號稱最擅長火器的健銳營也不得不承認「此賊之長技也」，在這種情況下清軍發動進攻的效果甚微。

明瑞希望能夠再次將敵人誘出來打，然而緬軍學聰明了，雖經屢次挑逗，仍堅守不出。此時距從永昌出發已近兩個月，而明瑞軍攜帶的口糧一共也就兩個月的量，經艱苦跋涉，戰馬亦顯疲憊，明瑞意識到，如果短時間內不能攻克蠻結，部隊處境將極為困難和危險。

曾經主動出寨攻擊的緬軍來自木寨群西部，明瑞判斷西部應為敵強兵所在，若能率先破此強兵，其他營寨將很難固守，經與眾將商議，他決定改全面進攻為重點進攻，率先突破敵西路中堅。一七六八年一月二十一日，明瑞除留兩千餘人排列於主戰場兩旁窪地內，以作掩護外，將其餘一萬人馬分成十二隊，趁著大霧，先分路登山，繼而突然向敵營俯衝，各隊很快便都得以直逼敵營。

此次進攻，明瑞等將領都像在西北戰場那樣，身先士卒，即便短兵相接處亦帶頭與敵搏殺，故而官兵鬥志旺盛，喊殺聲中人人爭先，個個奮勇。第一座敵營臨近山梁，首先被領隊大臣扎拉豐阿攻破，當明瑞率部衝擊第二座敵營時，貴州綠營藤牌兵王連看到木柵附近的一處地方堆積著一些木料，較易攀登，於是第一個從該處攀柵直上，飛身躍入。

柵內有數百緬兵，王連渾然不懼，一手持藤牌，一手持猵刀，一個人縱橫來去，如入無人之境，緬軍非但無奈他何，還被他砍倒了十餘個。趁著緬軍遇襲混亂之際，十餘名清兵也按王連的方法進入柵內，並協助王連撥開木柵，柵外的清軍由此蜂擁而進，一舉拿下了敵營。

清軍攻克的這兩座敵營地勢都較高，明瑞以此為基礎，又分兵配合其他各路攻下兩營。緬軍連續反擊至晚上二更天，見反敗為勝已無可能，各寨守軍及埋伏在周圍的部隊紛紛撤退，清軍全力追殺，至次日黎明方才收兵。

蠻結一役，清軍共殲滅緬軍兩千餘人，獲十六寨，繳獲牲畜兩百餘隻，米糧兩百餘筐，這是清軍自征緬以來所取得的第一次真正意義上的大捷，全軍士氣大振。乾隆收到捷報後也極為高興，特封明瑞為一等誠嘉毅勇公，此爵位已與他從父親那裡承襲的一等公爵位無關，後者交由其弟弟承襲，對於明瑞家族來說乃是一個莫大的榮譽和恩典。其他立功將士也都得到封賞，其中堪稱超級英雄的王連由士兵直接補升遊擊之職。

恐怕就要上敵人的當了

在明瑞軍高歌猛進，深入緬地之際，北路的輔軍卻進展遲緩，當他們到達老官屯時，守衛老官屯的緬軍樹柵固守，清軍久攻不下，傷亡甚重。雪上加霜的是，主帥額爾景額亦染瘴病故，額爾景額以下有兩人可選，一為雲南提督譚五格，一為額爾景額的弟弟、副都統額爾登額。譚五格雖出自包衣佐領，然而未參加過大的戰爭，乾隆認為他指揮作戰缺乏條理，難以獨當一面，相比之下，額爾登額久歷戎行，因此得以接任統兵之職。

然而事實證明，額爾登額也難當大任。清代有「老滿洲」和「新滿洲」，前者是指清朝建立後從龍入關的滿洲八旗，後者是指東北境內的新編入旗者。與已屬於精英階層的老滿洲相比，受限於經濟和文化條件，新滿洲的不少人格局不大，氣度狹窄，乾隆稱之為「烏拉齊習氣」（烏拉齊是位於東北的滿洲部落的統稱）。額爾登額後來就被指責身上沾有「烏拉齊習氣」，在久攻老官屯未果後，他聽聞緬軍可能會偷襲其身後四十里外的旱塔，便不顧大局，藉口軍中乏糧，把軍隊從老官屯撤回了旱塔。

額爾登額撤兵的另一個理由是誘敵出戰，其實他並未設伏，以致緬軍尾隨至旱塔，堅持與其對峙。雲南巡撫鄂寧對此非常不滿，上奏乾隆，指責額爾登額、譚五格「久駐老官屯，既不能攻破賊寨，又不能繞道進取，轉退旱塔，老師糜餉。」

乾隆這時也對明瑞軍孤軍深入開始擔心，命額爾登額趕緊設法向前推進，爭取早日與明瑞軍會合，但無論他怎樣三令五申，額爾登額總藉口已受緬軍牽制，必須固守，遲遲不肯行動。

輔軍的遲滯不前，一方面導致原計劃中對敵夾擊，使其顧此失彼的戰略意圖落空；另一方面也沒有能夠對主力起到輔助和保護的作用，明瑞軍已成為沒有後援的孤軍。

明瑞軍雖在蠻結取得大捷，但己方的損失也很大。由於敵營的木柵、木寨堅固，火攻無效，且地勢險峻，藤牌也難以使用，在密集而準確的槍炮射擊下，清軍蒙受了極重的傷亡，連明瑞的右眼眶都受了槍傷，休息好幾天才稍稍得以好轉。在這種情況下，明瑞本應先做好與後方的銜接，再考慮下一步行止，但蠻結大捷使他產生輕敵情緒，只在蠻結休整了數日便又繼續率兵深入。

在進至革龍山後，明瑞軍接近了天生橋渡口。天生橋渡口位於革龍山中斷之處，其橋面是天生的一塊可橫貫兩岸的大石，下面有一道湍流。此處乃緬境有名的險隘，素有「一夫當關，萬夫莫開」之稱。緬甸內戰期間，桂家部落土司宮里雁不服雍籍牙，雙方對戰，宮里雁曾率數百兵丁在此堅守，結果數萬緬軍被其阻遏，愣是無法越雷池一步。

與緬甸內戰時相比，如今要想從正面搶渡天生橋恐怕更難了，緬軍不僅在對岸立有木柵，而且已提前將兩岸原有的人造樹木拔除，使得清軍連臨時架橋的材料都難以找到。明瑞詢問了隨軍嚮導兼翻譯，瞭解到往北三十里處的河流發源處可以徒涉，於是便採取「明修棧道，暗度陳倉」之策，派兵從正面佯攻，吸引駐守渡緬軍，另率主力從小路繞行，在到達河流發源處後涉水而過。

發現清軍出現在自己背後，守渡緬軍被迫撤退。雖然搶渡天生橋成功，但這時清軍的糧草彈藥都已明顯不足，輔軍方面又無消息，觀音保、扎拉豐阿等將領紛紛勸明瑞見好就收，乘勝退兵至木邦，等輔軍方面有消息後整旅再進。明瑞卻憑著一股銳氣，不聽多數人的勸阻，執意要直抵阿瓦，觀音保見狀向他陳述困難：「現在火藥、箭矢日見其少，糧餉不足，再深入的話，恐怕就要上敵人的當了。」

明瑞當初隨兆惠征戰葉爾羌，孤軍穿越一千五百里的沙漠戈壁，什麼苦頭沒吃過，什麼風險沒見過，在他看來，眼前的這點困難遠不能跟那時相比，再說，士氣可鼓不可泄，所部連戰連捷，正打得帶勁，又豈能在這個時候言退？他認為觀音保是怯戰畏縮，憤然道：「你害怕啦？還是不是個男子漢？」觀音保被明瑞用激戰法一激，傲然怒答：「誰不是男子漢？大不了與將軍共赴死地，有什麼可怕的！」

明瑞一言定奪，全軍繼續向阿瓦進發，此後他們抵達了宋賽等地，但一路上都未見到緬軍。事後分析，這有兩方面的原因：一方面是緬軍在蠻結遭到了從未有過的重創，令他們再不敢如南路那樣頑強抵抗；另一方面則是緬軍採取了誘敵深入和「燒積貯，空村落」的策略，這使得清軍雖如同進入無人之境，但卻得不到任何糧食、草料乃至飲用水的補給。

這時緬甸已進入旱季，白天烈日暴曬，酷熱無比，晚上氣溫又急劇下降，陰冷難當，行軍過程由此變得困苦萬狀，尤其從北方調來的滿洲騎兵原本就很難適應當地的水土，很多人都染上疾病甚而病故，牛馬也生病的生病，倒斃的倒斃。

一七六八年二月六日，明瑞軍抵達象孔，象孔距阿瓦僅剩七十里，但糧盡馬疲、病號成堆的情況已使其成為強弩之末，同時部隊還迷了路。明瑞召集眾將商議，眾將明知只有撤退一途，卻因為先前明瑞的態度而沒人敢吭聲。

其實即便無人發言，明瑞自己也很清楚，一方面，以目前部隊的狀態，就算到了阿瓦城下也無力攻城，反而可能會被以逸待勞的敵人一舉殲滅，可是另一方面，他又必須考慮到輔軍或許已經先期抵達阿瓦，倘若這個時候再獨自率部撤退，按軍法便當死罪。

正在左右為難之際，一個重要情報促使明瑞做出了決斷。

太輕敵了

情報顯示，阿瓦以北一百餘里的孟籠（今緬甸孟隆）存有糧食。孟籠就在輔軍的行進路線上，且離原計劃中輔軍的必經地孟密較近，明瑞認為若進攻孟籠能夠得手，既可解本部的燃眉之急，又有希望得到輔軍的消息，從而與之會合。

計議已定，明瑞率部由象孔北渡錫箔江，之後取道直奔孟籠。孟籠所處地域山高林密，人煙稀少，不但道路狹窄難行，而且各處都有大小土司分別拒守，孟籠土司以為高枕無憂，壓根兒沒想到清軍會突然出現在眼前。明瑞軍猶如神兵天降，在迅速擊破孟籠土司後，得以如願以償地獲取了土司所埋藏的兩萬餘石糧食。自黑水營被困後，這是瀕臨斷糧的清軍第二次在異域得以絕處逢生，明瑞能夠抓住機會創造奇跡，證明黑水營英雄絕非浪得虛名。

孟籠北面是孟密土司轄地，明瑞一面令全軍休整，一面派人四處打聽輔軍的消息，打算一有消息便起程前往孟密，可是直到過了春節，仍然杳無音訊。事實上，乾隆在此期間曾命雲南提督譚五格挑選勇銳兵丁，前往孟密接應，誰知譚五格卻拒敵不前，擁兵不進，乾隆不得不降旨將譚五格革職拿問，這樣一來一去，主輔兩軍在孟密會師已無可能。

有的戰略性錯誤一旦犯下，便很難再用其他方式彌補。明瑞軍深入孟籠，距邊境已經兩千餘里，比征戰葉爾羌時還要僻遠，同時他們所處的環境也更為惡劣，就算有糧食，也無法指望能像黑水營那樣固守以待援兵。孟籠東面即為木邦土司轄地，木邦是此次清軍的遠征大本營和聯絡中樞，在確證孟密有強敵阻遏且會師無望的情況下，明瑞決定前往木邦，期望在與留守木邦的珠魯訥軍會合後，可以重新聯絡輔軍，以便再次大舉南征。

此時孟籠的糧食還很多，但明瑞軍所帶的牛馬已沒有了，無法馱運，而根據新的情報，在退往木邦的線路上，大山、波龍等處皆有糧食囤積，於是明瑞下令每人各攜數升口糧，餘糧點火焚燒，然後向東北撤退，回師木邦。

卻說緬軍在發現明瑞軍連戰連捷，狂飆突進，卻突然改道孟籠後，一度很是納悶不解，他們派人跟蹤、巡查清軍舊營，抓獲了幾個掉隊的清軍傷病員，經過審問，才知道是因為糧食已盡的緣故。緬軍隨即傾巢出動，展開大舉反擊，但他們沒有敢於立即實施正面作戰，而是只派一部分兵馬隔著十幾里路遠遠跟著，時不時地進行騷擾，其主力則被用於清軍力量相對薄弱的木邦方向。

自明瑞軍從木邦出發後，留守木邦的珠魯訥便先後在錫箔、蒲卡、蠻結、天生橋渡口、宋賽等地設立臺站，以便保持與明瑞的聯繫。一七六八年二月十九日，緬軍四面出擊，向各台站發動進攻，留守台站的清軍紛紛潰散，損失總共達到八百餘人，僅百餘人得以退回木邦。各台站也全部被緬軍攻佔，明瑞軍的軍情線路被就此切斷，再也無法與後方指揮部進行聯繫了。

不久，緬軍兵臨木邦，珠魯訥一面帶兵迎敵，一面派人赴永昌求援，可是當初明瑞因過於自信，欲直搗阿瓦，已將幾乎所有可用之兵，都分成南北兩路帶走了，永昌僅留了數百士兵以備運糧，根本無兵可援，向內地調兵又緩不救急。當鄂寧就此向乾隆報告時，乾隆憂心如焚，急到跳腳，說：「朕早就知道會發生這樣的事，去年朕與你們都太輕敵了。」

旱塔距木邦不遠，滯留在旱塔的輔軍成了當時唯一能夠挽救危局的力量。雲南巡撫鄂寧命額爾登額分兵孟卯、隴川，緊急增援木邦，從孟卯到木邦為捷徑，隴川要繞路，但額爾登額探知孟卯有緬軍出沒，便不敢走孟卯，而寧願退入鐵壁關內，繞道隴川前往木邦，但到了隴川後他又以「路甚逼窄，不能乘騎」

為藉口遷延不進，鄂寧前後七次飛催，仍置若罔聞。乾隆得知後嚴令額爾登額必須出兵木邦，並警告他說：「若仍在隴川坐守，恐怕你就保不住你的項上人頭了！」

面對如此高壓，額爾登額不得不起程上路，但依然是一路拖遝，走走停停，不過數日行程，卻整整走了二十多天，直至三月二十一日才到達明瑞軍當初的出境地點宛頂。這對已急如星火的木邦危局而言，自然起不到絲毫作用，事實上，在輔軍到達宛頂之前，苦苦堅守十日的木邦大營就已被緬軍攻破，守軍近乎全軍覆滅，珠魯訥自殺殉國。

決一死戰

自明瑞軍由象孔向北轉戰起，幾乎天天都有戰事，在孤軍無援，敵人逐漸增多，而自己的兵力卻逐漸被削弱的情況下，明瑞對眾將說：「我們現在的情況確實非常窘迫，但越是如此，越要竭盡全力，唯有如此，才能顯示出我們國家軍令嚴明，將士用命，敵人也才會害怕，即便我們這次出兵失敗了，後來者也易於接辦。」

明瑞並不是一個只會大話連篇，煽動別人去拼命而自己坐享其成的人。他每天一大早督兵作戰，到黃昏紮營時才顧得上喝一口水，為節約糧食，一天只吃一片烤牛肉，有時甚至還要從中分一點給他的親隨侍從。對於日益增多的傷病員，他都要求抬著一起走，不忍拋棄其中的任何一個，正因他始終能夠以身作則，體恤士卒，所以儘管大家都極為疲勞困頓，然而從頭至尾無一人口出怨言，防守、撤退均有條不紊。

一直跟蹤明瑞軍的敵人趕到孟籠後，發現他們已經燒糧遠去，便立即全力追趕，由於被追敵纏得太緊，部隊的行軍速度被大大限制，每日僅能走三十里。這種情況下，如果帶兵將帥缺乏必要的經驗和膽魄，就算不被敵人打垮，部隊的損失也少不了。額爾登額奉命援救木邦就是這樣，他在撤入鐵壁關時不派兵殿後，結果遭到緬軍追襲，丟了很多輜重、器械不說，還一度被緬軍尾隨入境，大肆搶掠。

同樣是面對敵人的緊追，明瑞臨危不亂，他將所部分成前後兩隊，後隊先斷後，前隊退至有利地形列陣，一俟後軍通過，前軍便轉為後軍斷後，後軍則轉作前軍，以此交替掩護，且戰且退。他自己和觀音保等將領一如既往地與士卒同艱辛，共患難，幾個人輪流率部殿後，每次作戰前他們都搶先佔據有利地形，等到緬軍進入開闊地帶後，便利用騎兵優勢進行突擊，遠用弓箭施射，近用刀矛搏殺。

最初，明瑞軍僅以擊退追敵為目標，在進入蠻化土司轄地後，考慮到將與蠻化土司打交道，明瑞認為若不預先給予追敵以重擊，便無法避免被敵前後夾擊，他慷慨激昂地對眾人說：「敵人現在非常輕視我們，若不與之決一死戰，他們將追得更凶更狠，到時我們將全軍覆滅。」

緬軍在自己境內作戰，於後勤方面享有很多便利條件，起碼口糧都不用士兵攜帶，每隊後面都另外有人挑著糧食跟隨，這使得緬軍既能輕裝作戰，又餓不著肚子。不過緬甸既不養常備軍，士兵平時也就沒有穩定軍餉和給養，土司兵甚至還會帶上農具、種子出征，所以他們素有搶奪財物的習慣，每天等清軍遠去後，都會湧入清軍原有營地，撿拾丟棄物品。

明瑞看在眼裡，便決定從中做文章。當晚清軍紮營於蠻化西邊的山頂，緬軍則紮營於山腰，明瑞暗地裡伏兵於營外，第二天早上，早飯時間一過，按照他的部署，各營吹起螺號，佯裝開拔，部分官兵也舉著旌旗作勢遠去。緬軍士兵不知是計，仍像往常一樣一擁而上，爭先恐後地衝進空營。說時遲，那時快，清軍突然伏兵四起，弓箭、火槍齊發，槍炮聲如雷貫耳，緬軍倉皇奔逃，其間自相踐踏，又被清軍乘勢擊殺，死者達千餘之多，屍體山積，「坡澗皆滿」。

這是繼蠻結之戰後清軍所取得的又一次大捷，雖然已不能改變整體的被動局面，但經此一戰，他們高超的戰術技巧以及強悍的戰鬥力再次令緬軍感到震撼。之後儘管緬軍仍尾隨不放，然而卻不敢追得太緊，每天都保持十幾里的距離，晚上則放上幾炮以示威懾，清軍不用顧慮背後，遂得以從容取得蠻化土司所存牛馬，用以補充自身的軍需。

在蠻化休整五日後，全軍繼續進發。在快接近木邦時，明瑞才得知木邦已經失陷。他很清楚，儘管蠻化大捷大大地振作了士氣，但部隊畢竟已經人困馬乏，為了儘量輕裝趕路，火藥和輜重器械又遺棄了不少，實無復奪木邦的能力。經過斟酌，他決定繞過木邦，向小孟育撤退。

見明瑞軍繞木邦退去，緬軍將原用於圍困木邦的南線主力調集過來，與尾隨明瑞軍的部隊合二為一，在後面緊緊追趕。一七六八年三月二十四日，明瑞軍到達小孟育，明瑞派出哨探，哨探返回報稱：「路旁已有賊柵矣。」

原來由於額爾登額的輔軍已撤入鐵壁關，在北線防守的緬軍也加入了合圍陣營，他們在佔領從宛頂到小孟育之間的地區後，提前截斷了明瑞軍的北撤去路。

至此，兩路緬軍已在小孟育蝟集達數萬人。緬軍固然不如滿洲兵勇猛，但勝在熟悉地形，且翻越高山深谷如履平地，他們特意不在平原上與明瑞軍直接交鋒，而是選擇在兩山中間路窄之處以及山坡險峻難行的地方進行攔截。經過偵察，緬軍除在山頂結成大小十四座木寨外，還堵住了四面共三十餘處的緊要山口，並層層設圈，專等清軍自下而上，漸至疲乏之時，以逸待勞，用槍炮進行殺傷。

此時明瑞軍除受傷及染病者外，戰鬥人員只有五千餘人，而且彈藥箭矢已快耗盡，僅憑自身力量難以突出重圍，明瑞遂命所部分成七營進行防守，以待宛頂援軍。

犯了一個大錯誤

輔軍早在三天前便已到達宛頂，宛頂距小孟育僅兩百里，但額爾登額畏敵如虎，見小孟育緬軍密集，更是心生怯意，即便明知明瑞軍被困，也一直按兵不動。

雲南巡撫鄂寧極力催促額爾登額前往小孟育救援接應，據他自己說，包括要求額爾登額出兵木邦在內，飛檄已達十四次之多，可是都未能夠得到應有的回應。

鄂寧是鄂爾泰的第四個兒子，他的大哥、二哥都犧牲於平準戰爭。想到如今明瑞軍危在旦夕，自己卻無力拯救，鄂寧悲憤至極，「痛心切骨」，在給乾隆的奏摺中控訴額爾登額「坐失事機，實罪不容誅。」

乾隆同樣又憂又急，多次警告額爾登額說：「如果你再徘徊觀望，不把接濟明瑞大軍當一回事，你自己想想看吧，能承擔如此重責嗎？你這樣做又居心何在？」

明瑞是額爾登額的上司，就算乾隆、鄂寧不督促，額爾登額也得冒死相救，而且從乾隆諭旨的措辭來看，就算他出兵增援，倘若一旦行動失敗，照舊可能受到處分，更不用說連動都不一動了。令人無語的是，當時當地，額爾登額就像是吃錯了藥一樣，不管你上面說什麼，他都充耳不聞，橫豎不肯出兵，甚至領隊大臣還懶察自告奮勇，請命增援小孟育，也沒有得到他的允許。

明瑞苦苦等三天，望穿秋水也沒盼到援兵，此時糧食將盡，只能強行突圍。一七六八年三月二十七日晚，他下令趁夜分兵沿探明的小路突圍，突圍前告知各部，北去兩百里就是宛頂清軍糧臺，輕裝一夜即可抵達。

和以往任何一次指揮作戰一樣，身為主帥的明瑞總是身任其艱，同時他也不忍心再讓更多的士兵殉國蠻荒，於是親率數百滿洲兵為大部隊斷後掩護，就成了他的必然選擇，隨之殿後的還有領隊大臣扎拉豐阿、觀音保以及一些總兵、巴圖魯、侍衛。

緬軍發現清軍突圍，立即蜂擁而上，明瑞率殿後部隊以一當百，奮力阻擊。時值濃霧大作，黑夜中不辨方向，但在殿後部隊的掩護下，多數官兵仍得以突圍而出，先後逃往宛頂。明瑞和殿後部隊則陷入重圍，血戰至淩晨，扎拉豐阿中彈身亡，其他總兵、巴圖魯、侍衛或死或降或散。觀音保亦為流彈所傷，他箭無虛發，連斃數名緬兵，剩下最後一支箭他本來也想射出去，但又怕箭都射完了，自己赤手空拳，不免被俘，便收起箭，策馬向草叢中奔去，停下馬後即以箭鏃自插咽喉而死。

明瑞右臂先受槍傷，繼而胸前中彈，在用盡力氣疾馳二十里後，他自知難以堅持，也同樣擔心落入敵手受辱，遂從容下馬，在樹下自縊身亡。自縊前，他特地剪下髮辮，命家奴歸國呈交乾隆，其總督印信也交由隨從侍衛帶回永昌。

明瑞智勇雙全，就具體戰役戰鬥而言，在征緬戰爭中從未打過一次敗仗，當初共有一萬兩千人隨他出兵木邦，其間除千餘人戰死或病亡外，有一萬一千人得以安全返回，難能可貴的是，其中許多都是傷病官兵及體弱文官。古往今來，像明瑞這樣優秀的帶兵將領確實是不多見的，清人對他評價也很高，稱讚他「雖古名將不能過也」。

小孟育一戰，如果額爾登額能夠迅速增援，和明瑞軍前後夾擊緬軍，不但明瑞等人有望生還，而且很有可能再次擊潰緬軍，甚而順勢奪回木邦，補充物質後再次南征。戰後雖然明瑞軍主力尚存，但在主帥折戟、諸將陣亡、軍心動搖的情況下，局勢已難以挽回，第三次征緬戰爭終告失敗。

明瑞殉國及敗訊令乾隆大為震驚，他這時已認識到此次兵敗的主要原因還在於自己的輕敵，以致明瑞倉促出師，各方面都沒能銜接好，為此下詔自責，說：「這次是朕太蔑視緬酋了，沒能做到深思熟慮，長遠謀劃，朕確實犯了一個大錯誤。」

明瑞不但是功勳卓著的名將，也是第一個殉難疆場的富察氏家族成員，乾隆哀痛之情難以言表。明瑞死時，其家人將其遺骸藏於路旁草木茂盛之處，並做了標識，乾隆特命侍衛跟隨明瑞家人潛入小孟育，找到遺骸後帶回京師歸葬。歸葬當天，乾隆親自到郊外為之祭奠，同時下令處死坐視不救的額爾登額、譚五格，以慰英靈。

在木邦失陷、明瑞死訊尚未傳到京城前，眼看征緬戰爭越打越困難，乾隆曾有過撤兵的念頭，認為明瑞軍在深入緬境後，若能迅速建成大功，當然最好不過，萬一發生挫折，也不要勉強，「與其徒傷精銳，不如暫時撤兵。」

然而明瑞一死，有了折損大將、喪師辱國之仇，事情就不可能如此完結了，再度對緬甸用兵也已勢難中止，只是經過三次征緬戰爭的失敗，又進行了自我檢討，乾隆對於戰爭的準備可以說是前所未有的重視，他要任用最得力的將領，集中最精銳的部隊，發起一次徹底的進攻。

第九章

絕非想像中那麼好打

從前三次征緬戰爭來看，作為主管雲南軍政的一把手，雲貴總督都是當仁不讓的主帥，連明瑞也兼任雲貴總督。第四次征緬，雲南巡撫鄂寧被提拔為總督，並進入指揮部高層，但他不再是主帥，主帥是被乾隆授以經略的傅恒。

傅恒貴為國舅，又是首席軍機大臣、保和殿大學士，派他出馬，與乾隆親征也就只差一步。傅恒以下，阿里衮、阿桂被授以副將軍，舒赫德被授以參贊大臣，這三個人都和明瑞一起參加過平準平回戰爭，乃有大功在身的重臣，鄂寧只能排在他們後面，列第五順位。

乾隆為征緬精心準備，從指揮班底到部隊陣營都堪稱超豪華。第三次征緬戰爭調撥滿洲兵三千，已經算多的了，這次增撥健銳營兵兩千五百人，京城滿洲兵六千人，荊州和成都滿洲兵各一千五百人，火器營兵四千五百人，另有索倫兵一千人，厄魯特兵三百四十人，包括健銳營在內，能用於機動作戰的八旗精銳幾乎是傾巢出動。貴州綠營在隨明瑞征戰過程中表現出色，藤牌兵王連更是立下奇功，所以這次依舊調貴州綠營兵九千人隨征，加起來一共是兩萬四千八百四十人。

雖然乾隆對啟動新的攻勢傾注了全力，但吸取前三次征緬戰爭的失敗教訓，他沒有貿然出兵，而是一步步著手進行準備。根據他的安排，在傅恒領兵出征前夕，雲南軍務由阿里衮暫行處理，自一七六八年四月起，阿里衮、舒赫德等先後抵滇。

舒赫德辦事向來謹慎，平準戰爭時就預言過阿睦爾撒納會反叛。他對永昌進行了實地調查，在與雲南總督鄂寧反復商討後，兩人聯名向乾隆反映征緬有「五難」，即辦馬難、辦糧難、行軍難、轉運難、適應難。

「五難」

在征緬戰爭中，乾隆時時要分析和研究軍情，對於「五難」當然不會心中無數，事實上，「五難」一直以來都是清廷用兵西南最大的障礙。比如，軍馬糧草的籌辦以及徵集民夫調運物資，眼下就足以讓乾隆費盡心機，而行軍之難，只要把歷次奏報中清軍的行軍速度與地圖上各地點之間的距離相對照，就知道部隊到底走得有多慢，道路究竟有多險峻難行了。又比如「適應難」，來自北方的清軍普遍存在著水土不服的問題，在第三次征緬戰爭中，明瑞軍一路上官兵患病很多，大大影響了戰鬥力，輔軍一路雖未深入緬境，然而得病者亦不在少數。

乾隆不是不瞭解征緬之難，讓他感到不滿和惱火的是大吏們由「五難」所引出的主張，舒赫德、鄂寧認為征緬「實無勝算可操」，不如放棄征緬計畫，派人對緬甸進行秘密招降。

乾隆本身好大喜功，有著一個盛世君王通常都有的虛榮心和名利心。清廷對緬甸已經屢次用兵，其間勞師動眾，損兵折將，最後什麼都沒撈著，無尺寸之功不說，還得覥著臉去「招降」，一想到這裡，他就感到臉上無光，難以下臺。

再者，從乾隆自己的經驗出發，無論最早的瞻對戰役，還是後來的平準戰役，無一不給他這種印象，即如果不將對手打狠打痛，所謂招降云云，說到底只是自欺欺人。平心而論，乾隆的這種顧忌和擔心倒也不是純粹的杞人憂天，在緬甸已經三度取勝的情況下，若清廷一方匆匆收場，的確誰也不能保證今後緬軍不會再次侵擾雲南邊境。

乾隆斥責舒赫德、鄂寧秘密招降建議「荒唐無恥，可鄙可怪」，說你們既然把雲南邊外描述得這麼可怕，那麼康熙皇帝平定吳三桂叛亂，又是如何做到的呢？假使你們真覺得緬甸「地險瘴重」，暫時無隙可乘，也應當整頓兵力，慢慢尋找機會。就算是確實難以遠征，我降個諭旨，直接撤兵就行，也顯得光明正大不是，何必行此掩耳盜鈴的伎倆？

這個時候已有不少大臣反對出兵征緬，都說清軍實無必勝把握，舒赫德、鄂寧只是其中觀點最鮮明，反對最激烈的兩個。為此，乾隆將舒赫德、鄂寧的奏摺遍發給朝臣閱覽，一邊揭示奏摺中的「乖謬可鄙可笑之處」，一邊對軍機大臣們強調：「我堂堂大清，勢當全盛，只要訓練精兵，積極儲備糧草，殄此丑類，力量完全足夠。」

乾隆覺得舒赫德已無心征緬，就算留在雲南也不會盡力，反而只會起到消極作用，於是，乾隆將其現有的刑部尚書、參贊大臣等職一併革去，以副都統身份調去烏什任辦事大臣。鄂寧因只是附議，乾隆要求覆奏，重新申述意見，也就是再給你個機會，給我好好反省一下。

雖清軍在第三次征緬戰爭中失敗了，但明瑞及其所部勇猛善戰的形象已在緬甸人心目中定格。此時緬甸方面還不知道明瑞已死，以為明瑞又將捲土重來，頗有些畏懼，此外他們還須繼續用兵暹羅，也不願再次與中方開戰。在這種情況下，緬甸國王孟駁下令送還八名俘虜，並通過俘虜上書清廷，提出雙方議和。阿里袞據此上報，乾隆則認為緬甸既然願息兵罷戰，那麼就算國王不親自出面，至少也得派個大頭目前來商談，結果卻以俘虜代替，而且書信中的言辭也很傲慢，可見並無誠意，因此命令阿里袞不予理會。

與先前相比，乾隆的對緬政策其實已發生明顯變化，將緬甸全境收為己有的目標已被悄然放棄，但退而求其次，讓緬甸如東吁王朝後期那樣，輸誠納貢，成為中國在西南的藩屬國，依舊是他所期望的最好結果。

只是緬甸方面並不做如是想，依恃己方三度取勝的先決條件，他們在態度上依舊強硬，並無進表納貢之意。緬軍統帥諾爾塔在授命其邊境官員與中方建立通信聯繫時，明確告知：「若天朝肯依，我們兩邊就都好了，若天朝執意不肯，必要打仗，我們也怕不得了。你們可將好話歹話都傳遞到，肯依不肯依，寫個信交與我們的人帶回。」

除此以外，中方境內的九龍江十三版納被緬甸認為是其屬地，而且他們還想把已內附清廷，在中國境內避難的木邦、蠻暮等土司所攜人口都要回去。這些也是中方堅決不能答應的，乾隆由此表現出了比緬甸政府更強硬的態度，聲言：「（平緬戰爭）一年無緒，再辦一年，自然賊匪畏懼兵威，計窮歸順。」

在致諾爾塔的檄諭中，乾隆還痛斥緬甸國王：「不知天高地厚，肆口妄言，竟與犬吠無異。」也就在這個時候，鄂寧的覆奏送至京師，他在奏摺中說，舒赫德關於秘密招降的提法可能有些唐突草率，但既然現在緬甸方面已有講和之意，順勢為之也未嘗不可。乾隆看後當然很不高興，隨即將鄂寧降補為福建巡撫，所遺雲貴總督一職由阿桂兼任（不久後又由其他人接替），至此，原定的指揮班底由五人變成了三人，即傅恒、阿里袞、阿桂。

不勝不歸

在一七六八年春天之前，乾隆一直忙於向雲南前線調兵和輸送物資，次年三月，在認為已具備出征條件的情況下，他才正式派傅恒赴滇整理軍務，同時飭令阿里袞、阿桂，指示他們只需用心飼養馬匹，備辦糧餉，進兵之事待傅恒抵滇後統一籌畫。

康熙晚年，仍處於強盛期的準噶爾曾經攻入過西藏，清軍「驅準保藏」，卻幾乎全軍覆滅。關鍵時刻，十四皇子胤禵臨危受命，以撫遠大將軍之任統兵西征，康熙親自登上太和殿，授之以敕印，爾後胤禵果然一戰得勝。傅恒起程前，也奏請按照此例，由內閣大臣在太和殿頒給經略敕印，乾隆不僅照准同意，而且還把自己平時使用的甲冑贈給了傅恒。

傅恒奏請頒印，為的是顯示全力以赴、不勝不歸的決心，乾隆鄭重其事，亦體現著對這位最得力助手的信任和重視，期待他能夠高奏凱歌，重演當年「一平金川」的一幕。

傅恒身負重任，起程後晝夜奔馳，日行兩百餘里，以最快的速度抵達了雲南，正如乾隆詩中所云：「卻思經略滇南去，日日疾馳二百餘。」

一七六九年五月，傅恒由省城赴永昌前線，與阿里袞、阿桂及諸幕僚對具體方略進行籌畫。

第三次征緬戰爭在出兵時間上考慮了要避開瘴氣，緬甸瘴氣在雨季最為流行，若以節氣來說，主要集中於每年清明至霜降這段時間，清軍基本上就是在霜降瘴消之際出發的，所以最初也並未因瘴氣而出現過多的非戰鬥損失。此次進行商討，阿里袞、阿桂等人也均主張在霜降後出師，但這時離霜降還早，傅恒認為讓幾萬大軍坐守四五個月，既耗費糧餉，又容易令將士鬆懈，喪失銳氣，同時也難以起到出其不意的戰術效果。

乾隆在第三次征緬戰爭中已比原計劃提早出兵，為的就是想來個奇襲，只可惜當時雨季尚未結束，清軍行軍困難，導致未能如願。在傅恒看來，其實原計劃就不應該過於拘泥避瘴，時間上越靠前，才越有可能爭取主動。於是他最終決定把出兵時間定在農曆的七八月，乾隆知道後深表贊同，並且很高興地說：「我兵於八月趁其不備，分路進剿，可以直抵阿瓦。」

事後來看，因為沒有避開瘴氣流行的季節，清軍確實遭受了不利影響，就連傅恒本人都生了病，但世上的事情大多都是利弊相隨，而且正如「五難」中所言，緬甸瘴癘橫行，一年裡瘴氣消散的時間很短，要想完全避免瘴氣是很難做到的。退一步說，就算冬季瘴氣少，可是在水寒土濕、水土不服的情況下，清軍官兵也很容易染上瘧痢等疾病，明瑞軍後來便因此出現了相當多的非戰鬥減員。

一句話，要麼像舒赫德、鄂寧所建議的那樣，乾脆息兵罷戰，要麼就拋棄這樣或那樣的顧慮，咬著牙硬闖過去。除此之外，並無第二條捷徑可走。

明瑞征緬時主力軍系沿東路錫箔進軍，傅恒認為這是一條錯誤的進軍路線，理由是阿瓦在伊洛瓦底江以西，沿錫箔進軍，就算到了阿瓦附近，阿瓦仍隔於江外，大軍要進攻阿瓦還得渡江。伊洛瓦底江的上游是戛鳩江，傅恒主張主力軍先渡過戛鳩江，然後沿戛鳩江西岸挺進，輔軍則從普洱進發。

商議到這裡的時候，傅恒的幕僚趙翼提出了一個極為中肯的建議。

趙翼乃清代著名詩人兼學者，從小就有神童之名，據說他三歲的時候就能識字，十二歲的時候一天能寫七篇文章。趙翼參加殿試本來可以拿狀元，乾隆說自清朝建立以來，陝西還沒出過狀元，便把陝西籍的第三名提至第一名，而將趙翼移至第三。

雖然與狀元擦肩而過，但趙翼在京師已享其名，之後他曾入值軍機處，深受傅恒的器重。此次征緬前，趙翼正在地方上任知府，傅恒特意把他請入幕中替自己謀劃。

針對分戛鳩江西岸和普洱進軍的方案，趙翼指出，別看地圖上這兩個地方相距不過三寸，但其實有四千里之遙，兩軍相隔這麼遠，很難互通聲息，也不容易協調進退行止。明瑞軍後來之所以那麼被動，原因之一就是一直得不到輔軍的消息所致。

趙翼建議輔軍改由戛鳩江東岸的蠻暮、老官屯出發，與主力軍夾江而下，同時打造船隻，以便兩岸大軍可以互通往來，彼此呼應。

事無難易之分

傅恒接受了趙翼的建議，將作戰方案調整為三路並進，即在主輔兩軍外，再增加一支沿江而下的水軍。隨後他派人經過勘察，發現銅壁關外的野牛壩樹木甚多，其中畫楠、夜槐兩種樹木還是造船的上等材料，而且當地天氣涼爽，疾病不生，非常適於打造戰船。

傅恒將計畫報送朝廷後迅速得到批准，其中造船一事更是備受乾隆的讚賞。他說自己早就認定「水陸並進，實為征緬最要機宜」，曾屢次就此事詢問阿里衮、鄂寧、阿桂等人，還曾專門派員前往調查，但得到的答覆不是崖險澗窄、難以行船，就是說沿江一帶找不到可以造船的地方。現在傅恒一去就辦成了，可見事無難易之分，「果專心致力，未有不成者。」

依傅恒所請，乾隆調遣數百工匠及福建水師兩千人赴滇聽用。在第二次征緬戰爭中，清軍在給緬方發出的通牒中，聲稱集結了水陸軍，其實純粹是虛張聲勢，這次則是實至名歸了。

一七六九年八月二十一日（農曆七月二十日），在部署既定的情況下，傅恒祭旗誓師，先率主力軍出征。兩名副將軍，阿桂需要督造戰船，阿里衮則有病在身，傅恒本來想讓阿里衮留下養病，但他執意要隨征，傅恒只好予以同意。

傅恒軍自騰越出發，用已造好的船隻渡過戛鳩江，之後直逼孟拱、孟養兩個土司轄地。此時正值秋收季節，緬甸人在農曆八月前要收割莊稼，加之孟拱、孟養非其腹地，清軍一路之上如入無人之境，孟拱、孟養亦主動呈獻馴象、牛羊、糧食、瓜菜等物，用以向清軍示好。

雖然計畫中的突襲得以如願達成，但清軍也為此付出了沉重的代價，在兩千里的行程中，他們飽受惡劣氣候的困擾，途中忽雨忽晴，山高泥滑，一匹馬跌下山谷，其所馱的糧食帳篷便隨之全部損失掉了。「五難」的問題此時全都暴露出來，由於運力、口糧不足以及露宿、風吹雨打等原因，官兵免疫力下降，儘管部隊事先準備了祛瘴藥物，但仍有大批人相繼病倒，就連傅恒亦染病在身。

就在傅恒軍因病號較多而漸漸乏力的時候，由阿桂督造的百餘艘戰船全部完工，阿桂遂率輔軍進駐戛鳩江東岸的蠻暮，福建水師亦在總兵哈國興的率領下，準備由戛鳩江出伊洛瓦底江，從而形成了計畫中三路進兵的格局。

緬甸水軍察覺清軍水師的意圖後，立即列船扼於伊洛瓦底江的江口，對其進行攔截。從裝備上說，緬甸水軍還在清軍水師之上，先前舒赫德、鄂寧就聽經常到緬甸進行貿易的商人說過，緬軍所用戰船約長二十多米，每邊安裝二十支槳，速度很快，而且船頭船尾都設有火炮，旁邊還有火槍。

雖然緬甸水軍自有它的一部分優勢，但清軍水師與之相比並非弱旅，尤其福建水師在收復臺灣的澎湖海戰中擔任過主力，作戰經驗方面要勝過敵軍，在一定程度上彌補了戰船和火力的不足。雙方一戰下來，三艘緬軍戰船被擊沉，頭目賓雅得諾負傷斃命，隨著緬甸水軍落敗撤出江口，清軍水師進入了伊洛瓦底江。

三百多年前，明代名將王驥追擊叛軍至緬甸，曾在伊洛瓦底江邊刻石，謂之「石爛江枯爾乃得渡」，意謂江面寬闊難渡。在清軍控制江面後，伊洛瓦底江變得暢通無阻，江路運輸軍糧和武器輜重的能力遠大於陸路，同時因為不用翻山越嶺，輜重部隊遭遇伏擊的可能性也大為降低，這使「五難」中的「轉運難」得以初步緩解。

三路清軍之中，最不順利的反而成了傅恒軍，他們沿途依舊未遇堅強抵抗，但卻進入了可怕的熱帶沼澤區，在沼澤區內，馬騾一旦陷入淤泥便無法拉出，牲畜因而大量損失。見西岸如此難行，又考慮到病號滿營的現實狀況，傅恒只得改變原計劃，還師蠻暮。

緬軍發現傅恒軍撤退，認為是當初明瑞軍突然北上的重演，於是故技重演，盡調主力部隊，分三路進行尾追。

緬軍此次共出動了多少兵力，史書上沒有留下精確的數字，但可以知道的是，他們把緬甸內戰中俘虜的數百名法國兵也派了上來。也就是說，除尚在暹羅作戰來不及調回的部隊外，緬甸國內能調動的部隊都調了，估計兵員數應不少於三萬，一時間，緬軍旌旗蔽空，氣焰熏天，大有將清軍全部消滅於其境內之勢。

怎麼向朝廷覆命

雖然清軍進行了撤退，但因為兩路陸軍離得不遠，又有水路聯絡，所以處境並不狼狽。在阿桂所派部隊的接應下，傅恒率部迅速抵達蠻暮，在與水師、阿桂軍會合後，他將大軍重組為三路，即阿桂的東路軍、哈國興的中路軍和阿里袞的西路軍，三路軍分別擺開陣勢，與緬軍展開激戰。

至第四次征緬戰爭正式發動時，清廷對外號稱動用滿漢兵六萬人，如果是在內地作戰，調動這麼多兵馬是有可能的，但跨國作戰就不行了，因為後勤條件的限制，實際前線是兩萬八千三百人（包括乾隆直接徵調的兩萬兩千多人、福建水師兩千人，以及後來補充的廣東水師一千人），扣除邊境及沿路臺站駐兵，能在最前沿作戰的則僅剩一萬八千九百人，而且這一統計數字還沒有除去西岸陸軍的大量非戰鬥減員。

雖然實際作戰兵員只有緬軍的一半多，但清軍集中的精銳數量卻大大超過以往，無論是健銳營、索倫兵還是普通的滿洲兵，野戰能力都很強悍，更不用說還帶來了火器營和相當數量的槍炮。

在戰役進行過程當中，東岸緬軍最先到達戰場。東路清軍主力沒有遭到瘴氣的侵擾，建制基本保持完整，部隊「精銳可用」，主帥阿桂也信心十足，他傳令先用連環槍炮的戰術阻擊，繼而強弓猛射，待緬軍不支撤退，再命騎兵從兩側實施衝鋒。緬軍大潰奔逃，死傷無數。

哈國興的中路軍在孟密江面與緬甸水軍狹路相逢。交戰時，福建水師躍入和控制了一艘敵船，一名敵兵欲泅水逃跑，立即有水兵跳入水中，一刀斬之。這一場面被雙方看在眼裡，一邊緬軍士氣受挫，另一邊清軍卻為之歡欣鼓舞，趁已方處於上風位置，他們繼續駕船向敵人猛衝，緬軍在忙亂中自相撞擊，翻了好幾艘船，被殺和淹死者達數千人，江水為赤。

緬軍在東岸實施進攻，西岸則結柵自固，取守勢。阿里袞帶病主動發起攻勢，連破敵三座營寨，其餘緬軍見勢不好，全都落荒而逃。

在三路軍全都告捷的情況下，清軍進克新街，緬軍被迫退卻數十里，縮進位於東岸的老官屯固守。儘管取得了自征緬以來的首次大捷，但傅恒、阿里袞等人的病情仍令大家憂心不已，將領們都商議著是否要見好就收，罷兵與緬甸議和，反倒是阿里袞力主繼續進攻老官屯，說：「老官屯有賊柵，前年額爾登額進攻的地方，距離那裡僅三十里，如果不去擊破它，怎麼向朝廷覆命？」

阿里袞言外之意是額爾登額上次沒能拿下老官屯，這次我們大張旗鼓，最後也不過是止步於此，恐怕很難讓朝廷滿意。傅恒亦有同樣的顧慮。

其實，如果緬甸在吃敗仗後能夠馬上遣使求和，傅恒或許就有理由向乾隆提出退兵了，偏偏緬甸並未求和服軟，這讓他也很難說出就此罷手的話。

圍繞阿里袞的提議，傅恒重新召集諸將進行商議。眾人認為，既然還是要打，就必須挑選合適的攻擊目標，否則繼續向阿瓦進軍，很難做到速戰速決。在此前提下，進攻老官屯的確是一個不錯的選擇，此處乃緬甸北部水陸交通要道，也是緬甸都城阿瓦的重要屏障，倘若能予以攻取，緬甸國王必然會畏懼乞降。

傅恒接受了眾人的意見，決定進攻老官屯，一七六九年十一月十七日，他率部進攻此處。

老官屯系江中之沙洲，其東西兩岸各有兩座堅固大營，稱為東寨和西寨，既然主要從東岸進兵，清軍便將攻擊重點集中在了東寨。見清軍攻來，東寨之敵出營迎戰，被清軍迅速擊退，不過因為是試探性作戰，所以雙方都沒有取得大的戰果，只是不時以火炮互轟而已。

戰鬥結束，清軍即在兩岸分別紮營，與緬軍對峙。限於老官屯江面水流湍急，且沙洲阻遏，清軍水師暫時也無法前進，便順勢停泊於兩寨之間，對己方陸軍進行左右策應。

次日，東岸清軍派偏師到東寨南面紮營，在斷其水路的同時，對東寨形成半包圍圈。

從第三天起，準備就緒的清軍集中兵力，分左右兩翼，對東寨發動了大規模圍攻。在圍攻時，傅恒居中調度，與阿里衮等人就站在東寨柵外數十步外進行指揮，可謂是志在必得，但誰也沒有想到，清軍不但進攻未果，而且預想中的速決戰還演變成了一場曠日持久的拉鋸戰。

能用的辦法通通都用上了

東寨建於山坡之上，地形十分險要。在第三次征緬戰爭中，輔軍屢攻不下，主帥額爾登額被認為無能兼不盡力，但他的前任、兄長額爾景額素有才幹，連乾隆也表示欣賞，可是額爾景額直到病死，也沒有取得任何進展，足見東寨之易守難攻並非虛言。

此次緬軍將東寨作為勢所必爭之地，又進一步加強了防禦，他們在四周兩三里範圍內豎滿柵欄，柵欄外又挖掘三重壕溝，壕溝外遍佈尖銳樹枝，形成鹿寨，稱之為「木簽」。面對如此多的障礙物，清軍的騎射優勢根本無從施展，緬軍卻可以隔著柵欄和「木簽」猛烈射擊，通過熾盛的火力對清軍進行攔阻。

這是緬軍最擅長的防禦戰術，若不清除營寨周圍的障礙物，便無從破寨。戰前清軍在騰沖專門製造了「威遠將軍」火炮，這種類型的火炮曾先後在金川、平回戰爭中使用，炮重三千斤，炮彈亦重三十餘斤，套用西方標準，已屬於三十磅以上的攻堅重炮。傅恒下令修建土臺，將「威遠將軍」搬到土臺上，對緬軍柵欄進行轟擊。

剎那間，彈矢如雨，聲若奔雷，一輪炮擊後，木柵上全是被炸開的缺口。但是讓人鬱悶的是，由於柵欄被深深釘入地下，雖破卻並未倒塌，趁著清軍炮火暫停的間歇，緬軍進行緊急搶修，又把殘破部分都給修復好了。

炮擊不倒，總兵哈國興率部砍伐山中老藤數百丈，加上皮革製作的長繩，以鐵鉤系於其首，做成了類似於飛爪的武器。敢死隊員趁夜潛近木柵，用「飛爪」掛住木柵，然後發動數千人輪流拖曳，可惜不是中途用力過度，拉斷了老藤，就是被緬軍發覺後將老藤砍斷，總之毫無成效。

傅恒接著採用火攻。清軍用木材製成擋牌，一面大的擋牌可以保護數十人不被鉛彈擊中，若將百餘面擋牌同時並舉，便可起到「如牆而進」的效果。敢死隊分成許多個小組，每個小組由兩個人抬著擋牌前進，身後十幾個人緊緊跟隨，每人手上都拿著一束木柴。

在擋牌的掩護下，敢死隊拔下「木簽」，越過壕溝，在敵寨下方堆起木柴進行焚燒。未料想江中大霧泛起，柵木潮濕，不容易點燃，而且緬甸木材硬度很強，即便被燒成黑色，柵欄整體也不倒塌。後來風向又突變，敢死隊自己反受到大火威脅，只得後撤回營。

在金川、平回戰爭中，清軍為了破戰碉和攻城池，曾挖掘地道，用火藥進行爆破，老官屯一役也嘗試了這種攻堅法。實施爆破後，雖在地動山搖中將柵欄炸飛了一大片，但地道系平行掘進，而柵欄都在斜坡之上，能破壞的至多只能是一部分，況且這一部分柵欄就算是被炸飛，地下依舊會留下巨大的深坑，當清軍衝到深坑前時，照舊無法逾越。

為了能夠攻破東寨，傅恒及其諸將可以說是絞盡腦汁，能用的辦法通通都用上了，但短期內亦難求速成。與此同時，清軍除作戰傷亡外，因染瘴而導致的非戰鬥減員有增無減，其中高級將領的損失很是嚴重。

阿里袞在病中猶奮力投入進攻，哪裡槍炮聲最多哪裡就有他，這樣一條鐵骨錚錚的漢子，卻也沒能敵得過病魔。其他相繼患病亡故的將領還有副都御史傅顯、總兵吳士勝、水師提督葉相德，這尚不包括自己也有病在身的主帥傅恒。

傅恒在給乾隆的奏摺中將面臨的困難據實以告。乾隆對傅恒最為信任和倚重，可以說滿朝文武，無人能及，看到傅恒領兵都打得這麼艱苦，戰場情況又如此嚴酷，乾隆對征緬的認識逐漸趨於理性。基於不願「將有用之兵，擲於無用之地」的考慮，他明確告訴傅恒：「以此觀之，撤兵為是，早已降旨矣。」

儘管清軍未能立馬攻下老官屯，但各種攻擊方式用下來，也已經把緬軍給嚇得夠嗆，尤其是炸藥爆破後，更是弄得他們驚恐失色，哀號震天。

老官屯的柵欄插入江中，緬軍在柵欄間開一扇水門，其舟船就通過水門，將糧草火藥源源不斷地運進營寨。阿桂發現了緬軍的這一要害之處，遂派五十艘戰船出擊，越過柵欄截斷了老官屯的運輸補給。

老官屯的緬軍各部都無反擊和突圍的能力，也知道這樣持續下去，營寨早晚要被攻破，所以都不約而同地產生了求和乞降的想法，當清軍水師繼續攻擊其水上柵欄時，駐老官屯的緬軍統帥諾爾塔便派人站在柵欄上遞交文書，主動請求罷兵議和。

一七六九年十二月七日，諾爾塔派使臣帶著緬甸國王孟駁的求和文書至清軍大營。因乾隆已諭令可無條件撤兵，傅恒召集眾將商議後同意議和，並派哈國興等人與緬方進行談判，最終達成了老官屯協議。協定達成後，傅恒奏請撤兵還朝，得到乾隆的允許，征緬戰爭至此結束。

老官屯協議包含三個要點，即緬甸必須按古禮進表進貢、永不侵擾中國邊境，以及送還所有在緬甸的中國軍民。從協定落實情況來看，「永不犯天朝邊境」的條款基本得以實現，這不得不歸功於清廷不惜代價以維護國境安全的決心。

此外，木邦、蠻暮、孟拱、孟養等大片緬北地區原處於中方境內，明朝後期被緬甸蠶食，就連楊應琚收復的孟艮、整邁，實際上也早已被緬甸視為囊中之物。經過四次征緬戰爭，它們重新回歸中國版圖，這一情況一直延續到近代，在英國將緬甸作為其殖民地後，上述區域才被劃入緬甸。

以番治番

除不敢再侵擾中國西南邊境外，緬方最初在進貢等協定內容的履行上表現得拖拖拉拉，很不痛快，這讓乾隆頗為惱火，甚至影響到了他對征緬戰爭的評價。在「十全武功」中，他把征緬單獨列出，認為其他「武功」大多是成功的，唯有征緬一役，因為緬境瘴厲橫行，清軍染病者甚多，緬甸政府又罷兵求和，所以導致匆匆班師，不能算作圓滿。

有一段時間，乾隆多次敦促留守雲南的阿桂率兵襲擊緬境，在給予對方懲戒的同時，迫使其履約。阿桂提出異議，還被他罵了一頓，不過乾隆最終還是擱置了出兵計畫，並將阿桂調至川西，原因是當地已經燃起戰火，金川戰爭再度爆發。

第一次金川戰爭雖以大金川土司莎羅奔投降而告終，但實際上只是草草了結，大金川的武裝並未受到毀滅性打擊。莎羅奔本人也沒有受到任何懲罰，戰後他在當地的形象不但沒有受到影響，反而氣勢更盛，儼然成了勝利者，據說直到今天，當地還流傳著很多有關大金川土司戰勝乾隆皇帝的故事。

大小金川土司原本都恃強好戰，大金川土司尤其突出。莎羅奔既未被真正打服，又受到周圍人的追捧，很快就忘記了乞降時發過的誓言，一俟恢復元氣，便重新開始侵擾相鄰土司。

大小金川地處川藏要道，當時內地有九條通藏路徑，其中五條都與大小金川直接相關。理藩院尚書溫福向乾隆彙報說，從川西維關南到藏區打箭爐，直線距離不過數百里，然而就因為金川相阻過不去，只能從成都繞道而行，路徑竟長達兩千多里。

金川的地理位置這麼重要，乾隆當然不能任由大金川土司吞噬鄰邦而致坐大，可他也不願意因此輕起兵端，以致重蹈覆轍。

和征緬戰爭一樣，清軍在第一次金川戰爭中差點陷在泥潭裡拔不出來，兩位重臣張廣泗、訥親全都葬身於那場戰役，張廣泗當時叫苦連天，說：「天時地利皆賊所長。」訥親在被處死前更留下肺腑之言：「番蠻之事，如此難辦，後來切不可輕舉妄動。」乾隆本人又何嘗沒有體會，他在感覺進退維谷、戰事難以措手之際，也一度急到「輾轉思之，竟至徹夜不寐。」

乾隆君臣既要阻止大金川侵擾，同時又不能讓清軍直接介入，能夠想到的最好辦法，便只有「以番治番、以蠻攻蠻。」按照乾隆所下達的諭令，四川督撫先是聯合眾土司擊退了莎羅奔，繼而又對大金川展開反擊。這一辦法開始效果還不錯，莎羅奔吃了癟後有些畏懼，此後便消停下來。在莎羅奔病故後，繼襲土司郎卡也曾經表示願意屈服，並退還所侵佔的各土司土地。

可惜好景不長，等郎卡坐穩位子，緩過勁來後，又故態復萌，向相鄰土司發動了進攻。鑒於大金川始終無法安分，乾隆不直接介入的態度也一度發生動搖，已準備讓阿桂署理四川總督事務，直接出兵大金川，但此議很快就因中緬邊境糾紛不斷升級而作罷。

四川官府繼續採用「以番治番」之策，以分賞大金川的土地以及其他賞賜為誘，把小金川等九土司組織起來，讓他們替朝廷剪除大金川。問題是九土司或地少兵單，或隔得較遠，多數都不是大金川的對手。小金川、綽斯甲布（綽斯甲土司）雖兵力較強，但他們不是與大金川同族，就是與其是姻親，相互之間的關係很複雜，如小金川，固然可與大金川因一言不合而打得死去活來，卻也可因一言投機而重歸於好，總之大家都首鼠兩端，不願與大金川結下深仇。

由於心力不齊，九土司雖圍攻大金川多年，仍舊成效甚微。在頂住九土司的進攻後，大金川突然發起反擊，雖被眾土司奮力擊退，但大金川在久困之下居然還能實施絕地反擊，眾土司對此都極為驚慌懼怕，屢請朝廷出兵相援。

此時適值征緬戰爭即將爆發，清廷在出兵金川的問題上顧慮重重。眾土司看到朝廷始終不願出兵，生怕大金川不滅，自己第一個遭到報復，而且他們在環攻大金川的過程中，也不同程度地均有損耗，卻又不知道回報在哪裡，於是對戰事都漸漸失去信心，開始觀望懈怠。乾隆聞之，深有感慨地說：「看來土司等性多狡猾，以蠻攻蠻之計，似乎是很難奏效了。」

就在以番治番陷入困頓之際，大金川趁機在各土司之間展開合縱連橫。他以聯姻為利器，首先拉攏住中小土司，使其從最初的孤立境遇中脫身而出，接著又與九土司中最強的綽斯甲布、小金川重歸於好。

在大小金川和綽斯甲布三強聯手之後，其他中小土司莫敢與之相抗。大金川土司的處境以及整個金川的格局被徹底改變，九土司聯盟因此土崩瓦解，已持續達九年之久的環攻也不得不黯然落幕。

全都是有賺無賠

大小金川山多地少，乃名副其實的僻遠苦寒之地，據說即便在收成好的時候，百姓所種的青稞等糧食亦難敷所需，必須以酒糟、麥麩等輔之，方得以維持，而後者在內地其實都是用來餵豬的飼料。

嚴酷的生存環境自然而然地造就了金川人好戰貪利，不以劫殺為恥，反以為榮的習性。這是大金川土司從不肯放棄攻殺周圍土司的一個重要心理基礎，換言之，如果嘉絨地區的其他土司擁有了它那樣的實力，所作所為亦不會有太大區別。

小金川在實力上最接近大金川，雙方聯姻後，便也想和大金川一樣攻佔其他土司領地。一七七〇年，郎卡去世，其子索諾木襲職，索諾木年僅十九歲，此時的小金川土司澤旺因老病不能視事，已由兒子僧格桑管事掌權。僧格桑是索諾木的姐夫，兩邊暗地裡建立了攻守同盟，大有二司聯手稱霸川西土司地區之勢。

九土司聯盟的解體使得大小金川對清廷更加藐視。想到第一次金川戰役時清軍攻碉乏術，征討無疾而終，此次對九土司環攻九年，清廷又自始至終未派一兵一卒，他們相信若再度攻略周邊土司，清廷應該也不會輕易派兵攻伐。

退一步說，就算清廷出兵，下場也不見得會比第一次金川戰役時更糟，他們為此設想了幾種可能性：第一種，依託碉樓之固，「天兵若打不進來，少不得要退兵」；第二種，依託地勢之險，「我們就是打仗不勝，不過守住各處要隘，兵馬也飛不過來」；第三種，最差最差，不過是和第一次金川戰役結束時一樣，「一二年後或土司求饒，大皇帝恩准饒了我們，依舊可以在那裡做土司。」

這麼一算，全都是有賺無賠，眾人便決定「再去鬧各土司」，「滅得一處占一處，只求多些百姓、糧食。」九土司中力量較弱，且與大金川疆域毗連，雙方夙有仇隙的革布希咱成為該輪攻襲中的第一個獵物，土司被大金川襲殺，領地也為大金川所侵入。川省官府得知後諭令索諾木退地獻凶，索諾木不但置若罔聞，堅持不退兵，還要求「將革布希咱地方百姓賞給當差」。

受到大金川的鼓舞，小金川的僧格桑也出兵九土司中的另一個弱者沃克什，大肆搶掠其人口牲畜。明正與沃克什相鄰，明正土司與僧格桑本有郎舅之親，便對僧格桑出兵沃克什加以勸阻，不想僧格桑懷恨在心，他趁明正土司兵前往明正與革布希咱交界處防守，內部空虛之機，又攻佔了明正的納頂官寨。

隨著大小金川接連發動攻勢，整個金川一片大亂，至此，清廷以番治番的政策完全失敗。清廷內部對此進行了檢討，第一次金川之役被舊事重提，很多人認為，正是當時的草率罷兵以及匆匆講和，才使得如今的大小金川土司變得更加肆無忌憚。乾隆也持如此認識，在他看來，此次大小金川同時尋釁滋事，實乃前次寬大受降所致，是自己的姑息埋下了隱患，因而悔恨不已。

這時征緬戰爭已經結束，四年征緬戰爭，清廷耗資不菲，前後共撥解帑銀一千三百餘萬兩，實際用銀九百八十萬兩千餘兩，但國庫存銀依然巨大，也就是說要繼續打仗的話，完全打得起。

乾隆決計出兵川西，此次出兵距離上次征伐大金川，前後已相隔二十四年之久，但兩次戰爭在性質上是完全相同的。史家在研究時，也都把第二次金川戰爭看成第一次金川戰爭的延續，唯一不同的是，上次清軍針對的是大金川，這次則是先從小金川開始。

清廷發動第一次金川戰爭，最初起因其實就是救援小金川，如今小金川卻反與大金川站到一邊，視朝廷權威如無物，從清廷的角度來說，著實是有些忘恩負義，所以乾隆要進行討伐，「痛懲以示威」。

另外，乾隆認定小金川的實力要弱於大金川，也不像大金川那樣有險隘可憑。他記得第一次金川戰爭時清軍曾經過小金川，從當時的前線彙報上看，其地不如大金川寬廣，山勢也不及其險峻。按照乾隆的如意算盤，如果能夠先平定小金川，便可令大金川望風畏懼，在拆散大小金川聯盟的同時，使得僧格桑更加無路可逃，「斯為一舉兩利」。

第一次金川戰爭初期，清軍曾以綠營為主力，但綠營士氣積疲，怯懦畏戰，實在不利於進剿，在剛剛結束不久的征緬戰爭中，綠營也被證明難以獨當一面。這次乾隆一上來就把旗兵作為主力，宣佈選派四川滿洲兵一千，加上綠旗兵及土練兵五千前往小金川，然而讓他失望的是，由於四川總督阿勒泰的失誤，此舉並沒有能夠起到先聲奪人的效果。

令人望之心驚

阿勒泰雖為旗人，但他是部員出身，未嫻軍旅，其實和征緬戰爭中的劉藻、楊應琚差不多，都屬於能文不能武的類型。阿勒泰在內地做地方官時政績斐然，一到西南，碰到大小騷亂，立刻就傻了眼，舉止表現判若兩人。

在清廷正式宣佈出兵小金川前幾個月，阿勒泰專事調停，在眾土司中間做和事佬，對於剿撫全無定見，一心只希望匆忙了事，在相當長的一段時間裡，他既沒做好各項戰前準備工作，對進剿小金川的態度也遊移不定，以致諸事漫無措置。

對於小金川侵佔沃克什和擾及明正土司一事，阿勒泰起初派提督董天弼進逼西北路，但他怕官兵會四處遭襲，疲於應付，隨後又改變主意，僅撥兵對明正土司要隘進行防禦，企圖單靠說服令僧格桑就範。他這種畏首畏尾、遷移不決的做法，使得僧格桑愈加囂張，緊接著又出動一千多兵馬，進據瓦寺土司所屬的斑爛山，並對沃克什官寨達圍進行圍攻，在達圍坐鎮的綠營兵及土兵土練全部遭到圍困。

乾隆聞報對阿勒泰大加斥責，責令他親自統兵進擊小金川。阿勒泰不得不趕往打箭爐進行運籌，這位總督大人老邁體肥，馳驅行陣實在勉強，他在打箭爐三月有餘，「安坐打箭爐，並未發一兵，未移一步」，平時除了造船就是添兵設卡，進剿小金川方面則一片空白，對於究竟需要多少兵力，如何調撥，從何處進攻，在何處堵截，根本未做通盤謀劃。

乾隆眼睛毒得很，一眼看穿阿勒泰沒有進兵的計畫和決心，只想拖延完事，甚至之前派董天弼馳赴西北路施以兵威，都不過是空言塞責，於是即刻下令免去阿勒泰川督職務（後仍改由其暫署），僅以大學士銜留川協理事務。

督兵攻剿固非阿勒泰所長，但小金川也絕非想像中那麼好打。事實上，第一次金川戰爭中清軍經過小金川時之所以沒有受阻，乃是因為小金川人配合了清軍打擊大金川的需要，而不是其地不如大金川複雜險峻。後世的歷史學者在進行田野調查時發現，小金川的確遠沒有大金川那麼開闊，但論高山之逼仄起伏，河道之險窄難行，卻並不在大金川之下。

小金川與明正交界處有大河相隔，阿勒泰要直接進兵，就必須渡河，但金川的大河盡為天險，甚至直到今天，在交通狀況已經大為改善的情況下，這些大河仍令人望之心驚：河中黃浪急漩，兩岸則高崖聳立，山上僅羊腸小徑可通，一遇大雨，就會有飛石自山上滾落地面，可怕的泥石流頻頻暴發。

金川河道與內地河道還不一樣，一般只能以皮船載運兩到三人過河，而且還必須掌握專門技術的水手才可以駕馭皮船。由於阿勒泰沒有第一時間進兵，致使小金川人已提前在對岸設防，金川兵善用火器，清軍要想成批地靠皮船渡河，便只會成為他們的活靶子，所以阿勒泰才想到要造木船，並以這一理由拖延不進。

在被皇帝譴責，又被摘了川督頂戴之後，阿勒泰縱然能力不濟，卻也不敢再消極混日子了。他採納遊擊宋元俊的建議，決定實施分路進攻，即董天弼馳赴西北路，宋元俊由南路夾攻。

董天弼本已抵達瓦寺，只因阿勒泰茫無措置才止步不前。發現小金川軍已在斑斕山添修碉卡且山勢險峻，前進路徑被阻斷，董天弼便以總兵福昌在山下誘敵，自己率主力改由山神溝覓路前進，先後攻佔了得爾密、別蚌山等地。

如果重新考察首征金川的進程，可以發現，大金川人在攻守進退上異常靈活，當清軍發動多路進攻時，他們通常以固守為主，偶爾才趁間出擊或設伏於林莽之中，伺機對清軍進行襲殺，而當天氣變化或清軍士氣低迷，只能專事據守時，他們便會成群結隊地四處侵擾，令清軍措手不及，防不勝防。小金川人的戰術與大金川如出一轍，董天弼剛剛有所進展，還沒顧得上坐下來喘口氣，他們便趁霧雨迷漫、風雪交加之際實施突襲，不僅重新奪回得爾密、別蚌山，還俘虜了清軍一名千總。

與此同時，南路清軍則傳來了捷報。負責前沿指揮的宋元俊多年在川西應付土司土舍，他密約當地土舍進行配合，率部用棉簾遮船渡河，對小金川守軍實施兩面夾擊，一舉收復了包括納頂官寨在內的明正全境七百餘座寨，並乘勝攻佔小金川要塞四處。

宋元俊因功由遊擊升為副將。借助於他所取得的勝利，阿勒泰得以統兵推進，逼近小金川南面的約咱大寨，受挫的董天弼則將官兵由山神溝撤回，改向達圍進擊，但約咱、達圍均堅碉林立，小金川軍據險死守，使得清軍再未能獲得任何實質性進展。

虎頭人

清軍在首征大金川撤退時，曾將大量軍米賞賜給小金川，本來是作為對其隨軍征戰的撫恤，但小金川人卻從中嘗到甜頭，留下清軍軍營物資充足，有便宜可占的印象。及至第二次金川戰爭爆發，許多年輕番眾都認為，只要和清軍狠狠打它幾仗，便可趁機獲取財物。他們對於清軍的進攻，非但不懼怕，反而還期望與之對抗。

小金川軍本身也有對抗清軍的實力和本錢。無論大小金川，皆尚武且精於攻殺之術，金川兵的典型裝束是頭戴虎皮帽，腳穿牛皮靴，胸前掛小神像，腰插刀械，背負鳥槍、火藥、乾糧，外界稱為「虎頭人」，既指其外在裝束，也喻其勇敢矯健，表現在戰場上就是每個金川兵皆「登山越嶺如平地」，遇戰十分兇悍，能以一當十。

金川兵使用的鳥槍比清軍的更重、更堅固，也打得更遠，一位清軍官員觀察到，金川兵每天安營紮寨後，第一件事就是以槍法決勝負，白天以小石子為標的，晚上則燃香，誰打中算誰贏，因此金川兵普遍擁有出色的槍法，「命中及遠，無虛發。」這位清軍官員為此發出感慨，認為大小金川以彈丸之地，卻能與清軍主力部隊對抗，「非僅恃險而已」。

小金川軍以據險力守、伺機攻殺為其特長，面對遠道進剿，不習山地戰的清軍，可謂是占盡優勢。前線清軍久攻不克，難以破險，逐漸陷入了進退兩難的境地。

眼看第一次金川戰爭中的難堪局面似乎又要重演，乾隆忙派軍機處行走、戶部侍郎桂林馳赴川邊，協同阿勒泰辦理軍務，同時傳命正在雲南的理藩院尚書溫福，讓他從永昌統領現有滿洲勁旅及精幹黔兵數千人星夜馳援。

一七七一年十一月七日，乾隆通過明發上諭正式宣佈征剿小金川，除盡數羅列數年來小金川不遵約束，侵擾鄰司的罪狀外，他還著力強調實施征剿絕不是因為自己好大喜功，而是不打實在不行了，「若復置之不問，必至眾土司盡為蠶食，流毒無窮。」

在桂林、溫福先後到達打箭爐後，前線所徵調的滿漢官兵及土練兵已達一萬六千餘人。阿勒泰兵分三路進擊，表面上看頗具聲勢，實則漫無成算，以致進兵月餘，戰果寥寥，其間董天弼的中路軍雖曾一度得以攻破敵寨，但旋即就被小金川軍奪回，所部傷亡慘重，損失了包括四名千總在內的近百名官兵。

出於迅速平定小金川的需要，並吸取第一次金川戰爭用人不當的教訓，乾隆此次在選將問題上格外用心。收到奏報後，他當即降旨將董天弼革職，阿勒泰也以調度失宜，被下令革去大學士銜，由溫福、桂林分別補授大學士、四川總督。

就在阿勒泰被免職的當天，南路的桂林所部傳出捷報，副將宋元俊在土舍協助下攻取約咱，並報稱殺死敵兵百餘名，宋元俊因功再次被晉升為總兵。不過這一進展並未影響溫福的判斷，阿勒泰一直以南路為進剿小金川的正路，他則認為應以西北路為正路，直取中堅。

溫福擁有較深的軍營閱歷，曾在烏魯木齊等處供職，因辦事認真受到肯定，並且他還上過戰場衝過血陣，最光榮的戰史便是隨兆惠參加葉爾羌戰役，臉上曾被子彈打傷。

阿勒泰被解職後，溫福一面向朝廷奏請繼續增調陝甘兵，以加強西北路的攻擊能力，一面移師西北路，對斑爛山敵軍展開大舉進攻，十二月二十七日，他親自帶兵攻佔了斑爛山右側碉卡。

當晚小金川軍實施反擊，向清軍吶喊衝殺。綠旗兵戰鬥意志較弱，甫聞槍聲，便退縮潰散。溫福等人見勢不妙，騎馬衝鋒，箭射加刀砍，連殺十幾個逃兵，才稍稍得以穩定軍心，但碉卡仍奪而復失。清軍在戰鬥中也遭受了很大損失，共有兩名巴圖魯陣亡，一名參將墜崖不知所終。

溫福沒有氣餒。一七七二年一月中旬，增調官兵一到，他馬上重新部署，再次對斑爛山發起進攻，經過數日炮擊，終於得以將該處山梁的大小碉卡全部予以攻克。

就在南路和西北路雙雙告捷的同時，中路軍也高唱凱歌，成功地為被困達七個月之久的達圍城解圍，共救出沃克什土司及被困的兵丁三百餘人。據悉，達圍城中嚴重缺糧，已被迫食用牛皮，若清軍的攻勢再無起色，被攻破只在旦夕之間。

小金川在侵入沃克什和明正後，於兩司扼要處修築碉堡，挖掘戰壕，給清軍推進製造了重重障礙。經過數月的不懈奮擊，各路清軍終於掃清了障礙，進抵小金川境內，至此，戰局開始出現轉機。

為什麼現在不能走

小金川的僧格桑原本以為清軍會像首征大金川那樣，遇碉即受阻，如此則不難將其阻於本司之外，但現在一看清軍銳意直進，已深入小金川境內，這才慌了起來，連忙派頭人到大金川向土司索諾木請兵援助。

索諾木與僧格桑雖是姻親，雙方還有攻守同盟協議，但清軍的勢頭大金川那邊也不是看不到。大金川是先惹事的一方，不過清廷並沒有首先把矛頭指向他們，而是指向了小金川，索諾木對於要不要蹚小金川這趟渾水頗感猶豫。僧格桑借兵三次，三次都吃了閉門羹。

僧格桑不得已，只好再次派人央求索諾木，說：「我沒養兒子，是無後的人，將來小金川地方無人承管，你打發一個兄弟來，就是你的地方了，我攻打沃克什也是為你占地方。」

在表示不惜將小金川獻給索諾木，以此換取對方出兵後，僧格桑又以到嘴的鴨子即將飛掉的口吻，欲擒故縱地刺激他小舅子：「現今官兵（即清軍）來打我，你若不多多幫兵，我就把地方讓給官兵，我就逃往你們金川去。」

索諾木一聽果然動了心，改口說大小金川本是一家，如今又成親戚，這種時候忙還是要幫的。他對內做出的解釋，是自己不得不幫小金川：「小金川地方別的土司占不住，就是官兵打到沒法的時候，總是要完事的，將來小金川地方終究是要歸我們大金川的，我們幫小金川，就是和幫自己一樣。」

索諾木先是派頭人到清軍軍營投稟送禮，表示願意替小金川和沃克什說和，希冀朝廷撤兵。遭到溫福等人的嚴詞拒絕後，他便以保護其姐姐為名，先後派九寨共七百多人弛援小金川，並試圖截斷清軍運糧歸路。

大金川助兵防守的證據不斷被前線清軍發現，乾隆獲報後，終於下決心待小金川事定，即剿平大金川，永除邊患，「金川（此處指大金川）一日不辦，小金（小金川）一日不滅，金川辦而小金易滅，小金滅而金川其勢已孤。」

一七七二年二月，在朝廷增派的陝西、甘肅、貴州等地官兵陸續到達軍營後，溫福、桂林各領一路兵馬向小金川繼續推進。

溫福軍首先對資哩展開圍攻。資哩乃小金川門戶，距離其官寨美諾不過數十里，僧格桑在這一帶廣立碉卡死守。為抵抗清軍槍炮攻擊，寨外還掘有深溝陷阱，裡面鋪埋了尖利的石塊以及當地特有的一種硬刺樹枝。這種樹枝上面的長硬刺粗大尖利、密集排列，令人望之膽寒，清軍一旦跌入深溝陷阱之中，即便不死，也必會被扎成重傷。

清軍無法逾越深溝陷阱，也很難接近碉卡，最好的辦法就是遠遠地用火炮轟擊。當年清軍首征大金川，便每每動用火炮轟擊戰碉，小金川人對此印象深刻，他們在各個戰碉內添置木排，用以貼護石牆，使射進來的炮彈無法直透內牆。這樣一來，子母炮、劈山炮等輕型炮猶如隔靴搔癢，沒多大用處，所以必須使用重炮。

金川地形自達圍以後，山勢更加險峻，履步所至全是羊腸小徑，並且終年氣候偏寒，雪大路滑，那些重達三四千斤的已鑄大鐵炮實難抬運，而依據首征大金川的經驗，五六百斤及以下的鐵炮根本轟不垮戰碉。溫福傳令臨時改鑄七八百斤的鐵炮，此類火炮在攻堅方面稍顯不足，通常都必須連續擊中數百炮，迫使小金川軍不能乘間修補，才能最終摧毀碉卡，清軍進展也因此變得非常緩慢，直至當年四月中旬才將資哩攻破，進而逼近美諾。

桂林軍的推進也很不易。乾隆一直以為小金川地界雖與大金川毗連，但應該沒有大金川險要，接到前線關於小金川山多地險的報告時，他起初還不相信，甚至責問前線將領：「以前能走，為什麼現在不能走？」之後桂林等人進呈川西北各土司地圖，他仔細看過一遍後，才發現自己弄錯了，感慨：「竟系跬步皆山，略無平地。」

險惡地形為敵軍實施伏擊、截擊創造了條件，就在清軍進逼小金川咽喉之地僧格宗時，桂林突然得知後路被大金川派出的援兵截斷，於是忙命參將薛琮率三千餘官兵，帶五日口糧，向墨龍雪山進發，並與之約定，一俟薛琮部繞至前敵山梁，即行接應夾攻。

薛琮部自大雨傾注的夜晚出發，三天後到達前敵山梁，因敵軍碉卡堅固，防守頑強，無法單方面對其予以壓制。本應渡河接應的桂林貪圖安逸，開始只是隔河放炮，後來乾脆撤退，結果導致薛琮部反被敵人包圍。

薛琮在所部糧食將盡之際，曾派人越險向桂林求救，但桂林認為薛琮部應自己盡力突圍，回了句「餓了自會出來」這樣的話，竟未做任何救援。薛琮部被圍七日，薛琮不得不再次派人求援，這時桂林才派援兵，但險要之處已被敵人佔據，援兵仰攻極為困難，只能眼睜睜地看著友軍浮屍蔽河而下。漂下來的人中有幾個被救活了，一問才知道薛琮部在彈盡糧絕的情況下已全軍覆滅。

墨龍雪山之戰令清軍受到重挫，薛琮等陣亡，其餘或戰死，或墜崖，或被俘，三千餘官兵，連日突圍而出者，僅兩百餘人，多數被俘或受傷官兵均系被捆縛後丟入河中淹死的。面對如此慘敗，桂林選擇了隱而不報，希圖掩飾責任，但很快宋元俊等知情者就提出了報告和參劾，乾隆頗為震怒，當即將桂林予以革職，發往伊犁贖罪，另授阿桂為參贊大臣，由其統率南路軍，同時改授原陝甘總督文綬為四川總督，負責籌辦糧運。

兵不厭詐

在昔年的孝賢皇后喪葬案中，刑部尚書阿克敦因所協管的翰林院翻譯失誤，差點人頭落地，幸好後來又被赦免復職，阿桂就是阿克敦的獨子。

阿桂文武雙全，智勇兼備，他仕出科舉功名，為乾隆三年的舉人，以後陸續參加了金川、平準、平回戰爭，在紫光閣由乾隆親自題贊的五十功臣中，他名列第十七位。乾隆有意對他大加培養，戰後委任他為伊犁將軍，在新疆主持屯田。阿桂以綠營駐城防守，招撫潰散的厄魯特人及維吾爾人墾荒種地，開渠灌溉，當年新疆取得豐收，他也由此揚名海內，時人將他與後來同樣屯田成功的伊犁將軍永貴並列，合稱為「二桂」。

阿桂原為滿洲正藍旗，屬下五旗之列，因在平準平回戰爭和駐伊犁期間治事有功，被抬入上三旗，改隸正白旗。征緬一役，阿桂排在傅恒、阿里袞之後，為清軍三主將之一，阿里袞卒於軍中，傅恒戰後也染疾身亡，阿桂是三主將中唯一的倖存者。征緬戰爭結束後，阿桂留守雲南前方，由於竭力反對中緬繼續交惡而被降旨革職，其副將軍一職被移交溫福署理，直至溫福奉命趕川，他才隨其一道重上戰場。

阿桂性格沉穩端重又不失機敏。據說乾隆曾賜給他一匹馬，有一天馬脫韁而去，養馬的人前來報告，當時阿桂正在看書，只吩咐了兩個字：「去找。」後來馬找回來了，他也僅僅是慢悠悠地說了聲：「好。」又接著去讀他的書了。

墨龍雪山之戰後，儘管南路軍的後路已不存在被截斷的危險，但由於敵軍占盡地利優勢，清軍進攻損失太大，以致連著兩個月都未敢再發動攻勢，南路進攻是否還具有價值，也因此受到質疑。阿桂抵營蒞任後，沒有只為眼前情形所動，而是進行了一番仔細考察，最終確認南路雖比西路山勢更險峻，道路也更狹窄，然而此處距離美諾已不遠，不宜再改道進兵。

阿桂的判斷和決策無疑是正確的，南路軍又重對敵發起攻勢，但因為在墨龍雪山一役中元氣大傷，加上山險路窄、敵軍死守以及雨雪不斷，部隊仍然難以向前推進。與此同時，西路軍也陷入了遲滯不前的窘境。

至一七七二年六月，乾隆先後從陝西、甘肅、貴州調兵，增調部隊合四川原有兵力，不下六七萬人。這使得僅在最前沿作戰的西路軍就已達到一萬餘人，但西路山勢綿長，林深谷險，每隔十幾里就需要安柵卡一處，每處得派數十名士兵駐守，實際用於打仗的不過兩千人，如此單薄的兵力，很難攻克敵軍堅寨。

小金川方面見狀又得意起來，放風給九土司中的丹壩，說：「以後我金川家在自己地方是同大石頭一樣不動的，漢兵來也是再進不來的，你丹壩後來做得土司、做不得土司，由我金川說了算！」

面對困境，已經認識到小金川「多山負險」，征剿不易的乾隆在上諭中表示，為了減少傷亡，不宜一味令官兵冒險攻堅，而是應更多地採用誘敵出碉、繞出其後等戰術，設法創造一切條件殺敵制勝。他下旨派雲南提督哈國興馳赴西路軍營，與溫福等籌商對策。

儘管依靠大金川援助，暫時阻遏了清軍的進攻，但僧格桑多少還是有些心虛。一七七二年九月，他屢次派人在西路軍營外叫喚遞呈，說什麼沃克什地方並非他私自佔據，而是前任川督阿勒泰斷送給他的，如今他願意將地方退還，以求清軍撤兵。

乾隆征伐小金川就是要求得一勞永逸，而且清軍已經耗費大量人力物力，光墨龍雪山就死了那麼多人，豈能幾句抱歉、請諒、原物退還之類的話就能打發？不過哈國興是緬甸老官屯談判的主持人，很善於揣摩敵方心理以及從中做文章，他認為兵不厭詐，既然清軍強攻比較困難，不如將計就計，以求改變與敵相持消耗的被動局面。

徵得溫福等人的同意，哈國興派人傳話給僧格桑，說空口無憑，你必須先從前沿的南北山粱以及沃克什舊寨中撤出，這樣我才能替你代稟將軍（指溫福），饒你性命。

僧格桑一聽信以為真，以為可以像當年傅恒辦理納降事宜一樣輕鬆過關，便依言令所部焚燒卡柵，自行撤出了原先各寨。

在趁機控制了那些經數月猛攻但卻毫無所得的最險要之處後，溫福、阿桂於西、南兩路厚集兵力同時挺進，一路連攻許多碉寨及要隘，其中南路軍距僧格宗已僅數里之遙。

僧格宗為小金川南路緊要官寨，這座官寨位於突起的崖頂之上，四面峭削，僅有螺旋細路可通，寨外築有五重石牆，防禦嚴密。守軍還暗砌水溝，砍伐柴木堆積在寨內，做了長期死守的準備，這些都給清軍的進攻製造了難度。

沒人聽得進去

相傳阿桂在軍營時，晚上常秉燭於帳中獨坐，及至拍案大呼，或長嘯一聲，拔劍起舞，則次日必有奇謀。與傳聞不同的是，現實中的阿桂最不喜歡用「奇謀」二字，就在金川戰爭期間，有一天部隊剛剛安營紮寨，他忽然傳令移師，諸將均以天色已晚加以勸阻，阿桂拔出令箭說：「違者立斬！」

官兵們雖不得不執行命令，然而背後亦不免抱怨。當天夜裡下起大雨，原來紮營的地方水深丈餘，眾人在連稱僥倖之餘，都感嘆於阿桂如何能夠未卜先知。碰到這種情況，有人往往喜歡故弄玄虛，更有甚者，還會以自己通悉奇門遁甲之類的話來蒙人，阿桂卻直言不諱：「你們說我有異術？我有什麼異術啊！不過是看到螞蟻搬家，知道可能要下大雨罷了。」

一個真正具備出眾軍事才能的人，並不需要對自己進行誇大粉飾。當年年底，在阿桂的部署下，清軍一部用皮船渡河，潛行至僧格宗碉下，由正面展開進攻，一部繞至後路，前後夾擊。敵軍抵禦不住，在拆毀石牆後順潛溝逃逸，僧格宗得以克服。

僧格宗與美諾隔河相對，僅半日行程。乾隆通過研究地圖和戰報，對小金川地理早已熟稔於心，獲悉攻下僧格宗，他馬上對軍機大臣們說：「小金川之事，自當克日解決。」

果然，南路軍很快就乘勝攻下美諾，而後溫福也率西路軍趕到美諾，兩路大軍勝利會師。眼見大勢已去，僧格桑逃往大金川，老土司澤旺出降，隨即被押解赴京，至此，清軍得以初定小金川全境。

綜合前線報告，小金川一役之所以後期進展緩慢，皆因得到了大金川的兵援，「小金川各處經官兵殺獲者，金川賊眾居多」，在墨龍雪山之戰中，大金川軍更是直接對清軍的後路進行截擊，致使清軍蒙受重大損失。乾隆早就恨得牙癢癢了，先前置之不理，只是為了集中兵力，各個擊破。

一七七三年一月五日，小金川戰役剛剛結束，乾隆即授溫福為定邊將軍，阿桂和隨溫福參戰的參贊大臣豐升額為右副將軍，指令大軍征討大金川。按照命令，參戰部隊除處理降番、設防後路、安排糧運外，其餘由溫福、阿桂、豐升額各領一路，迅速向大金川挺進。

大金川之所以敢於主動跳出來激怒清軍，是因為手裡拿著一張王牌。大小戰碉乃大小金川的絕佳戰守工事，在進攻小金川的戰役中，清軍已經充分感受到了碉卡的易守難攻，但與小金川相比，大金川更顯山高雪深，碉樓堅密。

「大金川之地，自十二、三年（指首征大金川）以來，全力抗守，增壘設險，嚴密十倍小金川。」趁著清軍先行攻打小金川之機，大金川又派人力在各險要處增碉設卡，使得境內幾無任何縫隙可鑽。

戰役初期，大金川的糧食彈藥均無虞，絕大部分士兵也銳氣十足，小金川兵眼饞清軍的軍需，大金川兵同樣如此，他們都十分渴望能通過劫掠清軍營盤、糧臺獲取財物，或俘虜清兵為奴。一些經驗豐富的大金川老人透過對小金川之役的觀察，提醒說，此次清軍大兵壓境可能與上次大為不同，大金川的人遲早要吃大虧，可是沒人聽得進去，年輕人從索諾木到普通士兵，都認為第一次金川戰爭中他們明降實勝，堅信清軍不可能進剿成功，只要狠狠打它幾仗，清軍自然還會像上次一樣無奈撤退，因此大金川兵在實戰中「比小金川的人兇狠」。

三路清軍雖奮力攻殺，但仍進展緩慢。在阿桂一路，有一座綿亙達二十餘里的當噶爾拉山，大金川在山上營建戰碉十四座，碉外有橫牆，牆外護以木柵，木柵外又掘有深壕，壕中松簽密佈，再潑水成冰，層層佈防，加之山高雪大，雲霧迷漫，清軍就算眼睛睜得再大也看不見戰碉，推進更是難上加難。

阿桂又是用炮轟擊，又是揮兵仰攻，歷時三個月，付出很大的傷亡代價，才攻克了兩座戰碉，就這樣，他比豐爾額還好一些，因為碉牆堅厚，雪深冰滑，豐爾額那一路竟至三個月內寸步未進。

溫福一路面對的同樣是碉高和雪深，清軍進擊時，各碉槍石如雨，迫得官兵屢進屢退。溫福在久攻不下的情況下，只得改變進攻路線，移師木果木，計畫從昔嶺進逼噶拉依官寨。

昔嶺距噶拉依雖僅數十里，但地勢險要，大碉就有十座。參贊大臣海蘭察等人「往來冰雪中」，費盡九牛二虎之力，所取得的戰果也不過比阿桂軍稍好而已，即阿桂攻下兩座戰碉，他們攻下了三座。

木果木與大金川的勒烏圍官寨有路相通，大金川除了用戰碉阻擋清軍之外，還常組織兵力，每四五百人一股，每夜對清軍兵營進行騷擾。時值隆冬季節，木果木雪深數尺，但因地方上辦解禦寒衣物延遲，大部分兵丁連單夾衣都沒有，同時還得時時防備敵人劫營，弄得疲困不堪，連溫福都忍不住叫苦：「沖雪凝冰，頗為不易，兼以山高氣冷，抓碉防卡尤屬艱苦。」

越想越不對勁

溫福愛喝酒，他和已復職為四川提督的董天弼等人私交甚好，常常於白天指揮作戰時也在帳中喝上幾口，「日與董提督天弼輩置酒高宴」。若是戰事順利，此舉倒還不致太引人注意，關鍵是仗打得不順，生活又過得艱難，大家心裡都憋著一股氣，對此怨言也就多了起來。

溫福的性格偏急，平時三五十個官兵一股去攻碉，有人在戰鬥中受傷，他因為碉沒打下來，不僅不慰勞，還屢屢予以嚴責，由此更是雪上加霜，在下面引起了很大意見。

眾將之中，與溫福關係弄得最僵的是海蘭察。有一天他不顧上下級禮儀，握刀闖進中軍帳，當著面就譏誚溫福是在混日子消磨時光：「您身為大將，卻只知閉寨高臥，苟安旦夕，這絕非大丈夫所為。部隊現在雖然疲憊不堪，但只要讓我來督率，仍然可以打勝仗！如果您始終不肯出戰，不如飲刃自盡，這樣我們還能各盡其力。」

溫福出身顯赫，且得乾隆器重，一向心高氣傲，剛愎自用，如今居然被下級這樣諷刺，氣得連鬍子都翹了起來，當即拂袖站起。只是因為海蘭察極其勇悍，手下缺他不得，溫福才強忍怒氣，沒有與之過分計較。

乾隆此時一方面為前線受阻不進而著急，另一方面更對各路清軍漸次深入大金川後的後方銜接問題感到擔心，他一再諭示溫福，指出對餉道軍臺必須做好保護，以防止敵軍進行破壞。

在奏報中，有一個細節引起了乾隆的特別注意和重視，即僧格桑在從小金川的美臥溝逃往大金川時，曾用樹木將此路隘口曾頭溝隘攔斷。憑藉多年指揮用兵的經驗和直覺，乾隆深感可疑，他認為曾頭溝隘本身即為險隘，「我進較難，賊出甚易」，就算不攔斷，清軍輕易也進不去。僧格桑多此一舉，顯然是怕清軍啃骨頭，硬闖曾頭溝隘，這說明曾頭溝隘對於他而言可能另有特殊用途。

什麼用途呢？乾隆的判斷是僧格桑欲將曾頭溝隘作為連接溫福大軍後方的通道，以便等清軍深入大金川後，再由美臥溝潛出發動奇襲，重新佔據底木達、布郎郭宗（二者皆為小金川官寨），切斷溫福的後路。

奏報中除這個似乎不怎麼顯眼的細節外，並沒有看出溫福有所警覺和做了什麼預防措施，乾隆越想越不對勁，直言曾頭溝隘一事「所關不小，溫福等匆匆進兵，於此緊要關鍵未能籌萬全。」

乾隆立即著手佈防，命新任四川總督劉秉恬駐紮於小金川美諾官寨，與董天弼共同防守曾頭溝隘等要點，因顧慮劉秉恬兵力不足，又降旨調官兵增援。

儘管乾隆在第一時間採取了緊急的補救措施，然而他也不可能事事料及，尤其所派的兩人事後均被認為用之不當。董天弼身材高大魁梧，作戰時常身先士卒，所向無前，是一員勇將，可惜勇則有餘，謀則嫌不足，受命後他駐兵於清軍在小金川的糧臺大板昭，雖對底木達、布郎郭宗也進行防守，並巡防美臥溝一路，但力量主要集中在大板昭營盤，而不是關鍵碉卡。劉秉恬同樣沒有正確領會乾隆的意圖，他不在金川兵可能會出沒的地方加強警戒，卻分派官兵到各寨搜查，使當地部民驚疑生怨，反失民心。

最大的問題還是出在溫福自己身上。溫福缺乏足夠的防範意識，當時軍營有小金川降兵千餘人，溫福忘了「受降如受敵」這句老話，對之未嚴加監視，每當清軍出營攻碉，他便將這些降兵留在營內守營。索諾木、僧格桑偵知後，便趁機派人聯絡，勸說降兵待機而動，同時又派人潛回美諾等寨煽動復叛。

有小金川的降兵和叛眾通風報信，大金川對清軍前後方的一舉一動可謂是瞭若指掌。一七七三年七月二十日，半夜時分，大金川軍從大板昭正南山口潛至底木達，對之擲石放槍，清軍軍營內的降兵隨之呼應，底木達遂告失陷。

董天弼聞報，令其子同兩名士兵背負印信逃出求援，自己則抽刀率兩百官兵前往底木達救急。他們在途中即路遇敵軍，因寡不敵眾，追隨他的官兵很快就死傷殆盡，董天弼猶在拼死力戰。金川軍頭人見狀，集合數百鳥槍射擊，董天弼脅下中彈，掙扎著走到碉房附近的菜園才斷氣。

戰後，董天弼被認為對失守要隘應負重要責任，董天弼之子為此遭到牽連，被發配伊犁。及至金川事定，乾隆才通過被俘的金川軍頭人的供述，瞭解到董天弼死前的壯烈一幕，這讓他頗為所動，於是又將董天弼之子從伊犁召回，恢復了其原有的舉人資格，並授內閣中書。

底木達失守的次日，小金川的叛眾亦進行呼應，美諾代都喇嘛寺的喇嘛身穿紅黃衣服，暗藏兵器，走進清軍營盤門口時猝然動手，令清軍防不勝防。

在大小金川軍及叛眾的攻襲下，大板昭一帶卡倫以及布郎郭宗等寨、糧臺逐一失陷，溫福與阿桂的音信也隨之中斷。木果木東北毗連小金川，獲知小金川方面起火，溫福忙派海蘭察帶兵八百赴劉秉恬所在的登春站所進行救援，然而這時小金川已遍佈敵軍，海蘭察帶去的那點兵力根本不足以進攻，僅能用於固守登春。

溫福決定將主力也撤出昔嶺以防後路，但為時已晚，其後路早被完全截斷，不僅如此，金川軍還將攻擊矛頭直接指向了木果木大營。

潰兵如蟻

木果木大營遭到攻擊時，營內尚有官兵萬餘以及兩三千運糧夫役、炮臺匠役，完全可以組織反擊，但溫福在缺乏思想準備的情況下亂了陣腳，居然關上營門，不讓夫役、匠役入營，後者只得逃往登春避難，營內的「嘓嚕兵」趁機煽惑，導致軍心大亂。

當年春天，在選派四川滿洲兵參戰之後，乾隆曾考慮調用京旗兵，派健銳營等數千人赴金川助戰。京旗兵的軍餉是綠旗兵的幾倍，溫福、阿桂都奏議說用不著派京旗，綠營已足用，乾隆聽後也就沒有堅持，轉而選擇繼續從陝甘黔調兵。

溫福軍大部分由川陝甘黔四省綠營組成，只有少部分是四川滿洲兵。儘管乾隆在抽調時，已經嚴令各省必須調派精壯兵丁，而不允許以老弱充數，但就總體而言，綠旗兵的軍紀和戰鬥力仍比滿洲兵要差一大截，尤其四川綠營中的「嘓嚕兵」更堪稱隱患。

「嘓嚕」是雍乾年間四川的一個秘密會黨，有學者考證是哥老會的前身，主要由四川社會的流民所組成。「嘓嚕」每年祭祀與清軍作戰而死的起義軍首領張獻忠，有一定的反清情緒，但當時外部對它並不是很瞭解，岳鐘琪在首征大金川時「募嘓嚕為新兵」，前後共招兵兩千餘人，溫福軍有不少都是岳鐘琪那時候召的「嘓嚕兵」。

在正常情況下，綠營還是可以使用的，怕的就是碰到大營遭襲這樣的突發事件，再加上受到「嘓嚕兵」的煽惑，畏敵潰逃便難以禁止，尤其混雜著「嘓嚕兵」的四川綠營更是如此，「一遇賊徒，如鳥獸散，將領皆所不顧，習為固然，全無紀律。」清代史學家魏源後來研究認為，軍中嘓嚕及其他敗兵棄軍而逃，是導致清軍在木果木一役中潰敗的一個重要原因。

一七七三年七月二十八日，金川軍突破木果木大營東北山上木柵，第二天黎明，大營後面山上的木柵也被攻破，金川兵從山梁大喊衝殺而下，綠營聞聲一哄而散。

溫福命幾名軍校護送自己的將軍印信及報匣突圍，並囑咐他們：「萬一敗之於賊，印信攸關重要，斷不得有失。」隨後他便上馬親率餘下的百名滿洲兵拼死進行抵抗，廝殺中左胸中彈，墜馬而亡。

溫福釀成大錯，對木果木大敗無疑負有首要責任，乾隆起初惜其臨陣捐軀，特加恩賞給一等伯爵，世襲罔替，並令入祀昭忠祠，得知真相後，又命削去了這一恩賞。不過溫福作為位極人臣的高級將領，能與董天弼一樣臨難不苟，多少還是為自己挽回了一些形象。

董天弼生前擁有兩匹哈薩克產的赤驃馬，模樣極為雄健，溫福很喜歡，常問董天弼能否割愛送一匹給他。董天弼說：「天弼上陣，就靠這兩匹馬，等蕩平金川，我馬上將這兩匹馬全都送給將軍。」未料最後兩人竟全都陣亡於金川，足見金川戰爭之殘酷和激烈。

溫福死後，木果木大營完全崩潰。據說很多古代名將都能通過「望雲氣」也就是觀察各種蛛絲馬跡，來預測戰爭的勝負，海蘭察亦有此能，他在「望雲氣」後對部下們說：「雲氣已頹散，不可再與敵人相持，我騎馬向東，你們跟著我到美諾寨去。」當下他便率部從登春突圍，且戰且走，與劉秉恬部在美諾會合。

木果木之敗令清軍遭受了自第二次金川戰爭開始以來的最慘重失敗，溫福所部兩萬餘人，陣亡將領除溫福、董天弼外，共有包括百餘文武官員在內的四千餘官兵戰死或被俘，木果木迄今仍有「萬人墳」的地名，就是因埋葬清軍將士而得名。軍用物資方面也損失甚巨，丟失糧米近兩萬石，銀五萬餘兩，火藥七萬餘斤，大炮五門，九節劈山炮七門，其他軍械、營帳等物資尚難以計數。

攻破清軍木果木大營，打死其主帥，又如願搶獲了巨額軍用物資，金川軍士氣更盛，而清軍則呈兵敗如山倒之勢，士氣也降到了自第二次金川戰爭開始以來的歷史最低點。潰逃的官兵自相殘踏，終夜有聲，在經過鐵索橋時，因為互相擁擠，橋都斷掉了，僅落水溺死者即數以千計。

阿桂軍的參贊大臣明亮前來美諾協助海蘭察收集殘部，只見潰兵如蟻，往來於山嶺間。明亮忙派人制止他們繼續逃跑，以此收集了數千潰兵。誰知晚上休息時，有人不小心將一件銅器掉在地上，發出的響聲驚醒了潰兵，眾人一邊大叫「追兵來了」，一邊蜂擁著向東逃竄，這回可是誰都攔不住他們了。明亮久歷戎行，見多識廣，但也是第一次經歷這種場面，事後對人講述時仍不住慨嘆：「其喪膽也如此。」

在所不惜

木果木之敗後近十天，乾隆得到了底木達、布郎郭宗失守的消息，他一面暗自跺腳嘆氣，一面又強作鎮定地說雖然遭到敵軍偷襲，還丟失了兩座官寨，「但此等不過零星賊匪，見董天弼毫無準備，於是乘勢滋擾，沒什麼大不了的。」

乾隆降諭溫福、阿桂，讓他們從速收復底木達，而且在收復之前，無論如何不能再繼續推進，同時指示海蘭察，「於美諾溝斷賊歸路，尤為第一要務。」

乾隆的諭旨和指示自然都是緩不濟急，無濟於事，不久他就接到海蘭察的奏摺，得知了木果木慘敗和溫福陣亡的詳情。這一消息顯然對乾隆造成了極大的心理衝擊，他自己也承認，看完海蘭察的奏摺後，「極為駭異」。

前線三路主將，論能力和資歷，以阿桂為最高，論實際戰績，阿桂軍也無可挑剔，因此乾隆把收拾殘局和反敗為勝的希望都寄託在了阿桂身上，當即委任他為定邊將軍，接替溫福擔任主帥一職。

為保證阿桂能夠從當噶爾拉山安全撤出，乾隆指令豐升額從原駐地宜喜趕赴打箭爐接應，要海蘭察把守美諾，明亮駐兵僧格宗，以為犄角之勢，防止金川軍竄入後方通道阻截阿桂。乾隆當時還不知道，在他發出指令之前，由於金川軍攻勢猛烈，小金川各處部民紛紛反水，清軍早已被迫撤退，美諾、僧格宗已經全都落入金川軍手中。

阿桂軍雖看似陷入了孤掌難鳴的危險境地，但實際情況並非如此，這主要是緣於阿桂鎮靜嚴防，早已未雨綢繆地做好了防範措施。

色木則為當噶爾拉山至後方僧格宗的必由之路，木果木失事前，這一要地已被阿桂先發制人地予以佔領，確保了部隊可以隨時後撤。

被溫福等人忽略並導致清軍後方失守的內患問題，阿桂也想到了。他命令官兵預先將僧格宗山後的皮船全部收起，用以切斷河南河北大小兩金川之間的聯繫，使其不能自由往來，又提前派明正等土司會同清軍，將當噶爾拉山以西各寨所有投降部民收繳武器，盡數調離碉寨之外。

在木果木軍營失陷前後，雖然大金川土司索諾木也曾計畫切斷阿桂軍後路，但卻無隙可乘，找不到任何偷襲之機，阿桂軍也未受到任何損失。

過去九土司合攻大金川，索諾木一直對此耿耿於懷，襲擊木果木得手後，他一面謀劃進行報復，一面準備繼續展開擴張行動。鑒於清軍是他在嘉絨地區進行擴張的主要障礙，同時阿桂又治軍有方，佈防得力，無法輕易動搖，於是索諾木便以木果木得勝為砝碼，與阿桂討價還價，讓阿桂退出大金川，說：「我金川系大皇帝家舊土司，如今官兵、百姓等，我金川一點不敢侵犯。」

阿桂面臨的現狀是全軍士氣低落，小金川得而復失，大金川最終也難以守住。他深知當噶爾拉山的後路險仄綿長，如翁古爾壟等處皆懸崖鳥道，數十人據險，萬夫莫開，若能退兵加以扼守，當前易防後路，今後也易於進攻，不失為上策，因此順水推舟地同意了索諾木的退兵要求。

阿桂親自率一千餘名滇兵斷後，用一周時間將部隊陸續撤至翁古爾壟等險要處駐守，此舉不僅保存了實力，而且為未來整兵再進，收復小金川提供了鞏固的前進基地。乾隆聞訊非常高興，稱讚阿桂處置得宜，「統辦進剿之事，實堪倚任，此外大臣等，亦罕能出其右者。」他傳諭豐升額仍返回宜喜，並對前線指揮班子進行調整，宣佈改任阿桂為定西將軍，明亮、豐升額為副將軍。

至一七七三年八月，清廷已為金川戰爭撥餉銀兩千九百萬兩，木果木敗後，小金川除僧格宗以南地區外，近乎全境失守，清軍初定小金川的戰果已喪失殆盡，等於朝廷的巨額投入全都打了水漂。

如果把場景置換到很多年前的首征大金川時期，可以肯定乾隆百分之百又要打退堂鼓，想著讓大金川低低頭，給點面子，雙方議和收場，但此時清廷的人力財力物力均已今非昔比，國庫存銀高達八千餘萬兩。前線用了這麼多餉銀，放在過去都快要接近破產了，現在也不過是占國庫銀的百分之三十六，而且國庫銀本身也還在不斷增加，朝廷並無拮据之憂。有這樣的底氣，乾隆把金川戰爭繼續下去的決心非常堅定，表示：「只要能對金川掃蕩擒奸，為一勞永逸之計，即使再多費一千萬兩，朕亦在所不惜。」

對於當初聽從溫福、阿桂的建議，為了節省軍餉，沒有及時增調京旗一事，乾隆後悔莫及，他毫不猶豫地決定選派健銳營、火器營參戰，加上黑龍江兵、吉林兵、索倫兵、西安滿洲駐防兵、荊州滿洲駐防兵、伊犁厄魯特兵，共九千八旗勁旅（新疆的厄魯特其時都已設盟編旗，故也屬旗兵）開赴金川前線。

綠旗兵固然怯懦，戰鬥力差，被認為是木果木潰敗的主因，但畢竟兵員數量多，而且以往戰事也都表明，在以八旗勁旅作為主力後，綠營往往還是會有好的表現，所以乾隆又從雲、貴、陝、甘、湖、廣等省向金川續派綠旗兵萬餘人。

乾隆吸取一再受挫的教訓，這次沒有不切實際地苛求速勝，也沒有事無巨細地加以過問，他把所有陸續增派前線的部隊全都交由阿桂統領，讓阿桂做好準備，一俟時機成熟，佈置妥帖，再集中兵力進剿。

第十章

第一道裂紋

阿桂退出大金川後，索諾木滿心以為第一次金川戰爭的結局即將重演，對鄰近土司各種威脅，連實力較強且與大金川還有姻親關係的綽斯甲布，他都以綽斯甲布過去曾參加過九土司聯盟為名，揚言要興兵報仇。

襲擊木果木前，索諾木利用僧格桑在小金川的聲望和關係，引誘當地降兵、部民復叛，事成之後便卸磨殺驢，把所有戰利品一股腦兒運回大金川，小金川也交由其兄固守。僧格桑則被軟禁於大金川，雖給予口食，但其左右全都換成了大金川兵，「視僧格桑若孤腸腐鼠」。

索諾木的所作所為，又重新激化了大金川與周圍土司的矛盾，即便小金川也有一部分百姓對其表示不滿，他們或志願為清軍做嚮導，或將所偵察到的大金川軍動向密報清軍。乾隆在掌握到這一資訊後，一面接連嘉獎與清軍合作的土司，一面通過阿桂四處進行宣傳，稱清廷「已調動十餘萬精兵前來合剿」，在對索諾木兄弟進行震懾的同時，進一步聯絡各土司和孤立大金川。

幾如摧枯拉朽一般

即使在短暫的戰略防禦階段，阿桂也一刻都沒閒著，不但圍繞進攻方向、線路、兵力配置等做了精心策劃和準備，而且對溫福軍殘餘人馬進行了大力整合，裁汰怯懦潰逃者，揀選和培養其中的精兵強將，海蘭察由此得到重用。

海蘭察是索倫部人，世居黑龍江，其人武藝高強，膂力驚人。史載某次圍獵時有兩隻猛虎躥出，海蘭察隨身僅帶了三支箭，結果射出兩箭，竟然把兩隻老虎都射死了，還剩了一支箭沒用，「天下傳其勇」。海蘭察參加過平準戰爭，因功被乾隆特賜侍衛，此番隨溫福征戰，表現也一向優異，但由於木果木慘敗後未奉令即行後撤，被乾隆責備作戰不力，令阿桂訊明並據實參奏定罪。阿桂愛才惜才，欣賞海蘭察的勇猛，不僅未按旨審訊海蘭察，反而替其求情，說木果木兵敗時，海蘭察並未退縮，始終前後攔截，未像那些怯懦官兵一樣崩潰逃竄。

海蘭察是一員絕世勇將，但這樣的戰將其實亦不容易駕馭，先前他對溫福的態度就很能說明問題。幸好千里馬終於遇上了伯樂，在阿桂的竭力擔保下，海蘭察儘管被由參贊大臣降為領隊大臣，然而仍能以領隊大臣的身份隨軍出戰，這使他對阿桂感恩戴德，甘願為其效力。阿桂對海蘭察也十分信任，在日後的作戰中將許多重要戰鬥都交給他指揮，使海蘭察作戰勇猛的特點得到了充分發揮。

一七七三年十一月，在新調集的滿漢各路兵馬陸續到達軍營，大金川又漸失人心的情況下，阿桂認為進剿時機已經成熟。乾隆的意見是先打小金川再打大金川，他特傳上諭詢問國師、青海活佛章嘉三世，請章嘉為進攻定下吉日，活佛回稟：「早或二十一日，遲或二十七日、二十九日皆為大吉之日，進攻可迅得全省。」

最終定下的進攻日期是十月二十七日（指農曆，陽曆為十二月十日），當天阿桂數路併發，對小金川發起進攻。乾隆請活佛定吉日，既可以說他對此戰極為重視，但也可以解釋成他內心對於戰役的進展尚無確定把握。出乎意料的是，各路清軍的進展異常順利，幾如摧枯拉朽一般，美諾、底木達、布郎郭宗、僧格宗等官寨被先後克復，至小金川被完全平定，前後僅用了十天時間，速度之快，令人稱奇。

參加再定小金川戰役的清軍達到七萬之眾，兵力上佔據絕對優勢，而小金川境內的碉卡經多次攻打多已殘破，能打仗的小金川兵銳減且人心渙散，這些都是戰役得以速勝的重要原因。當然也不能不提及被重新強調的精兵戰略，正如乾隆看過戰報後所總結的：「滿洲勁旅奮勇絕倫，綠營兵皆得有所效法。」

再定小金川後，為解除後顧之憂，阿桂將小金川境內近萬降卒全部內遷，各處寨落、碉卡拆毀的拆毀，焚燒的焚燒，從而使得大金川軍就算能夠再次潛入，也無糧食可覓，亦無碉卡能依。

接下來便要準備平定大金川，阿桂請求增兵添餉，乾隆又一次表示：「只要大功必成，多費實所不惜。」此後他果不食言，先後增調九千名綠旗兵奔赴前線，追加餉銀達九百萬兩。

一七七四年二月，阿桂兵分三路，向大金川發起進攻。戰前各路清軍都做了充分準備，並基於原來長期攻碉不克的教訓，重新調整了進兵路線。鄰近土司的士兵引路也為進兵帶來了更多的便利條件，金川當地傳說，是黑水一帶的人帶路，才使得「皇帝兵」攻了進來，要不然甭管打多少年，皇帝都不能將土司及家人擄走。雖然傳說與事實嚴重不符，但也說明清軍當時確實得到了周圍土司的幫助。

另外，此前的再定小金川在鼓舞清軍士氣的同時，也迫使大金川土司更加注意嚴防死守，各險要處皆密布石碉，所以戰事依舊激烈異常。

阿桂一路在進攻羅博瓦山石碉時，海蘭察等人率部繞至第二峰、第三峰峰口下，分兵進行仰攻，山上敵軍發起集體衝鋒，被清軍射退。接著清軍佔領了第三峰、第四峰，切斷了敵軍後路，按照通常情況，這時敵軍就會因軍心大亂而潰敗，但他們卻又都退縮至第一峰碉內繼續死守。清軍不得不一座一座碉卡打，直至先後攻佔大石碉八座，拿下大小二十六卡，才得以控制此山。

羅博瓦山下為色淜普山梁，金川軍在山梁中間連設三座石碉，左右山崖又築三座碉卡，與之互為援應。從羅博瓦山崗進至這些碉卡的道路自上而下，陡峭異常，而且六碉周圍樹木茂密，部隊穿林前進必須低頭彎腰而行，兼之雨雪不斷，清軍出擊後若不能迅速攻下碉卡，連撤退都困難。阿桂與眾將經過會商，兵分三路在夜間潛伏於碉卡前，又分一路攻打喇木喇穆，趁其注意力分散，將碉卡圍住猛攻，一舉佔領了山梁。

金川軍喪失色淜普後，繼續退守喇木喇穆。喇木喇穆的防守更為嚴密，經過觀察，只有西峰的兩座大碉由於處於山梁絕頂之處，兩面坡崖如削，未曾設防。阿桂判斷，金川軍料想清軍絕不可能登上如此絕頂，一旦清軍真的登上去，不僅可切斷其後路，而且能促使其他各碉的守兵意志瓦解。

阿桂指揮所部分數路進攻喇木喇穆，在大部隊的正面掩護下，次日晚上，海蘭察率六百名敢死隊員對西峰絕頂實施偷襲。山下至西峰絕頂本無路徑，石壁陡滑，官兵們於半夜月出之前魚貫而上，他們像螞蟻一樣手足並用，悄悄地登上險峰，埋伏於碉卡附近。

天亮後，敢死隊衝向二碉，砍開碉門，將守敵盡行殲滅。正面的數路人馬見海蘭察得手，內外夾攻，一舉佔領喇木喇穆。

喇木喇穆偷襲戰是海蘭察在金川戰爭中的軍事代表作，其勇略在此戰中得到了淋漓盡致的展現。自偷襲戰成功後，同方向的數十里各寨皆聞風喪膽，被清軍迅速予以攻破。

火炮群

清軍三路出擊，阿桂首當其衝，明亮、豐升額也連續攻克多處要地，但幾乎每座山峰和石碉、官寨，都必須經過反復廝殺才能攻下，戰爭時間也因此被拖得很長。

一七七四年八月中旬，阿桂軍經過數月激戰，終於推進至大金川門戶遜克爾宗官寨。面對清軍的強大攻勢，大金川土司索諾木先用藥毒死僧格桑，將之埋在遜克爾宗壩前，繼而又挖出僧格桑的屍體，遣人送至阿桂軍前請降。

乾隆知道後，認為此次如果不抓住機會平定大金川，索諾木及後繼者數年後必然又會故態復萌，重新上演弱肉強食，對抗朝廷的一幕，致使清軍在兩次金川戰爭所取得的成果毀於一旦。他明確指示阿桂：「官軍費如許力量，始得平定其地，不當以受降完結。」

索諾木求降不成，轉而又加強防禦工事，並力抗拒。遜克爾宗一帶地勢極為險要，大金川軍在此地廣修戰碉、石卡和木城，官兵僅能從正面設法仰攻，進攻難度之大超乎想像。

如同征緬戰場一樣，金川兵對於八旗兵所擅長箭術頗為畏懼，但弓箭畢竟無法穿透堅硬碉卡，故歷次作戰「鳥槍之利十居一二，炮位之利十居九八。」清軍在金川戰爭中鑄造了四種類型的重炮，從高到低依次為「大將軍」、「二將軍」、「三將軍」和「四將軍」。

「大將軍」重達三四千斤，其餘三種亦重一千餘斤，其中最大的一門「大將軍」可發射四十六磅的炮彈，最小的「四將軍」所用炮彈也近九磅。如此重炮已超出一般紅夷大炮的規格，甚至可與西歐重炮相媲美，只是因為金川運輸困難，重炮多了拖不上去，所以大家更喜歡的其實還是沖天炮。

沖天炮屬於「威遠將軍」的量產版。「威遠將軍」作為乾隆朝參戰次數較多的一種重炮，從第一次金川戰爭起，到平回、征緬戰爭，可謂無役不與。沖天炮為適合山地作戰的需要，將自身重量減至三百多斤，但又保留了與「威遠將軍」相似的造型、構造，前線將士經過實戰檢驗，一致認為它最為得力。有鑑於此，阿桂特地奏請增鑄沖天炮，乾隆有求必應，為了節約時間和運輸成本，他派人直接帶著沖天炮和炮車的樣品在前線進行仿製。考慮到西洋人對火炮的使用更為精熟，乾隆讓舒赫德從蔣友仁、傅作霖兩名傳教士中選擇其一，護送其到金川測量炮距，以提高炮擊的命中率。

有了充足的沖天炮，再加上少數能運至前沿的「大將軍」、「二將軍」、「三將軍」和「四將軍」，阿桂將它們集中起來，對遜克爾宗晝夜進行轟擊。火炮群明顯提升了清軍的攻擊力，二十多年前首征金川，當時能炸塌戰碉一角或毀其上半部分就算不錯了，經常有戰碉被火炮打得遍體孔洞，整體卻依舊巍然不動的尷尬情況出現。此次清軍在耗費同樣的時間和炮彈後，卻可將碉樓炸到只剩根部，甚至有的炮彈還直穿碉身，致使碉牆瞬間坍塌，砸死裡面的金川兵，或者碰巧落在火藥存儲點，將整座碉樓直接予以引爆。

在炮群的火力支持下，阿桂先行攻佔了遜克爾宗前面的碉卡，燒毀近旁寨落兩百餘座，接著便重點對官寨展開攻擊，但也就從這個時候開始，攻堅戰再度陷入了「瓶頸」。

炮群雖能破壞寨牆，乃至摧毀其他與之連成片的木石工事，但寨牆不同於單一碉樓，被炸塌的土石仍堆積於牆下，形成了漫坡。金川兵在漫坡中間可以重新深挖壕溝，用以阻遏清軍的前進，不只如此，他們還將石塊堆於寨牆上，一俟清軍逼至牆根，便力推而下，勢如雨點。清軍有一種裡面裝了硝藥名為噴筒的武器，殺傷力很大，木果木之戰中金川軍繳獲了一些噴筒，這時也反過來被用於對清軍進行射擊，總之是只要能用來防禦的辦法和技巧，無所不用其極。

阿桂軍連攻兩個月，官兵奮勇異常，但仍然拿遜克爾宗沒什麼辦法，自身卻已蒙受很大損失，除一名護軍校陣亡外，海蘭察等戰將也都先後受傷。阿桂指揮作戰一向從容鎮定，面對此情此景，也忍不住開始「焦急憤恨」起來。

後來乾隆得知，那段日子，大金川的本教巫師每日打卦，欲卜吉兆，其乞求的目標不光是守住遜克爾宗等寨，居然還想進而截斷清軍後路，其頑抗到底的態度著實令人心驚。

三難

相比阿桂的遲遲難以建功，明亮、豐升額的進展更為緩慢。阿桂見狀，決定乾脆繞過遜克爾宗，直取勒烏圍官寨，此舉被證明極為明智，據被俘的大金川頭人供稱：「若（清軍）得了勒烏圍，這遜克爾宗不攻也站不住了。」

與此同時，原有的三路進兵也被阿桂改成兩路夾擊，即以大金川河為界，由阿桂自己和明亮分別從河東、河西進兵，在將領配置上，海蘭察到河西協助明亮，豐升額則調至河東作戰。乾隆對阿桂的這一決策極為讚賞，認為他胸懷全域，調整非常及時，果然之後兩路軍在組織進攻方面都頗為得力，不久便雙雙掃清障礙，得以隔河相望。

兩路軍與勒烏圍相距都只有二十里路程，但其間的碉寨卻為數不少，而且清軍越是接近勒烏圍，遭遇的攔擊越是嚴密。實際上，正是從金川戰爭開始，清軍才真正懂得了「山碉設險之利」以及如何加以利用，以後他們在類似地形區作戰時都加以效仿，甚至在川陝鎮壓白蓮教起義期間也採用了這一戰術。

即便在沒有碉寨的地方，清軍亦舉步維艱，一路上跬步皆山，到處都是高山懸崖和急流險灘，非但精於騎射的旗兵無法像在草原沙漠中那樣騎馬縱橫馳騁，就連阿桂等將軍大臣多數時候也只能徒步。金川的氣候又極為惡劣，一遇嚴酷的雨雪天氣，清軍的行軍、打仗、運糧等幾乎全部都要被迫停頓，在所謂「十大武功」中，第二次金川戰爭的後勤壓力居於首位。

金川不只是冬季下雪，盛夏季節也下雪。在清軍進兵期間，雨雪以及大風冰雹幾乎就沒有停過，乾隆在諭令中稱之為「非時雨雪」，並將它與本教巫師的「扎達術」聯繫起來。

「扎達術」據說是本教中一種祈雨雪的法術，只有大巫師才能運用成功，儘管這種說法並沒有什麼科學依據，但本教巫師對於大金川兵民的精神控制作用卻顯而易見。按被俘的金川兵供詞中所述，他們在戰前都會起誓，然後每人把剪下的頭髮和指甲封一小包，交給巫師盛在匣內，有誰臨陣逃走，巫師就聲稱會用法術詛咒誰。

按照史學家魏源的總結，金川戰爭有三難，謂之「天時之多雨久雪，地勢之萬夫莫前，人心之同惡誓死。」它們在清軍進兵勒烏圍的途中全都表現得淋漓盡致，從而使得兩路軍寸步難進，區區二十里路程，清軍最後竟然用了九個月時間，才得以進抵勒烏圍並對之實施合圍。

勒烏圍前面臨河，後面靠山，與轉經樓各寨互為掎角，地勢非常險要，牆基尤為堅固，官寨四周各有易守難攻的戰碉，甚至還有高達二十四層的。阿桂採取手術刀式戰法，首先擊破勒烏圍山下木柵，以截斷其與外界的路徑，繼而又攻克了山下三寨。

山下三寨實際為大金川軍的軍火庫，內貯彈藥堆積了數寸至兩尺之高，清軍攻克後共清點出火藥一百餘簍，劈山炮炮彈一萬一千餘發，子彈十四萬三千餘顆，可見大金川是準備在勒烏圍長久固守下去的。因為軍火庫對守軍而言至關重要，所以這一戰打得相當激烈，清軍一名三等侍衛陣亡，十餘名將領受重傷。

自攻克軍火庫的次日起，海蘭察等分兵三路，對轉經樓和勒烏圍之間的各碉寨發起進攻。由於地形所限，多數地方都難以建立起合適的炮擊陣地，清軍需要先頂著盾牌、柴捆和沙土袋匍匐前進，一俟進入火炮射程，便立即搭建起簡易木制工事，再利用木柵掩護，構築炮臺架炮射擊，之後直到射程內的敵方防禦力量被摧毀，部隊才能繼續推進至下一陣地，建第二層木制工事和炮臺進行攻擊。

在某些地勢過於險峻之處，清軍無法在敵槍彈下有效運送火炮、炮彈及工事材料，於是便只能憑藉第一層工事的掩護，挖掘前進地道，透過地道建立第二層工事並運炮進攻，如此重複，步步推進。

經過激戰，清軍共佔領木柵三十餘座，在此基礎上築成炮臺七座。戰將福康安帶兵依託於炮臺，用沖天炮自北向南，對勒烏圍進行反復轟擊，炮彈命中者十居七八，對其防禦陣地造成了相當大的破壞。

大小金川在兩次金川戰爭中的特點，都是起先拼死抵抗，抵擋不住便輕言投降。看形勢不妙，索諾木兄弟五人趕緊具稟乞降，表示願主動交出勒烏圍官寨，並獻上乞降條款，其內容與第一次金川戰爭時的請降條款基本相似。

乾隆讓阿桂予以拒絕，說他為當年沒有徹底平定金川把腸子都悔青了，如今絕對不能再重蹈覆轍，「彼時系朕過於姑息，准其投降，至貽今日之患。」

捷報東西三萬里

按照計畫，清軍各路官兵陸續將勒烏圍附近的碉寨逐一焚毀，在完全切斷勒烏圍的同時，使其盡失遮罩，隨後，阿桂又派兵趁夜進攻，計畫截斷官寨大碉後通路。大金川深恐此路一斷，非但勒烏圍必難再守，寨內大小頭目亦將插翅難逃，於是調集人馬拼死頑抗。清軍連日進攻，仍無法得手，阿桂等前線指揮官都不由得嘆稱大金川兵「兇悍堅忍，實為自來所罕見。」

儘管如此，對勒烏圍的包圍圈仍在不斷緊縮。協助明亮作戰的大將富德率部挖通地道，運貯火藥，將山下河灘的石碉、木城各一座以及兩座石卡炸塌。據稱爆炸時，滿天沙石木塊飛舞，許多金川兵被當場炸死，有幾個甚至被拋至半空，肉塊肢解而下。

一七七五年九月九日，阿桂、明亮兩路經過層層推進，終於攻入官寨，當天所克碉寨木城達六十餘座。適值天降大雨，勒烏圍山水傾瀉而下，負箭落水的金川兵不計其數，還有不少人倒斃於泥淖中。次日清晨當清軍要割其首級計功時，屍首已經血肉模糊，其狀慘不忍睹，正如阿桂所稱：「賊屍縱橫遍滿，穢惡之氣，官兵至不可聞。」

攻克勒烏圍也就意味著向大功告成邁出了最為關鍵的一步，阿桂即刻以紅旗向京師報捷。乾隆收到捷報時正在木蘭行宮，雖在行宮，但他仍隨時關注著金川前線的戰況，軍機房也跟著晝夜輪值，捷報令君臣都大喜過望，彼此歡欣鼓舞。

「捷報東西三萬里，中書夜半拜綸音。」興奮之餘，想到其間山重水複，大批將士效命疆場卻屢戰屢敗，乾隆「幾欲垂淚」。按照清代筆記中的記載，乾隆其實已經潸然淚下，因正在用膳，眼淚正好落在了要喝的魚羹之中，於是他命人將魚羹封起，賜予阿桂，並說明其中緣故，以激勵其再接再厲，確保收尾階段不再出現任何岔子。

佔領勒烏圍後，阿桂、明亮迅速出兵，直攻大金川腹心噶拉依官寨，參戰官兵達到五萬七千人。他們一路上勢如破竹，先後攻克大小碉寨千餘座，殲滅金川兵將近千人，噶拉依後路及其遮罩至此被全部肅清，此戰清軍損失也很大，計有十餘名將領先後陣亡。

為防止索諾木從水路逃竄，阿桂等人下令在官寨上下游趕造浮橋，又在橋頭兩端各築卡座，派兵日夜巡查，官寨水陸管道皆被切斷。索諾木等見已逃生無路，這才陸續出寨投降。

金川當地民間傳說，索諾木頭上長了兩隻龍角，被抓走的時候曾向部民誓言，稱等到竹子開花、馬長角時，他還要回來當金川的土司。當然這位末代土司的誓言是永遠不可能實現的，他在投降後即被押解進京，經乾隆親自審訊並處以死刑。

大金川全境平定，阿桂以首功被封為一等誠謀英勇公，晉協辦大學士、吏部尚書，仍在軍機處行走，並准在紫禁城內騎馬，其餘文武官員也依次獲得封賞。乾隆還按照平準平回戰爭的先例，繪一百功臣像於紫光閣，其中以阿桂為首的前五十名功臣仍由乾隆親自題贊，後五十名功臣則命大學士于敏中等題贊，同時勒碑於太學及兩金川地方。

第二次金川戰爭歷時近五年，清廷先後調兵近十萬，撥帑六千萬兩，加上川運開捐銀，總計七千餘萬兩，號稱「費五年之力，十萬之師，七千餘萬之帑。」實際上，兩準、浙江、山西、廣東等處商人還在戰爭期間拿出了助餉銀約一千萬兩，若將之與第一次金川戰爭的軍費相加，整個金川戰爭耗資達到了一億兩，占乾隆「十全武功」的三分之二強。

除靡費驚人外，金川戰爭也是「十全武功」中歷時最長、損失最為慘重的一次征戰。至大小金川被平定，共用了二十九年時間，其中直接征戰持續七年，陣亡官兵僅「准入昭忠祠」的就有文武官員六百九十九人，護軍、披甲、馬步兵九千七百零一十三人。

此前最令乾隆為之自豪的平準平回戰爭用兵五年，拓地兩萬餘里，政府所撥帑銀尚不過三千餘萬兩，金川地僅千里，不及準回兩部的十分之一二，向來被乾隆稱為彈丸之地，但清廷在金川戰爭中所付出的代價卻數倍於前者。兩相比較，無怪乎連乾隆自己都不得不承認「事倍而功半」，應該說，這未嘗不是他在聽聞攻克勒烏圍時悲喜交集的原因所在。

為了確保今後不再出現類似事件，永絕後患，乾隆下決心摒棄已經過時的「以番治番」之策，對兩金川實行徹底的改土歸流。他下令撤銷土司制，分別在小金川設立美諾廳，在大金川設立阿爾古廳，同時安營設汛，用屯田法移兵駐守。後來阿爾古廳被裁，併入了美諾，美諾廳改名懋功廳，直隸四川省，至此大小金川的地理名詞不復存在。

金川戰爭中投降的軍民除首犯被處決外，其餘分別安插於綽斯甲布、明正等十二土司之內，再由各土司分別安插於各寨，每寨均有頭人進行管束，且有檔案可查，從而確保大小金川部眾勢單力孤，消除其繼續滋事的可能。按照昔日安撫和控制回部的辦法，乾隆在嘉絨地區也引入各土司輪流入覲制度，要求各土司土舍頭人必須定期於年終進京朝覲，「俾擴充知識，以革其獷悍之風。」

由於本教在戰爭中為大小金川助戰，乾隆認為它是金川部眾滋事之端，將其判定為專事詛咒鎮壓的邪教，諭令嘉絨土司統一改信藏傳佛教格魯派。金川原有的寺廟中，以大金川的雍仲喇嘛寺規模最為可觀，乃嘉絨地區最大的寺廟，乾隆諭令阿桂將該寺銅瓦及裝飾華美什件全部拆運京師，另建信奉藏傳佛教格魯派的廣法寺，以作為打擊本教，振興藏傳佛教格魯派的標誌。時至今日，嘉絨地區雖然仍有許多藏民世代信奉本教，傳承本教，但與其歷史上的興盛時期相比，已不可同日而語。

預立皇儲

一七七〇年，即第二次金川戰爭開始的前一年，乾隆正式宣佈在自己執政六十年後，將提前禪位。

既然要禪位，預立皇儲一事也就變得愈加迫切，但乾隆所能選擇的範圍卻極其有限。在繼任皇后那拉氏被「不廢而廢」之前，除去早殤和病逝者外，宮內只有六個皇子可供選擇。這六個皇子裡面，看上去還有培養前途的又僅有三個，依次是皇五子永琪、皇八子永璇、皇十一子永瑆。

當年康熙為立儲發愁，愁在符合條件的兒子太多，現在乾隆也為立儲發愁，但已是愁在符合條件的兒子太少，於是便只能用剔除法來矮子裡面拔將軍。

永瑢，工於詩畫，人也聰慧，然而剛愎自用，足部又有殘疾，形象上有缺陷，走路不太雅觀，剔除！

永瑆，詩文出色，尤其書法名重一時，甚而與劉墉等人並稱為清中期四大書法家，士大夫能得其片紙隻字，莫不視若珍寶。不過永瑆天生嫉妒心強，好以權術馭人，皇帝當然需要有權術，康雍乾本身也皆具備極高的權術運用技巧，但問題在於皇子時期就能讓人看出這一點，那他的真正水準也就可想而知了。此外，永瑆還不講信義，唯知逢迎權要，守財如命，持家十分苛虐，在乾隆看來，這樣的皇子怎麼能做未來的天下君主呢？剔除！

永琪，能文能武，騎射嫻熟，性格上也沒有什麼明顯的缺陷，當然最重要的是，在剔除永瑢、永瑆之後，已無人可與之競爭。

在皇儲人選上，永琪暫時勝出，但就在那拉氏香消玉殞的那一年，永琪也年紀輕輕就告別了人世，皇儲之位再次空缺。

乾隆一生文治武功，即便在歷代皇帝中能與之相比的也並不多，然而家庭和婚姻生活向來不如意，對於那拉氏亡故這件事，他表面上毫不動容，也沒有流露出什麼哀傷之情，但其實內心受創極深。自此以後，他再也沒有立皇后，雖然也曾大肆地冊封嬪妃，但在接下來的歲月裡，一共也就生了一個兒子，即令貴妃魏佳氏所生的皇十七子永璘。

永璘據說不喜讀書，好遊嬉，不務正業，外界評價他是乾隆所有皇子中最不成器的，他本身也有自知之明，曾半開玩笑地對人說：「使皇帝多如雨落，亦不能滴吾頂上，唯求諸兄弟見憐，將和珅邸第賜居，則吾願足矣！」

繼續在原有的那幾個皇子中挑來選去，成為乾隆無奈的也是唯一的選擇。一七七三年十二月二十一日，他終於確定皇儲人選，實行了秘密立儲，人們後來才知道，被他選中的皇位繼承人是皇十五子永琰。

永琪以下，能與永琰比較的只有皇十二子永璂，但因其母親那拉氏的緣故，自然被排除在了皇儲名單之外，而永琰能夠成為皇儲，除了他性格小心謹慎，相對其他兄弟更為皇父認可之外，與他系令貴妃魏佳氏存活在世的長子也有莫大關聯。

乾隆在那拉氏死後即不再冊立皇后，魏佳氏又是包衣出身，依照皇宮制度，也不可能被立為皇后，但魏佳氏以皇貴妃的身份掌管六宮瑣事，是擁有真正權力的六宮之主，實際上就是沒有皇后稱號的代理皇后，相應地，永琰也可以被看作沒有嫡長子稱號的嫡長子。乾隆向來有讓嫡長子承繼大統的情結，孝賢皇后富察氏生前既沒能留下子嗣，這份幸運也就被留給了魏佳氏母子。

在此期間，被後人視為盛世象徵的圓明園進入了它的全盛期，除圓明園本園、長春園外，又併入了「殿宇既多，地面遼闊」的綺春園，形成圓明三園，進而奠定了其「萬園之園」的格局，乾隆本人也經常得意地向人誇耀：「天寶地靈之區，帝王遊豫之地，無以逾此。」

圓明園是乾隆每年居住最多的地方，以一七七五年為例，他在紫禁城住了一百零五天，而在圓明園卻一共住了一百六十八天。

關於乾隆和圓明園，有很多流傳下來的野史逸聞，其中有一則故事說到，在某個仲夏之夜，乾隆在圓明園的蓬島瑤臺上看戲，突然湖邊響起一陣吵鬧的青蛙聲，令人很是掃興。

陪侍的大學士劉墉請乾隆下諭旨，命令青蛙閉嘴，乾隆居然點頭答應並寫下諭旨，讓人投入湖中。之後奇跡發生了，青蛙們真的停止了聒噪，劉墉趕緊上前恭賀乾隆神威浩蕩，連不能人言的動物都不敢不服。令人尷尬的是，恭維話剛說了不久，青蛙又哇哇大叫起來，這下可傷到了皇帝的面子，急得一眾官員和太監都忙不迭地投石入湖，希望能夠把這些不知趣的青蛙給趕跑。

青蛙的故事也許是虛構的，但假如聯繫當時的現實就可以發現，來自社會各個角落的聒噪聲正在此起彼伏，乾隆君臣要想太太平平地過日子和看戲，已經是不太容易的事了。

盛世妖術

一七六八年春，江南民間突然盛傳，說是巫師可以施展妖術，通過獲取他人的髮辮、衣物甚至姓名的方式，盜取人的魂魄為己所用，而魂魄被盜者將會生病或死亡，人們稱之為「攝魂」。攝魂事件出現後其影響迅速擴散蔓延，在社會上引起極大的恐慌，據學者統計，前後共有十二個省份也就是大半個中國受到了波及。隨著各地報告紛至遝來，乾隆下令對攝魂案（時稱割辮案）予以徹查，案件查了近一年，僅上報朝廷的涉案者就有近六十人，分散在各地的涉案人數則多得根本無法統計，最後才弄清，所謂的盛世妖術，不過是庸人自擾的一場荒唐鬧劇而已。

通過追查可知，攝魂案最初的源頭其實是有人欲以攝魂的名義惡意中傷其競爭對手，之後卻逐漸演變成「扔在大街上的上了膛的武器」，似乎人人皆可以指稱別人為巫師妖人並加以迫害，在湖北漢陽，甚至發生了將無辜者當場毆打至死的事件。西方學者就此認為，攝魂案給乾隆朝帶來的是「某種具有預示性質的驚顫」，此案表明當時的中國社會進入了所謂的「受困擾社會」。

中國自一七六二年人口突破兩億後，平均每年增加二百八十四萬人，其實還不包括很多少數民族，增長勢頭相當之猛，遠遠超過歷史上的任何時期，由此也可以推論得知，當時總體經濟實力必定大大超過以往任何一個朝代。另外，隨著人口急劇膨脹，人均佔有耕地的數量也在迅速減少，社會財富越來越多地集中到少部分人手中，相應就帶來了眾多問題和不安定因素。

歷史學家呂思勉總結說，自秦漢以來，中國歷史上有一基本定律：「承平了數十百年，生齒漸漸地繁起來；一部分的生活，漸漸地奢侈起來；那貧富也就漸漸地不均起來。」康乾盛世在延續達一百多年，並經歷了乾隆朝的巔峰期後，恰好進入這一時期。

「受困擾社會」的一個重要特徵，是它所面臨的基本問題已無法透過增加生產來予以解決，只能「對損失進行分攤」，而由於大多數老百姓沒有接近政治權力的機會，在「分攤」中處於絕對弱勢，所以他們便會傾向於到制度之外去尋求權力，哪怕所得到的權力只是幻覺。按照西方學者的分析，攝魂案之所以能夠由謠言擴展成大案，正是因為部分底層民眾具有這種集體無意識，即希望用「攝魂」等謠言來作為武器，進而改善自身處境，從社會獲得他們認為公平的補償，用一句更為通俗的話來說，就是渾水摸魚，唯恐天下不亂。

乾隆不是對社會問題沒有察覺，他一直在盡可能地擴大耕地面積，除繼續挖掘內地土地潛力外，還積極開發邊疆。過去清廷為保護其龍興之地，是不允許漢人出關移墾的，乾隆則採取了默許的態度，甚至在關內大旱等特殊情況下鼓勵貧民出關墾荒。

乾隆朝疆域拓寬，邊境也較少受到外敵騷擾，內地漢人前往耕墾者接踵於道，因此掀起了大規模的移民浪潮，其中新疆屯田成績尤為突出，即便是金川地區，在經歷過連年戰爭，人亡地荒的局面後，也通過招民墾種，多墾出耕地一萬九千餘畝。據測算，乾隆後期全國每年可增加二百一十萬畝耕地，估計一共增加了十五億畝耕地。

縱然如此，耕地面積增加的速度仍低於人口增長的速度，「受困擾社會」的陰影還是籠罩著整個帝國。在這種情況下，進行包括農業生產技術在內的技術突破也許是唯一辦法，但遺憾的是，技術革新恰恰在這個時期出現了嚴重的停滯，而技術停滯又與當時思想文化的僵化密切相關。

清代自順治起就開始興起文字獄，康雍兩朝特別是雍正朝的文字獄曾使得全國上下人人自危，「士子以詩文為戒」，連考官出題也只敢選取「經書中吉祥之語」。乾隆登基之初為收買人心，在重審舊案時，先後下令將各起文字獄案件的所涉人員及家屬釋放回籍，同時對文字獄造成的遺留問題也多有匡正。

乾隆得知社會生活已被文字獄搞得不太正常，便連頒諭旨，表示以後官員士子不管撰奏疏、作詩詞還是應試，都只管放開來寫，「從前避忌之習，一概掃除。」朝野人士當時都大為振奮，乾隆詩中的一句「從今不薄讀書人」更被士林廣為傳頌，有人感動之餘，還特地和詩云：「添得青袍多少淚，百年雨露萬年心。」

在乾隆執政的前十五年，文字獄案件極少，官員士子基本不用擔心像康雍兩朝那樣，寫篇詩文還提心吊膽。之後乾隆政綱突變，開始引起朝野的一些質疑和抗議，這就是孫嘉淦偽稿案發生的背景，乾隆對偽稿案予以嚴查，並以此為導火線，在文化政策上出現了一百八十度的大轉彎。

敗政

乾隆以前的三朝文字獄，單純因文字賈禍的只是少數，多數從根子上看其實都是政治案件，如康熙朝最大的文字獄「南山案」，涉及對晚明遺留勢力及其影響的肅清，雍正朝的汪景祺案、錢名世案，則與查處年羹堯有著千絲萬縷的聯繫。偽稿案與此有相似的特點，偽稿中所羅列的「五不可解、十大過」，對乾隆本人及其新政的抨擊頗為激烈，但緊隨其後的胡中藻詩抄案、彭家屏私藏禁書案就不能算是政治案件了，乾隆在兩大案的查處過程中也極盡強拉硬扯、穿鑿附會之能事。

在乾隆的帶動和親自示範下，各地官員聞風而動，照抄不誤地製造出各種名目和類型的文字獄，這使得乾隆朝的文字獄不僅在數量上前所未有，而且性質極其惡劣。

魯迅曾這樣評述道：「大家向來的意見，總以為文字之禍是起於笑罵了清朝，然而，其實是不盡然的。」通觀乾隆朝各起文字獄，很多罪名都定得極其嚇人，不是妄議朝政，謗訕君上，就是纂擬禁史，懷戀勝國，但核其實際案情，真正對朝廷或皇帝不滿或具反清意圖的，幾乎沒有，如魯迅所言，「有的是魯莽，有的是發瘋，有的是鄉曲迂儒，有的不識忌諱，有的則是草野愚民，實在關心皇家。」

在文字獄的查處中，查繳和焚毀所謂的禁書是必不可少的，但乾隆朝最大規模的毀書活動還是起自

《四庫全書》的編纂。乾隆後期，在他的親自主持下，借助於國家充沛的財力，集結最優秀的文人學者，訪集天下遺書，修纂而成《四庫全書》。這是中國乃至世界歷史上最具雄心的一項文獻工程，也是乾隆盛世在文化建設方面的代表作，為「古今未有之大觀」，然而在收集典籍和修纂過程中，乾隆也同時對全國書籍進行了一次大規模的整肅和清洗，據估算，其間被銷毀的書籍總數至少應在十萬本左右。

乾隆毫無節制地濫興文字獄和進行毀書活動，已遠遠超出了加強皇權和鞏固內政的實際需要，致有清代的焚書坑儒之說，被後世公認為一大敗政。如此苛嚴的政治高壓和風刀霜劍似的淩逼摧殘，使得官員士人無不噤若寒蟬，平時非但不敢對現實甚至歷史有所議論，就連偶寫詩文都怕不慎惹禍。

這種戰戰兢兢的心態對生活在該時期的兩三代人都產生了深刻影響。「避席畏聞文字獄，著書都為稻粱謀」，即便是那些最頂尖的學者文人，若他們不願盲目頌揚天子聖明，便也只能鑽在少得可憐的幾本經學書籍中搞考證。乾隆朝雖有著名的「乾嘉學派」，但在思想文化的變革和國人的精神狀態方面卻不進反退，大部分技術領域也都完全處於停滯狀態，

就動機來說，乾隆大興文字獄，未嘗不是他試圖解決社會問題的一個途徑。呂思勉指出，歷史上「這種現象（指生齒日繁、貧富不均）一天甚似一天，就要釀成大亂為止」，西方理論也認為，「受困擾社會」發展到最後，其結果必然是造反和革命。乾隆實行思想禁錮，就是希圖把社會心理扭轉到他所期望的樣子，只是這種捨本逐末的做法並無任何用處，反而加快了帝國的衰落和起義的到來。

一七七四年八月，山東壽張人王倫在當地發動起義，並在舉事的次日即攻下壽張，擊斃知縣。這次起義雖屬農民起義，但與人們通常印象中不同的是，起義者之所以揭竿而起並非單純地出於經濟困頓、民不聊生等原因。

壽張屬於魯西地區，是一個談不上富裕卻也不貧困的商業化地區。王倫有田有宅，日子過得相當不錯，追隨者的經濟水準雖可能參差不齊，然而從後來被俘人員的供詞來看，他們參加起義與其家庭經濟

狀況之間並沒有什麼必然聯繫。

王倫起義期間，有御史指控山東地方官員隱瞞欠收情況，造成大量饑民呼天不應，叫地不靈，於是才追隨王倫起事。乾隆儘管有些懷疑，但還是立即下令展開調查，調查結果表明，當年山東雖有少數縣份春季雨水不足，卻不包括壽張，而且這些縣份之後也下了雨。

壽張一名生員在接受傳喚時做證說，壽張當年春天只是雨下得晚了些，到四五月才下，地方上收成已過半，各村都有存糧，沒有出現饑荒。乾隆自己也注意到，起義軍所經之處，糧倉、村莊極少被毀，糧食菜蔬都很豐足，說明起義軍沒有刻意徵集糧食，同時也從一個側面表明起義軍不缺糧食，王倫起義並非緣於災荒。

除了自然災害，地方官的不作為或亂作為也常常是激起民變的直接原因。乾隆一開始就想到了這一點，當他瞭解到正是由於壽張知縣試圖逮捕王倫才引發了起義，曾經做過推測：「或該縣平昔貪虐不堪，苛擾閭閻。」不過隨後便有各種證據表明事實正好相反，壽張知縣在當地聲譽頗佳，起義爆發前還剛剛才因清除貪污受賄的雇員而受到表彰，連起義軍都認為他是「一名好官」，於是地方弊政導致官逼民反的因素也被排除了。

重新研究王倫的個人履歷以及其追隨者的身分背景，一個日後在很長時期內都讓朝廷為之心驚肉跳的字眼逐漸浮現出來：白蓮教！

受到了驚嚇

白蓮教是一個主要流行於華北的民間宗教，其近代模式形成於元明，由於歷朝都將它視為異端，所以白蓮教的活動一直處於半秘密狀態。白蓮教有眾多支派，其中一支名為清水教，因其教義中有「飲水一甌，可四十九日不食」而得名，王倫即為清水教教主，參加王倫起義的基幹成員全都是他的教徒，正如壽張那名被傳喚做證的生員所言：「肇事者實乃邪教，而非饑民。」

明清主要透過科舉選拔社會精英，資料顯示，自清代建立以來，壽張只有三個人考中過進士，最近一個進士出現在康熙中期，雍乾兩朝至王倫的時代，再無後繼者，一七七四年當年壽張雖有三百多人取得功名，但因為功名級別太低，僅一人曾有機會進入國家機構，能借此躋身於上層社會的寥寥無幾。這使得壽張整個縣在全國性的精英競賽中處於極為落後的位置，王家儘管有田一百多畝，然而王倫充其量不過是個富農，他的教徒裡也基本沒有上層人物，其中僅有一到兩個人有著武生的身份，若非他們發動了這場在清史上影響很大的起義，終其一生，可以說都只能寂寂無名於世。

若用「受困擾社會」理論來解釋，王倫和他的信徒們無法通過正常途徑來得到精英權力，在「分攤損失」方面缺乏競爭力，於是便試圖繞過正常途徑，以其他方式重新獲得社會認同及其各種有形無形的權力，而與攝魂案中的「盛世妖術」相比，白蓮教的觀點與組織毫無疑問更容易使他們產生歸屬感和凝聚力。

王倫起義爆發時，華北區域內的各縣城多由綠營駐守。綠營戰鬥力較弱，有人甚至認為，只要起義軍規模多至數百人，綠營就很難有效地與之對抗。雖然德州等地也駐有滿洲兵，但這些滿洲兵無論數量還是品質都難以應付作戰需要。

起義軍在佔領壽張後，一路勢如破竹，不僅連克數座縣城，而且擊退了同樣由綠營組成的山東省軍以及德州援軍，直至對臨清形成包圍，人馬也滾雪球般的越來越多。

臨清位於京杭大運河與衛河的匯合之處，乃溝通大運河的樞紐，對漕運安危關係甚大。臨清被圍後，直接造成了南北漕運陷於堵塞，漕運空船無法返回南方。清廷大受震動，正在熱河避暑的乾隆嘴上說起義軍不過是一群烏合之眾，其實內心異常焦急。

此時正值第二次金川戰爭的平定大金川階段，八旗勁旅有相當大部分都已被調往金川，但京城仍有健銳營、火器營留守。於是乾隆任命大學士舒赫德為欽差大臣，同時從健銳營、火器營選派兩千人，加上抽調的索倫兵，對起義軍進行「圍剿」。

隨著清軍精銳的到來，戰局被迅速扭轉，一七七四年九月下旬，歷時僅一個月的起義終告失敗，王倫在大勢已去的情況下自焚而死。目擊者描述了這位起義領袖留在人世的最後形象：「他盤腿坐在房間的角落裡，一動不動，衣服和鬍鬚都在燃燒。」

王倫起義是乾隆後期發生的首次大規模農民起義，也是清帝國即將走向衰落的預兆，被史家稱之為出現在盛世之上的第一道裂紋。如果說攝魂案還只是跟乾隆開了個小玩笑，那麼王倫起義就著著實實讓他受到了驚嚇，在此後相當長的一段時間裡，只要地方上稍有風吹草動，他就顯得極其緊張。

事實上，王倫起義也確實起到了示範效應，各地的秘密宗教活動只是在王倫起義被鎮壓時稍有沉寂，而後很快重趨活躍，而且政治色彩愈益明顯，有的直接轉為武裝起義，其中聲勢最大的莫過於西北的蘇四十三起義。

一七八一年，甘肅撒拉族新、舊教間爆發劇烈衝突，因官府公開宣稱支持舊教，新教教首蘇四十三等人率部揭竿而起。就像王倫起義中一樣，甘肅的地方軍隊在應對時顯得軟弱無力，陝甘總督勒爾謹派兵彈壓，結果派去的清軍被打得大敗，兩名高級官吏全都被殺。

清代的軍事體系向來強調品質勝於數量，兵在精不在多，這樣可以大大減少政府開支，但起義的接連爆發和地方治安力量的不足，讓乾隆認為有加強內地治安力量的必要。倚仗著自己財政充裕，他打破慣例，還在鎮壓蘇四十三起義期間，便於京師增添八旗兵兩千多人，並招募四千九百人編入綠營。

從雍正朝起，清廷規定在綠營各營中須酌留空額錢糧，以作為帶兵官養廉和軍中公費之用，稱為「空名坐糧」，因此名冊所載綠營的兵員數水分較大。在鎮壓蘇四十三起義的次年，乾隆頒佈增兵案，降旨將空名全部挑補實額，養廉公費銀兩則另外發放。這樣一來，連同京師、陝甘所添軍隊，總計擴軍近七萬人，全軍綠營由此增加至六十萬人，再加上二十多萬勁旅八旗（即京旗）和駐防八旗，清軍正規軍總數達到了八十萬人以上。

擴軍必然導致增餉，擴軍案每年須增加近三百萬兩的政府開支，時任軍機處首席的阿桂對此提出不同意見，但未被乾隆接受。乾隆之所以不接受自然有他的理由，因為當時國庫存銀逾七千萬兩，完全支付得起這筆費用，而且設身處地，在當時的條件下，乾隆要想加強軍事力量和內地防務，擴軍恐怕也是他所能採取的最便捷之法。

事出蹊蹺必有妖

蘇四十三在擊敗前來彈壓的清軍後，率部進逼蘭州。乾隆心急如焚，欲抽調京旗增援，讓人想不到的是，陝甘總督勒爾謹卻一反常態，急急上奏拒絕援軍，並說只要再給他半個月時間，保證可完全鎮壓起義。

轉眼半個月過去了，起義軍不但沒有被鎮壓下去，反而依舊對蘭州城構成威脅，而勒爾謹則終日安坐衙署，一籌莫展。乾隆沉不住氣了，立命阿桂等人率部星夜馳援。阿桂到達蘭州後，根據所瞭解到的情況對勒爾謹提出彈劾，乾隆於是降旨將勒爾謹革職交由刑部問罪。

勒爾謹明明沒有能力鎮壓起義，為什麼還要冒著加重責任的風險拒絕援兵？向來精明過人的乾隆覺得不對勁，所謂事出蹊蹺必有妖，他懷疑勒爾謹可能涉及貪污，因擔心京城派來大員後問題暴露才連援兵都要加以拒絕。

乾隆到了御政的中後期，和他那個有著「抄家皇帝」名聲的父親雍正一樣，都喜歡對獲罪之臣抄家。

按照他的命令，有關人員對勒爾謹位於甘肅署衙和北京的居所進行查抄，結果卻僅僅發現了價值白銀七千餘兩的財產。

陝甘總督僅一年的養廉銀即以萬計，這點家產實在可以歸入清官之列了，然而乾隆父子和一輩子提倡清官政治的康熙不同，他倆根本就不相信什麼清官，因此抄家結果反而使乾隆更生疑竇。果不其然，隨後在勒爾謹家奴曹祿的家中，一下子查出了兩萬餘兩銀子，這讓乾隆確信，勒爾謹一定是把貪污財產藏匿了起來。

阿桂到蘭州後，乾隆對戰爭進展極為關注，經常下旨催促阿桂加快進軍速度，阿桂則在奏報中抱怨「蘭州雨水連綿」，道路泥濘不堪，從而導致部隊行軍緩慢。言者無心，聽者有意，記憶力驚人的乾隆突然想到，往年甘肅省總是報告旱災不斷，今年何來這麼多雨？

乾隆身在京城或出巡地，多數情況下都必須依靠前方奏報來判斷和決策，為了防止被欺瞞，他會讓多名背景不同的官員針對同一事件進行報告，以此對事實進行驗證。新任署陝甘總督李侍堯此前因貪縱營私被判斬監候，此番屬戴罪立功，他當然不敢說謊，在報告中證實說甘肅確實雨水太多，妨礙征戰。

清代沿襲明制，為了備荒，從省到縣都要分別修建常平倉，用以收購政府儲備糧，而且不斷派官員視察監督，一遇糧價上漲過快或災荒，便用這些糧食平抑糧價波動或進行賑災救濟。甘肅地處西北，原本就地瘠民貧，糧食較少，勒爾謹又年年奏報說乾旱少雨，古代農業都是靠天吃飯，乾旱少雨也就意味著災害頻仍，收成有限，倉儲自然無法充實。在這種情況下，朝廷便按照勒爾謹的疏請，允許甘肅省通過推行捐監來籌集糧食。

所謂捐監，就是只要商民按規定數目捐納豆米穀糧，就可以取得國子監監生資格。甘肅本有此例，但由於弊端較多，之前已被乾隆予以革除，現在能夠重新恢復，前提是勒爾謹關於當地年年乾旱少雨的奏報必須為實，如果摻假，那裡面的隱情就太多了。而調查結果恰恰表明，甘肅近年來風調雨順，根本沒鬧災！

乾隆決定進行徹查，遂命主管本省財政的甘肅布政使王廷贊進京述職。王廷贊在出發時就已感覺不妙，抵京後為了討好皇帝，主動提出願拿出「歷年積存廉俸銀」四萬兩，捐作清軍在甘肅前線的軍費。

王廷贊萬萬沒有想到，他這麼一殷勤，反而讓乾隆看出了破綻。布政使只是總督、巡撫的輔助官員，況且以甘肅的經濟狀況，官場相比其他省還應該更清苦一些，王廷贊的養廉銀和俸祿能有多少，是完全算得出來的。無怪乎乾隆要皺著眉頭責問：「王廷贊僅任甘肅藩司，何以家計充裕？」

此時，王廷贊的前任王亶望已遠調浙江升任巡撫。無獨有偶，王亶望也向浙江海塘工程捐資五十萬兩，這又讓乾隆回憶起，去年南巡時，王亶望為了討好自己，曾預先花鉅資將行宮裝修得富麗堂皇，乾隆素來花錢大手大腳，但也感到太過鋪張，為此還予以責備。

王亶望出手豪綽，乾隆斷定他的巨額財富與王廷贊一樣，均來路不正。考慮到王亶望出任浙江巡撫時間並不長，任職期間無「名聲不好之處」，他分析王亶望一定也是在甘肅任內出了問題，於是當即傳諭阿桂和李侍堯，讓他們繼續進行嚴密訪查，弄清楚二王的非法收入是否都與捐監有關。

驚天大案

乾隆起用阿桂、李侍堯查辦甘案，可謂知人善任。此前阿桂除治水、督師外，已多次奉旨查辦欽案，無論經驗還是能力，朝中無人可出其右。李侍堯本身就曾涉貪，對於貪污案可謂門路清得很，乾隆讓他參與查案屬於用「內行」查「內行」，同時李侍堯又一心想著將功折罪，報效皇恩，在賣力起勁方面也是不用多慮的。

經過阿桂、李侍堯的深入調查，一樁隱藏達七年之久的驚天大案終於緩緩露出了真容。作為審閱案卷的第一人，乾隆不但驚詫於此案之重大複雜，而且還氣憤地發現，他自己竟然一直在其中扮演著一個被欺蒙的角色。

事情還要從王亶望說起。王亶望是山西臨汾人，舉人出身，後來通過捐資得到了知縣一職，也因而對捐監的遊戲規則較為熟諳，他在擔任甘肅布政使期間，串通勒爾謹，以甘肅連年災荒倉儲不足為由，向朝廷奏請開捐。時任首輔于敏中主管戶部，對此深表贊同並「即行議准」，本來乾隆還有些猶豫不決，但在於敏中的慫恿說服下，最終予以准奏。

王亶望在赴任甘肅之前，按例須到京陛見皇帝，自然也會前去拜訪于敏中。有跡象表明，王亶望在捐監案中敢於如此膽大妄為，又如此暢通無阻，連身為其上司的勒爾謹都安於從事，與于敏中有著脫不開的關聯。

於敏中死後，其侄孫爆發了瓜分遺產的糾紛，甚而鬧到要對簿公堂的地步。乾隆對此生疑，便以為于家明斷家產為名，派人查抄于家資產，結果查出所藏金銀達兩百萬兩。張廷玉晚年亦曾被問罪抄家，但並沒有抄出什麼財產，兩相比較，于敏中究竟清廉與否，就一清二楚了。

乾隆斷定于敏中的兩百萬家私多數來自甘肅捐監案，下令全部籍沒，並在長諭中痛斥于敏中不忠不義，說如果他還活著，必定要重治其罪，只是念及此人已經故去，且在任上效力至老死，才不忍多加追究。

對王亶望而言，捐監只是一個他用來假公濟私的名目。明清兩代，上繳糧食稱為「本色」，以銀代糧稱為「折色」，甘肅捐監的奏請理由是要解決儲備糧不足，本來應該只收取「本色糧米」，但王亶望為了方便營私舞弊，私自改成了收取「折色銀兩」。

操作貪污大案，沒有得力助手不行，王亶望調親信蔣全迪為蘭州府知府，公開授意各州縣收來的銀兩都交由蔣全迪辦理。通常按照規定，一個監生的捐納價格若換算成「折色銀兩」，至少需一百多兩，王亶望、蔣全迪來了個薄利多銷，以每名捐監生收銀六十兩的超低價，超出甘肅範圍，向全國發售。

得知甘肅捐監生價格低廉，不單是甘肅本省，其他省份的商民士子也都紛至遝來，僅僅半年時間，全省便報捐監生員近兩萬名，收捐糧八十二萬餘石。這一數字不能不令人生疑，因為當年戶部的捐監加一起，也才一萬一千七百人，於是乾隆決定派刑部尚書袁守侗為欽差大臣，前往甘肅開倉查糧。

袁守侗以為官公正、擅長辦案著稱，此前多次受命到地方上查辦重大貪污案，均能依法秉公處置，乾隆有理由相信只要這位鐵面包公出馬，甘肅捐監案的真相必能水落石出，但他低估了甘案的規模以及王亶望的滲透能力。

甘案實際上是一個典型的冒賑窩案，所收捐銀大半歸於揑災冒銷，由王亶望、于敏中、勒爾謹以及甘肅通省官員所瓜分貪污。依照「利益均沾，風險共擔」的原則，涉及官員又都通過捐監冒賑的方式互相串通一氣，從而形成了上中下三層結構，即上有于敏中、勒爾謹等人庇護與暗中支持，中有王亶望操盤運作，下有府廳州縣官員全力配合。

袁守侗辦案原屬朝廷頂級機密，但他人尚未出京，消息卻已經被于敏中飛傳至甘肅。甘肅官場內部立即相互報信，串通作弊，他們不僅通過東挪西借，補足了糧食缺額，而且為製造糧倉滿囤的景象，還在糧倉的下面鋪架木板，木板上撒一層薄薄的穀物……。

袁守侗到達甘肅後，無論是盤驗糧倉，還是核對帳簿，都找不出一點破綻，回京覆命時便向乾隆奏稱「倉糧系屬實貯」。

不歸路

袁守侗不是一個人在查案，刑部左侍郎阿楊阿等人也隨同前往，就算你信不過袁守侗，還有一群專業人士在旁邊做鑒證呢，但乾隆還是不太放心。他認為勒爾謹是王亶望的上司，又是旗人，應該比王亶望更可靠一些，便命勒爾謹接著進行調查。

在批閱勒爾謹的奏摺時，乾隆提出了自己的疑問：甘肅省民眾素來艱難窮困者多，怎麼會突然冒出兩萬名捐監生員？甘肅省向稱地瘠民貧，自己食用尚且不足，怎麼會在短時間內收到八十二萬石餘糧？

乾隆也想到肯定有很多外地報捐，問題是，京城戶部就可以報捐，他們為什麼還要捨近求遠呢？再者，將糧食從內地運往甘肅，運費必然不菲，也就意味著「本色」提高了，捐監者都不傻，豈肯「為此重價捐納」？

勒爾謹早就被王亶望拉下了水，兩人屬於蛇鼠一窩，他當然不會真的去調查，能做的只有發揮想像力，繼續編織謊話欺騙皇帝。據勒爾謹說，在王亶望奏報開捐之前，消息就已經傳得沸沸揚揚，人們也早就開始排號，那意思，長城不是一天砌成的，兩萬名捐監生員乃積累出來的數字，並非這半年的量。

鑒於甘肅的捐監生員已超出戶部近一倍，勒爾謹不敢堅持說都來自本省，而是順著乾隆的話頭，承認現有的捐納者多為甘肅以外的行旅商人，是拿他們在甘肅賣貨的錢，就地捐監。至於糧源，說外地糧實在圓不過去，勒爾謹便一口咬定是本地富戶的餘糧，而且強調八十二萬石糧食不算多，與甘肅省常平倉五百一十九萬石的預算相比，還有著很大缺額。

當初于敏中慫恿乾隆接受甘肅捐監奏請時，理由就是可減少中央財政支出，勒爾謹也照葫蘆畫瓢，誘惑乾隆說：「臣檢閱甘肅省舊案，捐監一案，每年可節省中央戶部撥款一百多萬兩白銀，似與公私兩便。」以乾隆的精明，不是光憑幾句巧言就能打發的，但勒爾謹既再三保證，袁守侗一行也沒有找到任何罪證，乾隆便只好叮囑勒爾謹、王亶望：「爾等既身任其事，勉力妥為之可也。」同時宣告結案。

在闖過乾隆這一關後，王亶望更加有恃無恐。他和蔣全迪一邊大肆收受捐銀，一邊令各州縣廳每到夏秋時節便謊報旱災，以此向朝廷報銷救濟款。為了掩人耳目，在災荒真正嚴重的地區或季節，他們也會給災民稍稍發放一些救濟糧或設場施粥，但與被他們貪污的錢款相比，完全不成比例。

一般情況下，倉儲糧是先收進倉庫，每年再按災情大小的不同借給農民。在讓勒爾謹進行調查時，乾隆曾提到，如果甘肅省的捐糧照這個趨勢繼續演變下去，倉儲將越積越多，糧食也會不斷黴爛變質，與其如此，倒不如讓農民自己在民間互通有無了。

甘肅實際無一粒監糧在倉，自然不存在乾隆所顧慮的那些問題，但倉儲「越積越多」，需興建更多的糧倉反倒成為甘肅省官員進行貪污的另一個藉口。各州縣紛紛以新建糧倉為名，申請工程撥款，王亶望明知都是假的，但只要下面上報，他都批准，其間共奏請添建此類根本不存在的倉庫二十六座，報銷銀兩十多萬。

王亶望是甘肅冒賑窩案的首要分子和核心，可以隨心所欲地指使通省官員謊報旱災以及修建假糧倉，據他後來供認：「有州縣待我好的，我就叫他把災份報多些，有些州縣待我平常的，我就不准他多報。」各州縣官員為了能夠猛貪，便爭相猛送，用各種名目的贓銀對王亶望進行賄賂，如節禮銀、盤費銀等，少則幾百兩，多的達到上千兩。

王亶望收受贓銀還有個規矩，就是不能讓他本人看見，為此行賄者就把銀子放到酒罈、菜筐裡，或者通過看門人送交。隨著王亶望的胃口越來越大，甘肅官場開始流傳一句順口溜，「一千兩見面，兩千兩吃飯，三千兩射箭。」事實也的確如此，鞏昌府知府潘時選求見上司，但怎麼都見不到王亶望的面，最後還是送了一千兩銀子，才得以如願。

一七七七年，即甘肅實行捐監三年後，王亶望升任浙江布政使兼署巡撫，有人向乾隆報告，說見其任內所得須「有數百頭騾馱載」。乾隆對王亶望中飽私囊雖不是毫無預計，但當時並不清楚甘案的真相，而且又認為王亶望在解決甘肅「倉儲缺額」的問題上有功，所以並沒有怎麼在意。

王亶望的繼任者王廷贊本是一名出身低微的清官，他在赴任之初就發現監糧折銀不符合捐監規定，曾與勒爾謹商議，欲請停捐，然而卻遭到了官場上下的一致抵觸。經過一番彷徨掙扎，王廷贊乾脆也上了賊船，在其任內的後四年裡，又辦理監糧五百多萬石，從而親手將自己與上司同僚推向了不歸路。

皇帝來補漏

阿桂、李侍堯經過聯合調查，發現七年間甘肅共報捐監生二十七萬餘人，收銀一千七百餘萬兩，但所謂監糧卻有名無實。李侍堯奉旨清查，發現各地不僅沒有貯存監糧，而且平時國庫應存儲的正項存糧也已嚴重虧空。

甘案隨即進入三地會審階段，勒爾謹、王廷贊被交由刑部嚴審，刑部侍郎楊魁奉旨前往浙江，會同浙江代理巡撫陳輝祖審問王亶望，阿桂、李侍堯則接到乾隆諭令，對甘肅通省官員挨個過堂，「務須認真查究，不得稍有姑息，否則將拿二人是問。」

經過一番地毯式的審問和查抄，證實甘肅全省涉案官員多達一百一十三人，上千萬兩捐銀中的大部分為他們所侵吞，其中王亶望最多，所查抄的個人家產三百餘萬兩多數由此項貪污而來，其他行省府州縣官員貪污二萬兩以上即達二十人，一萬兩以上亦有十一人。此案涉及人數之多，金額之大，均為清朝立朝以來所未有，連乾隆自己都不由得一再慨嘆，認為甘案系「從來未有之奇貪異事」。

一七八一年八月，蘇四十三起義被完全鎮壓，乾隆降旨賜令勒爾謹自盡，王亶望、王廷贊、蔣全迪依議正法。次月，又開始對其餘涉案官員進行處置，共計有八十二人被革職下獄。

自中期改變吏治政策，由寬變猛以來，乾隆一直對官員貪腐行為予以毫不留情的打擊，其嚴厲程度甚至超過了以威嚴政治著稱的雍正。雍正在世時尚規定官員若涉及貪污挪用公款，一年內補齊就可減罪一等，免除死罪，但乾隆連這條都廢除了，規定凡是貪污銀兩滿一千的，斬監候之罪板上釘釘，不給補齊的機會。

按照乾隆所定的律法，甘肅省侵吞賑銀達千兩以上的五十六名官員被處決，另有四十六人因在鎮壓蘇四十三起義中有「守城微勞」，免死發往黑龍江、新疆充當苦役。由於被革被殺的官員實在太多，以致甘肅全省行政在短時間內都陷入了癱瘓，道府以上官員為之一空，當年對官員的考評即「大計」也不得不暫停。之後，乾隆下令停止甘肅捐監，陝西、新疆的收捐監糧也被一併叫停。

回頭來看，甘肅冒賑案揭示出了一個極為令人後怕的制度風險。明清兩代，負責監察官員的主要是監察御史和給事中，二者合稱「科道」，但因康雍乾對黨爭的過度警惕，「科道」逐漸失去了其權力和獨立地位，無法再像以往那樣彈劾和封駁官員。在乾隆朝的很多性質惡劣的貪腐案件中，甚少能夠看到科道官員的身影，諸多貪腐官員的被揭發也大多不是出於科道官員之手。

自康熙朝形成，雍正朝成熟的密折制度，本有替代科道，讓官員們互相監督的功能，但到乾隆朝時，其公文色彩漸濃漸重，而且內容也不再保密，尤其後者，成為地方大員們不再願意去舉報、彈劾其他官員貪瀆之事的直接原因。

以甘案為例，王亶望、王廷贊先後違規操作達七年之久，通省官員對此幾乎無人不知，無人不曉，外省和中央官員也未必一點風聲都得不到。可是有權力也有義務通過奏摺來舉報的督撫大員卻全都選擇了緘口不言，沒有一個人主動進行揭發或質疑，其間乾隆未收到過任何一份有力的參奏。

在這種情況下，制度已經失去效用，只能靠人也即皇帝來補漏。甘案的揭開，就完全依賴於乾隆一己之力，甚至如果換一個能力稍微平庸一點的皇帝，別說查辦，根本就發現不了。僅以其中兩個細節，即勒爾謹、阿桂關於甘肅氣候的不同彙報，以及王亶望赴任浙江時的大手大腳就發現問題，這就不是普通人能夠觀察得到和記得住的，要知道，乾隆每天都需要閱看大量奏摺，全國也不只有勒爾謹一個總督，王亶望一個布政使……。

由甘案引發的陳輝祖案再次對此進行了佐證。就在王亶望被正法的第二年，浙江方面上報查抄王家資產的底單，乾隆不看尤可，看後馬上懷疑有所藏匿，說：「查抄物品甚屬平常。」原來以往每逢節慶時，王亶望常向乾隆送禮，乾隆在酌量收下幾件後，其餘予以退還，如今他發現，底單中「發還之物，無一存在，即此可見不實。」

阿桂等人奉命赴浙江審辦，結果弄清是浙江代理巡撫陳輝祖在對王亶望進行抄家時，用抽換查抄底冊的手法，私吞了大批字畫、玉器，他甚至還以提吊驗看之名，幹下了拿普通朝珠換上好朝珠以及以銀易金等勾當。

乾隆認為陳輝祖身為辦案官員，竟侵吞抽換入宮之物，「行同鼠竊」，實在是太不要臉了，但與王亶望的大貪特貪畢竟還有所不同，因此定罪「斬監候，秋後處決。」原本陳輝祖是可以不死的，然而後來又被查出他在閩浙總督任上時也曾營私牟利，導致閩浙兩省武備廢弛，倉穀虧空，還造成了桐鄉百姓鬧漕滋事，乾隆於是數罪並罰，下旨令其自盡。

大奸角

乾隆在查處甘肅冒賑案中所展示出的霹靂手段並非偶然。有清一代，被公認為懲貪決心最大、執法最嚴、懲處官員最多的皇帝，就是乾隆，在他執政期間，僅總督、巡撫因貪腐而被立案查處者即達三十多起，因此喪命的省部級大吏超過二十人，其中有不少還是先朝老臣、軍功名將乃至皇親國戚。

富德在平準平回戰爭中的實際功勳僅次於主帥兆惠，又在金川戰爭中再立新功，但他被揭發擁有私人牧廠，內蓄牲畜數千。經過調查，這是富德在西北作戰時暗自扣留官馬，以及朝蒙古王公勒索牲畜所得，此外富德的家產高達三萬餘兩白銀，其中很大一部分無法說清來源，據分析應是扣罰士兵銀兩和從蒙古王公手中所得。乾隆雖愛惜富德之將才，卻也並不姑息，在得知富德還犯有其他一些罪行後，毅然下令處斬。

兩淮鹽政高恒系慧賢皇貴妃高佳氏的親弟弟，響噹噹的國舅爺。高佳氏的最初出身與魏佳氏極為相似，也是八旗漢軍的包衣家庭，她在乾隆做皇子時即入其王府做使女，後經雍正諭令升為側福晉。高佳氏死後，乾隆特為她定謚號「慧賢」，惹得富察氏當時都向乾隆提出請求，希望將來也能按例為自己確定謚號。

高佳氏生前與乾隆感情很好，亦念及舊情，但在聞知高恒貪污了三萬餘兩白銀後，立即依法判斬。據說就在他欲提筆勾決的時候，傅恒曾出面為高恒求情，說：「願皇上念慧賢皇貴妃之情，姑免其死。」乾隆的回答是：「如果皇后弟兄犯法，又該怎麼辦？」傅恒乃富察氏的弟弟，乾隆所說的「皇后弟兄」當然指的就是他，傅恒被嚇得渾身戰慄，面無人色。乾隆見狀御筆一揮，令高恒人頭落地。

儘管乾隆一度在吏治上嚴刑峻法，但他對百官的監控始終靠的不是制度，而只是個人的直覺和經驗，乾隆朝轟動一時的大案要案，如甘肅冒賑案等，往往都要持續數年乃至二三十年後才被發現，於此可見一斑，而且也不是所有的貪腐都能被乾隆發現或願意予以處置，和珅就是再好不過的一個例子。

和珅早年參加過科舉，但名落孫山，後以文生員的出身承襲三等輕車都尉，直至進入宮廷擔任侍衛。一七七五年，即王倫起義被鎮壓的次年，身為御前侍衛的和珅扈從乾隆巡幸山東，得到了與皇帝近距離接觸的機會，其間乾隆喜歡乘坐一種騾子拉的小輦，「行十里一更換，其快如飛」，和珅一路跟隨，乾隆問什麼，他答什麼，而且回答讓乾隆很是滿意。

山東之行開啟了和珅官運亨通的道路，當年他即被晉升為正藍旗滿洲副都統，第二年又先後被授戶部右侍郎、軍機大臣、內務府總管大臣、國史館副總裁等要職，幾乎一步就跨入了帝國權力中樞，這一年，和珅只有二十八歲！

清代侍衛大致相當於朝廷的後備人才庫，如傅恒就是從侍衛起步，但升遷也沒有和珅這麼快，何況傅恒還在邊疆戰爭中建立了無人能及的大功。和珅既無科甲之名，又無戰場殊勳，卻能超越一干比他資格更老、輩分更高的官僚，受到皇帝的特別寵幸和提拔，其本身就足以引起人們的議論。

與傳統戲曲中大奸角的醜態形象不同，和珅儀度俊雅，聲音清亮，性格也很活躍開朗，即便已經位極人臣，仍常愛用市井俚語來跟同僚們開玩笑。有一次大家在乾清宮預習朝見皇帝的禮儀，見諸王大臣多有長相俊雅者，和珅就笑道：「今天好像是孫武在操練女兒兵了！」又有一次，安南進貢了一個金座獅子，和珅看到底部是空的，便一邊做著詫異的表情，一邊說：「哎呀，可惜裡面是空的，要是實的話，我們可以多得多少黃金啊！」話一出口，把安南使臣都給逗樂了。

乾隆有著很高的文化品位，粗鄙者很難入其法眼，和珅雖然落第，卻也絕非泛泛之輩，不僅如此，他還以善於鑒賞古書著稱，據說《紅樓夢》就是因為受到了他的保護才得以公開刊行。和珅曾投乾隆所好，吹捧乾隆詩才敏捷，寫詩「立成頃刻，真如萬斛泉湧，隨地湧出」，但實際上他自己在詩詞方面也有一定的造詣，不僅經常與乾隆和詩，且有詩集存世。

乾隆早年，身邊賦詩唱和的主要是弘晝、弘瞻、福彭等人，此時他們都已不在人世，一般奉命陪侍的大臣在心理上又都與皇帝隔著很長的距離。和珅年輕俊美，詼諧活潑，與老皇帝沒有那麼大的距離感，能夠得到其青睞和歡心也就不奇怪了。

乾隆年間的戲曲舞臺時興旦角，和珅本人即擁有受其寵愛的花旦。有人把乾隆與和珅的關係也做此類比，雖然沒有什麼真憑實據，然而可以看出，他們至少在情感上是有那麼一點這種意味的。

鬥法

和珅並不是一個天生的大貪官，他原本也像甘肅冒賑案中的王廷贊一樣，為官清廉，不收取任何賄路。轉捩點出現在甘肅冒賑案暴露的前一年，時任雲貴總督的李侍堯涉嫌貪污，和珅奉命前往雲南查辦。大概是因為在此前後耳聞目睹了太多官場的黑暗面，和珅近墨者黑，終於也心甘情願地淪落為其中一員，李侍堯案審結完畢，贓款便都嘩啦嘩啦地落入了他個人腰包。

同年，乾隆特下諭旨，為和珅長子賜名豐紳殷德（豐紳在滿語中的意思是有福澤），指為十公主之額駙，待年齡到了即舉行婚禮。十公主乃乾隆晚年最喜歡的幼女，這標誌著乾隆對和珅的寵眷達到了一個新的階段。

見和珅受到皇帝的獨寵，文武百官爭相趨奉，以固其位，和珅自己也結黨營私，外省疆吏若不予以奉迎和對其賄賂，官帽便很難戴穩。

甘肅冒賑案中的主犯如王亶望、王廷贊等，其實都屬於和珅一黨或與之有著私人聯繫。王亶望督浙期間更有「和相（即和珅）第一寵人」之稱，每年以「炭敬」、「冰敬」、「孝敬」等名義送給和珅的賄銀達到三十萬兩以上，這還不包括其他一些珍奇古玩、饋贈之物。據說某人奉和珅之命，到杭州去為和珅的姬妾採購衣飾脂粉，王亶望聽後，竟親自到郊外迎接，還在西湖邊設館招待，排場和規格連欽差大臣都有所不及。

甘肅冒賑案受到查處，似乎和珅也多了一層風險，但和珅的狡黠之處也正在這裡，他時刻觀察和揣摩著乾隆的心思，一旦發現乾隆要下決心予以處理，便趕緊脫身，同時全力以赴進行查案，儼然自己與涉案人員全無干係。

乾隆當初派到甘肅的查案人員中就包括和珅，和珅抵達蘭州後，王廷贊自認為與其私交甚好，看到他如同抓到了一根救命稻草，慌不迭地請其出謀劃策。和珅就給王廷贊出主意，說你不如交出一些銀子，以資兵餉和賑濟貧民，這樣可以掩人耳目，減輕罪責，王廷贊才向乾隆上奏摺，提出願將自己的四萬兩銀子捐作軍費。王亶望更倒楣，他倚和珅為奥援，但等到罪狀敗露，和珅卻沒有站出來為他說半句好話，有人說他當初勾搭和珅純粹是「隨珠彈雀」——用夜明珠去彈鳥，得不償失。話又說回來，和珅如此「不講義氣」，歸根結底是緣於他和甘案的瓜葛尚不算很深，同時朝中其他重臣尤其阿桂、錢灃等人的存在，也讓他不得不有所忌憚。

蘇四十三進逼蘭州之初，因阿桂正在河南指揮堵塞黃河決口，不能馬上前往甘肅，乾隆便命和珅兼程先行，俟阿桂到達後再返京供職。其時阿桂拜武英殿大學士，任軍機處首席，已成為名副其實的乾隆朝第一重臣，「為近日名臣之冠」，和珅雖受獨寵，但其地位和聲望也無法超越阿桂，這使他耿耿於懷，便想趁阿桂赴甘之前先行消滅起義軍，從而也像當初的傅恒那樣立下赫赫戰功。

誰知蘭州城雖已集結清軍萬人，還包括了和珅從京城帶來的健銳營、火器營精銳，卻因阿桂未到，部隊猶如一盤散沙，「聲勢既不聯絡，紀律又不嚴肅」，「兵不顧將，將不顧兵，一遇賊匪（指起義軍），惶遽退回。」更讓和珅撓頭的是，帳下眾將都不聽他的，他每有動議，總是遭到將領們的一致反對，和珅畢竟是文臣出身，對軍事方面並不熟稔，所以亦無法當場予以駁斥。

及至阿桂到達蘭州，問和珅為何不抓住戰機「進剿」起義軍，和珅沒好氣地回答道：「將領們都很傲慢，不聽我的調遣，您要不相信的話，可以自己試試。」阿桂毫不遲疑地說，如果碰到這種情況，就應以軍法處置，「斬耳！」

第二天一大早，阿桂讓和珅坐在自己身旁，觀看他如何召集眾將部署方略。讓和珅面紅耳赤的是，對於阿桂發出的每一道指令，將領們都應聲答應，無人推卻。阿桂部署完畢，回頭對和珅說：「你看看，諸將沒有一個敢於傲慢不遵令啊，戰事不利，這尚方劍也不知道應該拿來斬誰的頭才好！」和珅聽後頓時渾身戰慄，面無人色。

和珅建功立威的目的沒有達到，很快就灰溜溜地返回了京城，自此以後，再未直接在前線參與重大軍事行動，也因此，他與阿桂成了勢不兩立的政敵。性格耿直的阿桂亦不齒於和珅所為，平時除受召議政外，都盡可能與和珅保持距離，即便同立於朝廷之上，也一定要站得離和珅有十幾步遠，和珅有時故作熱情地走上去與其攀談政事，阿桂嘴上應付，卻依舊站著一動不動。

民間流傳的乾隆朝忠奸鬥法中，總是紀昀或劉墉調戲和珅，其實當年最敢叫板和珅的還是錢灃。錢灃是一個有「鳴鳳朝陽」之譽的骨鯁御史，一七八二年，他上書乾隆，參奏彈劾山東巡撫國泰、布政使于易簡「吏治廢弛，貪婪無狀」，以致全省各州縣無不虧空，乾隆遂派和珅、劉墉與錢灃一起馳驛前往山東辦案。

和珅收過國泰、于易簡的賄賂，實際上是二人在朝中的保護傘。甘肅冒賑案乾隆盯得緊，阿桂又是查辦人，他不敢造次，在國泰案中則想渾水摸魚，為此他秘密遣使前往山東，先行通知國泰等人，讓他們從商人處預借銀兩，以彌補虧空。

未料魔高一尺，道高一丈，和珅的詭計被錢灃識破，他隨即在大街上貼出告示，要求商人們在規定期限內自行領取屬於自己的銀兩，否則便罰沒充庫。商人們聞知，紛紛給官府出具借條，爭先恐後地前去取銀，庫銀頃刻為之一空。

錢灃、劉墉立即組織人員盤庫，查出銀庫虧空四萬兩，接著又盤查糧倉，發現虧空三萬餘石。對各縣複查的結果也都差不多，庫庫皆虧，全省總計虧空達兩百多萬兩白銀。

事已至此，和珅無法再進行遮掩和袒護，於是趕緊像在甘案中那樣，將查案結果飛報乾隆。乾隆將國泰案於前一年發生的甘案等同，認為國泰、于易簡「罪責與王亶望等相同」，賜令二人自盡，家產籍沒。

與甘案相比，國泰案所涉官員有多無少，若嚴格按照律法行事，通省官員很少有可以不被問罪的，乾隆迫不得已，只好改變初衷，命令所有虧空官員仍各留本任，限期彌補虧空。

第十一章 大將軍

征緬戰爭結束的那年春天，傅恒奉旨回國，在天津行宮覆命時，他得到了乾隆的接見。乾隆發現傅恒如同變了個人一樣，「形神頓異」，便擔心他已難以痊癒，但仍指望通過安居調理出現奇跡。

幾個月後，傅恒果然病情加重，已到了不能下床的程度，乾隆每天派人帶著宮內的藥物和食品前去慰問，他自己只要能夠抽出時間，也經常親臨探視，然而終究回天乏術，不久傅恒便溘然長逝。

傅恒之死令乾隆如失左右手，他親臨傅府奠酒祭祀，並賦詩悼念：「千載不磨入南恨，半途乃奪濟川材。」一年後，乾隆出巡畿輔，再次駐蹕於天津行宮，想到去年與傅恒見面的情景，不禁觸景生情，賦詩云：「自古同為閱世客，祇今誰是作霖材？」

在追念傅恒這個「濟川材」、「作霖材」的同時，乾隆也不忘告慰故人：「汝子吾兒定教培。」你在九泉之下但可放心，你的兒子就是我的兒子，我一定會好好加以教導培養。

傅恒有四個兒子，依次為福靈安、福隆安、福康安、福長安。福靈安已在征緬戰役中病死，福隆安迎娶乾隆四女兒和嘉公主，為和碩額駙，福康安、福長安從小就被乾隆安排在宮內撫養，並由乾隆「多年訓誨，至於成人。」只是當時還沒有人知道，就是這個老三福康安，後來竟然會超越乃父甚至兆惠、明瑞、阿桂等人，成為整個乾隆朝最突出也最重要的一員大將。

舞臺

兩次大小金川之役對整個富察氏家族都具有重要意義。儘管乾隆直言不諱，他對傅恒之所以榮寵備至，乃是緣於傅恒是已故皇后的弟弟，「大學士傅恒之加恩，亦由於皇后」，不過若不是傅恒在金川戰爭中建立了重大軍功，所有加恩便難以服眾，相信乾隆自己要想提拔傅恒也會困難許多。

如果說第一次金川戰爭給傅恒創造了人生機遇，第二次金川戰爭則為富察氏家族的青年一代提供了脫穎而出、盡情施展軍事才能的舞臺。戰後乾隆繪一百名功臣像於紫光閣，並為前五十人親自題贊，這前五十人有據可考的滿洲籍將官計有二十四人，富察氏家族的明亮（福康安堂兄）、福隆安（福康安之兄）、奎林（福康安堂兄）、福康安均名列其中，所占比例居滿洲各家族之首。

在參戰的這批富察子弟中，年齡最大的是明亮，三十六歲，福康安最小，才十九歲。那還是小金川戰役剛剛結束的時候，乾隆授溫福為定邊將軍，命令他和阿桂、豐升額一起征討大金川，時為頭等侍衛的福康安離開京城，前往金川為溫福授印，之後阿桂即將他留在身邊，讓他以領隊大臣的身份領兵作戰。

福康安雖出自名門望族，且為皇帝內侄，卻並非纏綿於綺羅叢中的公子哥。在乾隆的親自教導訓誨下，他自幼熟讀兵書，弓馬嫺熟，在金川的三年，也始終披堅執銳，衝鋒陷陣，奮戰於最前線，被外界認為頗有早年八旗將士的遺風。喇木喇穆一役，他先督兵攻克羅博瓦山，隨後在擊退偷襲敵軍的基礎上，又率兵八百，冒雨連夜摧毀敵軍兩座碉卡，從而配合海蘭察成功地拿下了喇木喇穆。

因連戰連捷，戰功卓著，乾隆在戰爭期間即將福康安授為內大臣，嘉賞「嘉勇巴圖魯」。大小金川平定後，乾隆論功將福康安封為三等嘉勇男，對他予以肯定地說：「福康安正當幼年，借此練習成人，於彼亦屬甚好。」此後一再予以拔擢，戰爭結束後的次年，即授福康安以吉林將軍之職，三年後授雲貴總督，使其成為總領一方軍政的封疆大吏。

一七八四年，在與蘇四十三起義相隔三年後，甘肅撒拉族新教阿訇田五再次發動起義，乾隆降旨命陝甘總督李侍堯帶兵「堵截擒剿」。在官軍的圍攻下，田五身受重傷，自刎身亡，但所部在突破重圍後，反而聲勢更壯，西安副都統、同出於富察氏家族的明善統兵「進剿」，卻遭到伏擊，明善以下全軍覆滅。

乾隆聞訊大為吃驚，深感事態嚴重，認為：「此時若再不派重臣前往督率，恐有貽誤。」遂命時任兵部尚書的福康安與阿桂、海蘭察等人率京旗精銳前往征討，其間乾隆還革去了李侍堯陝甘總督一職，由福康安接任，顯示出對他的倚重。

阿桂、福康安、海蘭察都是一等一的名將，三人合力，沒多久就將此次起義予以完全鎮壓，但各地起義依舊呈此起彼伏之勢，一七三六年秋，距田五起義僅隔兩年，臺灣又爆發了林爽文起義。

林爽文起義實際應為林爽文、莊大田起義。乾隆前期，閩粵兩省出現了一個秘密互助團體，名為天地會，至乾隆中期，隨著閩粵兩省流入臺灣的移民不斷增加，天地會也傳入臺灣並在當地得到極為迅速的發展。林、莊均為加入天地會的臺灣移民，其中林爽文曾當過縣衙捕役，為人喜結交，有義氣，「得來銀錢肯幫助人，因此人多服他」，是個類似於《水滸傳》中「急時雨」宋江那樣的人物，在臺灣中北部民間威信很高。莊大田與林爽文是好友，此人在臺南也有著較大影響。

林爽文起義的觸發原因與王倫起義極為相似，都是官府預先偵知了林爽文在彰化傳播天地會的情況，派人前去搜捕，結果反而刺激對方發動了起義。起義爆發後，起義軍一舉攻破彰化縣城，將臺灣知府孫景燧及以下所有官員全部殺死，接著林爽文自稱「盟主大元帥」，建元「天運」，封官授職。應林爽文之約，莊大田也在臺南舉事並攻克鳳山縣城，隨即自稱「洪號輔國大元帥」，南北兩路義軍遙相呼應，勢如破竹。

乾隆最初還只視林爽文起義軍為一群烏合之眾，認為不難撲滅，但事實令他大跌眼鏡。起義軍在一年時間裡屢戰屢捷，幾乎佔領了臺灣全島，乾隆陸續發往臺灣的援兵不為不多，指揮官從福建水師提督、陸路提督到閩浙總督常青，身份和級別一個比一個高，但都被起義軍打得龜縮在幾個孤立的據點中，一籌莫展，毫無作為。

眼看臺灣局勢已完全失去控制，乾隆決定派時任協辦大學士、陝甘總督的福康安上陣。一七八七年九月十三日，他正式授福康安為將軍，攜帶欽差關防赴臺督辦軍務，海蘭察等大臣帶領巴圖魯、侍衛隨行參戰。

尊賢用能

福康安在進軍途中加緊研究了對常青等人的報告，儘管他在二征金川、平定田五起義等役中多次出生入死，但這些報告仍令他感到觸目驚心。

義軍包圍諸羅，閩浙總督常青三次派兵援救，結果援兵幾乎被全部消滅，副將等四人、千把總等下級軍官十八人，以及七百餘名兵丁陣亡。閩浙總督常青所在的臺灣府城也被圍困，援救府城的各路援兵中途遇阻，府城郊外十里皆由起義軍所控制，清軍的補給線被完全切斷。至福康安受命之時，號稱十萬之眾的起義軍已席捲全臺，清軍共有包括兩位提督、四位遊擊、一位副將、一位參將在內的八名高級將領先後喪命。

乾隆調撥了新的一批援軍隨福康安入臺作戰，然而福康安內心還是覺得惴惴不安，於是便又寫了一封奏摺，請求增派部隊。

其實加上新的援軍，入臺作戰的清軍在兵力上已綽綽有餘，乾隆看出福康安還是受了常青等人的影響，對入臺作戰信心不足，「略有畏難之意」，為此他連續降諭，讓福康安不必過高估計起義軍的力量，並打氣說：「朕坐朝五十餘年，重大事務不知經歷了多少，沒有哪一次不通盤籌畫，深思熟慮。這次也一樣，你是朕的親信倚任之人，如果朕自己沒有把握，會讓你冒險前進，置你於險地嗎？」

乾隆還向福康安指出，他抵臺後即為三軍統帥，全軍都看著他一個人，只要統帥稍稍流露出一點膽怯之意，那麼將士們必然更加怯懦懼戰，「士氣豈能振奮耶？」

乾隆語重心長的開導和激勵鼓舞了福康安的鬥志，他隨即向乾隆提出了會合各路、並力合攻的進兵計畫。乾隆看後卻覺得不甚妥當，因為從臺灣當時的形勢來看，諸羅久困，常青苦守臺灣府城，各路都處於被分割狀態。福康安若按此計畫進兵，很難達到會合各路的初衷，反而會變得首尾難顧，一旦林爽文、莊大田兩路夾攻，福康安將會隨之陷入絕境。

經過慎重思考，乾隆指示福康安，抵臺後不要急著會合各路，也不要盲目發動攻擊，而是要集中自己所帶去的兵力，首先為諸羅解圍。一七八七年十二月十日，福康安、海蘭察等人統領八旗、綠營陸軍九千人，乘坐一百多艘戰船，在臺灣鹿仔港登陸。

自平臺之役起，海蘭察便成了福康安的部屬。兩人最早在第二次金川戰爭中就進行過配合，不過當時的福康安位卑資淺，只是領隊大臣，此前也沒有打過仗，而海蘭察是參贊大臣（其間雖曾降為領隊大臣，但資格仍在），且已身經百戰，所以兩人的關係是海蘭察為主，福康安為輔。十多年後，海蘭察還是參贊大臣，福康安卻已是全軍統帥，然而引人注目的是，福康安依舊對海蘭察以前輩相待，敬禮有加，趨拜下風。

海蘭察是索倫部人，屬於「新滿洲」。「新滿洲」的社會地位較低，連乾隆都以「烏拉齊習氣」相稱，海蘭察在給乾隆的奏摺中也多次強調自己是「邊隅似如草芥之奴僕」。他的這種自卑感有時會讓他顯得不夠主動，尤其上司如果是庸碌之輩，海蘭察就更容易變得消極苟且，乃至無法發揮其軍事才能，以前跟隨溫福時就是如此。

阿桂是第一個賞識海蘭察的伯樂，海蘭察感激涕零，於是「生平唯服阿文成公（阿桂）」，有人問他為什麼只肯聽從阿桂的命令，他回答說：「近日大臣中知兵者，唯阿公一人而已，我怎麼敢不聽命呢？其餘那些人都是怕死怯懦之輩，讓他們掌兵指揮，不過是害人而已！我怎麼能為他們送死呢？」

福康安與海蘭察有過共事經歷，海蘭察自然知道福康安非「怕死怯懦之輩」，但他功大而性傲，年資又高於福康安，如果福康安因為如今成了他的上司就表現出位高而倨傲的態度，可想而知海蘭察一定難以接受，作戰也不會出力。一部清代名人傳略中對此記載得很明確：「在當今任統帥者中間，他（指海蘭察）只欽佩阿桂，只是在福康安對他表示尊重之後，他才肯輔佐他。」

乾隆也看到了這一點。有一次他詢問大臣，福康安和阿桂的才能相比如何。大臣答道：「阿桂能指揮海蘭察，福康安則極為周旋之，方得海蘭察之力，以此不如阿桂。」

乾隆認為大臣的話雖不無道理，卻只知其一，不知其二，他分析說，阿桂作為大將出征西域時，海蘭察還只是低級武官，因此阿桂只要流露出賞識之意，海蘭察就願效前驅，而福康安的資歷不及海蘭察，一旦突然成為海蘭察的上司，「不能不謙謙自下，倚為干城。」乾隆得出的結論是，福康安和阿桂所處的境地不同，對待海蘭察的方式自然不能一律，但效果卻是一樣的：「福善周旋，是以平賊。」

事實正是如此，福康安尊賢用能，海蘭察作戰也極為出力。有對福康安抱有成見者，甚至認為福康安只是因人成事，依靠海蘭察才建立了卓越的戰功，「天生海蘭察以成就福康安之功名。」雖然這種說法失之偏頗，有欠公允，但已足見海蘭察在福康安軍事生涯中不可或缺的重要作用。

怎麼可能如此厲害

福康安雖重用和依賴海蘭察，但他自身也是智勇兼備的軍事家。乾隆對福康安即有「秉性忠純，才猷敏練」的評價，前一句指的是他的政治品質，後一句則是指他在用兵方面的軍事才能。

福康安登臺後，以海蘭察為先鋒突前，在前鋒部隊行進約百里後，他才率主力繼進。有一天夜晚下起大雨，天黑如墨，部隊正行至一座土山，便臨時駐營於山頂之上。福康安坐在中間，軍官們圍坐於其周圍，其餘官兵也依次圍坐，恰逢林爽文的流動巡察部隊舉著火把從山下經過，他們看到有人馬從泥濘處踩過的痕跡，懷疑附近藏著清軍，可是山上黑黝黝的又什麼都發現不了。為了讓自己放心，林軍便用鳥槍對土山進行射擊，福康安立即傳令下去：「不許出聲，不許動。」

全軍遵令不予還擊，林軍見狀以為縱使有清軍經過也已離開，就未再追究。等到林軍遠離土山，大雨已停，天也亮了，清軍才重新出發，經過檢視，晚上無一人受傷，鳥槍彈丸全都落在了山中腹地。

這是載錄於清代筆記中的一個情節，它也間接反映出福康安軍剛登臺時的氛圍，即林爽文、莊大田軍佔據優勢，福軍尚不能輕舉妄動。其時林爽文視諸羅為臺灣南北之要衝，是必須拿下的戰略要地，他派兵留守作為大本營的大裡杙，親率主力在諸羅城外的牛稠山紮下大營，晝夜對諸羅進行圍攻。

在分析敵情後，福康安決定採用聲東擊西的戰術，先派小股部隊佯攻大裡杙。距大裡杙三十里處有一座地勢較高的八卦山，為前往大裡杙的必經之地，林爽文在八卦山設卡豎旗，支起大炮，建立了防禦陣地。一七八七年十二月十二日，海蘭察奉福康安之命，率巴圖魯、侍衛二十餘人進入八卦山一帶，儘管他們一行只有二十餘人，但自海蘭察以下皆為渾身是膽、技能超群的勇士。當天，索倫佐領阿木勒塔等首先衝鋒上山，海蘭察和其他人隨後跟進，槍箭齊發，守軍猝不及防，迅速潰敗，八卦山遂為清軍所得。

得知八卦山失守，林爽文連忙分兵援救大裡杙，福康安佯攻的目的達到，遂集結主力直接為諸羅解圍。解圍部隊中包括他從廣西、四川帶來的綠營兵五千人，這些綠營兵系乾隆根據阿桂的建議所調撥，皆擅於跋涉山路，此外還有本土清軍六千餘人、義民（即平日就與天地會等會黨勢不兩立的械鬥團體）千餘人，福康安將之混編後分成五隊，由海蘭察任前鋒，他自己則率諸將繼後。

十二月十六日，解圍大軍啟程，黎明時部隊到達侖仔頂，突然遭到了伏擊。

林爽文果然不是蓋的，儘管清軍有義民負責分兩翼搜索道路，但他照樣利用地形給清軍設下了陷阱。當時林軍由道路兩旁的竹林、蔗田、村莊殺出，一邊施放槍炮，一邊向清軍蜂擁衝殺。

過去凡救援諸羅的清軍遇到類似情況，都跟撞到蜘蛛網的蚊蟲一樣驚慌失措，通常剩下的便只有被殲的份兒。福康安是經歷過大陣仗的，即便遇到預想不到的險情，也依舊能夠做到處變不驚，在他的沉著指揮下，領隊大臣穆克登阿、普爾普等人分別佔據要地，對林軍進行阻擊，海蘭察則率以巴圖魯、侍衛為核心的八旗軍向林軍集中的地方進行衝擊。

八旗軍人數不多，但戰鬥力很強，巴圖魯、侍衛的騎射技術更是精湛，在縱馬高速衝鋒中依然能做到箭無虛發，在七八十步距離內，被其瞄準的敵軍皆應聲倒地。這一情景令林軍大驚失色，都說：「這究竟是哪裡調來的老騎兵，怎麼可能如此厲害？」

林爽文自發動起義以來，所部屢戰屢捷，殺官軍如同刀切豆腐一般，「以官軍不足畏」，未曾料到眼前的八旗騎兵如此兇悍能戰。同樣地，因為之前常青等人將臺灣戰場描述得很可怕，起義軍也被誇張為擁有「異術」，所以福康安軍包括福康安本人在內，都或多或少有一些恐懼不安的心理，至此，他們才知道起義軍不但並無所謂「異術」，而且自身戰力還在其上。

海蘭察縱兵猛攻，福康安等人隨後掩殺，林軍死傷慘重，潰不成軍，連林爽文都受了傷。清軍以此打通道路，並接連攻破了十餘座村莊。

林爽文並未就此放棄，當海蘭察進至牛稠山時，他又依託山梁大溪，組織萬餘人從四面進行圍攻。海蘭察殺得性起，率侍從躍馬直接衝過大溪，搶上了山梁，騎兵們亦紛紛效法，使得他們很快就奪占了山頭，攻克了山後用於圍困諸羅的竹柵。

轉捩點

看到清軍勢不可當，林軍的士氣跌至谷底，被迫潰退撤圍。這時天色已黑，雷雨交加，福康安連夜帶兵進入諸羅城。在此之前，諸羅已被圍困達五個多月之久，週邊屢次救援都不成功，得知福康安軍竟僅用一日一夜時間便為其解去重圍，城內軍民皆「歡聲震地」。後來乾隆接到大臣的奏摺，得知了當時的情景：「兩邊跪了許多百姓，也有笑的，也有哭的，聽得福將軍也在馬上墮淚。」

在諸羅解圍戰中，林爽文軍被殲八百餘人，騎兵將領陣亡六人。此戰成為清軍平臺戰爭的轉捩點，之後福康安便掌握了戰爭的主動權，曾經聲勢浩大的起義軍開始走向敗亡。

為諸羅解圍後，福康安首先打通了諸羅至臺灣府城的道路，在此基礎上，全軍向起義軍的門戶斗六門進發。一七八七年十二月二十八日，清軍兵分三路，對林爽文軍所據的大埔林、中林、大埔尾三莊發起進攻。三莊皆在諸羅境內，東西相距各數里，可互為聲援，其中的中林尤為林軍精銳所在，然而就這樣還是擋不住八旗騎兵的猛烈衝擊，海蘭察一路率先攻克中林，大埔林、大埔尾守軍聞之即刻崩潰，清軍窮追二十餘里，福康安稱「積屍遍野，無暇割取首級」，足見戰況之慘烈。

下午三點至五點，清軍追至庵古坑，此處原來也是會黨的根據地，周圍挖壕立柵，內築土牆，外釘木板，陣地很是堅固。然而清軍勢頭正猛，就像牛稠山沖過大溪一樣，也是一躍而過，拔掉柵欄就往裡衝，而林軍也根本無法阻擋。

斗六門與諸羅縣城相距八十里，清軍在攻取庵古坑後，距斗六門尚有三十餘里。時值傍晚時分，福康安傳令軍中，稱敵人屢戰屢敗，已經膽寒，應乘夜連續追擊，以防其加強防備。

在連番交鋒中，入臺的八旗騎兵幾乎已成為林爽文軍一個揮之不去的噩夢，為此林爽文事先特地在前往斗六門的大路上開挖陷坑，密佈竹簽，試圖對八旗騎兵予以遏制。這一情況被清軍偵知，此時稻田已經收割，泥濘漸乾，於是福康安決定繞道由稻田行進。清軍在繞過陷坑後，用長刀利刃砍倒以竹圍築就的柵欄，擊潰守軍，一口氣攻克了斗六門。

斗六門既失，林軍只得退守大裡杙。一七八八年一月一日，清軍直驅大裡杙。大裡杙東倚大山，南繞溪河，同時砌有土城，城內密設炮臺。次日淩晨，當清軍迫進溪河時，林軍立即發炮轟擊，福康安為激勵將士，親自躍馬先渡，受其鼓舞，清軍大隊人馬紛紛冒著炮火往前突進。

清軍剛剛涉溪而過，林軍即有萬餘人自城內湧出，從三面對其進行圍攻。城內的林軍武器彈藥充足，戰後光被繳獲的大小炮就有一百六十餘尊，鳥槍二百三十餘杆，一時間槍箭如雨，聲勢逼人。福康安軍對此並不懼怕，巴圖魯、侍衛立於隊伍週邊，張弓以待，他們全都是能夠百步穿楊的神射手，林軍嘗過厲害，誰都不敢靠得太近，自然也難以對清軍形成威脅。

看天色已暗，福康安指揮官兵退至田埂溪邊，分隊排開，擺出防禦陣形，準備等次日天亮探明路徑後再行反攻。這實際上是林軍的最後一次機會，他們自己也清楚這一點，於是當晚便不斷地對清軍實施襲擊。

交戰中，林軍舉著火把，處於明處，其一舉一動都被清軍看得真真切切，故而槍箭齊發，無不中的，相反，由於清軍居於暗處，林軍的槍箭卻沒辦法準確擊中目標。

發現失策，林軍趕緊滅掉火把，靠擊鼓來指揮進攻，但清軍依舊能通過鼓聲判斷方位，而且他們始終都保持著嚴格的戰場紀律，即不管林軍攻襲的動靜有多大，各隊始終肅然無聲，一旦迫近，則立即予以格殺。

經過一夜廝殺，林軍銳氣全消。天亮後，清軍分路進攻，衝入城內，完全控制了大裡杙，在此之前，因自知難以抵敵，林爽文已於晚間沿著小道僻徑遁逃而去。

一月十一日，福康安追捕林爽文至集集埔。林爽文預做準備，先於集集埔臨溪據險扼守，除設卡外，林軍還在陡崖上壘砌石牆，用以橫塞道路。

次日，清軍發動進攻，林軍在石牆內連放槍炮，清軍亦以火力予以壓制。就在雙方僵持不下之際，海蘭察率巴圖魯等躍馬渡溪，此舉成功地吸引了林軍的注意力，乘此機會，先後從內地調集而來的廣東兵、廣西兵、貴州兵泅水而過，他們攀緣上山，在推倒石壘擁入牆內後，擊潰了林軍。

是役，林軍被殲兩千餘人「河灘山下，屍體遍地縱橫。」據後來被俘的林軍頭目供稱：「早聽得林爽文說要拼命打這一仗，若再不能支持，就只好逃到內山去了。」

集集埔之戰實為決定平臺之役最終勝負的關鍵，經過殊死的激戰，林爽文軍大部分陣亡，少數潛入山中。不久，隨著林爽文等人被捕獲，北路大致得以平定。

水陸並進

一七八八年二月，福康安率部南下，集中力量掃蕩莊大田軍及其據點。南路的大武隴一帶大山環繞，山路處處皆通，內有四十莊，皆為莊大田的重要根據地，福康安認為進兵南路，必須首先直搗大武隴，以覆其根本。

福康安不僅與阿桂一樣重才惜才，而且提拔和培養的戰將比阿桂更多，可以說十八、十九世紀之交的著名戰將，大多出自其麾下，所以他打仗並不是只倚靠海蘭察一人。大武隴一戰，就主要歸功於海蘭察之外的另外兩員戰將，即普爾普和鄂輝，兩人一個抄深山小道直驅大武隴北面，一個由西面施攻，幾天之內便攻取了大武隴。

莊大田與海蘭察也有了交手的機會。其時莊軍兩千餘人欲抄截清軍後路，海蘭察親率巴圖魯、侍衛等在甘蔗園向莊軍猛衝，僅莊軍騎兵頭目就被射死十餘名，而清軍一方損失輕微，僅一名帶路先行的義民首領陣亡。

自三月十一日起，清軍在琅嶠對莊軍展開圍攻。琅嶠道路崎嶇，樹林茂密，為防止莊軍逃逸出海，福康安指揮清軍水陸並進，四面合擊，莊軍被殲滅殆盡，浮於海面的屍首難以計數。次日，莊大田墜馬被俘，這場波及臺灣南北千餘里的大起義終於被鎮壓了下去。

消息傳至京城，乾隆極為高興，賜封福康安為一等嘉勇公，海蘭察為超勇公，加賞寶石頂、四團龍補服，對其餘有功將士也都進行了厚賞。

在林爽文起義之前，已經爆發了三次大起義，即王倫起義、蘇四十三起義和田五起義，但乾隆以其都發生在內地，便沒有放在他所謂的「十全武功」裡面，唯有平臺之役，「則有不得不詳記巔末，以示後人者。」繼平準平回和金川戰爭之後，乾隆第三次繪功臣像於紫光閣，以彰其武功。

乾隆的重視程度，顯示出臺灣在海防上舉足輕重的戰略地位，「臺灣地隔重洋，一方孤寄，實為數省藩籬，最為緊要。」唯因如此，乾隆在戰後有針對性地採取了各項措施，以穩定當地局勢。

新任閩浙總督李侍堯為臺灣知府孫景燧等五人請恤，五人皆死於林爽文起義軍之手，但當乾隆查知，孫景燧等均涉嫌挪移虧空，以致臺灣府庫虧空，所貯兵餉銀款不見蹤影時，不僅不同意撫恤，還下令將他們的家產查抄入官，充抵軍需。

諸羅在戰爭中苦守五個多月，乾隆特諭令將諸羅縣名改為嘉義縣，以資表彰。諸羅守將、臺灣鎮總兵柴大紀同時受到嘉獎，被封一等嘉義伯，世襲罔替，賜銀一萬兩。讓人意外的是，福康安登臺後卻發現柴大紀有受兵丁謝禮、借貸放債等各種劣行，於是具折參奏，乾隆即將柴大紀革職拿問，並在確證後下令將其斬首。

平臺一役，令福康安聲譽鵲起，已隱隱然有超越阿桂之勢。紫光閣共為平臺戰爭中的五十位功臣繪像，前三十功臣畫像由乾隆親自題贊，其中阿桂以指揮方略之功居於首位，和珅等參與後方籌畫的大臣也在其列，且和珅的位次還在福康安之前。福康安只排在第四位，但福康安的軍功之大以及乾隆對其寄望之殷，卻早已是一件盡人皆知的事了。

與阿桂相比，福康安並非一個性格完美的前線統帥。柴大紀固然罪有應得，然而也有人指出，福康安之所以對柴大紀緊盯不放，乃是因為收復嘉義（諸羅）時，柴大紀自恃功高，態度倨傲，不給其面子的緣故。反之，對於自己的部屬或與其關係密切的人，福康安則經常加以袒庇。

福州將軍恒瑞和福康安是親戚，恒瑞隨常青出戰，在嘉義遭到包圍時，觀望遷延，擁兵不救。乾隆獲報後命福康安將恒瑞逮捕入京問罪，但福康安故意拖延，還在奏摺中把恒瑞列入獲軍功的人員名單中，希圖以此替其脫罪。

乾隆如同他所告慰傅恒的那樣，將福康安當作自己的親生子侄一樣加以教導培養，但關鍵時候卻並不予以寬縱。他馬上給福康安發去聖諭，說：「假如恒瑞真的是個將才，為什麼你未抵臺時，從沒看到他有好的表現？現在你把他說得這麼勇健，是打算包庇自己的親戚嗎？朕太為你感到可惜了！」

據說福康安在接到這份聖諭後，嚇得當場戰慄失色，帽子上的花翎從早到晚，抖了一整天。

福康安被嚇成這樣不難理解。事後按照乾隆本意，對福康安袒護親戚的行為，是要從重治罪的，只是因其平臺有功，才將功補過，未予深究，只在聖諭中訓了一頓了事。至於恒瑞，當時就依律被定為死罪，直到臺灣平定後，才免去死刑，罰戍伊犁。

最關切和最需要的

福康安出身豪門，平時驕奢成習，喜好奢華，即便在軍中也不避嫌。清代筆記中的相關記述可謂連篇累牘，說他在平臺戰役結束後，率部凱旋經過浙江，所坐官船上建樓數層，用以表演歌舞。各船首尾銜接，鼓樂喧天，讓人看了目瞪口呆。

還有資料繪聲繪色地加以渲染，稱福康安用兵，所過之處，營地內笙歌一片，通宵達旦。福康安善唱昆曲，經常手拿鼓板，引吭高歌，「雖前敵交綏，血肉橫飛，而餘音嫋嫋未絕也……。」

或許筆記所載過於誇張，但嘉慶朝的官方批評，也指責福康安在出征臺灣期間，不顧賞罰之柄應出自朝廷的通例，自行賞賜官兵銀兩綢緞，從而開清軍軍營中「濫賞」的風氣。這些銀兩綢緞無法列入朝廷的軍費開支，均需由地方上臨時撥給，加上福康安任性花費，毫無節制，因此大軍所過之處，地方官的供給費用動不動就要超過數萬兩白銀。

對福康安身上存在的問題和缺點，乾隆不可能一點都不知道，但與福康安涉及袒庇時所採取的嚴厲態度不同，他對此基本上不聞不問。

按清初定制，八旗將佐凡陣亡者，賜以世爵，漢人軍官就算功勞再大，封賞也只及於其身，爵位不能世代沿襲，即所謂「漢人分五等，無世襲例。」乾隆三十二年即一七六七年，乾隆突然下詔，規定漢人不分文武官員，凡陣亡於前線，「概予世襲罔替」，應該說，這一規定遠比多賜些銀兩綢緞之類更具震撼性和突破性，如史學家魏源所認為的，「國朝武功之賞，至乾隆而始重。」

乾隆並不是心血來潮，才要改變老祖宗定下的規矩。在他同意漢人也可賜以世爵之前，平準平回戰爭剛剛結束不久，緊接著又是征緬戰爭和第二次金川戰爭，要應付這麼多大規模的戰爭，就必須頻繁地對軍隊包括綠營進行動員。清代歷經康雍乾三朝盛世，承平日久之下，軍民多耽於安逸，如果不頒布非常規的刺激和補救措施，確實很難讓軍人迅速興奮和踴躍起來。

重賞之下，必有勇夫，自乾隆頒布新規定後，綠營連低級軍官也有機會得到雲騎尉規格的世爵，「故人皆感激用命」。雖然綠營整體上受舊習影響，戰鬥力始終無法與八旗相提並論，但也有部分綠營表現神勇，且綠營數量較多，沒有他們的配合，八旗亦難以獨當其任，無論征緬戰爭還是第二次金川戰爭，皆為如此。消極的一面則是軍營中濫施封賞的現象日趨嚴重，從這個意義上來說，乾隆自己才是開「濫賞」風氣之先的人，而不是福康安。

福康安自行賞賜官兵銀兩綢緞固然有所不妥，但前提是能對將士起到激勵作用，按其出發點，與乾隆當年的破例並無區別。當然如果這個人不是福康安，是阿桂或者其他人，則又當別論，乾隆極可能會懷疑他是否想借機收買人心。唯有福康安，本身就是皇帝的內侄，又被乾隆當成親兒子一樣進行呵護和調教，乾隆對他的忠誠毫不懷疑，才會聽之任之。

至於福康安的揮霍成性等問題，乾隆顯然也並不以為意。一者乾隆自己也是個鋪張的人，二者福康安並非只會享福，他作戰時身先士卒，行軍時不避艱苦，乾隆對此非常瞭解，曾稱讚福康安「素性勇往急公，能耐勞苦」，更重要的還是福康安能打仗而且打的都是勝仗，這才是乾隆最關切和最需要的。

臺灣之役便是如此。起先清軍沒有打贏過一次，全台幾乎盡行落入起義軍之手，福康安渡海赴臺後，立解諸羅之圍，僅用兩個月時間，便得以擊破起義軍，擒獲林爽文、莊大田，替乾隆解除了心頭大患。

康熙末年，臺灣曾爆發朱一貴起義，朝廷派施世驃、藍廷珍渡海予以平定。乾隆認為連施、藍都難以與福康安相提並論，「其經畫周密，賢於施世驃、藍廷珍遠甚」，他慶幸自己及時走馬換將，把福康安派了上去，「不以福康安易常青之將軍，則成功必遲。」

因為同受乾隆的特別寵幸，又都有驕奢之習，後來便有人指福康安與和珅為乾隆末期一武一文兩個佞臣，甚至說他們勾結起來，朋比為奸，敗壞朝政。這種說法其實並不公正，福康安長年在外征戰，立大小戰功無數，得寵靠的是軍功而不是諂媚，同時他不但不黨附和珅，兩人之間還存在著一定的矛盾。

平臺之役後，福康安先後調任閩浙總督、兩廣總督，在他任兩廣總督期間，湖北按察使李天培因用湖廣糧船私運木材，被劾革職，充軍伊犁，這就是轟動一時的李天培案。在審理過程中，查出李天培的私運木材裡有近一半為福康安的份額，福康安因此得罪，被革職留任，罰養廉銀三年，公俸十年。

當時告發李天培的正是和珅的弟弟、巡漕御史和琳，此案也因而被外界視為和珅、和琳兄弟對福康安的一次公開打擊。不過它並沒有動搖福康安在乾隆心目中的地位，很快，福康安所受的處罰便被予以減免，而他也在新的戰爭中給予了皇帝不菲的回報。

攪亂了這裡的寧靜

在福康安的父親傅恒顯山露水之前，其親族中身居高官且得以名垂青史者，莫過於福康安的伯父傅清。傅清當年置生死於度外，毅然刺殺圖謀不軌的藏王珠爾默特，成為第一位殉職西藏地方的駐藏大臣，乾隆特為他在北京建立「雙忠祠」，福康安後來還為雙忠祠撰寫碑文，詳細記述了伯父的英雄壯舉。

自那一年平定珠爾默特叛亂後，西藏社會迎來了較長時期的穩定，直到一七八八年，即福康安平定臺灣的同一年，廓爾喀侵擾西藏事件才再次攪亂了這裡的寧靜。

廓爾喀原為尼泊爾邦國的一個部落，十八世紀中葉，尚武的廓爾喀建立了沙阿王朝，並以武力統一各部，成為整個尼泊爾的主人，廓爾喀也由此成為當時尼泊爾的代稱。

沙阿王朝和緬甸的雍籍牙王朝相仿，極為勇悍善戰，不但尼泊爾各部為其征服，就連英國在印度的殖民軍也曾被它所擊敗。鼎盛時期的沙阿王朝領土面積很大，約為今尼泊爾面積的三倍，然而執政者仍不滿足，對周邊區域虎視眈眈。只是其時英國勢力已進入印度北部，廓爾喀東鄰錫金也不好惹，自然而然地，他們便把向北侵略西藏當成對外擴張的唯一出路。

一七八八年，廓爾喀藉口商務糾紛，對西藏不宣而戰，並相繼侵佔了西藏與尼泊爾交界的三處地域。面對這種以前很少發生的外藩侵佔疆土事件，乾隆十分震怒，特將正跟隨福康安在臺灣鎮壓林爽文起義的鄂輝抽出，授以將軍銜，命他協同四川提督成德率兵急速進藏抗擊，同時委派通曉藏語的理藩院侍郎巴忠進藏查辦此事。

鄂輝在平臺之役中有不錯的表現，但西藏不同於臺灣，這裡山高嚴寒，道路崎嶇，清軍的行軍路線上多為層岩亂石的山道，又因大雪封山，部隊難以前進。前線指揮層的求和情緒隨之迅速滋長，巴忠首先主張與廓爾喀妥協，鄂輝、成德隨同附和，他們都瞞著乾隆，私自允許西藏地方與廓爾喀談判議和。

藏廓談判，藏方答應每年向廓爾喀支付三百個銀元寶，以換取廓爾喀軍隊撤出西藏。廓軍見清軍集中拉薩，也願意見好就收，便在拿到第一年的賠銀後退兵尼境，這就是所謂的「藏廓密約」，由此第一次清廓戰爭草草了結。

西藏行政地方急於希望廓軍退兵，實際卻並無財力每年繼續支付賠銀。一七九〇年秋，廓爾喀派人前來索款，八世達賴要求在一次性給付若干銀元寶後，「撤回合同」，但遭到拒絕。

次年七月，廓爾喀即以藏方爽約為由，再次大舉入侵西藏，此次入侵比第一次來勢更為兇猛，藏軍和駐藏清軍雖與之展開激戰，但終究難擋其鋒。廓軍在短短十幾天內就迅速佔領了西藏許多地方，後藏政治宗教中心、歷代班禪所駐錫的紮什倫布寺被其洗劫一空，之後因聞聽內地正規軍到來，廓軍才退至邊境觀望。

消息傳至京城，前駐藏大臣巴忠畏罪自殺，乾隆陡感事態嚴重，一面要求對兩年前的「調停賄和」事件予以徹查，一面挑選大將赴藏主持戰事。

乾隆最初想到的統帥人選仍是指揮第一次清廓戰爭，被認為熟悉藏事的鄂輝、成德。考慮到鄂輝行伍出身，有征戰實績，相比之下，成德為人粗心大意，未經歷練，乾隆決定把已升任四川總督的鄂輝派去西藏。

與乾隆的期望相反，鄂輝自首次入藏吃癟之後，便對赴藏戡亂生出推諉之意，乾隆讓他去西藏，他卻只命成德帶兵前往，自己坐鎮成都指揮，還推託說此次戰事不過是西藏地方與廓爾喀之間的債務關係所造成的，而且戰事極可能被藏人所誇大。

乾隆對鄂輝的這種態度非常不滿，命軍機大臣傳諭申斥鄂輝，說上次你入藏辦理不善，才會埋下禍根，如今怎麼還敢觀望不前？

經乾隆一再催促，鄂輝才心不甘情不願地勉強啟程赴藏，但到藏後仍罔聞戰事，並奏稱清軍距離廓爾喀邊境路途遙遠，糧食轉運維艱，「不值大用兵」，乾隆對此予以了嚴厲斥責，一針見血地指出鄂輝仍像上次入藏那樣存有畏難情緒，只想將就了事。

由於感到鄂輝難負統兵重任，乾隆在嚴令他和成德繼續率軍速進的同時，急召鄂輝的老上司、兩廣總督福康安來京備用。在此期間，他拿福康安和鄂輝做了對比，認為福康安雖未去過西藏，但知兵能戰，論戰略遠見也勝過鄂輝。

在為福康安配備隨征戰將時，除在平臺之役中就擔當福康安副手的海蘭察等人外，乾隆還想到了一個人，此人就是福康安的堂兄、位列金川戰爭功臣前五十位的奎林。海蘭察、奎林等與福康安關係融洽，又都勇冠三軍，在乾隆看來，以這樣強有力的班子輔佐福康安，無疑又為出征取勝增加了一成勝算。

在召福康安來京的第四天，乾隆正式決定派他統兵征討廓爾喀，而此時距離福康安的伯父傅清殉職於西藏已過去了將近半個世紀。

入藏

第二次清廓戰爭時期，阿桂舉薦某人為刑部滿郎中，乾隆召見時，問他福康安、海蘭察在外界的聲名如何，此人應聲答道：「外界都心悅誠服於兩人的將略，比之於羅成、尉遲恭。」

乾隆笑著把他打發了出去，阿桂知道後深悔自己所薦非人，對別人說：「老夫看他相貌堂堂，所以才予以推薦，誰知道他也就是對小說人物比較熟悉罷了。」

這是載於清代筆記中的一則笑話。羅成、尉遲恭皆為隋唐演義中著名的英雄好漢，某人拿他們來類比福康安、海蘭察，固然顯得不倫不類，但亦足見福、海作為武將，在朝野的赫赫聲名。

一七九一年十二月，乾隆任命福康安為將軍，海蘭察、奎林等為參贊，在京巴圖魯、侍衛、章京（軍職官名）百餘人隨同出征。用兵上也做了精心部署和安排，共調用兵員一萬三千餘人，其中數量最多的是川兵，川兵中則以金川土兵分量最重。

金川兩次反叛，清廷費了九牛二虎之力才得以徹底平定，也正是透過這兩次金川戰爭，「虎頭人」

金川土司兵在高原上的戰鬥力得到充分認可。這次調用的金川兵皆能征善戰，尤其適應山地、高寒作戰，不過金川畢竟有反叛的「黑歷史」，又是第一次參與中央政府所組織的聯合征剿，乾隆心裡終究有些不太放心，而且金川兵擅長防守的一面固然早已得到驗證，但進攻方面則尚無太多表現，所以還需抽調更信得過也更精銳的部隊與之協同配合。

青海離西藏較近，本可從該省調用滿蒙八旗兵，但是這批八旗兵沒有經歷過什麼大戰，兵額也不足。經過考慮，乾隆決定不遠萬里從黑龍江調動索倫兵，並命令他們從黑龍江出發，直接開赴西藏參戰。

清代從北京入藏有兩條路線，一條是經四川入藏，即川藏線；另一條是經青海西寧入藏，即青藏線。青藏線比川藏線短，若走青藏線的話，預計要比川藏線早到二十餘天，缺點是出西寧之後大多是高寒缺氧地區，人煙稀少，山路極多，又無林木，且時值歲末，不少地方已經大雪封山。

正常情況下，青藏線並非進藏的首選路線，但此時乾隆對廓爾喀侵藏戰事已感到相當焦慮，他希望福康安能夠儘快趕到西藏予以處置，所以還是決定讓福康安從青藏線馳赴西藏，並限四十日到達拉薩。

福康安深諳乾隆對藏事的關切，奉命後即動身前往西寧。在他啟程後，乾隆接到陝甘總督勒保的奏報，進一步瞭解到青藏線「難以行走」的情形，思慮再三，他向福康安連降諭旨，囑咐如果青藏線實在難行，「當即改道由四川赴藏」。

在得到乾隆的相關諭旨時，福康安已快到西寧了，一路上他接到不少關於西藏戰事的奏報，對乾隆的心境更加感同身受，於是明知前途艱險，仍表示不再改道，只求能早一點入藏。福康安抵達西寧後，稍做準備，即輕騎簡從，率官弁跟役約三十人自西寧出發。為了不耽誤行程，他們每天下半夜便要動身，行至第二天下午七點左右才駐牧宿營。

出發不久，福康安就注意到沿途地勢不斷增高，許多地段路徑崎嶇，且有山嵐「瘴氣」，官兵早晚行走，無不感到頭暈氣喘。除此之外，正如勒保在奏報中所言，西寧口外皆為草原，又正值隆冬時節，冰雪較厚，馬草、牛糞俱被大雪覆壓，一行人每天除了要辛苦趕路之外，還必須沿路撿拾收集馬草、牛糞，否則便無法滿足炊用所需。事實上，即便在現代社會的交通條件下，冬季由青藏線入藏也十分艱難危險，從當年的氣候、地理環境、路況和工具設施來看，更不啻為一次極為冒險的戶外行動。

福康安等人在經過瑪楚喀以後，雪山層疊，駝馬全都疲憊不堪，尤其背負行李的駱駝，一到夜間就趴著不動，無法放牧。星宿海等處為黃河源頭，數百里內溪澗交錯，泉水甚多，但此時都已結成了冰，看來看去，竟找不到路，而且這些地方多系河岸沙灘，亂石縱橫，沙石與冰塊相互交錯，駝馬走在上面，蹄足打滑，舉步維艱。無奈之下，眾人只能繞道而行，加上解決放牧問題，光在這一段路上就耽擱了七天。

接著要翻過巴顏喀拉山脈，那裡地勢更高，所謂「瘴氣」也最大。從福康安等人的描述來看，這裡的「瘴氣」指的應該是高山症和水土不服，雖然它不像雲貴的瘴氣那樣直接傷人，但對人力畜力的消耗也相當大，往往只走幾步就會氣喘頭暈，並伴有身體浮腫。福康安素來身強體壯，但在出發後即「冒寒患病」，至此又「觸染瘴癘」，也就是高原反應非常強烈，隨行人員亦無法速行，於是整支隊伍不得不在渡河後休整兩日，等到體力恢復過來再繼續趕路。

一路上，不管所處環境和條件有多麼惡劣，福康安都從未猶豫放棄過，有時馬不能行，他便和士卒一起在冰天雪地中步行跋涉，那種既能做得人上人，又能吃得苦中苦的精神和勁頭畢露無遺，正如乾隆在詩作中所讚揚的，「將軍持志堅，辛苦所弗恤。」

一七九二年二月十二日，福康安一行抵達拉薩，全程四千六百里，耗時五十天，除去前後耽擱的十一天，實行三十九天。福康安問了當地藏民，藏民說西藏喇嘛平時要完成這段行程，通常都得花上一百二三十天，能夠五十天就從西寧走到拉薩，真的是非常神速了。

雖然乾隆先前限定是四十天走完全程，但他也深知此次行軍有多麼艱苦，因此對結果十分滿意，特頒諭旨慰勞，並恩賞福康安及隨行人員一萬兩白銀。

開始了

繼福康安之後，同樣走青藏線的海蘭察、走川藏線的參贊惠齡也都陸續到達拉薩，但乾隆為福康安挑選的另一位助手奎壯卻不幸病死於來藏的途中。

奎壯病中仍以不能赴藏為憾，握著前來探望他的大臣的手，頗為難過地說：「你不要再問我的病情了，大丈夫不能馬革裹屍，竟然躺倒在了病床上，也夠丟臉的了！」

除奎壯外，剛剛蒞任不久的駐藏大臣舒濂此前也已病逝，兩人都未能趕上出師，這對福康安的指揮班子而言，是一個不小的損失，亦足見高原作戰之艱苦。

一七九二年三月，福康安、惠齡、海蘭察離開拉薩，行抵後藏（日喀則）。這時包括藏兵和隨他們三人入藏的少部分士兵在內，福康安所能直接指揮的兵馬僅一千餘人，此後福康安在後藏住了兩個多月，為的就是等待大部隊到齊。

在各路兵種中，最為福康安所依恃的，莫過於來自海蘭察家鄉的索倫兵。自第一次金川戰爭以來，黑龍江索倫兵儼然已成中央政府的「消防隊」，每有緊急情況和重大戰事，必被朝廷所調用，乾隆也認為關外八旗以索倫兵戰鬥力為最強，「盛京之兵亦不如索倫」。他一再手諭福康安，務必等待索倫兵到達後方可與敵交戰。

索倫部乃至整個黑龍江的人口當時都很有限，朝廷歷次徵調，每次都只能徵調一千人上下，再多就超出了極限，此次也同樣是徵調了一千人，外加附屬人員五百，以一人兩匹好馬的配置赴藏參戰。

索倫兵先到西寧，接著分五批出發。從西寧至拉薩有六十四站，為減少索倫兵在途中的非戰鬥損耗，乾隆要求各驛站人員必須提前準備好「肉湯飯」，以便部隊過境時能得以飽暖前行。索倫兵耐寒能力較強，對在冰雪中行軍並不感到陌生可怕，但即便如此，其先鋒部隊也用了兩個月，其餘因遇上大風雪，路上更耗時接近三個月之久。

索倫兵以下，值得福康安期待的就是金川兵。金川部落人口較多，此番一次性便調用了五千人。金川兵從小生長在高寒地域，耐寒能力比索倫兵更強，而且還擅長攀岩，從四川打箭爐至拉薩，沿途皆崎嶇山嶺，馬匹很難穿越，只有金川兵可在這種地域實施徒步快速行軍。雖然川藏線較青藏線為長，徒步也比不上騎馬快，但金川兵仍趕在大多數索倫兵之前抵達了預定的集結地。

整軍備戰期間，乾隆特授福康安為大將軍，這是罕有的崇貴軍銜。在此之前，從第一次金川戰爭起，歷次大規模戰役的統帥，無論是傅恒、兆惠，還是明瑞、阿桂，都只被授為將軍或經略大臣，沒有被授大將軍的，在福康安之後，也沒有人再獲此銜。

職銜之崇貴，意味著授予者寄望之殷與被授予者責任之重。廓爾喀相鄰各邦都曾受其欺淩蠶食，福康安原計劃約各邦一起出兵，一方面可以借此收回失地，另一方面也能對廓爾喀的軍事行動予以牽制，使廓軍腹背受敵，疲於奔命。不過由於清軍尚未大舉進擊，這些小邦全都觀望不前，暫時沒法指望。

在福康安抵藏前，成德已在對後藏失地進行收復，並克復了聶拉木官寨，固守聶拉木的廓軍僅有百人，攻下來卻花了一個月時間，足見廓軍抵抗之頑強。

自丟掉聶拉木後，廓軍在鄰接聶拉木地帶及濟隴官寨砌磚築牆，添兵拒守，要想將他們完全趕出國門難度不小。福康安提出的作戰方案是兵分兩路，一路於大山重疊處潛兵越險，繞至濟隴守敵背後，截其歸路；另一路徑取廓爾喀國都陽布（今加德滿都）。這一方案上報後，遭到了乾隆的否決，經過對福康安上奏的藏地圖樣以及藏廓軍情的研究分析，乾隆認為當地山路複雜，清軍孤軍深入，反而可能被濟隴等處的守敵先行切斷後路，他指示還是應以濟隴為進兵正路，並力會攻。

要集中兵力攻打濟隴，必須首先突破擦木要隘。一七九二年六月二十四日，在主力部隊齊集，戰前準備工作也基本就緒的情況下，福康安、惠齡、海蘭察率部趕到距擦木僅數十里的轄布基，著手部署進攻。

擦木地勢險峻，廓爾喀兵立於高處瞭望，可以看得很遠，如果清軍白天從正面硬攻，他們會提早予以設防。為出敵不意，福康安決定乘夜進攻，正好當晚陰雨連綿，他即於雨夜發兵，並將主力軍分成五路，其中兩路由東西兩山進至擦木碉寨左右山梁，展開側面攻擊，另外兩路由東西兩山梁繞至敵後，截斷其歸路，海蘭察等帶領一路由正面攻擊。

除主力軍外，福康安自己負責率機動兵力往來截殺，惠齡則在後路接應。部署既定，各路官兵涉水渡河，連夜向擦木實施偷襲行動，清廓軍隊的真正交戰開始了。

重頭戲

六月二十五日黎明，清軍進抵擦木寨。擦木寨位於山梁之上，僅一條路可通，寨前砌築有一座高約兩丈的石牆，寨內前後各有石碉一座。在福康安的督令下，各隊疾速登山，在潛至寨牆外後，用踏肩膀的「人梯」方式翻過牆頭，打開了寨門。官兵蜂擁衝入，槍箭齊發，在擊斃廓軍百餘名後，攻克了前座石碉。

比之於前座石碉，後座石碉更為堅固，碉前密排木樁鹿寨，石碉本身由裡外兩層完全以石塊堆砌的牆垣組成，牆垣上鑿有槍眼，用以向外射擊。福康安聲東擊西，命西面官兵先攻碉座，待廓軍被其頭目調往西面進行抵抗時，東面官兵乘虛而入，撬開牆腳石塊，衝入了碉內。

經過激戰，清軍共擒殺敵人近百人，將擦木要隘一舉拿下。次日，福康安率大軍乘勝向濟隴挺進，到達瑪噶爾轄爾甲，廓軍也自濟隴前來迎戰。那一帶林深樹密，廓軍沿密林潛至山麓，與清軍遭遇，山梁上的巴圖魯、侍衛、章京立即分路下壓，廓軍亦發起衝鋒，雙方攪在了一起。

廓軍的武器和緬軍相仿，主要是鳥槍和刀矛藤牌，弓箭很少，不過他們的鳥槍是從英國購買的「自來火」也就是燧發槍，相比清軍的鳥槍殺傷力更大，這在一定程度上限制了八旗軍的騎射優勢。一名巴圖魯侍衛在衝鋒時胸前中彈，幸虧他身上帶著護身佛龕，子彈打在佛龕上，才沒有被傷到。海蘭察所乘戰馬的左腿也中了彈，還好他本人沒有從馬上摔下來，當即換馬再戰。

廓爾喀兵身強體壯、勇悍善鬥，俱「壯大兇橫之人」，不但能夠持槍遠射，也敢於近身打肉搏戰。他們用廓爾喀彎刀進行搏殺，甚至連英國兵見了都害怕，後來英國透過與尼泊爾簽約，獲得了招募廓爾喀兵的特權，廓爾喀軍團及其廓爾喀彎刀由此揚名世界。

在與清軍短兵相接的交戰中，廓軍雖然很快就倒斃了數十人，但仍舊前仆後繼，持刀猛撲。見廓軍氣焰正盛，福康安急令官兵繞至半山腰的石崖後面進行埋伏，「故留一路誘賊上山」。

廓軍不知是計，舉著紅色大旗，爭先恐後地進入了伏擊圈。說時遲，那時快，清軍伏兵四起，福康安帶兵由橫腰衝擊，巴圖魯、侍衛、章京同時壓下，槍箭並施，廓軍這下終於支持不住了，部隊驚惶潰退，人馬自相踐踏，清軍在後面追擊了十餘里路才停下來。至此，前來迎戰的三百餘廓軍僅二十餘人得以逃回濟隴。

一七九二年六月二十七日，清軍抵達濟隴。濟隴官寨系在山岡上由石牆砌築而成，顯得高大寬廣，為了加強防禦，廓軍在周圍疊石為壘，高及兩丈，並密排鹿角樁木。除官寨主體外，附近還砌有三座碉樓，與官寨互相援應，成犄角之勢。

經過偵察，福康安決定由巴圖魯、侍衛、章京各督官兵，分路進攻，「使賊不能相顧」。次日午夜，隨著福康安一聲令下，各路官兵同時冒雨並進。

官寨東南山梁甚陡，砌有石碉一座，頭等侍衛哲森保等人衝上此處山梁，對石碉進行強攻，海蘭察與都統台斐英阿督率索倫兵往來突擊，兩邊合力，得以率先佔領石碉及其山梁。山下有一座與石碉斜對的喇嘛寺，也在同一時間被清軍攻取。

廓軍在官寨西北臨河處砌有大碉一座，直通官寨，作為其取水之地。在清軍發動進攻時，守碉之敵怕水道被切斷，拼死進行抵禦。為了攻下碉卡，福康安將山梁上的官兵也撤下來助戰，並用大炮對碉卡施以猛烈轟擊。廓爾喀兵承受不住，紛紛跳下大河，但他們並沒能給自己找到生路，除被淹斃者外，登上河岸的全部被索倫騎兵一掃而空。

第三座大碉位於官寨東北處，砌築於岩石之上，倚石而立。清軍在向內拋入火彈後，攀緣登碉，但石塊陡滑，加上廓軍猛放槍炮，官兵屢登屢卻。一直相持至日暮時分，清軍所拋的火彈才顯示出效果，火勢蔓延，燒塌了下層碉座，碉內的廓爾喀兵也死亡殆盡。

官寨正面的戰鬥是濟隴之戰的重頭戲，清軍一連數次猛攻，仍未得手，便轉而縱火焚燒寨下房屋，然後趁火勢再度發動進攻。廓軍被迫退守內寨，但仍放槍投石，負隅堅守。

日暮以後，雨下得更大了，清軍已打了整整一天，本應略加休息，但福康安考慮到周圍碉卡都已被清軍控制，正應趁著官兵的這股銳氣再接再厲，而不能給敵人以喘息和修復工事的空隙，於是急調各路官兵合攻官寨。

在合攻過程中，福康安下令在臨河碉座及砌碉巨石上架炮，對準官寨炮眼及瞭望口轟擊，同時綁巨木為梯，指揮擅長攀爬的金川兵緣梯而上，將官寨外石壘全部拆毀。戰至亥時也就是晚上九點至十一點，官寨東北隅終於被清軍攻破，廓爾喀兵在向西南山崖滾山逃竄時，又被截殺殆盡，濟隴遂告克復。

濟隴一戰，廓軍被擒殲八百多人，其入侵後藏的部隊主力幾乎被全部消滅，與此同時，清軍也付出了代價，一名參將陣亡，侍衛、遊擊等多名戰將負重傷。

濟隴是後藏區域被廓軍所侵佔的最後一座重鎮。福康安在進取濟隴前，已派成德和副都統岱森保帶兵三千，以偏師由聶拉木南行，用來牽制廓軍。七月八日，岱森保率部攻克木薩橋，這標誌著廓軍已被全部逐出後藏，失地全境收復。乾隆聞報大喜，「以手加額，叩謝天恩。」

出奇制勝

乾隆給福康安的諭旨，不僅是要對廓軍「痛加剿戮」，驅逐這一入藏強敵，而且必須「直抵賊巢」和「生擒首惡」，消滅廓爾喀國，因此福康安第二階段的任務就是深入敵境，直逼其都。

距濟隴西南八十里的熱索橋為進入廓爾喀境內的第一要隘，在克復濟隴後的第三天，福康安即整頓兵力，率部啟程出國，向熱索橋進發。此行需翻越世界上海拔最高的喜馬拉雅山，乃古今中外罕見的大規模行軍，沿途山勢險峻，能供人馬行走的僅一線羊腸小徑，可謂步步難行，有的地方兩崖陡立，中間就是懸崖，便只能架獨木橋攀緣而過，碰到下大雨，路上泥濘不堪，人馬均有不慎就可能跌落懸崖。

一七九二年七月二日黎明，經過一晝夜步行，清軍在距熱索橋十餘里的地方紮營。熱索橋是一座架設於河流之上的浮搭木板橋，廓軍為了據險扼守，分別在北岸三四里外的索喇拉山上砌石卡一座，南岸臨河處砌大石卡兩座。

福康安集中巴圖魯、侍衛、章京及索倫兵、金川兵，猛撲索喇拉山。山上守卡之敵抵擋不住，急忙棄卡奔逃，南岸守橋士兵一看清軍來勢兇猛，不顧他們的安危，將橋板倉促撤去，結果導致剛登上橋的廓爾喀兵全部墜河淹死。

清軍立即伐木搭橋，但橋下河面寬闊，水流湍急，加上廓爾喀兵在對岸放槍射擊，木橋很難架成。北岸皆為山地，地方狹窄，清軍數量一多，就沒辦法駐足，於是福康安下令暫時撤出北岸。

作為福康安帳下第一大將，在全軍急切不能得手的情況下，海蘭察顯示出了超人一等的軍事智慧。熱索橋一帶大山以東是峨錄大山，雖然崇山峻嶺，樹林茂密陡險，但海蘭察推測其中總會有一線僻徑可上。在他的建議下，次日淩晨，福康安一面派部分士兵至岸邊，佯作欲進之勢，一面暗中「別遣精兵進上游」，進入峨錄大山尋找潛行路線。

按照福康安的命令，頭等侍衛哲森保等人率金川兵翻越兩重大山，繞至熱索橋上游六七里處。在砍伐樹木，紮成木筏渡過南岸後，清軍對廓軍臨河石卡進行突襲，殺死廓爾喀兵數十人，摧毀了頭層石卡。廓軍連忙出卡抵禦，無法再兼顧河面，福康安乘勢指揮北岸正路官兵急速搭橋，搶佔了後層石卡。廓軍想不到對手會通過南北夾攻的方式，令他們的石卡轉眼易手，頓時軍心大亂，紛紛拋棄刀槍，倉皇奔逃。清軍乘勝追至色達木，而色達木已在熱索橋之外三十餘里。

戰後，乾隆對清軍出奇制勝的戰術非常欣賞，特地通過上諭詢問福康安和海蘭察二人系何人主要謀劃，並讓他們今後只要一有條件，仍可加以運用。

熱索橋後即廓爾喀地界，攻克熱索橋也就等於衝破了廓爾喀的門戶。清軍繼續南進，沿途亂石叢集，無路可通，必須一邊修路，一邊前進，又因無平地可搭營，官兵只能在石岩下露宿。令人鬱悶的是，部隊雖然深入廓境已達一百六七十里，但仍未能見到敵蹤，福康安到協布魯一帶地方進行偵察，才發現那裡有廓軍碉堡集聚。

協布魯的地形與熱索橋相似，也有一條河道寬深的大河，因連日大雨，山洪漲發，原有橋座已被拆毀，廓軍全部集中在南岸防禦。在正面搭橋受阻的情況下，福康安、海蘭察仍採用在熱索橋之戰中已使用過的戰術，率部越過三重大山，繞至上游北岸進行搶渡。

在選擇搶渡方式時，福康安看到南岸有一棵巨大的枯樹倒在河中，離北岸只有近三丈的距離，便就地取材，督令官兵砍伐巨木與枯樹相銜接，準備沿此「樹橋」過河。

問題是這裡的南岸也有廓爾喀兵，他們不斷射擊，使得搭橋者沒法將「樹橋」紮縛堅固，而河內又多巨石，橫亙中流，所造成的漩渦急流對搭橋造成了嚴重影響，以致巨木剛剛接上就被沖走，並折斷於石縫當中。清軍搶渡十餘次，均告失敗，日暮下起大雨，行動更受阻礙，福康安便佯令官兵撤退，實際仍潛伏於岸邊樹林裡。

候至半夜，南岸的廓爾喀兵以為清軍真的已經撤退，便都返回營寨睡覺去了。福康安抓住這一空隙，趕緊率部接縛巨木並緣木過河。

清軍過河後，福康安除派兵守橋外，將過橋官兵分成三路，於第二天淩晨同時發動進攻。三路人馬或順山仰攻，或繞至敵後突襲，或搶登敵側山梁夾擊，打得廓軍人仰馬翻，從而再次複製了智取熱索橋的奇跡。

最艱難的階段

既得協布魯，清軍繼續向南推進一百三十餘里，接近了廓軍嚴密防守的東覺。

東覺地勢險峻無比，兩山夾河對峙，壁立數千仞，下視大河，僅如一線。廓軍據險在山頂立營，半山以下築有木城、石碉、石卡，直至河邊。清軍自濟隴南來，所遇到的廓軍卡寨及渡河處所不管如何險要，總還略有偏坡，至此則逼仄到連偏坡都沒有了。

福康安依舊採用奇正結合的打法，命台斐英阿據守山梁，用大炮對敵陣地晝夜進行轟擊，以作正面牽制，他和海蘭察則分別執行最重要的迂回攻擊任務。

東覺大河的上游山區樹林茂密，可以藏身，福康安部由岩石重疊處潛入上游山區，且伏且下，繞行兩日，在水淺處渡河，之後接連攻克了兩三座木城。山頂軍營的廓軍見狀急忙從高處下壓，木城兩側石卡內的廓爾喀兵也都傾巢出擊，因為來不及放槍射擊，清軍只能使用弓箭刀矛與之肉搏。

此時台斐英阿乘勢從正路下山，搭橋過河，兩路人馬聯手擊潰了敵軍，並將東覺的敵大小營寨、兵營、木城、石碉、石卡盡數予以攻克。與此同時，海蘭察也越山摧毀了另一處的敵據點，與主力會合後追敵至雍鴉山。

東覺之役持續達八個晝夜。在此期間，六千多清軍幾乎日日都要登山涉險，官兵們有的鞋襪磨損，只能光著腳徒步行走，有的被石棱角擦傷或被螞蟥咬傷，兩足腫痛則是較為普遍的現象。到戰役結束時，就連素來能耐高寒的索倫兵、金川兵都已顯疲態，儘管如此，大家仍堅持前進，而作為主帥的福康安也與大家同甘共苦，經常露宿岩下。

雖然取得了戰役的勝利，但清軍亦蒙受了相當大的損失，索倫佐領多爾濟等兩名戰將中彈陣亡，頭等侍衛哲森保等負傷，其餘官兵傷亡計百餘人。

廓爾喀當地多陰雨天氣，每天只有早上的兩個時辰稍晴，到中午便雲霧四合，大雨如注，山上的氣溫低，入夜之後雨便凍成了雪。官兵夜裡登山，經常遇到高達數丈的巨石，必須攀緣樹枝，跳上跳下，而地面一沾雨雪，便滑溜難行，不僅不方便攜帶帳篷鍋碗，隨身的弓箭也多致折損，後來作為口糧的糌粑也已吃完，這使清軍除疲勞傷病外，部隊軍需亦出現困難，必須等待後方轉運。

福康安不得不讓部隊進行休整。二十多天後，考慮秋天將至，必須在大雪封山前結束戰事，他決定繼續對廓軍發動攻勢。

自清軍挺進廓境以來，他們一邊要在自然條件極為惡劣的高原晝夜行軍，一邊還要隨時與以逸待勞的廓軍激戰，「用兵之難，為從來之未有。」不過在雍鴉山以北，大山都是東西對峙，中夾大河，清軍只要繞道登上東面山頂，自上壓下，便能打垮廓軍。唯在進入雍鴉以南後，山勢便由東西對峙變成了南北相向，雍鴉山之南的幾座大山，噶勒拉、堆補木、甲爾古拉都是這樣，且層疊橫亙，更加陡峭，清軍無法沿用既有的成功戰術，只能步步仰攻，征廓戰事也開始進入了最艱難的階段。

一七九二年八月十九日，清軍直抵噶勒拉。廓軍在噶勒拉山頂建有兩座木城，木城內的廓爾喀兵放槍投石，極力抗拒。福康安督率官兵分成數隊，佯作覓路登山狀，吸引廓爾喀兵從高處壓下，這時隱蔽在樹林內的清軍趁機分趨敵東西兩卡，使得廓軍陣勢大亂，然而接下來的木城爭奪戰仍打得非常慘烈，清軍兩名侍衛、一名參將在攀緣木城時中彈身亡，其餘官兵前仆後繼，用投擲火彈加以焚燒的方式，才得以先後攻克兩座木城。

清軍佔領噶勒拉後，乘勝追至堆補木山口，再次登山擊敗廓軍。在奪卡時，又有一名侍衛和都司中彈落崖陣亡，此時雖然已是半夜，但由於擔心廓軍由堆補木繞至自己身後進行抄襲，福康安不敢稍息，率部繼續連夜向前進擊。

在堆補木與甲爾古拉、集木集之間，有一條急流，清人習慣稱之為横河，河上有橋，橋的南北兩岸砌築著石卡。河南岸的甲爾古拉與另一座大山集木集相連，山梁自東向西，横長七八十里，其上有廓軍所排列的數十座木城碉卡。

清軍分成兩路，一路由横河上游搭橋過河，另一路由福康安督率，直接奪取橋座。八月二十日，福康安部行抵横河北岸，福康安帶兵在北岸高山上架起槍炮，從淩晨到中午，居高臨下地不停向廓軍石卡射擊。

廓軍抵擋不住，過橋退卻，並以排槍交替射擊，以掩護其兵丁拆橋。副都統阿滿泰奮不顧身，帶領官兵衝上前去奪橋，廓軍拆橋失敗，清軍競相過橋並攻下了橋南石卡。這場爭奪戰的戰況極其慘烈，阿滿泰等多名將佐中彈落水，因河水較深，當時無暇打撈，最後連屍體都沒能找到。

福康安部到達南岸後，横河一路也過河得手，兩路會合，即由福康安總領，準備向甲爾古拉發動進攻。這時海蘭察看到山上木城碉卡林立，守備森嚴，便勸福康安不要急於攻擊，先扼河立營，休整一下再說，但自開戰以來的連戰連勝令福康安不免大意起來，他不肯聽從海蘭察的意見，依舊選擇了督師出擊。

清代筆記中對福康安批評得很辛辣，說他當時志得意驕，「揮扇以戰，自比武侯」，然而站在福康安的角度，其急切的心情或許也不是不可以理解：清軍只要越過甲爾古拉，離廓爾喀首都陽布便只有六十餘里，計一日行程了！

波濤洶湧

清軍攻向敵營時，適值大雨傾注，山崖濕滑，前進極為困難，在部隊直上二十餘里，將近木城後，山勢變得更陡。廓軍居高臨下，槍炮齊施，清軍官兵冒著槍林彈雨仰攻，卻無密林大石可以藏身，只好撤回山下。

廓軍趁勢俯衝，集木集山梁的另一支廓軍從旁接應包抄，打算奪回大橋切斷清軍歸路，在橫河與大河匯合處的大河西岸，還有一支廓軍隔河放槍助攻，三支廓軍加起來數量不下於七八千人。自清廓戰爭爆發以來，廓軍從未集結和使用過如此多的兵馬，可以想見已是傾舉國之力，而對清軍的三路合擊也明顯是一次有預謀的設伏用計。其實回過頭來再認真想一想，就不會覺得奇怪了，因為就廓爾喀而言，清軍即將圍困其都城，存亡已系於一線之間，若再不拼死廝殺，決一死戰，便再也沒有機會了。

儘管之前廓軍屢戰屢敗，但「未形畏懼」，尚沒有被打到一蹶不振的地步，而且所部畢竟「頗諳攻戰」，並非弱旅，這讓陷入重圍的清軍損失慘重。都統台斐英阿當場中彈陣亡，成為整個清廓戰爭中戰死的最高指揮官，其他還有多名侍衛、佐領以身殉職。

休整期間，廓爾喀懾於清軍兵威，曾遣使要求停戰，並特地釋放了一批入侵時被其擄走的人員。南岸激戰時，這些人員都還留在清營，其中有人爬上一棵巨松樹頂觀戰，目睹了清軍在敗退時擁擠過橋，乃至落水被俘的情形。

福康安率部且戰且退，左衝右突，但仍無法獨立衝出重圍。從彼時的戰況來看，清軍主力真的有可能全部被消滅在南岸，危急時刻，幸虧海蘭察隔河接應，兼之頭等侍衛額勒登保等扼橋死戰，才得以力挽狂瀾，擊退廓軍。

這是清軍在高原上的唯一一次也是最後一次挫敗，戰後雙方都不敢再貿然發動進攻，戰場表面上進入了暫時的寧靜狀態。

廓爾喀國王拉特納巴都爾還年幼，清人稱之為王子，其實權操縱在其王叔、攝政巴都爾沙阿手中。巴都爾沙阿之所以下令入侵西藏，實際也是受到了紅帽喇嘛沙瑪爾巴的誘惑和挑唆。

沙瑪爾巴是六世班禪的弟弟，因與其兄仲巴呼圖克圖在財物分配上發生矛盾而叛逃廓爾喀。他對巴都爾沙阿說，西藏雖屬清廷版圖，但不過是擺擺樣子，實際無須向清廷上交一分錢稅款，所以雖然清廷向西藏派有常駐大臣和少部分軍隊，但一旦發生戰事，也不會大力支援西藏。

沙瑪爾巴當時已病死（一說為畏罪自殺），不過他的話還是給巴都爾沙阿叔侄留下了深刻印象。在入侵西藏前，他們根本就沒有料到清廷會千里迢迢向西藏乃至其境內發兵，更想不到統帥竟然還是乾隆皇帝的心腹，戰功赫赫、聲名卓著的福康安，這意味著清廷對西藏不是無動於衷的問題，而是會傾其所有，派最好的將帥、最精銳的部隊前來增援。

自福康安率部出征起，大軍一路所向披靡，先是迅速收復後藏領土，繼而跨越國境線，六戰六捷，殲滅廓軍精銳四千餘，至甲爾古拉戰役時，已深入廓境達七百餘里，距陽布已近在咫尺。儘管清軍在甲爾古拉戰役中受挫，但這顯然並未影響其進擊之勢，與此同時，成德、岱森保作為輔攻，也與主軍進行呼應。這讓廓爾喀王室很是畏懼恐慌，王子拉特納巴都爾已逃至毗鄰印度的邊境避難，留守國都的王叔巴都爾沙阿則膽戰心驚，惶惶不可終日。

福康安發兵之初，曾以事平之後，平分廓爾喀為誘，檄諭廓爾喀鄰邦等聯合進攻廓爾喀，當時各邦皆觀望不前。及至清軍長驅直入，廓爾喀向鄰邦緊急求援，結果後者佯裝派兵赴援，實際卻進逼其邊境，有借機攻襲之意。

在大軍壓境、兩面受敵的情況下，巴都爾沙阿被迫與英國簽訂商約，以門戶開放為代價，請求英國送去「十門加農炮和十名歐洲炮兵」，同時他還希望英印政府能夠給東印度公司的軍隊下達命令，派兩個營的歐洲士兵以及兩個營的印度士兵帶著大炮赴援。

英國雖趁火打劫，以答應幫助廓爾喀為名，得以與其簽約，但這時英軍正忙於同南印度的邁索爾邦作戰，很難分身。更重要的是，清軍在清廓戰爭中表現出的強勁實力也讓他們看得心裡打鼓，包括英屬印度總督康華利在內，對出兵援廓能否取勝都無把握。

英國人唯恐贏不了清軍，反而激怒了中方，影響英國在廣東的貿易以及即將開始的馬加爾尼使團的使華成效，因此最終並沒有真正兌現出兵相助的承諾，讓廓爾喀王室空歡喜了一場。

巴都爾沙阿在走投無路之際，不得不以國王的名義遣使向清軍求和請降，表示同意接受福康安先前所提出的大部分受降條件，即交出從前與西藏地方私立的合約檔、搶走的扎什倫布寺財物以及沙瑪爾巴的骨灰，並向清廷定期納貢。

所謂「大部分」也就不是所有。事實上，清軍本來的終極目標並不是受降，而是「搗巢擒渠」，直至滅亡其國。乾隆和福康安甚至曾想利用受降，趁王子王叔朝覲或來營時予以誘擒，這就是福康安所立的受降首要條件：王子王叔必須前往北京朝覲，至少也應前往清軍軍營叩頭認罪。

廓爾喀王室並不知道內幕，但懼怕被拘押的心理是客觀存在的。他們對首要條件拒不接受，理由是王子尚年幼，無法親身朝覲，欲派王叔赴京，又因身旁辦事無人，不能遠離，同時，他們還要求廓爾喀國能夠一如既往地存在。這就是說，如果福康安准降，則他既未能「搗巢擒渠」，也沒能滅亡其國。

無法圓滿完成皇上交付的任務，當然難禦其責，但福康安此時所面臨的處境卻已讓他沒有可以迴旋的餘地了。

唯一能採取的上策

福康安出境時帶了五千官兵，經過連續惡戰，陣亡了約三百餘人，尤以甲爾古拉戰役損失為最大，僅將領就有台斐英阿等十人殞命。此外因在高原上水土不服，患瘧疾、腹瀉等疾病的人多達六百八十餘人，而且每天都有人病故，前線包括傷病在外，作戰人員實際僅剩約三千病憊之卒，實難以持續鏖戰。西藏山高嚴寒，道路崎嶇，廓爾喀更是氣候惡劣，行進艱難，而自濟隴以後翻越喜馬拉雅山那一段，則最為緊要也最難走。原擬作為補充兵員的四川兵七月就應趕到前線，但遲至九月，第一批五百名川兵才得以到營。實際上，即便他們早到，隨著軍營的口糧需求增多，糧食供應問題也難以解決：由濟隴運到的糌粑僅為官兵例食總額的十分之三；運來供宰殺食用的牛羊中途多數墜崖，能到營者也僅為十分之一；從四川運來的軍餉陸續只到銀兩萬兩，並且這兩萬兩也已用盡。

自轄布基發兵，展開擦木之戰起，清軍已在行軍和惡戰中度過了七十多天，糧餉捉襟見肘。福康安只能採取資糧於敵的辦法，或尋找山區居民點，向當地居民零買糧食，或通過佔領廓軍營寨，從中搜取倉穀、青稞以度日。

軍機處章京楊揆時在福康安幕府中任書箚，因營中缺糧，曾採集玉米、南瓜，雜以野草為食，到晚上腹中空空，餓得睡不著時，只能蒙著被子強迫自己睡覺。楊揆職位不低尚且如此，普通士卒的苦饑就更是可想而知了。

對清軍而言，廓爾喀國都陽布雖已近在咫尺，但廓爾喀剩下的國土還很寬廣，就算屆時能夠攻破陽布，廓爾喀的王子王叔也早已逃之夭夭，要想成功予以俘獲絕非易事。更不用說，甲爾古拉戰役的結果已經表明，在山河阻隔，廓軍全力防禦的情況下，清軍其實很難突破甲爾古拉防線。

轉瞬已屆深秋，廓爾喀即將大雪封山，一旦交通為此完全斷絕，糧彈無法送達前線，則前線清軍必將困頓於異國，非但根本沒有攻克敵都消滅其國的可能，自己也將陷入絕境。二十四年前，福康安的堂兄明瑞統軍征緬，正是因為孤軍深入，後方供給線被切斷，才導致最後兵敗，當時的情況與如今清軍的境遇有很大的相似之處。

儘管明知受降乃是當前最為明智，也是唯一能採取的上策，但在沒有得到皇帝的允准之前，福康安也不敢擅自言退。他所能做的就是一邊與廓方繼續交涉，一邊與海蘭察、惠齡聯名密奏前線的困窘狀況，請求准許及早受降。

福康安等人並不知道，其實早在甲爾古拉戰役結束，廓方派人求和之際，在萬里之外的京城，乾隆就已經掌握西藏和廓爾喀地區氣候早寒的特點，也注意到了前線清軍的糧草供應問題，他對於直搗陽布的態度亦隨之改變。

在福康安的密奏尚未送達朝廷之前，乾隆已兩次諭告軍機大臣，談到十月以後，藏區即將冰雪封山，若不及早撤兵，萬一糧運不斷，「是進不能直搗賊巢，退又為大雪所阻。」軍機大臣遵諭傳告福康安，授權讓他通盤籌畫進退之事，如果實在不能進取，巴都爾沙阿也不敢親自來營，可以按廓方請求，另派大臣進京，「具表納貢，悔罪投誠。」

乾隆收到福康安的密奏以及廓王子所上乞降稟文後，肯定了福康安等人的做法，表示在天時地利均不利於清軍行進，前線進退兩難的情況下，「朕斷不肯以萬難辦理之事，迫人深入之理」，正式諭令福康安趁此機會納降撤軍。

清廓由此達成一致，廓爾喀先遣使到清軍營中賫送貢表，繼而又派大臣為使，在侍衛珠爾杭阿的陪同下赴北京入貢。據說廓爾喀貢使來到清軍軍營時，目睹了清軍傷病滿營的情景，至此才知道清軍軍糧不足、疾病猖獗的真實狀況，也才知道福康安和他們一樣，正急於休戰撤兵。

還在福康安發出密奏，請求允許受降的數日後，經過努力，前方供應已暫時暢通，其中糌粑運到五萬兩千多斤，餉銀續到一萬兩，所以即便廓方知道內幕，也不敢隨意反悔。當然反過來，如果清軍仍要繼續向南推進，後方補給線也勢必會相應延長，運輸困難又將與日俱增，不到萬不得已，乾隆和福康安更不會出此下策。

一七九二年十月，福康安率大軍凱旋班師。乾隆封賞有功人員，福康安實授武英殿大學士兼吏部尚書，他本已因平臺之功受封一等嘉勇公，乾隆特諭在「嘉勇」上再加「忠銳」二字，海蘭察晉封為一等公。繼平準、平回、平定金川、平臺後，紫光閣第四次詔繪功臣像。參加清廓戰爭的三十名功臣得到了這一殊榮，並由乾隆為前十五名功臣親自題贊，福康安已三次被繪紫光閣，不過唯有這一次他是以首功居於第一。

通過清廓戰爭，中方向全世界宣示了「西藏如我，犯必絞之」的決心。其間也暴露出中央政府在西藏治理方面的漏洞和弊端，戰後，乾隆決定加強駐藏大臣職權，並創設和在西藏推行金瓶掣簽制度，即從此以後凡達賴和班禪的轉世靈童，必須在駐藏大臣的監督下，通過金瓶掣簽來進行選擇。相關具體事宜仍由福康安負責落實。福康安不僅有軍事才能，還有政治見識和能力，經他與八世達賴、七世班禪及其他西藏僧眾的反復磋商，在兩年多時間裡形成和頒佈了著名的「西藏善後章程」。章程不但明確金瓶掣簽制度，將駐藏大臣的地位提高到與達賴、班禪平等的地位，還要求在西藏設立常備兵制。

西藏原本沒有自己的正規軍，已有的藏兵紀律鬆弛，兵民不分，在兩次清廓戰爭中，沒能起到什麼作用。西藏地處邊陲，距內地過於遙遠，當年又交通不便，不可能稍有風吹草動就從內地派軍隊，日常邊防還是得依靠藏兵。

按照善後章程規定，全藏新設藏兵三千，其中前後藏各一千，同時開始對他們進行正規化軍事訓練，並由駐藏大臣負責巡查和賞罰。自此以後，藏兵的戰鬥力及其保衛邊陲的能力明顯提升，乾隆對此非常高興，稱讚說「新設番兵（即藏兵）皆成勁旅，實為衛藏所未有。」

十全老人

在兩次清廓戰爭前，尚有安南之役。安南即今天的越南，安南自秦漢至唐末，均為中國郡縣之地，從歷史上看，隸屬中國達千餘年之久，安南之名就得自唐時在此處所設置的安南都護府。五代時期，安南借中原內亂而獨立，其後宋、元、明三朝都曾欲圖收復，明朝甚至還統治了二十多年，但多數情況下，中原王朝與安南諸朝建立的都是宗藩關係，清朝也是如此。

至乾隆時，清朝國力達到極盛，周邊國家幾乎盡為中國的藩屬國。美國學者費正清把這些藩屬國分成三類，其中一類稱為「漢字圈」，處於「漢字圈」的都是與中國最鄰近同時文化也相同的藩屬國，安南和朝鮮皆在其中，由此可見當時中國與安南關係之密切。

身為宗主國，中國對藩屬國內政一般都採取不干涉政策。安南自後黎政權建立後，內亂不已，其間阮文惠兄弟以土豪崛起於西山，稱西山軍，欲取後黎而代之，乾隆起初亦未主動干涉過問。直至阮文惠攻破安南首都黎城，安南國王黎維祁出逃，後黎政權將亡，乾隆基於「黎氏臣服天朝百有餘年，最為恭順」，才不得不承擔起宗主國「興滅繼絕」的義務，宣佈出兵扶黎。

應該指出的是，乾隆發起安南之役並無一絲一毫要取其領土的念頭，與現代意義上的侵略也絕非一個概念。這倒不是說乾隆沒有開疆拓土之志，先前征緬戰爭時，他也有過索性將緬甸收入版圖的企圖，但征緬戰爭已經讓他認識到，緬甸、安南這些地方山林密布、瘴厲橫行，連最精銳的健銳營、索倫兵去了都難以發揮其長，就算能夠暫時佔領一二十年，不久又將生變，得不償失。

再者，以乾隆看來，準噶爾、回部位於邊陲重地，關係緊要，花再大的代價也要予以平定，甚至大小金川都必須動兵，但安南偏處西南一隅，對清廷而言，並無那麼大的戰略價值。

一七八八年年底，兩廣總督孫士毅奉命統兵出關，僅月餘即長驅千里。在清軍的強大攻勢下，阮文惠放棄黎城南遁，孫士毅率部入城，並按照旨意，重新冊封黎維祁為安南國王。不料黎維祁是個扶不起的阿斗，清軍替其收復黎城前昏庸無能，膽小如鼠，在靠清軍的幫助恢復王位後，他和輔佐大臣又只知殘酷報復，致使在其國內人心大失。

乾隆本來已兩次傳諭讓孫士毅及早撤兵回國，但孫士毅見黎維祁政權不穩，同時又有勸降阮文惠的不切實際想法，故而請奏再作停留。就在這個時候，阮文惠詐稱投降，卻趁孫士毅放鬆戒備之際，集中全部兵力八萬餘人向清軍發動猛烈進攻。清軍猝不及防，損失慘重，孫士毅率殘部逃回鎮南關，黎維祁也被迫入清避難，安南之役以清軍的失敗而告終。

阮文惠雖擊敗清軍，建立了自己的政權，但這一新政權並不穩固，而且按照安南王朝的傳統，必須得到中國承認與冊封，方可取得正統地位。為此，阮文惠先後四次遣使謝罪，並將所俘清軍送回內地。在黎滅阮興已成事實，黎維祁又不值得扶持的情況下，乾隆冷靜面對現實，決定將扶黎改為親阮，轉而接受阮文惠政權。

一七九〇年，被乾隆冊封為安南國王的阮光平（即阮文惠）親赴熱河避暑山莊，祝賀乾隆八旬壽辰。自宋朝以來，還從未有過安南國王入華朝覲的例子，這不但妥善解決了安南問題，同時也挽回了乾隆兵敗的顏面。事後，乾隆將安南之役放入「十大武功」且不顯得尷尬，結局不難看出這應該是其中一個很重要的原因。

在安南之役的當年，緬甸也稱臣納貢，征緬戰爭後一直讓乾隆為之耿耿於懷的心事終於有了著落。一七九二年十一月十六日，乾隆作《御制十全記》，將他親自策劃和指揮的重大戰爭歸類在一起，正式稱為「十全武功」：兩次平定準噶爾，一次平定回部，兩次平定金川，一次平定臺灣，攻打緬甸、安南各一次，兩次攻打廓爾喀。

乾隆從此自稱「十全老人」。在他的十全武功中，兩次平定準噶爾的戰爭發生時間最早，武功之盛也最突出，故列為首位。兩次攻打廓爾喀發生時間最晚，所以放在最後面，乾隆還特意將《御制十全記》刻碑立於布達拉宮前，以昭示後人。

第十二章

我不想活到一百歲

廓爾喀在請降時，除堅持王子王叔不能親自赴京朝覲以及不能亡其國外，其餘幾乎都是不惜代價予以讓步。廓爾喀使者在交涉過程中，屢次代表王子王叔主動表示，倘若清朝能夠允許他們投降，不但西藏許銀的話不敢再提，而且將自行放棄濟隴向來須送給廓爾喀鷹馬的特權，並歸還本屬於西藏的聶拉木邊上的扎木地方。

答應的時候挺痛快，但等清廓正式達成協議，又看到乾隆對入京朝覲的廓爾喀使團極予款待，他們便後悔起來。使者們向和珅提出，希望能夠就索取鷹馬、歸還扎木等問題進行重議，和珅當即對他們說，你們這是「恃恩干涉」，倚仗著天朝好說話，就各種討價還價。

和珅拒絕向乾隆代奏此事，聲明必須按乾隆此前批准的「廢止索求鷹馬、扎木歸藏」決議執行。廓爾喀使者未能討得便宜，只得悻悻而退。

從斥退廓爾喀這件事上，可以看出和珅任事並不糊塗，同時亦可見其權勢之盛，即如果和珅不同意，外國使者根本就別想見到清朝皇帝的面，更不用說達成其目的了。

事實上，此時不光外交，就連內政亦是如此。舉個例子，福康安的母親病死，廷旨卻不允許他回京致祭，經福康安竭力請求，諭旨才准他回京，然而只能在郊外祭奠，既不准進北京城，也不許覲見當時正在熱河的乾隆。且不說這種命令有多麼違反常理，不近人情，就以乾隆向來對福康安的態度而言，也讓人覺得不可思議。歷史學家因此認為，諭旨很可能不是出於乾隆的本意，而是和珅從中進行操縱的結果，為的是不讓福康安留在皇帝身邊，以免動搖自己的地位。

你可以向你的丈人要

和珅徹底墮落成一個大貪官，始於一七八〇年，他赴雲南查辦李侍堯涉貪案前後。這一年，乾隆繼左耳重聽之後，左眼視力也衰退，因為臂痛，一度連彎弓射箭都做不到了。自此以後，他處理政務的時間逐漸減少，對和珅的倚重和獨寵則日甚一日，為其長子賜名以及將公主賜婚，更使他與和珅由君臣變成了兒女親家。

乾隆遺傳了母親的基因，加上勤習武事，經常鍛煉，故年輕時身體健康，精力過人，很少生病，但年歲不饒人，他的身體狀況每況愈下。在最後一次南巡結束的當年及前一年，因氣滯畏寒，乾隆不得不連續兩次缺席郊祀大典，由皇六子永瑢代行，打那時起，他夜裡常常失眠，記憶力明顯減退。

儘管對於一切軍國要務，如安南之役、平臺之役、清廓戰爭等，乾隆仍要親自裁斷，但在缺乏必要制約，精力與體力又難以跟上的情況下，他在處理國家政務方面的興趣和責任心，均已大不如前，反而以往固有的虛驕浮誇、好諛邀譽等性格弱點被無限放大，並為和珅所掌握並利用。

乾隆晚年，忌諱越來越多，乾清宮重修，他預先詔令奏事處，要求到了上樑的那一天，凡直隸省的奏章不得進呈。此時奏事處為和珅主管，別人接到詔令都不敢違命，唯有和珅偏偏「抗旨」，呈進直隸總督梁肯堂的一個奏摺。讓人驚異的是，乾隆看完奏摺後，非但沒有怪罪，還龍顏大悅，對和珅連同梁肯堂一併予以了嘉獎。

這其實就是和珅揣摩迎合乾隆心理的本事。他知道老皇帝不是不想看奏章，而是怕在奏章中看到有什麼忌諱的話，擔心觸霉頭，但與此同時，又暗暗企盼著有人能給他帶來意外的彩頭——梁肯堂的奏摺內容全都是在乾隆看來非常吉祥的事，正好迎合了他的心理需要。

在乾隆面前，和珅言必自稱奴才，乾隆降旨吩咐辦什麼事，無不曲意逢迎，就好像他不是朝廷重臣，而是衙門裡的差役一般，甚至於乾隆要吐痰，他也會搶在內侍前面，樂呵呵地端著痰盂上去為皇帝服務。這些情景，都曾被在華的朝鮮使臣親眼見到過，他們對此感到不可思議。

乾隆從和珅那裡得到的不光有精神需求，還有物質「實惠」。乾隆向來大手大腳慣了，晚年更是鋪張，花錢如流水，弄得內務府入不敷出，叫苦不迭。和珅時任崇文門稅務監督，崇文門稅務負責對北京九門進出貨物徵收商稅，可謂是富得流油，和珅便把所得稅款拿出來，供內務府開銷，使得內務府搖身一變，成了一個用之不盡取之不竭的寶庫。不管乾隆如何使著性子花，到了年底也仍有盈餘，而且還能「充外府之用」。

乾隆越來越離不開和珅，兩家的關係也越來越親密，預定下嫁和家的十公主固倫和孝，在還未正式出嫁時，就管和珅叫公公。當時圓明園等處有所謂買賣街，由太監在街上開店售貨。有一天乾隆父女在買賣街遊玩，和珅適在軍機處入值，便也一同隨行。逛著逛著，和孝公主看到一件大紅呢夾衣，覺得很喜歡，但這件衣服售價「二十八金」，也就是二十八兩銀子，相當貴。乾隆就半開玩笑地對公主說：「你可以向你的公公要嘛！」和珅一聽趕緊上前，掏出銀子，把這件價值不菲的衣服買下，奉送給未來的兒媳。

一七八六年，和珅被授文華殿大學士，兼管吏戶兩部，朝臣之中，身份地位僅居阿桂之下，因為參與了對平臺之役的籌畫，乾隆還將他列在紫光閣功臣次席的位置，連真正在臺灣指揮作戰的福康安都只能居於其後。和珅能如此飛黃騰達，平步青雲，不是因為他有特殊的才能、政績或軍功，而僅僅是因為深得乾隆的歡心。

補子胡同

和珅倚乾隆為靠山，得勢之後，竭力培植親信，結黨營私，連福康安的弟弟福長安也入其囊中，成了其政治集團中的重要成員。與此同時，他開始毫無顧忌地攬權索賄，官員要想升遷，就必得先對他進行賄賂，否則再有能力和政績也無濟於事。

兵部侍郎玉保熟讀兵家典籍，且詩才敏捷，乾隆原打算任命他為山西巡撫，但有人先於玉保走了和珅的後門，結果晉撫一職與玉保失之交臂，竟被賄賂者所得。

自一七八六年後，和珅幾乎成了官場上黑市交易的硬通貨，見其手眼通天，大小官吏皆趨之若鶩，清代筆記中書云：「當和珅擅權時，一時貴位無不仰其鼻息，視之如泰山之安。」

據聞當時想要奔走和珅門下的官員能排出好幾條街，大家爭先恐後，每天都早早地在和府的門前道旁等候，就怕被人搶了先。明清官員皆著補服，於是和府所在的胡同便被時人戲稱為「補子胡同」，有人作詩嘲諷道：「繡衣成巷接公衙，曲曲彎彎路不差。莫笑此間街道窄，有門能達相公家。」

人人都想走和珅的關係，但若銀錢不夠，別說辦事，連見個面都難如登天。山東歷城有一個知縣來京，欲見和珅，以便能夠誇耀於同僚，結果到了和府，光是打點看門人，就花了兩千兩銀子。看到和珅回府，他連忙在門前長跪相迎，並呈上自己的名片，誰料和珅坐在轎中動都不動，還譏諷他說:「知縣是個什麼東西，也配跑來叩見？」

按乾隆朝的大清律法，貪污一千兩銀子以上者，就要問斬，但對於和珅而言，千兩銀子連毛毛雨都算不上，也就只夠打發一下他的看門人或者是下等僕從。甯羌人張某被罷革守備之職，陝西巡撫建議他以二十萬兩銀子行賄和珅，張某聽從其言，到和府投書求見，但介紹信遞上去後，等了幾天都沒消息，他又用了五千多兩銀子，這才得以見到一個衣著華美的僕從。

僕從問張某：「你送的是白的還是黃的？」得知是「白的」也就是銀子，僕從露出不屑之色，命左右把張某帶來的二十萬兩銀子收入外庫。原來在這個「見多識廣」的僕從看來，白銀不如黃金，二十萬兩銀子也不是什麼大數字。

當然，按照和珅其時的受賄標準，二十萬兩白銀也已經達到要求，所以僕從收入賄銀後交給張某一張名片，說：「你拿著這個去交涉就行了，至於正式的任職文書會另發。」未幾，張某果然官復原職。他以為跟他見面的僕從既然排場和氣勢那麼大，定是和珅的心腹無疑，但知情者卻告訴他，此僕從不僅不是和珅的心腹，而且都不算和府的上等僕從，只不過是一個由其他僕從所驅使的下僕罷了。

在和府，不同的僕從接待有不同的價碼，「其心腹司閽，豈數千金能見顏色」，人家的心腹或者上等僕從，可不是你花數千兩銀子就能見到的！

和珅弄權，使得社會上賣官鬻爵、政以賄成的習氣蔚然成風。朝鮮使者根據觀察，對其時的政治生態做了如下概括：「納賂諂附者，多得清要，中立不倚者，如非抵罪，亦必潦倒。」

雍乾父子曾經極為警惕的貪污腐敗現象至此如同坐上了滑梯，國家機器的運轉也因此受到了嚴重影響。以河工為例，掌握水利的官員都是走和珅的門路，他們通過重金向和珅行賄才得到了官職，上任之後不是思考如何搞好水利，而是整天盤算著怎樣把用於行賄的錢撈回來，再大賺一筆，為此他們甚至希望發生水災，以便從中撈錢。在這種情況下，河工能做到什麼樣子，就只有天曉得了。

隔山打牛

和珅在朝中原本有一些反對者，或曰政敵，他們對於和珅的擅權亂政頗為不滿。這些人主要包括兩派：一是以阿桂、福康安為代表的武官派，一是以錢澧、劉墉、王傑、範衷等為代表的御史派。武官派常年在外，而御史傳統上又以彈劾和監察官員為己任，因此御史派實際成為朝中與和珅分庭抗禮的主要力量。

劉墉乃名臣劉統勳之子，他是民間智鬥和珅的主角，當年也正是在他的支持和協助下，鐵面御史錢澧通過查辦國泰一案，給予了和珅黨羽以沉重打擊。現實中的劉墉也確實性格詼諧，曾屢屢用各種方式挖苦和戲弄和珅，清代筆記中記載了一樁趣聞：有一年新春，劉墉得知和珅應召入宮，此時正值風雪交加，泥濘滿地，於是他就有意換上一件破舊的衣服，趕到通往宮中的路上去等候和珅。

看到和珅到來，劉墉便差人攔著轎子遞上名片，說：「劉大人昨天親自來府上拜年，可惜沒有遇見大人，現正下轎在路邊候著。」和珅平時雖與劉墉不睦，但對方畢竟也是朝廷重臣，一般情況下總不能失禮，而且他見劉墉表現得這麼客氣，免不了也會猜想對方是否已隨風轉舵，轉到了自己這邊，遂只好冒著風雪下了轎子。

和珅正要和劉墉寒暄，卻見劉墉跪倒在泥濘的路上，口中連稱：「給和大人拜年！」和珅猝不及防，不得不跪在地上回拜，他當時內穿黑色皮袍，外罩錦繡馬褂，兩件名貴的衣服全都被弄得污濁不堪，而劉墉身上雖然也沾了不少污泥，但那本來就是一件舊衣服，弄髒了也無所謂。

和珅知道劉墉有備而來，可又沒有什麼理由指責對方，一時間弄得啞巴吃黃蓮，有苦說不出。等到了宮中，乾隆問起他為何如此狼狽，和珅如此這般的訴說了一通。乾隆因為知道他倆素來不和，也只好一邊當笑話聽，一邊勸慰一番，將此事不了了之。

與錢灃、劉墉一樣，王傑、範衷也都是耿直御史出身。在和珅不可一世之時，王傑已出任軍機大臣、上書房總師傅，親自教授皇十五子、秘密皇儲永琰讀書，而且還參與了平臺、平廓之役的籌畫，得以兩次繪像紫光閣。和珅想方設法對王傑進行拉攏，有一次特意拿出一幅水墨畫，請王傑一起賞玩，誰知王傑語帶雙關地來了一句：「貪墨之風居然到了這個地步。」和珅一聽，就知道王傑表面是評論水墨畫，實際是諷刺他的貪黷，頓時氣得無言以對。

又有一次，和珅在議政後拉著王傑的手，半開玩笑半討好地對他說：「狀元宰相手，果然好。」王傑毫不客氣地將了他一軍：「我這手只會做狀元宰相，又不會要錢，有什麼好處？」王傑表現出的剛直和勇氣令聞者無不敬畏，而和珅發現王傑終不會上他的賊船後，也不得不放棄了試探。

御史派很有鬥爭精神，儘管和珅權勢熏天，但他們仍時時尋找契機，欲繼國泰案後，給予和珅本人及其黨羽以致命一擊。一七八六年六月，兩廣總督富勒渾的家奴殷士俊因勒索他人，罪及主子，富勒渾被乾隆下令革職。御史派從中受到啟發，次月，御史曹錫寶出面對和珅家人劉禿子進行彈劾，揭發劉禿子原本不過是個車夫，但自進入和家成為奴僕後，衣服住所都十分奢侈華美。他認為劉禿子不是侵佔了主人家的財產，對主人克扣隱瞞，就是借主人的名義在外面招搖撞騙，否則絕不可能有這樣的條件。

和家奴僕即使最下等者，也都在替和珅收受賄賂的過程中大得其利，這早已是朝野皆知的事實。顯然，御史派是想套用富勒渾案，以隔山打牛的辦法，通過彈劾劉禿子，牽出其背後的和珅。

曹錫寶進行參奏時，乾隆正在熱河，和珅隨同伴駕。曹錫寶千不該萬不該，在參劾劉全兒（即劉禿子）前，曾將奏疏送給同鄉朋友吳省欽看，但他不知道吳省欽及其弟吳省蘭早年做過和珅的私人老師，在和珅發跡後又投靠了和珅，是和珅集團的重要成員。

吳省欽賣友求榮，立即馳赴熱河通知和珅，和珅令劉全兒抓緊時間銷贓匿跡，他自己打好腹稿，隨時準備迎接皇帝的盤問和追查。乾隆收到曹錫寶的奏摺，果然向和珅詢問究竟是怎麼一回事。和珅辯解說劉全兒雖系其奴僕，但因府中家人眾多，房屋不敷居住，所以一向都在府外另住，平時也不負責和府瑣事，而是被派在崇文門代主人辦理稅務。

和珅怕劉全兒真有什麼其他把柄被曹錫寶抓住，以致牽連到自己，一面口口聲聲說他管束家人甚嚴，並沒有聽聞劉全兒敢在外面惹是生非，一面又留了個尾巴，稱劉全兒在外面的時間較長，無人管教，不小心惹出事來也不一定，請乾隆嚴旨查辦。

和珅有意把劉全兒跟崇文門稅務聯繫起來，潛臺詞其實就是告訴乾隆，內務府花錢其實離不開這個人，倘若予以追究，內務府的財源都可能會斷掉。乾隆本來就不想和珅出任何事，聽後馬上表態，說崇文門是個富裕部門，劉全兒既然在那裡辦稅多年，稍有積蓄也是理所當然的事，不值得大驚小怪。他讓留京辦事的王大臣傳見曹錫寶，要求曹錫寶把事情講清楚，如果空言無證據，將治以誣告之罪。

乾隆知道御史派與和珅有矛盾，在想了一夜之後，他突然做恍然大悟狀，說據其揣測，曹錫寶參奏是項莊舞劍，意在沛公，目的是要參劾和珅，卻又不敢明言，故而才從家人下手，「隱約其詞，旁敲側擊」，只為了最終能夠攻擊和珅。

無法無天

在調查尚未有眉目之前，乾隆兩次公開表態，明擺著就是在偏袒和保護和珅。和珅心領神會，連忙轉守為攻，說我和珅從未見過曹御史，甚至連他的名字都沒聽說過，他是怎麼進了劉全兒的宅子，又看到「房屋寬敞，器具華美」的呢？這些房屋器具反正不是金銀，劉全兒也不可能挾之以出，孰是孰非，派人去察看一下就全都清楚了。

乾隆與和珅一唱一和，無疑為接下來的調查提前定了調，御史派的主動出擊之勢被瞬間逆轉，曹錫寶本人也陷入被動之中。在接受留京辦事王大臣傳詢時，曹錫寶只好承認自己並沒有見過劉全兒本人，也不知道他在崇文門管理稅務，參奏是因為聽說劉全兒的衣服居所都甚是華美，經留心觀察，發現其房屋確實很高大，進而才推斷劉全兒可能在借主人的名目招搖撞騙。

乾隆瞭解到曹錫寶手中掌握的確鑿證據不多，便放了心，認為這進一步證明自己原先的揣測沒錯：「看來該御史意欲參和珅，而又不敢明言，故為此奏。」他命令查案人員先把曹錫寶帶到劉全兒家中，察看劉全兒究竟有多少房子，然後再將其帶到阿桂等重臣府中，對比一下管事家人的居住條件，如果後者的房屋比劉全兒還多還大，就要當面質問曹錫寶為什麼不參劾他們而獨責劉全兒。

乾隆已經為開脫和珅埋下伏筆，但其實根本不用比較——按照和珅的指令，劉全兒事先早已毀其居室、衣服、車馬，凡有逾制的一切器具，也全部被不留痕跡地藏匿了起來，

察看結果對曹錫寶相當不利，乾隆給予其以革職留任的處分，同時宣佈：「我朝綱紀肅清，大臣中

也沒有攬權藉勢、竊弄威逼之人，對於這一點，朕是很有自信的。」

曹錫寶案對包括御史派在內的所有反和珅力量而言，都是一個重大挫折，特別是乾隆的「自信」更是無異於給和珅頒了一張欽定的護身符，意味著之後若再有人敢對和珅及其家人有異議，就等於是在懷疑皇帝的決斷，跟皇帝對著幹了。

從前和珅之所以不能完全為所欲為，主要是礙於乾隆的精明及朝中反對勢力的牽制。如今，處於老境衰態中的乾隆別說不一定能看出破綻，就算看出，他也一定會裝聾作啞，護犢子一般的護著和珅。

自曹錫寶案起，大小臣工更加不敢直接抨擊或彈劾和珅，稍有涉及者，就會被乾隆認為是在用「隱約其詞，旁敲側擊」的迂回方式陷害和珅，輕者遭到嚴斥，重者革去官職。

一七八八年，和珅被晉封為三等忠襄伯，賜紫韁。與此同時，和珅又將女兒嫁給康熙曾孫貝勒永鋆，將侄女嫁給乾隆的孫子綿慶，通過政治聯姻的方式，將自己與皇室進一步捆綁在一起。他還廣結朋黨，採取各種手段，將相當一批親信黨羽安插在中央和地方的各個重要職位，從而形成了「內而公卿，外而藩閫，多出其門」的局面。

在這種情況下，反和珅力量日漸式微，錢灃素不為乾隆所喜，終其一生都未能得到重用，剩下的御史派成員與和珅集團相比，處於絕對劣勢，劉墉甚至不得不裝老裝傻，一旦遇到政治議題，或者模棱兩可，或者說笑話打擦邊球。

《清史稿》載，此時的和珅權傾朝野，「寵任冠朝列矣」，乾隆之下就數「和相」最大，他也越來越肆無忌憚，幾乎已到了無法無天的地步。

據聞，孫士毅任職兩廣總督期間，某次回京，在宮門外等候乾隆召見。恰好和珅路過，見他手裡拿著一件沒見過的稀罕物件，就問是什麼。孫士毅回答說是一個鼻煙壺，和珅要過來一看，發現竟是用一顆明珠所雕成的鼻煙壺，鳥蛋大小，晶瑩剔透，當下讚不絕口，問孫士毅可否割愛。

孫士毅很是為難，說：「若是它還屬我個人所有，送給大人卻也無妨，只是昨天我在奏摺中已經說了鼻煙壺的事，過一會兒就要呈獻給皇上，怎麼辦？」和珅一聽，自我解嘲地笑了笑：「我跟你鬧著玩而已，怎麼還當真啦？」

過了幾天，孫士毅受邀去和府做客，和珅頗為神秘地對他說：「我昨天剛剛得到了一個鼻煙壺，你看看，跟你上次送進皇宮的那個相比，哪一個更好？」孫士毅接過來一看，和他的那個鼻煙壺一模一樣，便問到底是怎麼回事，和珅這才承認其實就是孫士毅獻給乾隆的原物。

孫士毅最初還以為和珅是接受了皇帝所賜，不由感嘆「和相」果真深得皇寵，可是他打聽了一下，並無此事，由此傳入他耳中的內幕消息則堪稱勁爆無比：和珅可在宮廷內自由出入，遇到自己喜歡的東西，拿著就走，連招呼都不打，鼻煙壺就是他從宮中偷偷拿回家的！

獻給和中堂

從宮中偷拿寶物這種事，和珅倒也不是老幹，不是他害怕，而是用不著多此一舉。孫士毅送給皇帝的鼻煙壺應該不屬例貢，按照規矩，如果是地方官進呈的貢品，則必須由內廷轉奏，而轉奏權就掌握在和珅手裡。他利用這一權利，對貢品先行檢視一下，價值高和看得上眼的，就據為己有，只有那些一般的才揮手放行。

據說當時的許多奇珍異寶，皇宮大內找不到，和珅家中卻比比皆是。有一個廣為人知的故事：皇宮中擺了一盆一尺來高的碧玉盤（相當於盆景），乃乾隆心愛之物，不料被某皇子不慎打碎。某皇子情知闖下大禍，非常懼怕父皇予以怪罪。十一皇子、成親王永瑆比較有心計，提醒他說：「為什麼不去找和相討主意呢？他一定有辦法。」

於是兩位皇子一同前去求助和珅，和珅開始裝得面有難色，推託說：「碧玉盤乃人間稀有之物，我到哪裡再去給你找一盆呢？」某皇子聽了更加害怕，不由失聲痛哭，永瑆則明白和珅是在欲擒故縱，便將和珅叫到偏僻處，與其耳語，大概是說你現在若能幫我們哥兒倆這個大忙，我們一定銘記在心，日後有事亦當相助之類的。討價還價一番後，和珅終於應允下來，對某皇子說我先回去研究一下解決辦法，成敗不能保證，明天我們在某某地方見面。

次日，永瑆兄弟按照約定去了會面地點，和珅已經提前到場，他將帶來的一盆玉雕盆景送給了某皇子，但見其高約一尺五寸，尚在被打碎的玉盤之上，色澤的鮮豔程度更為前者所不及。兄弟倆感激不盡之餘，也才知道原來最好的寶貝並不在他們皇宮，而在和府之中，「四方進物，上者入坤第，次者始入宮也。」

和珅通過貪污受賄、巧取豪奪等方式，為自己窮奢極欲的私人生活提供了條件。文獻記載，他每天早上起來，都要服食珍珠粉，並曾親口向其親信誇耀說，他服食後心明眼亮，能夠過目不忘，即便一天之中事務繁雜，該記著的東西也照樣可以刻在腦海裡，比用筆記在本子上還靈。

且不管服食珍珠粉是否真有和珅吹噓的那種功效，只說其代價就足以駭人聽聞。和珅對用來研磨的珍珠十分挑剔，凡是發了黃的、已經失去光澤的、穿過孔的，他一律不要，認為此類珍珠皆珍珠中的下品，就算服食其粉亦無效果，他要的珍珠全部得是海水珍珠，而且必須是其中的上乘品——南珠。

南珠產於廣西合浦，由於過量捕撈，至乾隆年間時，資源已基本枯竭，正宗南珠也因此成為稀罕寶物，價格相當昂貴，非達官貴人和富商巨賈不敢問津。江蘇吳縣當時有一個名叫石遠梅的人，以販賣珍珠為業，他的懷裡總是揣著一個小匣子，匣子裡用錦繡層層包裹著一個用銅箔封著的丸子，只有剖開丸子，才能看到封在丸子中的大型南珠。南珠越大價格越昂貴，這些大型南珠最重的每顆要價兩萬兩白銀，稍輕的每顆一萬兩，最輕的也要八千兩，但即便如此，官吏們仍爭相購買，唯恐買不到手，有人問他們買來做什麼，回答都是統一的：「獻給和中堂！」

僅僅數年之間，和珅便已經聲名狼藉，上自王公，下至百姓，背地裡莫不對他側目唾罵。一七八九年，和珅長子豐紳殷德正式迎娶和孝公主，和孝公主也聽到了外界對於公公的各種議論，曾憂心忡忡地對新婚丈夫說：「你父親受皇父厚恩，毫無報效，受賄的膽子和胃口卻一天比一天大。我真是替你感到擔憂啊，就怕將來某一天你父親因此身家不保，到時不但你要受苦，連我也一定會受到連累！」和孝一語成讖，日後和珅垮臺伏法，豐紳殷德還是沾了和孝的光，才未被連坐，但這都是後話，彼時的和珅春風得意，利令智昏，就算有人當著面勸諫，也不可能聽得進去。

乾隆原本在懲貪問題上一直保持高壓，規定凡貪污在一百兩白銀以上者，便要杖一百加流放兩千里，以次遞增，滿一千者，處以斬監候。這些嚴厲條例對於除和珅外的官吏而言，多少總還有一些威懾作用，但到了一七九〇年，隨著議罪銀制度的橫空出世，連這道柵欄也被拆開了一個大口子。

那個人就是我

據學者研究估計，議罪銀的「創意」最早可以追溯到十年前和珅任戶部尚書的時候，十年後經乾隆批准，和珅在軍機處成立了「密記處」，由他本人直接負責，專門負責秘密承辦和追取議罪銀。

所謂議罪銀，就是議罪罰銀。吏部本有公開的罰俸制度，用於對犯下過失但不嚴重的官吏進行處罰，但懲戒是目的，處罰只是手段，所以罰金其實是有限的，如當時的京官為雙薪制，領正俸和恩俸，一般是只罰正俸，也就是俸祿的一半。議罪銀是反過來，追取罰金變成了首要目的，其標準視官缺肥瘠及收入多寡而定，少者一萬五千五百兩，多者竟達到三十八萬四千兩。

議罪銀制度的適用範圍，除地方督撫大員外，還包括各省布政使、鹽政織造、稅關監督甚至富商等，按照制度規定，如果他們犯了罪，只要交夠銀兩即可免罪。收取的議罪銀只有少部分會留在地方作水利工程等用途，大部分都要解歸內務府供皇室消費，說白了就是給皇帝用。有心者覷破了其中奧妙，他們會以效忠皇帝的名義，在密記處規定的金額上再主動添加，這樣做的結果就是，他們不但不用像以往一樣為他們的罪行承擔責任，還可以繼續任職，甚至超擢更大的官或更肥的缺。於是犯了罪的官吏便群起仿效，多自願從重認罰，以此博取乾隆的歡心，保住官位甚至超擢。

有一種帶有諷刺性的說法認為，乾隆、和珅君臣之間其實是在進行養豬式反腐，即當貪官剛開始貪時，他們睜一隻眼閉一隻眼，等到貪腐累積到一定程度，或者說小貪型「瘦豬」被培養成大貪型「肥豬」時，再由密記處出手割肉。

問題是羊毛出在羊身上，貪官們絕不會做虧本買賣，他們交了議罪銀後只會把損失層層攤派下去，繼續變本加厲地進行貪污和榨取，而且既然已經可以「花錢買安全」，他們在貪污時便更加有恃無恐，毫無顧忌，反正貪污越多，私囊越飽，一旦敗露，也有足夠的銀子可用以脫罪。

議罪銀制度客觀上慫恿了貪污行為，至此，本已出現危機的吏治狀況更是每況愈下。內閣學士兼禮部侍郎尹壯圖到全國訪察，發現各省督撫裡面就沒幾個合格的，貪者自然是越貪，即便平素清廉自守者，都有了虧空營私，有以後大不了上交議罪銀的念頭，而在對官員進行民意調查時，接受詢問的商民也大多「蹙額興嘆」，一副無話可說的樣子。

尹壯圖深感情況嚴重，特上奏請求將議罪銀制度予以廢止。乾隆看了奏摺後卻很不以為然，他倒不是說督撫們都很不錯，而是說既然這些督撫平時尸位素餐，那讓他們出錢贖罪也不是不可以。

乾隆顯然已經完全忘記了從前掀起廉政風暴，要求從重從嚴懲貪的初衷。當年針對「斂財為重，懲戒為輕」的傾向，他曾予以嚴厲斥責，未料幾十年過去，不知不覺中，他自己倒反過來成了那個他所反對乃至憎惡的對象。

如果說年輕時的乾隆像一頭雄鷹，老年的乾隆則彷彿一隻蝸牛，不但氣宇狹小，目光短淺，而且還背著一層重重的殼。在他看來，自己執政的五十五年，絕對是政績輝煌突出、百姓安居樂業的五十五年，這一點不容外人稍有質疑。尹壯圖在奏疏中的主論點是請求廢止議罪銀制度，吏治敗壞只是論據，但這恰恰觸動了乾隆敏感的神經，他認為這就是對他五十五年治績的徹底否定和攻擊，於是兩人對話的重點也隨之發生了轉移。

「你說商民大多蹙額興嘆，就好像生活在我朝之人，都已經快痛苦得活不下去了。」乾隆怒氣沖沖地斥責道。他列舉自己在五十五年臨御期間，共譜免天下錢糧四次，普免各省漕糧兩次，指出光這幾次惠及百姓的錢糧就已不啻百萬，這還不包括平時遇到旱澇，不惜代價進行補助撫恤等。乾隆質問尹壯圖，說我對百姓這麼好，百姓但凡要有點良心的話，感激擁戴還來不及呢，怎麼可能「蹙額興嘆」？

自此，老皇帝滿腦子都鑽進了相應論題，他把史冊翻出來，從明朝一直翻到漢初，發現大多數皇帝都沒做到像他這樣大規模減免錢糧、漕糧，只有漢文帝曾將全國農民的田租減半——不過是減半嘛，漢史上還大書特書，「侈為美談」，要知道我可是全滅，而且不是一次，是「普免正供再三再四！」

乾隆猶如播放長鏡頭一樣，重新回顧了他的御政史。當然這種回顧經過了他自己的完美過濾，出現在鏡頭中的他從一開始登基起就愛民如子，生怕任何一個百姓吃不飽穿不暖，五十五年裡，他每一天都兢兢業業，克己克勤，其間即便對百姓施以普免等各種恩惠，都唯恐給的恩惠還不夠，到現在已經快八十歲了，依然「無時無事，不以愛民為念。」

乾隆最後得出結論：如果說有史以來還有最關心百姓的好皇帝的話，那個人就是我！

有了這樣的自我設定，乾隆完全無法容忍尹壯圖對吏治的指責，他認為治下百姓的生活已達「小康」，也就是日子過得比較殷實了，不可能像尹壯圖所說的「蹙額興嘆」。他又指出現在只有尹壯圖把外面描得一團黑，好像其他大小臣工都在說假話，當面欺瞞他，而他也彷彿就是一個任人欺瞞的糊塗皇帝。「朕五十餘年以來，竟系被蒙蔽，於外間一切情形，全無洞察」，言外之意，說假話、危言聳聽的恰恰就是尹壯圖本人。

趕鴨子

乾隆在幾個月內，破天荒地連降十餘道諭旨對尹壯圖進行批駁，顯然是較上了勁。不唯如此，為了從事實上證明尹壯圖不過是一派胡言，他還別出心裁地下達旨意，令戶部侍郎慶成帶領尹壯圖到各地訪察，以對其調查結果進行覆核。

雖然是重新調查，但乾隆可不允許中間出現任何「意外」，利用自己既是運動員又是裁判員，還是規則制定者的身份，他指示慶成在將到某地時必須提前通知當地官府，理由是避免擾民。由此產生的結果顯而易見，尹壯圖所過之處皆張燈結綵，他原先在民間所見到的「蹙額興嘆」，也全都變成了「安居樂業」。

一行人的任務除訪察民情外，就是盤驗倉庫，以確定當地是否有虧空情況，吏治「清明」與否。在各地政府事先早就做好準備的情況下，不管尹壯圖怎麼查，倉庫裡都「絲毫並無短少」——其實就是大家配合著老皇帝，給尹壯圖演一場戲，捉弄一下他而已。

在尹壯圖等人出京前，乾隆就吩咐，慶成可以沿途按品級支取俸祿，但尹壯圖既是「自請盤查之員」，便只供驛馬，不供俸祿，所有費用自理。乾隆的這個交代，實際就明確了尹壯圖此行所能得到的待遇，他與其說是到各地訪察，倒不如說是被慶成押著在到處認罪。

山西之行剛剛結束，尹壯圖就已經繳械認輸，上疏表示「倉庫整齊，並無虧缺，業已傾心貼服」，他同時請求回京，可憐巴巴地說自己一路上晝夜兼程，就怕吃不消生病，弄出個三長兩短，以致「不能平安回京，以受朝廷處治。」

乾隆卻還沒過夠癮，朱批道：「一省查無虧缺，恐怕還不足以讓你心服口服，你應該到山東及直隸正定、保定等處再去看看。」他讓慶成押著尹壯圖先從山西趕往山東、直隸，繼而又趕往江南，總之是不把這個不識相的傢伙弄個半死不活就決不甘休。

訪察持續了四十多天，尹壯圖就像被趕鴨子一樣被趕得到處亂跑，真是生不如死，他只好每到一個地方就上奏，劈劈啪啪打自己嘴巴，說：「各省均無虧空，沿途所經的各州縣地方，百姓情緒平穩，隨處體察，毫無興嘆事情。」

直到把尹壯圖整治得差不多了，乾隆才以欺罔之罪將他予以革職，令慶成押解來京，交由刑部治罪。刑部一看這態勢，二話不說便給尹壯圖定了個處斬，此時的乾隆氣也消了大半，便又作大度賢明君主狀，提出「不妨以謗為規，不值加以重罪」，免尹壯圖死罪，貶為內閣侍讀，而且八年裡必須沒有一點過錯，方允許提拔。

經此一劫，尹壯圖哪裡還有心思等著提拔，不久便以家裡老母需要贍養為由，辭官回鄉了。其他正直之士見狀也都寒了心，自此再無人願意和敢於對時政發表諫議，朝堂之上整天都是頌諛之聲，而乾隆則在其中繼續昏昏欲睡。在乾隆讓尹壯圖到各地訪察的過程中，乾隆只是作宏觀指示，細節方面主要都是和珅在「安排」，當然他的「安排」也一如既往地令乾隆感到滿意。

一七九〇年九月，和珅主持了乾隆的八十大壽慶典，僅僅從慶典的籌辦過程中，就可以看出他為什麼能深得老皇帝歡心——為了保證規模，達到乾隆的期望值，慶典預計投入費用一百七十多萬兩白銀，但最後結算時，只花了一百一十多萬兩，「節約」部分均為地方督撫、布政使、鹽政織造、稅關監督等籌集的補貼費用，而北京西直門至圓明園道路上的慶典裝飾，則全部由兩淮、長蘆和浙江等富庶地區的商紳買單。

尹壯圖案後，議罪銀制度不但沒有被取消，還被和珅轉用到了其他領域，乾隆的八旬慶典即是如此。按照公開的說法，慶典的補貼費用乃是官員們為孝敬皇帝，自願從俸祿中撥出的，但誰都知道，就像對待議罪銀一樣，官員們一定還會在自己的管轄範圍內加倍把它們給撈回來，投入其中的商紳們同樣也是無利不起早，各取所需。看起來好像大家都在「割肉」給皇帝享用，可實際上他們又何嘗不是在分食皇帝的那份家業呢！只是乾隆意驕志滿，自得其樂，已根本察覺不到了。

壽典

乾隆的八旬壽典舉辦於圓明園，被認為是圓明園歷史上最後一次真正意義上的大狂歡。

慶典當天，「萬壽」二字成了最多人掛在嘴邊的字眼，大約有一千名喇嘛聚集在巨大的遮篷底下，念誦佛經為乾隆祈願。祝壽隊伍排得一眼望不到邊，皇室成員、文武百官、蒙回首領、安南國王，以及來自朝鮮、緬甸等各藩屬國的使節，按序一一覲見乾隆並向其祝壽。中國人的傳統習慣是七十九歲過八十大壽，俗稱整壽，時年七十九歲的乾隆顯得精神煥發，朝鮮使者覲見後，說清朝皇帝耳聰目明，步履便捷，看上去好像只有六十多歲。

在熱熱鬧鬧的表像背後，乾隆也有感到寂寥的時候，他活得太久了，一個個摯愛的親人都先後離他而去，以致他只能在回憶中竭力搜尋那些曾經的音容笑貌。

早在決定禪位前後，乾隆就開始下令修建甯壽全宮，以為將來歸政後「優遊頤壽之所」，藩邸舊居重華宮並不打算去住，但他對重華宮仍很重視，一再吩咐必須保持其原有的陳設規制。究其緣由，就是重華宮的很多事物都能勾起他對親人的回憶，如宮內有一對大櫃，乃是結髮妻、孝賢皇后富察氏新婚時的妝奩，如東首頂櫃存放的物品為爺爺康熙所賜，又如西首頂櫃之東存放著父親雍正所賜之物，其西存放著母親崇慶皇太后所賜之物。乾隆不僅自己將這些物品作為永久紀念物，倍加珍視，還留下話來，要求「後世子孫隨時檢視，手澤口澤存焉。」

所有逝去的親人裡面，最讓乾隆刻骨銘心、無法忘懷的，無疑還是孝賢皇后。死亡定格了逝去者的形象，孝賢三十七歲時離開，她在乾隆腦海中便永遠是三十七歲以及之前的樣子。孝賢身為一名女子，卻善於騎馬，年輕時常隨丈夫外出狩獵，和孝公主在這一點上和孝賢很像，不僅常穿男裝隨乾隆外出打獵，還能力挽強弓。或許也是沾了這種相似性的光，乾隆對和孝特別鍾愛，曾不無惋惜地對她說：「你要是皇子的話，朕一定會立你為皇儲。」

事實上，在乾隆內心深處，因為結髮妻子去世而導致的情感真空，從未能夠得到完全填補。別說廢后那拉氏了，即便是寵妃如魏佳氏等，亦無法替代富察氏留下的位置。

包括《述悲賦》在內，乾隆寫過不下一百多首悼亡孝賢的詩作，雖然他一生的詩篇多達四萬餘首，這些悼亡詩在其中所占的篇幅並不大，但由於飽含真情，它們幾乎首首都是具有感染力、震撼力的上乘之作。孝賢死於濟南，於是濟南也成為乾隆一生中的傷心之地，他在第四次南巡時路過濟南，便選擇了繞城而走，那時距孝賢故去已有十七年，故他在詩中自云「十七年過恨未平」。

至乾隆舉辦壽典，即將成為八旬翁之際，又是兩個十七年過去了，乾隆對亡妻的思念不但沒有因時間而消退，反而變得更加濃烈，這讓他有時甚至會產生已經活夠了的念頭。當年他赴東陵祭謁，再次親往孝賢陵前酹酒行禮，並賦詩一首云：「三秋別忽爾，一晌奠酸然。」他對著亡妻的在天之靈喃喃自語，說我不想活到一百歲啊，要是運氣好的話，距與你相會的時間，再遠也不會超過二十年！

可是老天爺並沒有準備把乾隆就此收去。這其實還真的不是一件好事，在和珅等人的帶動下，官吏貪污幾乎已成為乾隆末年的一種普遍現象。自甘肅冒賑案起就已露出端倪的錢糧虧空和民間積欠問題變得愈益嚴重，當初國泰案發生後，乾隆在將國泰、于易簡處決的同時，決定山東以及甘肅、浙江等省的虧空官員各留本任，限期一年，補齊虧空，但是十幾年過去了，不但上述各省的虧空沒能得到彌補，就連其他省也相繼出現了數額巨大的虧空和積欠。

據統計，截至一七九一年，山東的未完積欠銀米已達兩百一十八萬兩，直隸有一百一十萬兩，連素稱富庶之省的江蘇也有五十萬七千兩。所有虧空和積欠講穿了，都是各省官吏貪污營私的代名詞，這一點連乾隆自己都清楚，他對尹壯圖的批駁因此不攻自破。

乾隆被現狀打臉之後，多次對各級官吏進行指斥，同時也做了一些自我檢討，承認自己數年來過於寬縱，以致吏治不彰。從一七九一年開始，他一再命各省對帳目進行重新核對，限期一年，全數歸額，但事與願違，這一措施不僅沒有能夠煞住貪風，反而使得各省貪風更加橫行，積欠虧空也隨之越來越多，越來越普遍。

國計民生終於還是被積重難返的吏治腐敗給拖向了深淵，在經濟和文化發展雙雙停滯不前的情況下，整個社會都陷入空前深重的危機之中。此後幾年，呈現在外國使團面前的已是一片衰敗景象，英國使團所看到的，是「極端的貧窮、無助的困苦、連年不斷的饑饉，以及由此而引發的悲慘景象。」

接踵而來的荷蘭使團除留下與英國使者相仿的印象外，還十分驚訝地發現，離京城越近，中國的城鄉狀況居然越差，居民的生活也越顯貧窮淒慘：「小屋由泥土壘成，屋宇由半生不熟的磚所砌成，全都破敗不堪。寺廟傾圮，泥菩薩東倒西歪，殘肢四落。」

海上戰略

在英國使團踏上中國土地之前，中國在歐洲人的辭典上其實是精美和輝煌的代名詞，尤其是在十八世紀中葉，乾隆盛世進入巔峰期時，「中國熱」更是席捲歐洲，當時歐洲的主要發達國家，從法國到英國、荷蘭等，上至王公貴族，下至平民百姓，幾乎人人都對中國抱有興趣。

在法國，上層社會興起了「中國時尚」，中國人相對精緻的私人生活方式以及出口的茶葉、瓷器、絲綢等讓貴族們為之著迷，啟蒙思想家伏爾泰則在研究來華傳教士以及商人的報告後，盛讚中國的政治制度，認為中國政府是「人類精神所能夠設想出的最良好的政府」。英國同樣如此，人們購買中國的商品，收藏中國的器物，模仿中國的園林建築，甚至連英國國王都喜歡穿中國式的服裝，後世學者評價道：「翻閱一下十八世紀那些日益大眾化的雜誌、小報和期刊，就會為英國人對中國的興趣和瞭解感到吃驚。」

自康熙朝取消海禁以來，中國與海外各國就一直保持著貿易往來，原本政府開放有江、浙、閩、粵四個對外貿易港口，但因為事實上不太方便，又發生了荷蘭東印度公司屠殺中國旅外僑民事件，乾隆便下令「以商制夷」，關閉其中三個海關，「只許在廣東收泊貿易」，這就是所謂的「一口通商」。

「一口通商」毫無疑問是一種保守的對外政策，然而就當時中西貿易水準而言，已經完全能夠滿足需要，中西貿易並未受到多大影響。中英貿易尤其發展迅速，據統計，從十八世紀六〇年代至七〇年代，英國的對華貿易額每年達到幾百萬英鎊，僅運輸茶葉一項，每年就需十八艘大船往返，是法國、荷蘭的近兩倍，事實上已逐步壟斷了西方的對華海上貿易。

不過英國人對中英貿易狀況卻並不滿意。中國是自給自足的小農經濟社會，用不著來自西洋的產品，這使中英兩國的貿易收支長期處於不平衡狀態，英國每年從中國進口大量的茶葉、絲綢、瓷器、工藝品，卻甚少有產品能夠進入中國市場。在一口通商制度下，英國在華的經商活動也很不自由，按照規定，廣州只有十三行即中國政府指定的十三家行商可以與外國人做買賣，英商必須住在十三行裡，利用夏秋兩季做完買賣，之後就得到澳門去過冬。

英國人在廣州既不許擁有武器，也不許攜帶家眷。最讓他們覺得不可思議的是，還不准他們購買中國書籍和學習中文。英國傳教士馬禮遜請了一個中文教師，據說這位中文教師每次去給馬禮遜授課的時候，身旁都必備一雙鞋子和一瓶毒藥，鞋子是表示他是去買鞋的，不是去教書，毒藥是預備萬一被政府查出，可以自盡！

中國的海關稅率原本很低，連中央政府也不太看重這筆收入，但是地方上附加的陋規極其繁重，加上正稅，大概要收貨價的百分之二十，而且還不透明，英商每次在納稅時都要經過一番菜市場式的討價還價，這讓他們很不耐煩。

進入十九世紀中葉，整個英國開始工業革命，昔日的手工業都慢慢變成了機械製造，海外市場對於英國國計民生的重要性愈加突出。如何開發中國內地市場，同時突破一口通商的限制，爭取購買到更多物美價廉的中國商品，逐漸成為英國政府的當務之急。

由於英國東印度公司在亞洲的鴉片貿易起源較早，他們原本打算以廓爾喀為基地，通過陸路向西藏輸送鴉片，但在兩次清廓戰爭結束後，廓爾喀成為中國的藩屬國，外交上倒向中國，陸路策略因而破產。在不得已的情況下，英國政府只好集中力量於其海上戰略。

這時通過來華傳教士以及商人的傳播，歐洲人都把乾隆看作一個模範的開明君主，英國有一種觀點認為，其實乾隆並不清楚英國在華經商中所遇到的一系列困難，倘若有辦法能夠與他直接打交道，他必定願意加以改革。於是早在清廓戰爭前，東印度公司便有人向英國政府建議：「派遣一個使節到北京面見中國皇帝，請求他下一道命令解除英國這些困難（指打開中國市場）。」英國政府採納了這一建議，決定派出以卡斯卡特為特使的使團出使中國。

一七八七年，卡斯卡特使團從英國出發，但出發後不到兩天，就遇到了很大的海上風暴，船隻受損嚴重，同時疾病也開始在使團成員中蔓延，約有半數人中途病倒。卡斯卡特出發前就患有肺結核，至此病情加劇，並最終病死於印尼西部的邦加海峽。他一死，使團群龍無首，只得掉頭返回英國。

有史以來的第一次使團訪華就這樣以中途夭折而告終，但英國並沒有因此打消繼續與中國政府進行直接接觸的念頭。五年後，英國政府又以馬加爾尼為特使，重新組織了一個龐大的使團，為了避免重蹈覆轍，他們這次將馬加爾特尼作為正使，將使團秘書斯當東作為副使，並且決定一旦馬加爾尼途中發生意外，便由斯當東替補。

在馬加爾尼使團出發前，東印度公司董事長培林致信兩廣總督，將此事通知了中國政府。廣東官員揣摩聖意，極力慫恿並讓使團同意以慶祝乾隆壽辰的名義訪華，隨後，廣東方面便上奏朝廷，稱英國國王將派使專程給乾隆賀壽，並且給大壽慶典帶來了「貴重貢物」。

西洋觀

據考證，中國人的「西洋」概念肇自元朝，但直到明清，中國人對於世界的認識仍相當模糊，就連知識界也還是抱持著過去「地圓天方，中國居大地之中」的地理觀。圓明園裡有個九州，乃帝后寢宮，共由九座小島組成，實際上就是這種地理觀的體現。一位明代時來華的義大利傳教士曾寫過一本書，提到世界有五大洲，時任《四庫全書》總纂官的紀昀看後卻說這位傳教士在說假話，因為他認為世界實在不可能有那麼大。

在西洋觀上，皇帝並不比士大夫們強到哪裡去。康雍乾祖孫三代，以康熙對西學的造詣最深，但康熙對西學所表現出來的興趣，其實也只是純屬個人的一種興趣愛好而已，並沒有對他的治國理念造成多大影響。雍正、乾隆父子則均對西學興味索然，乾隆在其他方面都以祖父為表率，唯在西學方面，遠不像康熙那樣熱衷和精通，所以雖然外面的世界日新月異，但他在看待西洋問題上卻還是過去的老一套，即自視為天朝上國，將中國以外的其他國家一律看作化外蠻夷之邦。

另外，同為精明強幹的君主，康雍乾從保護邊疆安全的角度出發，又都對西洋外來勢力的威脅保持著一種近乎本能的警惕。康熙晚年預言：「海外如西洋等國，千百年後，中國恐受其累。」雍正也認識到：「中國北有俄羅斯是不可輕視的，南有歐西各國，更是要擔心的。西有回人，朕欲阻其內入，毋使搗亂我中國。」

乾隆在即位之初就收到廣東方面的奏報，得知每年都有十餘艘至八九十艘不等的洋船抵粵，每艘船上有四五百名持槍士兵，火炮最多的配備三十餘尊，而且「賦性強悍，蠻野無知，實非善類」，當洋船停泊於岸邊時，常有附近鄉民被持槍洋兵所傷。這讓乾隆切實感受到了西洋國家對大清帝國可能存在的威脅，但在很長一段時間裡，他對英國的認識仍非常模糊，只是將其作為和荷蘭等差不多的「紅毛番」看待。

後來隨著中英貿易逐漸頻繁，清廷才對英國有了更多的瞭解。乾隆對英國的印象也在不斷加深，但還沒有馬上將它列為西洋強國，直至最後一次南巡結束，在乾隆所下令修纂的官方書籍中，依然保持著明末清初以來的說法，即認為西班牙、法國、義大利等是西洋大國，英國則是連名字都沒提。

真正讓乾隆對英國引起注意，並開始意識到它在西洋國家中強悍地位的，恰恰是清廓戰爭。在第一次清廓戰爭中，西藏地方當局曾背著駐藏大臣，秘密向英屬印度總督康華利求援，請其協助抵抗廓爾喀的入侵，至第二次清廓戰爭時，廓爾喀又以門戶開放為條件，向康華利求援，結果康華利患得患失，哪一方都想敷衍，但對於哪一方又都沒有最終答應下來。也幸好他沒有答應，否則戰爭的結果很難預測，福康安洞悉了這一切，在與廓爾喀達成受降協定後，即立即關閉了西藏通往印度的關口，從而杜絕了英方繼續從中渾水摸魚的可能。

清廓戰爭期間，乾隆多次接到福康安的相應報告，對此留下了深刻印象，在他後來寫給英國國王的信件中，特地說到清廓戰爭，並語帶譏諷地提及了英國當時意圖扮演的角色。

乾隆也不斷接到關於英國在「外夷中最稱慓悍」以及深具海盜作風的資訊。有一次，英軍在中國沿海俘獲了兩艘從馬尼拉開出的法船，接著又想在廣東洋面捕擄正要進口的三艘法國商船，廣東當局得報後，立即調集水師，分佈在附近進行防範，這才迫使英國軍艦退卻。乾隆對此較為關注，特地用朱筆做了記錄：「英吉利在西洋諸國中較為強悍，且聞其向在海洋有劫掠西洋各國商船之事。」

儘管如此，在清王朝的戰略格局中，海岸線以及西洋國家始終都處於次要地位，這是因為傳統上對中國的軍事挑戰大多來自亞洲腹地的邊疆地區，而不是東南沿海，甚至滿人自己都是從東北邊疆起家的。換言之，清廷一直對陸路邊疆保持著軍事優勢，在與俄羅斯以及其他中亞強國打交道時也都小心翼翼，很少想到拿朝貢體系來框範國與國之間的關係，但這種相對平等的視角卻並不適用於任何一個西洋國家。

在實際操作中，所有西洋國家包括英國都被納入了朝貢體系，即被擺在比中國低一級的地位，與周邊的朝鮮、安南、廓爾喀等亞洲藩屬國類同，理論上，都應匍匐在「天朝」腳下。作為已被確認的西洋強國，如果英國能夠主動對「天朝」表示恭順，這自然是乾隆求之不得的一件事，所以當得知英使要為「叩祝」自己壽辰「進貢」而來時，他顯得相當高興，不僅欣然接受，而且指示要給予「進貢團」以特別禮遇。

跪拜大禮

一七九二年十月，馬加爾尼使團從英國樸資茅斯港起航，前往中國，他們被允許直駛天津，由大沽口登陸，然後通過內河航行進入北京。與其他訪華的西方使團相比，清廷此次為英國使團所作的路線安排屬於最高規格，如荷蘭使團就必須先在廣州登陸，然後再由陸路步行北上。

荷蘭使團進京時正值隆冬，大江小河全都冰凍了，大部分地表覆蓋著冰雪，但使團常常還要連夜趕路，相當辛苦。英國使團則基本是以船代步，馬加爾尼和他的隨員在途中都未感到勞累或不方便。

荷蘭使團所得到的接待也很一般，北上後只能在京郊一所「馬廄似的處所」下榻。英國使團住的卻是花園別墅，所到之處，不須他們提出請求，便有大批免費供應的物資源源不斷地送來，馬加爾尼在他的日記中詳細記錄了中方贈送的食物數量，讚嘆地說：「東方人對待遠客是這樣的熱情，真使人可感。」

馬加爾尼使團被稱為歷史上人數最多、規模最大的西方使團，使團成員加上各船船手、士兵、工役，共達七百餘人，其中既包括具有海外殖民經驗的人員，也有自然科學家，如此安排，除便於收集情報資訊外，一個重要用意就是要彰顯英國國力，從而使中國在望而生畏的情況下答應其要求。

出於同樣的目的，使團還帶來了數量極多的禮品，他們上岸後，因為要將禮品從陸路送往北京，一共分了裝六百箱，動用了三千多名民夫以及幾十輛四輪馬車進行運輸。這些禮品中不僅包括當時中國根本不會生產，也從來沒有見過的工業科技產品，如紡織機械、望遠鏡、天體運行儀、地球儀、熱氣球等，還有槍支、大炮等武器。歷來國賓禮品很少有贈送大炮的，尤其是贈送給一個尚未正式建立官方外交關係的國家。這種曠古未有的奇事，既顯示出英國政府對於此次使團訪華寄望之殷，同時也可看作向中國炫耀武力的一種表現，極具挑釁意味。

英國人的炫耀和挑釁，恰與乾隆的自大和防範咬合在一起，使得雙方很快就奏出了不和諧音符。使團到達天津時，首先送上八大件禮品，並聲稱這些禮品體積高大，恐怕就是在京城也難以找到合適的安裝地點，直到他們參觀圓明園宮殿，看了正大光明殿之後，才認為「這個寬廣的大殿正適於陳列禮物」。乾隆聞訊很是得意，說果然不出我所料，「該貢使等從未觀光上國」，都不知道天朝殿宇有多麼輝煌壯麗，居然還敢自誇貢品高大，這下可安分了吧！

此時乾隆已赴熱河避暑山莊。一七九三年九月二日，馬加爾尼率六十八名使團成員前往熱河覲見乾隆，他們穿過萬里長城，花六天時間抵達避暑山莊，但接下來卻因為禮儀問題與中方發生爭執，使得覲見環節不得不向後推遲。

在清廷看來，「貢使」向皇帝乃至皇帝的恩旨行跪拜大禮，乃理所應當之事，然而馬加爾尼一行不這麼認為，早在剛剛到達天津，當接待官員向使團宣旨時，他們就只肯脫帽致意。接待官員只得用「免冠竦立」的誇張修辭手法向上報告，乾隆得報後立即指示天津方面「婉辭告知」使團，讓使團「遵天朝法度」，但馬加爾尼在聽了中方的「婉辭」後依舊沒能夠接受。

和珅親自在熱河主持接待接團。和珅固然是個奸相，不過從其斥退廓爾喀使者一事上就不難看出，他是有一些外交手腕和見識的，馬加爾尼及隨員對這位相貌堂堂的「和中堂」也普遍印象不錯，認為和珅不僅態度和藹可親，而且「直率、活躍並善談」，同時「對問題的認識尖銳深刻」，是一個比較成熟的政治家。

然而即便如此，當涉及覲見乾隆的禮儀安排時，他和馬加爾尼之間仍難以取得一致。按清廷要求，馬加爾尼必須在皇帝面前行三跪九叩之禮，但馬加爾尼認為這意味著英國對中國「表示屈服和順從」，故難以從命，他還同時指出，此前中方把他帶來的禮品寫成「貢品」字樣，已經混淆了使團的角色。

在交涉過程中，馬加爾尼透過和珅向清廷提出，實在要讓他三跪九叩也行，但中國皇帝也必須欽派一個和他地位身份相同的大員，身穿朝服，在英國國王的畫像前三跪九叩。

對於「雙方行對等禮」的替代方案，乾隆不僅斷然拒絕，而且感到「極不稱心」：身為貢使，不肯跪拜恩旨也就算了，居然連當著皇帝的面三跪九叩都不願意，那你們來天朝所為何事？

在上諭中，乾隆堅持三跪九叩不能逾越，他不會容忍任何人不行此禮，英國人也不例外，他甚至強調，即使英國國王親自來朝，亦要行此大禮。

由於認為是先前接待得太周到，才導致英國「貢使」如此傲慢無禮，乾隆按照他自己的「駕馭外藩之道」，下令降低對「貢使團」的接待規格，減少免費的物質供給，並取消所有額外賞賜。熱河的氣氛因而變得極為緊張，但馬加爾尼在巨大的壓力下並沒有輕易就範，雙方圍繞究竟如何行禮，展開了長時間的激烈爭論。

獅子與龍的相遇

很多年後，被流放於孤島的拿破崙認真閱讀了馬加爾尼使團的訪華實錄，站在相對公正的角度，他認為英國使團既然出使中國，就應入鄉隨俗，遵守當地的規矩。所謂三跪九叩之禮，乃中國由來已久的一個單純動作，對行禮者本身並不構成侮辱，也絕不算丟臉，「在義大利，您吻教皇的騾子，但這並不被視為卑躬屈膝。」

對於馬加爾尼只能按自己本國禮儀行禮的說法，拿破崙表示實難苟同，「你怎麼能要求中國人服從英國的禮節呢？」為了使自己的推理更為明確，他甚至開了個粗俗的玩笑：「如果英國的習俗不是吻國王的手，而是吻他的屁股，是否也要中國皇帝脫褲子呢？」

將當年的禮儀之爭重新重播，拿破崙覺得中國人並沒有做錯什麼，因為如果中國使節到倫敦，同樣也要按英國的一套施禮，反之亦然。「外交官拒絕叩頭就是對皇帝不敬！」拿破崙進一步舉例說，一名被派到土耳其的歐洲勳爵，在受到蘇丹召見時，「難道可以不穿要求的皮裡長袍嗎？」

拿破崙在被流放前是法國皇帝，還是歐洲最顯赫的皇帝，假若讓他從法國遣使訪華，他會怎麼做呢？在經過思考之後，拿破崙也對這個假設做出了回答：「我會命令他先向中國的最高官員打聽，瞭解在中國皇帝面前應施的禮節，如果中國人提出，就讓他服從中國的禮節！」

從拿破崙的態度可以看出，即便在歐洲上流社會，也並不普遍視跪拜為屈辱和貶抑的行為，亦不覺得向中國皇帝三跪九叩，就等於向中國臣服。馬加爾尼訪華時，在京的歐洲傳教士對其在禮儀上的執拗同樣不以為然，他們來華時間日久，跪拜已成尋常事，卻也沒有因此動搖個人信仰及其追求。傳教士們較為一致的看法是，英國人不承認中國文化具有其獨特性，沒有充分尊重中國的宮廷禮儀，遭到冷遇乃咎由自取。

顯然，禮儀問題絕不像它表面所呈現的那樣簡單，說到底還是中英博弈的繼續：「天朝」固然自高自大，視它國為藩屬，自己為「天下唯一的文明國家」，英國因為自居「世界上最強大的國家」，其實也不比中國人看西方時表現得更為豁達。

馬加爾尼雖固執己見，但畢竟使團千里迢迢來華，他也不願因為禮儀的環節難以逾越，結果弄得連乾隆的面都沒見著，就被迫打道回府。經過反復磋商，雙方最終決定各退一步，即馬加爾尼在覲見時仍然要跪拜，但不是三跪九叩，只按覲見英國國王時的禮儀，單膝跪地，同時免去英國式的吻手禮。

一七九三年九月十四日，在禮儀問題達成協議後，乾隆終於在避暑山莊萬樹園接見了使團的正副使，即馬加爾尼和斯當東。這場中英間歷史性的相會在大幄內舉行，史書上稱之為「獅子與龍的相遇」，覲見時，馬加爾尼首先向乾隆行禮致辭，繼而把裝在鑲珠寶盒裡的英國國王書信遞交乾隆。

當時馬加爾尼行的究竟是什麼禮，事後雙方各執一詞。英方記載是馬加爾尼按協議單膝跪地，未曾叩頭，中方則認為馬加爾尼實際上是叩了頭，「及至殿上，不覺雙跪俯伏」，按和珅的說法，還是他全程引領「該貢使」向乾隆行了三跪九叩之禮。在場的中方官員也都發誓說他們親眼見到馬加爾尼行了叩頭禮，後來的嘉慶皇帝在一道詔書中寫道：「爾使臣（指馬加爾尼）行禮，悉跪叩如儀。」作為協力廠商觀察者，俄羅斯口譯人員則做證說：「這位英國大使的確行了三跪九叩之禮。」

有人分析，這其實很可能是同一個場面，只是視角不同罷了。因為當天乾隆還同時接見了緬甸使臣以及蒙古諸王、貝勒、貝子、額駙、台吉等，後者全都行了三跪九叩之禮，不妨這樣試想一下：當全體人員下跪的時候，馬加爾尼和斯當東自然也會跪下；眾人站起，他們總不至於仍然跪著，勢必要跟著站起來；眾人再跪，他們不好兀自站著，只得又再次跪下；如是者三……。

按馬加爾尼和斯當東所說，他們是單膝跪地，頭不著地，但二人強調了動作的不同，卻有意無意地掩飾了動作的重複。不管他們的頭有沒有叩著地面，給人印象就是在不知不覺中被周圍的人所帶動，對乾隆行了三跪九叩之禮。

乾隆的視角就是三跪九叩的視角，所以在整個接見儀式中他的心情相當之好，因禮儀問題而造成的不快似乎也已經煙消雲散。斯當東的十三歲兒子陪同父親行禮，得知他同時還是使團中唯一能講幾句中國話的人，老皇帝欣然解下掛在腰間的黃色絲織荷包，破例將其賜給孩子，並表示希望聽他說話。

接見已畢，乾隆賜宴款待來賓，席間，他命人召馬加爾尼和斯當東至御座旁，各親賜溫酒一杯，接著又親切地問及英國國王的歲數，此時英國國王為喬治三世，當年五十六歲，乾隆頗為豁達地「祝願英王也能同他一樣長壽」。

之前英使們見過乾隆的畫像，感覺畫像上的中國皇帝「顯得嚴肅、沉悶」，見到真人之後，才發現對方「愉快直率，落落大方。」

諒來沒有什麼稀罕和新鮮的

在乾隆和整個清廷看來，覲見儀式的成功舉行，就意味著已將英國置於以中國為中心的世界秩序規範當中。軍機處檔案收藏了一首乾隆就覲見所作的詩，詩中頗有成就感地寫道：「懷遠薄來而厚往，衷深保泰以持盈。」

儀式活動結束後，馬加爾尼及其隨員受邀遊覽御花園，負責陪同的都是清帝國的大人物，由於每個人都在長袍外面套著一件黃馬褂，所以馬加爾尼笑稱他們為「黃衣騎士」。

幾個「黃衣騎士」中，居首者是馬加爾尼最熟悉的「和中堂」，此外還有福康安、福長安等。就對馬加爾尼的態度而言，福康安、福長安兄弟形成了鮮明對比，福長安看上去熱情友好，而他的哥哥卻始終是一副冷冰冰的面孔。

福康安當過兩廣總督，就在覲見儀式開始前，他還神態嚴肅地碰了碰馬加爾尼的帽子，意思是讓他不要忘了脫帽致禮，中國人並無這樣的行禮習慣，顯然福康安確實知道一點英國人的習俗。

對馬加爾尼而言，福康安的舉止毫無疑問是一種不友好的表示。西方人按照他們的政治運作邏輯，喜歡從官僚中區分出「鴿派」和「鷹派」，在馬加爾尼看來，如果文官身份的福長安算作鴿派，則有著軍方背景的福康安便是十足的鷹派。

馬加爾尼自來華後，便對中國軍隊所用的武器進行了觀察，結果發現中國軍人特別是八旗兵還普遍愛用弓箭，「乾隆愛用的武器也是弓」。當馬加爾尼告訴這些中國軍人，歐洲人已放棄了弓而只用槍打仗時，「他們顯得十分吃驚」。

當然中國軍隊在實戰中也已大量使用火器，八旗中就設有火器營、健銳營，但他們的火繩槍與英軍的燧發槍相比有很大差距，即便是性能優良一些的，如贊巴拉特鳥槍，按西方標準來看也威力不足，連最薄的牆壁都無法穿透。武力是馬加爾尼此次來華所憑恃的最大優勢，他因而問福康安，是否想看看使團衛隊的操練，衛兵們可以當面操演火器和隊形變換，就像他們在歐洲常做的那樣。

馬加爾尼以為將軍身份的福康安一定會喜出望外，急不可耐地提出觀摩請求，之後他便可以在套近乎的同時，通過震懾性的效果令對方改變態度。未料福康安卻以冷漠的口吻回答：「我在前線身經百戰，看看當然可以，不看也無所謂，這火器操法諒來沒有什麼稀罕和新鮮的。」

馬加爾尼討了個沒趣，當下便不再提觀摩衛隊操練了，他內心的想法則是：「真蠢！他一生中從未見過連發槍，中國軍隊還在用火繩引爆的槍。」與之類似，副使斯當東也在私下譏諷「前廣東總督」（指福康安），說他「此前還從沒見過一杆火繩槍（此處應指燧發槍）」，以此來掩飾自己的不快。

馬加爾尼和斯當東認為福康安是出於自大和愚蠢，才對觀摩抱無所謂的態度，但其實福康安也並非故作豪言，他是真有底氣——福康安本人不僅見過燧發槍，而且可以肯定見過很多，因為清廓戰場上廓軍的槍支就是從英國購買或從英軍手中繳獲的燧發槍，當然對於相應攻擊戰術和陣法也絕不至於陌生。

從與福康安父兄交手的緬軍，到福康安親自對付的廓軍，都配備著燧發槍。儘管緬廓兩軍論其槍炮的精良程度，尚不能與歐洲相比，實際和清軍一樣，都屬於冷熱兵器並用的軍隊，但問題是，在整個十八世紀，熱兵器對冷兵器尚難以構成絕對性的壓倒優勢。

以馬加爾尼使團衛隊為例，裝備燧發槍的步兵必須排成特定的縱深隊形，才能保證火力的持續以及殺傷效果，這與清軍使用火器時的連環槍炮戰術並無本質不同。如果英軍的對手善於用兵和搏殺，即便武器稍遜，還是一樣有機會擊敗他們，緬、廓軍就各自都擁有擊敗法軍和英軍的驕人紀錄。

福康安大軍是清軍的第一流精銳部隊，但凡出征，均會集結火器營、健銳營，加上將帥的智勇兼備、八旗騎兵的騎射優勢，其作戰能力超過廓軍，之所以未能在清廓戰爭中取得軍事上的完勝，只是受限於當地的氣候和地形，而不是畏懼於對方所裝備的燧發槍或者火炮。換句話說，如果英軍選擇和福康安大軍對陣，鹿死誰手尚未可知，這也是英國在清廓戰爭中不得不保持中立的一個重要原因，說到底就是「對中國的懼怕束縛了英國的手腳」，有了這樣的前提，福康安又豈會將一個非實戰的衛隊操練放在眼裡。

明爭暗鬥

清廓戰爭期間，連北京都曾盛傳英軍要幫助廓爾喀軍隊入侵西藏，據說廓軍陣中也出現了英軍裝束的歐洲人。雖然後來英軍並未整編制參戰，廓軍陣中的英軍官兵被證明非其官方行為，但廓爾喀曾向英國請求軍事援助，英國也有過是否要蹚渾水的考慮，福康安對此是完全清楚的，他對馬加爾尼流露出來的敵意，實際是把對方當作了自己未來的潛在對手和敵人。

英國使者和中國將軍的相互不屑很快就被延伸至其他方面。馬加爾尼等人在遊覽御花園時，看到園內的各個樓裡都放著玩具、掛鐘和地球儀，做工極其完美，相比之下，他們帶來的禮品倒顯得有些黯然失色。不僅如此，陪同官員還告訴他們，比起紫禁城和圓明園，這些西洋珍品都算不得什麼，此言一出，馬加爾尼、斯當東尷尬得當場無言以對。

福康安察言觀色，立即「傲慢地」問馬加爾尼，英國是否有這些東西。這次英國人開始發起反擊，馬加爾尼告訴他，這些東西就是從英國運來的。福康安聽後大為掃興，遂也不得不閉住了嘴。

馬加爾尼對中國國情還缺乏深入的瞭解，他以為中國官僚可分「鴿派」、「鷹派」，但其實跟他接觸的所有中國官僚都只屬於一個派，即「皇上派」，他們不過是根據皇帝的意旨擔當不同角色而已：福康安做惡人，在明裡和馬加爾尼互相較勁，他弟弟福長安以及和珅等則裝好人，從暗處對馬加爾尼進行試探。

事實上，這種明爭暗鬥貫穿著馬加爾尼使華的整個過程，甚至乾隆也參與其中。安裝在圓明園內的八大件禮品，乃使團展示的重點，其中最醒目的，是六門小型加農炮以及一座裝配有一百一十門重炮的戰列艦模型，後者是當時英國艦隊中最出色軍艦「君王」號的縮小版。馬加爾尼特地在禮品說明書上寫道：「英國在歐洲是第一位的海軍強國，素被稱為海上之王。」

船炮是比較直觀的，乾隆親自觀看了加農炮的試放，對火炮的威力表示驚訝，但這種現場反應英國人卻無緣得見，因為英國炮兵把炮送去後，連表演的機會都沒得到，就馬上被打發了回去，試射時用的是清軍炮手。至於「君王」號模型，乾隆雖被它吸引了片刻，但由於負責翻譯的傳教士缺乏船舶方面的知識，而乾隆本身也不太懂海戰，所以很快就興味索然了。

除暗中角力的因素外，其他大概就只被歸結為「愚昧與孤傲」了，對於那些顯示科學和工業水準的禮品，缺乏科技素養與興趣的中國皇帝根本就看不懂，也不知道其價值所在，看完演示後丟下的一句話竟是：「這些玩具只配給兒童玩！」

還有不容忽視的一點是，從順治起，皇宮裡就收藏西洋珍品，正如馬加爾尼在遊覽御花園時所看到的那樣，使團帶來的大部分寶貝，清宮裡幾乎都有，而且更加精美漂亮，馬加爾尼想用禮品來打動和吸引乾隆的目的自然也很難達成。

一七九三年九月十七日是乾隆的八十三歲壽辰（實際為八十二歲），馬加爾尼和斯當東來到避暑山莊的澹泊寧靜殿，向乾隆行慶賀禮。慶壽活動後，英國使團先行回京，在此期間，英國國王喬治三世致乾隆的信件被翻譯成了中文。

喬治在信中一開頭就稱「英國的軍事威力遠及世界各方」，繼而提出了多口通商、在舟山附近辟一小島、在北京長駐使節等多項要求，至此，乾隆才瞭解到英國使團來華的真正用意。

在康雍乾三代帝王，也可以說是自古以來的中原帝王思維裡，以中國為中心的世界秩序是亙古不變和不容挑戰的。英王的信件不但推翻了馬加爾尼覲見中國皇帝所代表的象徵意義，而且無異於是欲以一種新秩序來代替舊秩序。這在乾隆看來，是無理和根本不可能的，他在給英王的敕諭中，拒絕了對方的所有要求，並強調如果他同意這些要求，將無可避免地將變更中國的體制，因此「斷不可行」。

九月三十日，乾隆回鑾京城，立即下令使團限期離京回國。馬加爾尼在離開熱河前對此其實已有預感，有一天水手們去河裡摸魚，看著水手們笨手笨腳的樣子，他就不無沮喪地想到，中國人可能也會像這些魚一樣從手指縫裡滑脫。

及至必須限期回國的消息傳來，意識到除中國回贈的禮品以及一封乾隆的敕諭外，使團真的將一無所得，兩手空空地回國，包括馬加爾尼在內，所有使團成員都陷入了「驚慌失措和怒氣衝天」之中。

十月七日，在限定的最後期限內，馬加爾尼使團被迫離京，用他們自己的話來說，使團是在經過了一番「最禮貌的迎接、最殷勤的款待」之後，在中方「最警惕的監視之下」，被以「最文明的驅逐」方式離開了中國。

一艘破敗不堪的舊船

馬加爾尼使華的失敗，被認為是中國與英國乃至歐洲之間「向和平告別」的開始。在使團離京南下途中，自馬加爾尼以下，考慮的重點已全是中國有何弱點以及怎樣才能讓它「吃苦頭」了，正如日後英國殖民者所叫囂的：「中國除了被一個文明的國家征服以外，沒有任何辦法使它成為一個偉大的國家。」副使斯當東的兒子，那個被乾隆賜予荷包的小斯當東，便繼承了使團的這個惡毒念頭，他後來當上議員，成了主張對華發動鴉片戰爭的強硬派分子。

馬加爾尼使團在華期間，透過實地考察發現了一個秘密，即原先在歐洲被傳得神乎其神的中國其實已陷入了嚴重衰落，無論是政治軍事，還是經濟文化，遠不像想像中那麼強大，跟英國等歐洲發達國家相比，已出現懸殊差距。

使團的遊記、報告、畫冊出版後，很快風行歐洲，在歐洲掀起了一股新的「中國熱」。只是與老的「中國熱」相反，使團所發現和捅出的秘密，卻是讓中國原有的美好形象遭到了徹底的顛覆，人們這才知道東方帝國原來如此落後，「中國下層人民的貧苦程度，遠遠超出歐洲最貧乏國民的貧窮程度。」曾經得到好評的政治制度也瞬間黯淡無光，德國哲學家黑格爾正是在讀過斯當東的使華紀實後，得出了一個新的結論：「中華帝國是一個神權專制政治的帝國……任何進步在那裡都無法實現。」

與來華時不同，馬加爾尼使團回程時系南下由廣州回國。在廣州，馬加爾尼對清軍水師進行了觀察，結論是清軍水師根本無法與英國海軍匹敵，英軍只需出動幾艘三桅戰艦就能打垮海岸邊的清軍水師。沿海防禦設施方面，馬加爾尼認為守衛廣州的兩個虎門要塞防禦都很薄弱，他斷言只要漲潮和順風，任何一艘英軍軍艦都可以毫不困難地從要塞中間通過，並用「六門側舷炮」將兩個要塞予以摧毀。

「中華帝國只是一艘破敗不堪的舊船，它只能靠著龐大的身軀使人敬畏了」，這是馬加爾尼對中國的基本看法，這一看法也預示著西方在十九世紀的對華態度。

不過馬加爾尼並不主張在他那個時候對中國動用武力，就是因為他知道乾隆及其手下的福康安這些人並不好惹。

「舊船在過去的一百五十年間之所以沒有沉沒，僅僅是因為幸運地擁有幾位睿智而謹慎的船長，它那巨大的軀殼使周圍的鄰國見了害怕。」

說到底，英軍雖有信心輕易擊敗清軍水師，從廣州登陸，但就像清廓戰爭時一樣，他們在從未與中國進行過大規模陸路交鋒的情況下，對於能否取得對華作戰的最後勝利並無十足把握。馬加爾尼的這種顧慮一直延續到了鴉片戰爭前夕，當時英國議會經過激烈辯論，最終在女王的影響下，才以微弱多數通過了對華軍事行動決議案。

就像馬加爾尼預計英國今後必將從東南沿海侵華一樣，身為「船長」之一的乾隆也預計到了這種可能。早在熱河的時候，想到因為拒絕英國的全部要求，將會讓對方感到惱怒，甚而生事搗亂，乾隆就傳旨兩廣總督加強防範，要求特別注意防止在澳門和廣州的其他外商與英人勾結。

從熱河回到北京後，得知馬加爾尼使團在離開時表現不悅，乾隆對英國的擔心愈益加重，多次敕諭沿海總督，認為「各省海疆，最關緊要」，要他們多加注意和提防，以防不滿的英國人藉故侵擾沿海。

為了防止英國動武，乾隆甚至還打算採用合縱連橫之計，聯合澳門的宗教勢力，「撫夷制英」。與此同時，他也讓大臣們無須過於緊張，因為在他看來，英國雖是海上強國，「諳悉海道，善於駕駛」，但「便於水而不便於陸，且海船在大洋亦不能進內洋」，即是說英國海戰厲害不等於陸戰就行，再說海船也沒辦法開到內陸來。

乾隆的這番論斷，一方面說明他對英國軍事力量的認識還遠不夠全面深入，然而另一方面卻也在一定程度上揭示出英國不敢蠢動的真正原因所在。需要指出的是，乾隆對陸戰的這種自信與他的後繼者有著很大區別，「十全武功」和紫光閣內燦若繁星的功臣像可不是建在空中樓閣之上的。

一切就像沒有發生過一樣

隨著馬加爾尼使團的離去，清廷又恢復到了原有的狀態，就像乾隆所期望的那樣，中國所認可的世界秩序以及其國內體制沒有受到任何影響，一切就像沒有發生過一樣。

在馬加爾尼使華事件中，乾隆能夠讓人覺得尚情有可原之處，是他為了確保王朝的穩定和安全，必須竭力「限關自守」，與英國等歐洲國家保持限制性接觸。後世所不能原諒他的地方，則是作為一個曾經開創盛世的有為君主，在外面的世界正處於戲劇性變化之中，東西方又即將發生激烈衝撞的前夕，沒能及時認識和把握住這一幾乎送上門來的歷史機遇，以致最終貽害於子孫。

英王及使團所提的幾項要求中，雖確有觸及主權和體制的，因而無法接受的條款，但也有不少屬於改善正常貿易之列，即便從當時清政府的角度來說也不是絕對不可接受。比如，寧波通商，乾隆早期就考慮過；改進廣州納稅體制，乾隆自己也曾提及，後來又為兩廣總督長麟所承諾；允許外商到北京貿易，康熙時就曾將此項權力授予了俄國商隊。

中國國內的經濟當時已呈現停滯甚至倒退的狀態，促進中英雙邊貿易不僅對英國有利，也同樣能夠對中國經濟起到刺激和促進作用。乾隆將英方要求一律斥為「非分要求」，以致不容分說地關閉談判大門，實在是損人亦不利己。

當然還不止這些，馬加爾尼使團帶來的很多禮品都代表著英國現代科技、工業、軍事的最新成就，可是乾隆和他的大臣們卻對此視而不見，棄若敝屣。六十多年來後，侵入北京的英法聯軍闖進圓明園，結果在那裡發現了馬加爾尼使團贈送的大部分禮品，各種天文儀器和火炮竟然都還原封不動地放在那裡。

相當的調適能力和運作效率，本應是盛世所必備的一項功能，然而種種跡象表明，乾隆王朝已經逐漸喪失了這一功能，它的自我更新機制在不斷衰竭，外交如此，內政亦然。

截至一七九四年，中國總人口已超過三億，達到三億一千三百萬左右，這還不包括很多沒有統計在內的少數民族人口。馬加爾尼使團也觀察到「中國人口繁殖是永無止境的」，他們估計在每平方英里範圍內，中國的平均人數比歐洲人口最集中的國家還要多三百人以上，使團由此斷定，中國已經面臨嚴重的人口問題，中國人「吃飯還要精打細算」。人口膨脹和對社會造成的巨大壓力，成為十八世紀中國社會最引人注目的特點之一。乾隆過去對此一直閃爍其詞，至此也不得不公開予以承認，並慨嘆「民愈庶，富愈難」，人越來越多，要讓老百姓富起來卻越來越難。

多數歷史學家認為，在十八世紀的最後二十五年，「中國經濟在現有技術條件下如果不加羅掘，就難以養活正在不斷增加的人口。」馬加爾尼使華本來可以為此提供新的解決方案，要知道，中國人口得以激增的一大動力，就是對外貿易的發展以及從美洲引進了眾多農業新作物，馬加爾尼、斯當東等人也都認為，中國如借鑒和引進歐洲技術，一定會取得更大的進步。可是乾隆卻以「天朝物產豐盈，無所不有」為由，將其拒於門外，與此同時，他一邊對內大嘆苦經，一邊仍用舊有的一套模式和思路來維持殘局。

「在這個國家……任何改進的打算都是多餘的，甚至是有罪的。」斯當東在他的使華紀實中分析道。陳陳相因和抱殘守缺的意識同樣反映在吏治上，制度既無革新，又不能像過去那樣嚴厲懲治，乾隆朝的吏治狀況也就只能朝著一塌糊塗的方向繼續了。有人統計，這一階段平均每隔三年便有一次大型貪污案件發生，截至一七九四年，全國只有六個省沒有積欠，其餘大部分省份的積欠數字都相當之大，且已難以彌補。乾隆黔驢技窮，不得不於次年將各省所有積欠銀兩一千七百餘萬、糧米三百七十五萬餘石，全部予以豁免。

由於貪污腐敗之風盛行，曾經令乾隆為之自豪的賑災措施距離其初衷也漸行漸遠，中央政府撥下去的大部分賑濟錢糧都被層層克扣，進入了各級官員胥吏的私人腰包。

馬加爾尼使團在華時曾打聽到，就在他們來華的前一年，山東發生了大水災，淹沒民居無數。乾隆下令戶部撥發庫銀十萬兩，用以賑濟災民，然而卻被戶部先找藉口拿走了兩萬，以下每次轉手都要雁過拔毛，多的抽走兩萬、一萬，少的數千、數百不等的也不放過，待到手續完成，最後實際能夠到達災民手裡的賑災銀兩，竟然不過兩萬而已。

歸政

乾隆和他的帝國一樣在加速衰老。一七九四年，八十三歲的乾隆已經常出現健忘的情況，有時候明明剛吃過早飯，他卻不記得，馬上又催著問怎麼還不供應早膳。身邊侍從不敢說皇上您已經吃過了，只好重複進膳。

清宮中不同時節都要更換禮帽，禮帽分為涼帽、暖帽，一般春季開始固定戴涼帽，秋季固定戴暖帽。乾隆在天氣稍涼時即將涼帽換成暖帽，幾天之後，天氣轉暖，他又重新將暖帽換成了涼帽。大臣們見狀紛紛仿效，乾隆自己換帽屬於無意識行為，但看到大臣們換來換去就覺得很納悶，後來仔細一想才明白過來，不由苦笑道：「不怨眾卿，是朕年老所致也。」

馬加爾尼在使華時雖然只跟乾隆見過幾次面，但通過認真觀察和多方瞭解，仍相對準確地捕捉到了乾隆的性格特點，那就是自尊心和好勝心都極強，「若少招失敗，即痛恨不已，無論何事，嫌落人後。」身體精神的迅速衰竭和處理國務時的心有餘而力不足，註定會讓乾隆屢屢產生壯年時所不曾或很少有過的那種挫敗感，自尊心和好勝心越強，這種挫敗感自然也就越大。

一七九五年，又添了一歲的乾隆親往孝賢陵前酹酒三爵，並當場賦詩一首，其結句是「齊年率歸室，喬壽有何歡？」

你早早地就離我而去，剩下我一個人苟活在這世上，就算活得再長，又有什麼快樂可言？

乾隆一輩子以祖父為楷模，康熙幼年即位，共在位六十一年，乾隆認為自己決不能超過皇祖父在位六十一年之數。早在二十五年前，他就公開宣佈在自己執政六十年之際，將提前禪位，為此已經秘密立儲並為歸政後準備了養老居所。

建儲是歸政也就是禪位的前提，一七九五年恰為乾隆登基六十周年，他決定就在這一年公開建儲，但此時突如其來的苗民起義卻打破了他的計畫，使他不得不暫時將精力集中於鎮壓起義上。

馬加爾尼曾斷言，中國人不會長期任憑壓制而不起來反抗。爆發於湘黔川交界地區的苗民起義就發端於「苗地盡為移民所占」，乾隆事後也承認了「大抵因客民，用計占其地」的事實，即當地苗人之所以揭竿而起，乃是因為被稱為「客民」的漢人通過高利貸等方式，掠取他們的土地所致。

在當地官府彈壓不住，清軍接連被殲的情況下，乾隆命福康安、和珅等人前往「會剿」。苗疆林深竹密，路徑艱險，大部分地方都需要步行，加之雨霧連綿，天氣悶熱，環境極其艱苦，福康安率部不分晝夜地進擊，「往來跋涉不下二三百里之遙」。乾隆雖未親臨前線，但光是看奏摺就已有身臨其境之感，「幾於不忍披閱」。

一七九五年十月，捷報傳來，清軍攻破苗軍大寨，苗軍首領之一吳半生兵敗被俘，前線露出了勝利的曙光。乾隆欣喜之下，加封福康安為固山貝子，和琳為一等宣勇伯。貝子的頭銜原先只有皇室宗親才能獲得，清朝自建國以來，異姓功臣在世之時被授予貝子頭銜者，唯福康安一人，乾隆還特別批示可「承襲三世」，即待三代之後再按例降爵承襲。

籌備已久的建儲儀式終於能夠順順當當地舉行了。馬加爾尼在使華日記中記述他瞭解到的清宮秘聞，寫道：「有的皇子都已經四十多歲了（應是指皇八子永璇、皇十一子永瑆），還不能參與朝中機密，皇帝也不給他們以重權，至於太子究竟是誰，則不得而知。」十月十五日，乾隆將皇子皇孫、王公大臣召至勤政殿，當眾取出存放在乾清宮「正大光明」匾額後面的建儲密旨，至此，「太子謂誰」這一宮中最重大的秘密終於得以大白於天下。

按照密旨，乾隆宣佈皇十五子永琰為皇太子，移居毓慶宮，次年改元嘉慶。永琰是永璿和永瑆的弟弟，時年也已經三十五歲，他姓名中的「永」在漢字裡屬於常見字，本來如果他還是皇子，用這樣的名字無所謂，但在即位後，官民勢必都要避諱，因此「永」被改成了較為生僻的「顒」，永琰也改名顒琰。

顒琰的生母、皇貴妃魏佳氏已在二十年前去世，她被追贈為孝儀皇后。這位包衣出身的女子不僅在生前執掌後宮，而且還擁有了一位皇帝兒子（雖然是在她死後），其一生亦可謂傳奇。

歸政仍訓政

按照籌備時的規定，乾隆歸政後稱太上皇，新皇帝稱嗣皇帝。一七九六年二月九日，歸政的日子到了，乾隆在太和殿親手將「皇帝之寶」玉璽授予顒琰，使其身份由皇太子變成了嗣皇帝嘉慶，接著禮部官員登上天安門城樓，宣讀了太上皇的傳位詔書。

幾天後，為慶祝授受大典，乾隆、嘉慶舉行千叟宴。儘管盛世景象實際早已被全面衰敗所取代，但正所謂瘦死的駱駝比馬大，在乾隆將江山交到嘉慶手中之時，至少國庫仍相當充盈，戶部存銀達七千餘萬兩，接近於乾隆自己即位之初的兩倍。這使乾隆父子仍有條件把千叟宴辦得熱熱鬧鬧，風風光光，在和珅的主持下，文武官員六十歲以上者均被允許赴宴，赴宴者一共達到了三千人之多。

太上皇之稱古已有之，康熙晚年也有過類似設想，只是因為無法選出理想的繼承人才被迫放棄。太上皇之位貌似尊崇，但處於這一位置上的人，多數不是已故，就是沒有實權的擺設品。乾隆不同，他在宣佈歸政之日時便以「歸政仍訓政」為由，決定繼續獨攬朝中大權，只將那些因年老而無法勝任的祭祀和禮儀活動交由嘉慶辦理，乾隆對自己的稱呼也依然是「朕」。

本來說好將甯壽宮作為乾隆歸政後的退休養老之所，甯壽宮也已落成，但乾隆卻連一天都沒有真正去住過。為了給自己找理由，他先是說：「子皇帝（嗣皇帝）初登大寶，用人理政，還需加以訓誨，朕怎麼忍心馬上就移居甯壽宮，像宋高宗（宋高宗晚上禪位為太上皇）那樣自圖安逸呢？」

後來乾隆乾脆徹底打消了別人讓他遷居甯壽宮，把養心殿讓給嘉慶的念頭，說：「朕即位以來，在養心殿居住六十餘年，最為安心吉祥。現在既然是訓政，自然還要繼續居住下去，如此才能諸事適宜。」

除名義上已傳位給嘉慶外，朝中的一切跟過去相比其實沒有多大差別，乾隆每天召對臣工和處理國務如故，一切軍國大事及用人行政等重大決策，也都必須由他親自過問處理。嘉慶只能像個見習生一樣，在一旁「敬聆訓誨，隨同學習」，其存在感甚至低到可以被人忽略，「當時朝廷之上，直視仁宗（嘉慶）如無物。」

儘管乾隆仍牢牢把持著實權不放，不過由於不少禮儀活動已為嘉慶所分擔，因此和歸政前相比，他也輕鬆了不少。在處理要務外的餘暇時間裡，重遊舊地和回憶往事成了這位太上皇最愛做的一件事，他常常一個人在室外長時間地獨坐沉思，童年時如何在父親面前一字不差地背誦經書，後來祖父又如何開槍打死朝他撲過來的熊，以及對他們母子進行誇獎，所有這些情景都歷歷在目，如在昨日。因為在時光的長廊中流連忘返，乾隆有時甚至會忘了回到居所，「坐久不知時與刻，梵樓遙報午時鐘。」

一七九六年春，乾隆帶著嘉慶來到孝賢陵前祭奠。望著陵前高大蔥鬱的松林，他觸景生情，用極其感傷的筆觸寫道：「暮春中浣憶，四十八年分。」

在詩句後面，乾隆特地自注云：「孝賢皇后於戊辰三月十一日大故（即一七四八年四月八日，孝賢忌日，距當時已相隔四十八年），偕老願虛，不堪追憶！」

驚報大星流

有人拿漢武帝時代的故事相對照，把乾隆比作漢武帝，孝賢比作衛子夫，福康安和他的父親傅恒則分別比作霍去病和衛青，這種比擬未必能夠完全一一對應，但也確實反映出他們之間一種很奇特的緣分。

一七九六年七月，乾隆得知了一個令他傷心不已的噩耗：福康安因勞累過度，病死於征苗軍中，年僅四十二歲。

此時苗民起義尚未被完全鎮壓，而白蓮教起義又起，這讓乾隆更加痛惜福康安死得太早，「年力富強，正資倚毗。」他作詩哀悼道：「近期黃閣返，驚報大星流。自嘆賢臣失，難禁悲淚收。」

早在清廓戰爭大功告成時，乾隆就想破格給予福康安王爵封銜，以酬其功，但考慮到「福康安父子兄弟，多登顯秩，富察氏一門太盛」，怕外界認為自己過於寵任外戚，故而只能故作裁抑。福康安一死，這種顧慮也就不存在了，於是乾隆下旨追贈福康安為嘉勇郡王。

有清一代，除清初吳三桂以及蒙古首領得膺王爵外，異姓被封王者僅福康安一人，但他的王爵與其所取得的功績是緊密相連的。就像霍去病一樣，福康安短促的一生幾乎都處於戰爭環境之中，「渴飲刀頭血，睡臥馬鞍橋」，不包括難以計數的中小型戰役戰鬥，僅他參與或出任統帥的大規模戰役就達五次之多，即「十全武功」三次，鎮壓甘肅田五起義、苗民起義兩次。這五次大戰役可以說每一次都驚心動魄，艱巨異常，其中既有穿越風濤的跨海作戰，也有叢山密林中的攻碉戰，還有曠古未有的高原戰，但不管對手是誰，難度有多高，福康安都是勝利的一方，這不能不讓人佩服其軍事天賦之高。

戰爭造就了福康安，然而同時也是他過早去世的一個重要原因。福康安原本身體健壯，自清廓戰爭率軍入藏時「感寒觸瘴」才埋下病根，接下來長達一年半的征苗戰事則徹底摧毀了他的健康，最終導致一病不起。同樣，海蘭察也是在清廓戰爭中染疾，而且回北京後不久就死了，要不然的話，福康安征苗鐵定還會帶上他。海蘭察、福康安之死，其實代表著一代八旗驍將的陸續退場，正如和珅帶頭給乾隆盛世敲響喪鐘一樣，這個時代曾經全盛的武功也在一步步地走向終結。

馬加爾尼是一個洞察力極強的西方政治家，他注意到，在中國國內的一些貧窮省份，儘管政府進行嚴密監視和打壓，但仍不能禁止秘密會社的活動，這些會社「喚起人們對失去了的獨立的回憶，觸痛新近的傷口，考慮報復的辦法。」

白蓮教就是馬加爾尼所稱的秘密會社的一支，當年的王倫起義已經讓世人看到了它巨大的能量及其破壞力，但那還只是剛剛開始，一七九六年年初，作為乾隆晚年黑暗政治的副產品，川楚陝地區又爆發了白蓮教起義。

白蓮教起義的規模不但超過王倫起義，亦為同時期的苗民起義所不及，呈難以遏制之勢。此時身為太上皇的乾隆既繼續獨攬軍政大權，自然也仍由他一手指揮鎮壓，所謂「一切軍務機宜，俱朕酌指示。」苗民、白蓮教起義的如火如荼以及事實上的相互呼應，令他惶惶不安，一會兒望穿秋水般地等待前線捷報，「忽憶捷章仍未到，片時哪得獲心寧」，一會兒為無法迅速撲滅起義而自怨自艾，「依然書屋憑窗坐，慚愧人稱太上皇。」

養心殿既是理政所也是寢宮，乾隆便乾脆在內室放上一張桌案，一到晚上就叩頭禱告，希望上天能夠保佑他早日鎮壓這些起義。

馬加爾尼說，中華帝國這艘破爛不堪的舊船，「假如來個無能之輩掌舵，那船上的紀律和安全就都完了。」身為「船長」的太上皇不管有多老，指揮「十全武功」的架子仍在，為了擺脫困境，乾隆首先集中兵力，對已受到嚴重削弱的苗軍進行鎮壓，並對之展開招撫攻勢，經過反復「征剿」，至一七九六年年底，終於消滅了苗軍主力（餘部直到嘉慶親政多年後才得以「剿滅」），將這場歷時兩年，波及三省的起義大致鎮壓了下去。

西域秘咒

自一七九七年起，乾隆除留兩萬清軍駐守苗疆外，其餘部隊全數調至湖北和四川，用於剿捕白蓮教起義軍。這一年是嘉慶二年，即嘉慶即位的第二年，此時的乾隆因體力漸衰，精神不支，在理政、用人、辦事方面都不盡如人意，但在某些場合，卻仍能顯示出其特有的精明強幹作風和統攝全域的能力。

一七九七年九月，阿桂病死，由和珅繼任其軍機處首席之位。阿桂本為和珅的政敵，如今政敵不戰自滅，自己又更上一層樓，真正成為百官之首，這自然讓和珅得意忘形。在軍機處給各直省將軍督撫所寄出的公文中，一般都會以位元次居於軍機處前列的滿、漢大臣共同領銜署名，阿桂生前並排署的是阿桂、和珅的名字。阿桂一死，和珅在沒有向乾隆預先彙報請示的情況下，便擅自做主，單署其名。

乾隆發現後，將軍機大臣召集到一起，當面對和珅說：「阿桂效力多年，且戰功赫赫，署名是可以的，你原來同阿桂一起署名，也沒有什麼錯。可是現在阿桂已經病故，如果單獨署上你的名字，地方官不知事情原委，一定會懷疑軍機處的事情都是由你一個人拍板的，甚至把你當成阿桂，你覺得這樣合適嗎？」

乾隆很少對和珅疾言厲色，然而這次是例外，嗣後乾隆即取消了領銜署名的規定。此事一度讓朝中正直之士為之歡欣鼓舞，認為乾隆對待和珅也不過是把他當作宮中小丑一般，平時拿來逗逗樂可以，實際上真正倚為股肱心腹的還是阿桂等朝廷柱石。

可是這些大臣都高興得太早了。和珅久在乾隆身邊，已經有了一整套欺瞞和攬權的辦法。他繼續擅改成章，下令各地必須將皇帝的奏摺另外繕寫一封，送至他所控制的軍機處。這一新規定的推行，使得和珅得以掌握乾隆才能瞭解的資訊，而由於乾隆已無精力仔細閱看所有奏摺，和珅所得出的處理意見又往往令乾隆感到滿意，因此乾隆對他愈加信任，委派的職務也越來越多，至一七九七年年底，除首席軍機大臣外，和珅兼任的職務幾乎已遍及中央各部。

這一時期，乾隆的注意力仍集中於對白蓮教起義的鎮壓。由於湖北戰場的清軍空前增多，以王聰兒為首的襄陽義軍分路進入四川，川楚兩路義軍實現會師，使得起義軍的聲勢更加高漲。乾隆不得不連連換馬，福康安的堂兄、同樣戰功卓著的明亮等悍將全都奉命移師入川，縱然如此，仍無法改變戰場的被動局面。

白蓮教起義給太上皇時期的乾隆帶來了很大壓力。一七九七年十二月八日，乾清宮交泰殿發生火災，乾隆寢食難安，認為這是天災示警，說明政有缺失，不過他並沒有把責任全部推給嗣皇帝，而是直言：「政事有缺，皆朕之過，非皇帝之過。」經過回顧總結，乾隆覺得南巡是自己一生的主要過錯，說：「朕臨御天下六十年，並無失德，惟六次南巡，勞民傷財，實為作無益害有益。」

次年為嘉慶三年，已經是所謂訓政的第三年，白蓮教起義仍無被迅速撲滅的跡象，朝廷不得不動用大量儲備以供征戰所需，國庫存銀從嘉慶元年即一七九六年的五千六百萬兩，銳減至一千九百多萬兩，此後一直到鴉片戰爭前，國庫存銀從未超過三千萬兩。乾隆整日憂心忡忡，對於「征剿」幾乎到了走火入魔的程度。有一天早朝結束，他單獨召見和珅，和珅來了之後，太上皇閉著眼睛，仿佛睡著了一樣，但口中仍念念有詞，陪侍在旁的嘉慶即便豎直了耳朵聽，也聽不清一個字。

過了好久，乾隆忽然睜開眼睛，問道：「這些人姓甚名誰？」嘉慶正不知如何作答，一直跪在下面的和珅應聲答道：「高天德、苟文明！」嘉慶一臉懵懂，莫名所以，而這時乾隆卻又閉目喃喃自語起來。過了一會兒，乾隆才揮手讓和珅下去，此後再沒有和嘉慶說一句話。

嘉慶很是惶恐，不知其中究竟隱藏著什麼機關，幾天後，他找了個機會偷偷地問和珅：「你前幾天受召時，太上皇到底說的是什麼？你回答的那六個字又是什麼意思？」

「太上皇念誦的是西域秘咒！」和珅出人意料地答道：「念誦此咒能把人咒死，我猜太上皇一定是在咒白蓮教的首領，我回答的『高天德、苟文明』就是兩個白蓮教首領的名字！」

念咒大抵只能算是一種心理安慰，戰爭終究還是得用戰爭的手段加以解決。乾隆再次對前線指揮層進行調整，下令湖廣總督勒保總統軍務。

勒保是第二次金川戰爭中的主帥之一溫福的兒子，溫福剛愎自用，是木果木大敗的首要責任者並因此而兵敗身死，勒保則與乃父不同，其人不僅深具謀略，而且虛懷若谷。在對前線各路清軍進行訪察後，他認定清軍「征剿」不力的癥結，在於對付不了義軍的流動作戰，以致「有賊之地無兵，有兵之地無賊」，他建議用層層逼剿，嚴密堵截，清一路進一路的戰術來對付義軍。

乾隆同意了勒保的設想，自此，清軍逐漸由被動轉為主動。當年春天，白蓮教起義軍蒙受了自起義發動以來的最大一次失敗，襄陽義軍主力被清軍重重圍困於湖北西部山區，王聰兒等首領不甘被俘，投崖自盡，所部全軍覆滅。

前線局勢的改變，再次證明乾隆在指揮作戰和選任將帥方面確有其過人之處。襄陽義軍主力失敗後，所餘部眾雖仍在湖北、四川等地活動，但對於清廷的威脅已大大減輕。一七九八年八月，四川義軍首領王三槐被勒保誘捕，乾隆欣喜若狂，說：「朕於武功十全之外，又復親見掃除氛祲，成此巨功。」他論功行賞，除下詔晉封勒保為公爵外，又以「贊襄機宜」，將和珅由伯爵晉為公爵。

壽則多辱

古語「壽則多辱」，鎮壓白蓮教起義的戰爭耗費了乾隆大量心力，他的失眠健忘症狀更加嚴重，常常昨天的事，今天就忘，早上做的事，到了晚上就不明白了，有專家認為，他此時可能已患有老年癡呆症。在這種情況下，身邊能夠和乾隆正常溝通的人寥寥無幾，大臣中則只有一個和珅，因為有時只有和珅才能聽懂乾隆說什麼，而他又是軍機處首席。

聽乾隆說話，然後自己下判斷和進行處理，成為和珅弄權的一個有效途徑。隨著權勢的不斷擴張，和珅不但在貪黷方面變本加厲，而且言行上也越來越肆無忌憚，常常連君臣尊卑之別都被他扔在了一邊：他曾藉口腿疾，逾越禮制，騎馬直進皇宮左門，通過正大光明殿；乾隆因身體欠佳，所批諭旨偶有字跡不清的地方，和珅居然「口稱不如撕去」，剪截後另行擬旨……。

乾隆的性格「一旦震怒，不易安慰」，平時只有和珅能從中轉圜，當然反過來說，如果誰得罪了和珅，他也絕對有辦法製造機會，通過操縱乾隆對之進行處罰。因為這個原因，就連皇子們對和珅都很畏懼，和珅見狀更加得意驕縱，有一次他在公開場合，一邊把玩著身上所佩的剔牙杖，一邊說今天皇上震怒於某阿哥，「當杖幾十」。當時尚在世的成年皇子一共就沒幾個，有人猜嘉慶一定也吃過他的虧，「睿宗（嘉慶）為皇子，必屢受其侮辱。」

等到乾隆決定禪讓，特別是第一個打聽到皇儲即為嘉慶時，和珅才有些慌了，他明白，按照老爺子的這種身體狀況，隨時可能說走就走，未來還是新皇帝做主，到時就由不得他一手遮天了。和珅首先想到的，就是搶在建儲儀式前給嘉慶跪送玉如意，暗示對方將是皇太子，以此討好對方，接著又將心腹吳省蘭安插在嘉慶身邊，名義上是替嘉慶抄錄詩稿，實際是監視他的一舉一動，並試圖培養和增進嘉慶與他之間的感情。

嘉慶察覺到了和珅的用意，平時寫詩作文都非常謹慎，但即便如此小心，還是被和珅抓到了把柄。原來授受大典結束後，乾隆有意將兩廣總督朱珪召至京城，並授以協辦大學士之職。朱珪是嘉慶的老師，嘉慶聞訊寫詩向老師表示祝賀，誰知詩才寫了一半，便被吳省蘭秘密報告給了和珅。

和珅認為朱珪回京後，必然會成為嘉慶的左膀右臂，對自己而言有害無益，因此連忙向乾隆密告，並挑唆說：「嗣皇帝是想私下賣好於他師傅嗎？」

和珅對乾隆的心理把握得非常準確，太上皇彼時最擔心的，除起義鎮壓不下去外，大概就是嘉慶會不會暗中集結黨羽，把他給架空。和珅作如此誅心之論，無非就是要引出乾隆的心病，果然，乾隆深感事態嚴重，當即決定予以介入。

樹倒猢猻散

如果乾隆過於較真，嘉慶受罰算是輕的，更有可能被直接廢黜，史書上不乏其例。幸運的是，乾隆還是採取了審慎的態度，對和珅的話也沒有完全偏聽偏信，而是首先找來了軍機大臣董誥進行商議。

董誥是個比較正直的人，平時屢受和珅排擠，他發表意見認為「聖主無過言」。嗣皇帝寫詩祝賀自己的師傅，實乃人之常情，而且詩中也沒有什麼過分言辭，不應該就此懷疑他對太上皇您有什麼異心吧？

乾隆聽後沉默良久，說：「卿大臣也，善為朕以禮輔導嗣皇帝。」就是說我對嗣皇帝還是信任的，不過你們這些大臣也應該對他多加教導，免得他走上歪路邪路。

乾隆雖然沒有對嘉慶予以追究，但取消了將朱珪召至京城的決定，並將其降調為安徽巡撫。從朱珪這件事開始，在所謂的三年訓政期間，凡是與嘉慶接近或是不附於和珅的大吏，一概遭到和珅的打擊和陷害，從暗地裡保護嘉慶的董誥，到向來與和珅不對付的劉墉、王傑、范衷，無不在和珅的攛掇下，被乾隆嚴厲指責。曾經最敢於叫板和珅的鐵面御史錢灃最後鬱鬱而終，其子在他的枕頭底下發現了一份彈劾和珅的奏疏草稿，列舉和珅罪狀二十餘條，當然這份奏稿也並沒能夠送到乾隆手上。

「儀錶出眾，性情溫順」，這是包括馬加爾尼在內的外國人對嘉慶留下的共同印象，還有人認為嘉慶「兼有他父親的學識和謹慎，以及康熙的堅韌。」從後來嘉慶的執政實績來看，此類評價委實有過譽之嫌，嘉慶絕對不能算是一個出類拔萃的人，才能上與康雍乾相去甚遠，或許也可以這樣說，清朝皇帝從嘉慶開始，總體就走向了平庸。不過嗣皇帝時期的嘉慶，也的確可以用「溫順」、「謹慎」等詞彙來形容，即位後，針對太上皇至死也不肯放權的心理，他很早就識趣地表露出對插手國務毫無興致的樣子，這也可以看成寫詩致賀一事發生後，乾隆沒有深入追究的原因所在。

嘉慶本來就對和珅頗為憎厭，朱珪事件之後更是如此，但為了保住自己的皇位，他表面上不但不露聲色，還利用一切機會對和珅進行巴結，每當有遇到要乾隆來決定的國家大事時，他都是請和珅代為陳奏。和珅有時還假意就陳奏內容請嘉慶發表意見，但嘉慶對奏摺連一眼都不看：「唯皇爺處分，朕何敢與焉？」身邊的人不滿和非議和珅，嘉慶也出面制止，對他們說：「朕以後還得靠和相治理天下，你們說話怎可如此輕率？」

和珅見狀，以為自己已在嘉慶心目中奠定了「定策國老」的地位，縱使乾隆去世，自己也將穩若泰山，於是便放鬆了警覺。直到乾隆病危之際，和珅居然還面無憂容，每次晉見和看望乾隆出來，都把這件事當成新聞一樣，「向處廷人員敘說，談笑如常。」

和珅萬萬不會想到，乾隆去世，自己的末日也就來臨了，僅僅半個月之後，他便死在了嘉慶手中。嘉慶給和珅定的二十條大罪，據說都出自錢灃生前所擬奏稿之中。和珅費盡心機聚斂的那些贓款，連同家產一起遭到了抄沒，這倒真應了他所喜愛的《紅樓夢》中的兩句話，一句是「樹倒猢猻散」，一句是「落得個白茫茫大地真乾淨」。

在乾隆病危的前一年年底，嗣皇帝嘉慶率諸王、貝勒、貝子及文武大臣奏請於庚申年（即嘉慶五年，西元一八〇〇年），舉行太上皇九旬萬萬壽慶典。乾隆非常高興，答應按八旬壽典進行操辦，但不久便偶感風寒，之後健康狀況急速下降，不僅視聽無法如常，飲食也漸少。

乾隆病重時，白蓮教起義仍未被徹底鎮壓，乾隆一心想著的都是這件事。一七九九年二月六日，病中的他寫下了生平最後一首詩，詩中念念不忘前線軍情，在埋怨將士作戰不力的同時，仍期盼著能儘快收到大功告成的捷報。

兩天後，乾隆與世長辭。臨死前，他猶以「軍務未竣，深留遺憾」，握著嘉慶的手「頻望西南」，事實上，嘉慶在掌權後也用了長達五年的時間，才最終將白蓮教起義平定下去。

乾隆終究沒能等到他的萬萬壽慶典，但對於他個人而言，這或許是件幸事，因為即將到來的十九世紀其實是個悲劇性的漫漫長夜，馬加爾尼的預言在那裡成為現實：中華帝國這條船一旦失去乾隆式的船長，終將沉沒，但它「將不會立刻沉沒，它將像一個殘骸那樣到處漂流，然後在海岸上撞得粉碎」。

舉朝上下對乾隆去世早有心理準備。消息傳出後，京城除各衙門的官員立即摘去帽上的紅纓外，與平時相比基本沒有區別，人們認為乾隆是個難得的有福天子，他的辭世乃「近百歲老人常事」。

這個生前雄心勃勃、文治武功難以勝數的東方帝王，帶走了一個時代，留下的則是一幕幕精彩絕倫的人間活劇。同為雄主，拿破崙的一句名言或許能作為其墓誌銘上最好的注腳：「盛名無非是盛大的喧囂而已，囂聲越大，傳得越遠，什麼都會消失，只有喧囂聲繼續存在，並在後輩兒孫中傳揚。」

附錄一：乾隆生平大事件簡明年表

康熙五十年八月十三日（1711 年 9 月 25 日），出生於雍親王府，姓愛新覺羅，名弘曆。

康熙六十一年（1722 年），十二歲，胤禛（雍正）將弘曆正式引見給了康熙。

雍正五年（1727 年），十七歲，雍正「賜成大婚禮」，娶富察氏為妻。

雍正八年（1730 年），二十歲，乾隆長子永璉出生。

雍正十一年（1733 年），二十三歲，封為和碩寶親王。

雍正十三年（1735年），二十五歲，雍正病逝，弘曆即位，改次年元號乾隆。

乾隆元年（1736年），二十六歲，張廣泗平定苗疆叛亂，是乾隆繼位後所取得的首次軍事勝利。

乾隆二年（1737年），二十七歲，擴建圓明園。

乾隆三年（1738年），二十八歲，永璉病逝。

乾隆十年（1745年），三十五歲，瞻對之役爆發。

乾隆十二年（1747年），三十七歲，大金川戰爭（第一次金川戰爭）爆發。

乾隆十三（1748年），三十八歲，與皇后富察氏進行初次東巡，途中皇后病逝，享年三十六歲。

乾隆十四年（1749年），三十九歲，平定瞻對之役、大金川戰爭，同年藏王珠爾默特叛亂。

乾隆十五年（1750年），四十歲，傅清、拉布敦智平西藏叛亂，奉皇太后之命封烏喇那拉氏為繼后。

乾隆十六年（1751年），四十一歲，首次南巡，年底偽稿案爆發。

乾隆二十年（1755年），四十五歲，出征準噶爾，同年消滅準噶爾政權，後準部降將阿睦爾撒納復叛。

乾隆二十二年（1757年），四十七歲，派靖逆將軍雅爾哈善發起首次平回戰爭。

乾隆三十一年（1765年），五十五歲，清緬戰爭爆發。

乾隆三十六年（1771年），六十一歲，小金川戰役（第二次金川戰爭）正式開打，康乾盛世達到巔峰。

乾隆四十年（1775年），六十五歲，平定第二次金川戰爭。

乾隆五十三年（1788年），七十八歲，第一次清廓戰爭。

乾隆五十六年（1791年），八十一歲，第二次清廓戰爭。

乾隆五十七年（1792年），八十二歲，於清廓戰爭中大勝，英國馬加爾尼使團訪華。

乾隆六十年（1795年），八十五歲，宣布歸政，傳位於皇十五子永琰。

嘉慶元年（1796年），八十六歲，歸政仍訓政。

嘉慶四年（1799年2月8日），八十九歲，病逝於養心殿。

（注：此表按年號紀年排定，括弧中為西元紀年。）

附錄二：參考文獻

1. 唐文基，羅慶泗．乾隆傳〔M〕．北京：人民出版社，1994.
2. 戴逸．乾隆帝及其時代〔M〕．北京：中國人民大學出版社，1997.
3. 白新良．乾隆傳〔M〕．瀋陽：遼寧教育出版社，1990.
4. 孫文良，張傑，鄭川水．清帝列傳：乾隆帝〔M〕．長春：吉林文史出版社，1993.
5. 周遠廉．乾隆皇帝評述〔J〕．滿族研究，2003（1）：49~55.
6. 錢宗範．論乾隆治政〔J〕．廣西師範大學學報（哲學社會科學版），1985（3）：64~72.

7. 蕭一山．清代通史：第二卷〔M〕．上海：華東師範大學出版社，2006.

8. 趙爾巽等．清史稿（簡體字本二十六史）〔M〕．長春：吉林人民出版社，1995.

9. 國家清史編纂委員會編譯組．清史譯叢：第五輯〔M〕．北京：中國人民大學出版社，2006.

10. 李春光．清代名人軼事輯覽〔M〕．北京：中國社會科學出版社，2004.

11. 劉潞．乾隆皇帝與紫禁城宮殿〔J〕．紫禁城，2008（10）：96~105.

12. 汪榮祖．追尋失落的圓明園〔M〕．南京：江蘇教育出版社，2005.

13. 徐廣源．康雍乾三帝的兩次會聚一堂：雍正帝繼位的關鍵〔J〕．紫禁城，2013（3）：120~126.

14. 馮爾康．乾隆初政與乾隆帝性格〔J〕．天津師範大學學報（社會科學版），2007（3）：35~41.

15. 吳十洲．乾隆一日〔M〕．濟南：山東畫報出版社，2006.

16. 陳葆真．《心寫治平》——乾隆帝后妃嬪圖卷和相關議題的探討〔J〕．美術史研究集刊，2006（21）：89~134.

17. 於善浦．乾隆帝及後妃圖卷〔J〕．紫禁城，2003（2）：2~6.

18. 陳可冀．清宮醫案研究〔M〕．北京：中醫古籍出版社，1996.

19. 張小傑．從乾隆後妃看乾隆的多民族聯姻政策〔D〕．煙臺：煙臺大學，2018.

20. 〔美〕韓書瑞，羅友枝．十八世紀中國社會〔M〕．陳仲丹，譯．南京：江蘇人民出版社，2008.

21. 霍玉敏．康熙、乾隆南巡異同考〔J〕．河南科技大學學報（社會科學版），2009（5）：26~30.

22. 餘傑．乾隆為何下江南〔J〕．領導文萃，2000（12）：124~126.

23. 徐凱，商全．乾隆南巡與治河〔J〕．北京大學學報（哲學社會科學版），1990（6）：99~109.

24. 曾昭安．住持智答乾隆〔J〕．思維與智慧：上半月，2011（3）．

25. 馬國君．論雍正朝開闢黔東南苗疆政策的演變〔J〕．清史研究，2007（4）：17~23.

26. 張中奎．清帝國時期的苗疆敘事考察〔J〕．西南民族大學學報（人文社會科學版），2010（3）：13~17.

27. 張偉．乾隆朝「瞻對事件」〔J〕．濮陽職業技術學院學報，2016（1）：100~103.

28. 莊吉發．清高宗十全武功研究〔M〕．北京：中華書局，1987.

29 張婷．試析第一次金川戰爭爆發的直接原因〔J〕．四川大學學報（哲學社會科學版），2004（1）：48~50.

30. 張曦．乾隆朝金川之役原因背景淺析〔J〕．四川民族學院學報，2012（5）：44~48.

31. 文海．張廣泗與西南邊疆有關問題研究〔D〕．成都：四川師範大學，2010.

32 文海．張廣泗治理苗疆述略〔J〕．銅仁學院學報，2016（9）：100~103.

33. 楊正賢．張廣泗評述〔J〕．凱裡學院學報，2013（4）：63~67.

34. 王娜．論張廣泗黔東南苗疆施政及其影響〔D〕．重慶：西南大學，2009.

35. 趙長治，石碩．第二次金川之役前後大金川土司與周邊土司關係研究〔J〕．西南民族大學學報（人文社科版），2017（11）：193~198.

36. 彭陟焱．乾隆再定兩金川戰爭鉤沉〔J〕．西藏民族學院學報（哲學社會科學版），2004（2）：22~28.

37. 王惠敏．清軍難以攻克大小金川之原因探析〔D〕．北京：中國社會科學院研究生院，2011.

38. 旦正加．金川戰役中清軍受挫原因探析〔D〕．北京：中央民族大學，2009.

39. 徐銘．苯教與大小金川戰爭〔J〕．康定民族師範高等專科學校學報，1997（1）：14~16.

40. 王惠敏．從清代檔案管窺大小金川土司社會狀況〔J〕．西南邊疆民族研究，2016（1）：108~115.

41. 彭陟焱．論大小金川戰爭中碉樓的作用〔J〕．西藏民族學院學報（哲學社會科學版），2010（2）：19~22.

42. 曹啟富．略論乾隆年間大小金川之役〔J〕．四川師範學院學報（哲學社會科學版），1999（6）：39~44.

43. 彭陟焱．乾隆朝大小金川之役研究〔D〕．北京：中央民族大學，2004.

44. 彭陟焱．乾隆帝對大小金川土司改土歸流析〔J〕．西藏民族學院學報（哲學社會科學版），2007（4）：06~11.

45. 聶崇正．清平定兩金川功臣像鉤沉〔J〕．收藏家，1995（4）：48~50.

46. 倪玉平，張閎．海蘭察與乾隆朝第二次金川戰爭〔J〕．石家莊學院學報，2015（4）：29~39.

47. 陳潘，葉小琴．沙濟富察氏與乾隆朝大小金川之役〔J〕．四川民族學院學報，2016（2）：39~44.

48. 張建．火器與清朝內陸亞洲邊疆之形成〔D〕．天津：南開大學，2012.

49. 內蒙古社科院歷史所《蒙古族通史》編寫組．蒙古族通史（中卷）〔M〕．北京：民族出版社，2001.

50. 勒內．格魯塞．漢譯世界學術名著叢書：草原帝國〔M〕．藍琪，譯．項英傑，審校．北京：商務印書館，1999.

51. 李秀梅．清朝統一準噶爾史實研究——以高層決策研究為中心〔D〕．北京：中央民族大學，2006.

52. 趙豔玲，於多珠．乾隆帝用兵統一準噶爾蒙古的決策芻議——以乾隆帝在熱河的活動為例〔J〕．河北民族師範學院學報，2015（4）：22~26.

53. 呂文利．十八世紀中葉準噶爾失敗於清朝原因探析——以《熬茶檔》、《使者檔》等相關檔案為中心〔J〕．明清論叢，2014（2）：124~140.

54. 袁森坡．乾隆進軍西北失誤芻議〔J〕．河北學刊，1989（1）：93~99.

55. 朱燕．淺析土爾扈特回歸的原因〔J〕．中國民族博覽，2016（4）：103~104.

56. 任世江．試析土爾扈特回歸祖國的原因〔J〕．社會科學，1983（2）：107~111.

57. 牛海楨．土爾扈特蒙古回歸祖國原因再分析〔J〕．新疆大學學報（社會科學版），2005（2）：62~66.

58. 裴傑生．準噶爾部的平定與土爾扈特部回歸祖國原因探析〔J〕．伊犁師範學院學報（社會科學版），2007（2）：26~30.

59. 安儉．論土爾扈特回歸故土事件中的文化因素〔J〕．西域研究，2003（2）：95~100.

60. 鄭煦卓．清政府對土爾扈特部東歸的態度淺析〔J〕．社科縱橫，2014（4）：125~128.

61. 衣長春．圖理琛使團出使土爾扈特部之使命探析〔J〕．黑龍江民族叢刊，2007（1）：125~128.

62. 陳維新．乾隆時期中俄外交爭議中的土爾扈特部問〔J〕．中國邊疆史地研究，2003（4）：28~34.

63. 吐娜．從清政府對土爾扈特部的優恤與安置看其民族政策〔J〕．西域研究，1997（4）：59~63.

64. 〔美〕J.A. 米爾沃德（米華健）．嘉峪關外：1759—1864 年新疆的經濟、民族和清帝國〔M〕．賈建飛，譯．張世明，審校．北京：國家清史編纂委員會編譯組，2006.

65. 馬汝珩．略論新疆和卓家族勢力的興衰〔J〕．寧夏社會科學，1984（2）：52~59.

66. 王欣，蔡宇安．新疆和卓之亂與清朝的治亂〔J〕．陝西師範大學學報（哲學社會科學版），2005（1）：11~19.

67. 李揚．乾隆帝的十全武功：兆惠平定大小和卓〔J〕．國家人文歷史，2013（4）：106~107.

68. 馮錫時．清政府平定大小和卓年代考〔J〕．新疆大學學報（哲學人文社會科學版），1980（3）：79~81.

69. 〔英〕約翰．巴羅．我看乾隆盛世〔M〕．李國慶，歐陽少春，譯．北京：北京圖書館出版社，2007.

70. 〔美〕孔飛力．叫魂〔M〕．陳兼，劉旭，譯．上海：上海三聯書店，1999.

71. 中國人民大學清史研究所．清史研究集：第二輯〔M〕．成都：四川人民出版社，1982.

72. 毛春林．清高宗與清緬關係的變化〔D〕．長沙：湖南師範大學，2013.

73. 任燕翔．乾隆時期清朝對緬政策述論〔D〕．濟南：山東大學，2007.

74. 尹家正，劉衛東．邊官腐敗是乾隆四次征緬未勝的遠源〔J〕．保山學院學報，2016（4）：35~50.

75. 羅慶泗東．乾隆征緬善後措施的檢討〔J〕．三明學院學報，2000（3）：40~43.

76. 白新良．乾隆朝文字獄述評〔J〕．故宮博物院院刊，1991（3）：72~80.

77. 李偉敏．彭家屏私藏明末野史案與乾隆禁書〔J〕．蘭州學刊，2007（9）：172~174.

78. 師曾志．清代乾隆時期之禁書研究〔J〕．編輯之友，1993（4）：46~50.

79. 〔法〕魏丕信．18世紀中國的官僚制度與荒政〔M〕．徐建青，譯．南京：江蘇人民出版社，

2003.

80. 晏愛紅．清乾隆朝陋規案研究〔D〕．北京：中國人民大學清史研究所，2007.

81. 陳事美．甘肅冒賑案：乾隆朝的「塌方式腐敗」〔J〕．各界，2015（8）：59~60.

82. 姜洪源．「甘肅冒賑案」：清代第一大貪污案〔J〕．檔案春秋，2006（1）.

83. 劉文鵬．從甘肅冒賑案看清代集團性腐敗的猖獗〔J〕．中國人大，2015（9）.

84. 馮正．乾隆反貪得失探〔J〕．江蘇警官學院學報，1994（4）：82~88.

85. 段慧群．乾隆的智與昏〔J〕．前線，2014（12）：122.

86. 王俊良．乾隆反腐如養豬〔J〕．雜文月刊（原創版），2016（5）：16.

87. 〔美〕韓書瑞．山東叛亂：1774年王倫起義〔M〕．劉平，唐雁超，譯．南京：江蘇人民出版社，2008.

88. 王帥．康乾盛世民變研究——以王倫起義為例〔J〕．黑河學刊（原創版），2013（2）：43~46.

89. 劉平．林爽文起義原因新論〔J〕．清史研究，2000（2）：92~99.

90. 季雲飛．清乾隆年間臺灣林爽文事件性質辨析〔J〕．安徽大學學報（哲學社會科學版），2007（4）：99~102.

91. 曹鳳祥．乾隆帝出兵平定臺灣林爽文起義的戰略〔J〕．陝西廣播電視大學學報，2002（4）：36~40.

92. 張鐵牛，高曉星．中國古代海軍史〔M〕．北京：八一出版社，1993.
93. 謝茂發．簡析乾隆年間林爽文起義時的福建綠營水師〔J〕．理論界，2012（7）：134~136.
94. 梁俊豔．試論英國在廓爾喀兩次入侵西藏中的角色問題〔J〕．中國藏學（英文版），2010（1）：92~100.
95. 鄧銳齡．乾隆朝第二次廓爾喀之役（1791—1792）〔J〕．中國藏學，2007（4）：33~50.
96. 高曉波．乾隆朝第二次廓爾喀之役兵源及軍費考略（1791—1792）〔J〕．西藏研究，2013（2）：17~24.
97. 郭海燕．索倫兵遠征廓爾喀〔J〕．理論觀察，2017（3）：120~122.
98. 顧浙秦．清乾隆帝平定廓爾喀侵擾西藏詩作評析（1791—1792）〔J〕．西藏大學學報（社會科學版），2013（2）：92~98.
99. 高學益．從傅清、福康安在藏命運結局看清朝治藏政策的變化和調整〔J〕．景德鎮學院學報，2016（1）：94~98.
100. 韓茹．略論福康安征剿廓爾喀〔J〕．歷史檔案，1994（3）：97~102.
101. 周燕．福康安征剿廓爾喀及其對西藏的治理〔J〕．湖南工業大學學報（社會科學版），2014（4）：100~104.
102. 盧永林．福康安在西藏〔J〕．甘肅高師學報，2008（6）：33~35.

103. 焦新順．論乾隆治理西藏〔J〕．中南民族大學學報（人文社會科學版），2003（3）：126~128.
104. 趙榮耀．清高宗與清緬關係的變化〔D〕．長沙：湖南師範大學，2013.
105. 孟文文．乾嘉時期清朝與廓爾喀封貢關係研究〔D〕．濟南：山東師範大學，2009.
106. 張明富，張穎超．清前期「安南之役」略論〔J〕．史學集刊，2006（6）：09~15.
107. 呂思勉．白話本國史（下）〔M〕．上海：上海古籍出版社，2005.
108. 〔英〕約．羅伯茨．十九世紀西方人眼中的中國〔M〕．蔣重躍，劉林海，譯．北京：時事出版社，1999.
109. 〔英〕愛尼斯．安德遜．英國人眼中的大清王朝〔M〕．費振東，譯．北京：群言出版社，2002.
110. 章慶生．論乾隆帝的西洋觀〔D〕．濟南：山東大學，2004.
111. 歐陽哲生．獅與龍的對話——英國馬加爾尼使團的「北京經驗」：中國社會科學論壇2010史學——第三屆近代中國與世界暨紀念近代史所成立60周年國際學術研討會論文集〔G〕．北京：中國社科院，2011.
112. 〔英〕斯當東．英使謁見乾隆紀實〔M〕．葉篤義，譯．北京：商務印書館，1963.
113. 〔法〕佩雷菲特．停滯的帝國：兩個世界的撞擊〔M〕．王國卿，毛鳳支等，譯．北京：三聯書店，1995.
114. 侯毅．英國首次遣華使團的夭折——卡斯卡特使團來華始末〔J〕．蘭州學刊，2009（7）：

217~221.

115. 蔣廷黻．中國近代史〔M〕．上海：上海古籍出版社，2003.

116. 〔美〕孔飛力．中華帝國晚期的叛亂及其敵人（1796—1864年的中國社會軍事結構）〔M〕．謝亮生，楊品泉，謝思煒，譯．北京：中國社會科學出版社，2002.

117. 陳兼，陳之宏．孔飛力與《中國現代國家的起源》〔J〕．開放時代，2012（7）：140~158.

乾隆大傳

作　　者	關河五十州
發 行 人	林敬彬
主　　編	楊安瑜
編　　輯	鄒宜庭
封面設計	林子揚
編輯協力	陳于雯、高家宏
出　　版	大旗出版社
發　　行	大都會文化事業有限公司 11051 台北市信義區基隆路一段 432 號 4 樓之 9 讀者服務專線：（02）27235216 讀者服務傳真：（02）27235220 電子郵件信箱：metro@ms21.hinet.net 網　　　址：www.metrobook.com.tw
郵政劃撥	14050529 大都會文化事業有限公司
出版日期	2020 年 08 月初版一刷 · 2022 年 01 月初版三刷
定　　價	480 元
ISBN	978-986-99045-6-8
書　　號	History-113

Metropolitan Culture Enterprise Co., Ltd.
4F-9, Double Hero Bldg., 432, Keelung Rd., Sec. 1,
Taipei 11051, Taiwan
Tel:+886-2-2723-5216　Fax:+886-2-2723-5220
E-mail:metro@ms21.hinet.net
Web-site:www.metrobook.com.tw

國家圖書館出版品預行編目（CIP）資料

乾隆大傳 / 關河五十州著 . -- 初版 -- 臺北市：大旗出版：大都會文化發行 ,2020.08
512 面 ; 17×23 公分 . -- (History-113)
ISBN 978-986-99045-6-8(平裝)

1. 清高宗 2. 傳記

627.4　　109010335

大都會文化 **大都會文化　讀者服務卡**

書名：乾隆大傳

謝謝您選擇了這本書！期待您的支持與建議，讓我們能有更多聯繫與互動的機會。

A. 您在何時購得本書：　　年　　月　　日

B. 您在何處購得本書：　　書店，位於　　（市、縣）

C. 您從哪裡得知本書的消息：

1. □書店　2. □報章雜誌　3. □電臺活動　4. □網路資訊
5. □書籤宣傳品等　6. □親友介紹　7. □書評　8. □其他

D. 您購買本書的動機：（可複選）

1. □對主題或內容感興趣　2. □工作需要　3. □生活需要
4. □自我進修　5. □內容為流行熱門話題　6. □其他

E. 您最喜歡本書的：（可複選）

1. □內容題材　2. □字體大小　3. □翻譯文筆　4. □封面　5. □編排方式　6. □其他

F. 您認為本書的封面：1. □非常出色　2. □普通　3. □毫不起眼　4. □其他

G. 您認為本書的編排：1. □非常出色　2. □普通　3. □毫不起眼　4. □其他

H. 您通常以哪些方式購書：(可複選)

1. □逛書店　2. □書展　3. □劃撥郵購　4. □團體訂購　5. □網路購書　6. □其他

I. 您希望我們出版哪類書籍：（可複選）

1. □旅遊　2. □流行文化　3. □生活休閒　4. □美容保養　5. □散文小品
6. □科學新知　7. □藝術音樂　8. □致富理財　9. □工商企管　10. □科幻推理
11. □史地類　12. □勵志傳記　13. □電影小說　14. □語言學習（_____ 語 ）
15. □幽默諧趣　16. □其他

J. 您對本書(系)的建議：

K. 您對本出版社的建議：

讀者小檔案

姓名：______________ 性別：□男　□女　生日：____年____月____日

年齡：□20歲以下 □21～30歲 □31～40歲 □41～50歲 □51歲以上

職業：1.□學生 2.□軍公教 3.□大眾傳播 4.□服務業 5.□金融業 6.□製造業
7.□資訊業 8.□自由業 9.□家管 10.□退休 11.□其他

學歷：□國小或以下 □國中 □高中／高職 □大學／大專 □研究所以上

通訊地址：______________________________

電話：（H）______________（O）______________ 傳真：______________

行動電話：______________ E-Mail：______________________

◎謝謝您購買本書，歡迎您上大都會文化網站（www.metrobook.com.tw）登錄會員，或至Facebook（www.facebook.com/metrobook2）為我們按個讚，您將不定期收到最新的圖書訊息與電子報。

乾隆大傳

北區郵政管理局
登記證北臺字第9125號
免　貼　郵　票

大都會文化事業有限公司
讀　者　服　務　部　　　收
11051臺北市信義區基隆路一段432號4樓之9

寄回這張服務卡〔免貼郵票〕
您可以：
◎不定期收到最新出版訊息
◎參加各項回饋優惠活動

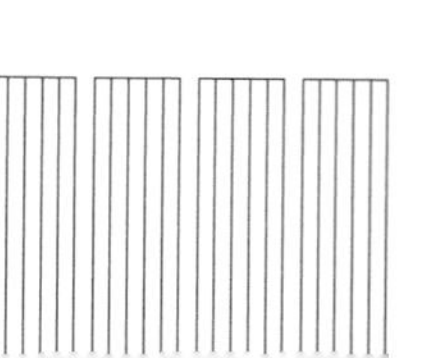